中共百年
若干重大事件述实

罗平汉　著

人民出版社

目　　录

一、中国共产党的创建

中国人民选择马克思主义，选择中国共产党的领导，是近代中国历史发展的必然结果。1921 年 7 月，全国各地共产党早期组织的代表会聚上海，举行第一次全国代表大会，宣告中国共产党的正式成立。从此，中国历史揭开了新的篇章。

1. 中国的先进分子决心以俄为师

1840 年鸦片战争后，为了拯救苦难的祖国，改变民族的境遇与命运，中国人民的反抗斗争几乎没有停止过。可是，历次反对侵略的战争也好，太平天国的农民运动也好，资产阶级维新派的戊戌变法也好，资产阶级革命派的辛亥运动也好，都毫无例外地失败了。无数的仁人志士为此抱终天之恨。

历史最终总会善待不屈不挠的人们。1917 年 11 月，在列宁的领导下，伟大的俄国十月革命爆发了。十月革命给正在苦闷中摸索、在黑暗中苦斗的中国人民指明了新的道路。中国的先进分子在辛亥革命后经历了一度的苦闷和彷徨之后，从十月革命的胜利中看到了新的希望。

在十月革命前，中国的先进分子意识到中国原有的制度太陈旧，已经大大落后于时代的步伐，曾试图通过走资本主义道路来拯救中国。康有为、梁启超发动的维新变法，孙中山先生领导的辛亥革命，走的都是这条道路，可是他们的奋斗换来的却是失败的痛苦。十月革命给予中国人民以深刻的启示，既然过去的老路无法走，资本主义道路又走不通，那就只能走社会主义这条新道路。于是，中国的先进分子决心以俄为师。他们发现，俄国革命之所以成功，就在于俄国的先进分子组织了一个以马克思主义理论为指导的无产阶级政党，使革命有了一个坚强的领导核心，并将广大的工农大众集合在社会主义的旗帜下。因此，社会主义和马克思主义对中国的先进分子具有强大的吸引力。

其实，十月革命爆发时，马克思主义已经诞生近70年了。1848年，年轻的马克思和恩格斯发表了划时代的著作——《共产党宣言》，马克思主义正式诞生。50年后，中国人终于第一次接触到马克思这个名字。1899年2月到5月，上海广学会主办的《万国公报》连续刊载李提摩太节译、蔡尔康撰文的文章《大同学》，首次提到了"马克思"的中文译名，文中说："其以百工领袖著名者，英人马克思也。"之后，资产阶级维新派的梁启超和革命派的朱执信等人，也都对马克思及其学说作过一些零星的介绍。但是，在十月革命前，马克思主义在中国既没有得到正确的阐释，也未为人们所重视，即使接触到马克思主义的少数知识分子，也仅将其作为西方的一个学术派别来看待。因此，马克思主义在中国还没有广泛的影响。

十月革命之后，马克思主义在中国的际遇就大不一样了。在马克思主义指导下取得革命成功的俄国，在政治经济上与中国有着许多相同或接近的地方，而且在革命胜利后又以反对帝国主义相号召，并且主动宣布废除帝俄与中国签订的不平等条约。由此，中国的先进分子对社会主义、马克思主义产生了特殊的好感。

这时，中国国内的形势也发生了很大的变化。1915年9月，陈独秀在上海创办了《青年杂志》（后改名为《新青年》），新文化运动由此发端。李大钊、鲁迅、胡适、钱玄同、刘半农等集合在《新青年》周围，他们高举"民主"与"科学"的大旗，深刻地揭露中国社会的腐败和封建专制的罪恶，提倡民主，反对专制；提倡科学，反对迷信；提倡新文学，反对旧文学。新文化运动沉重打击了封建专制主义思想的统治，使中国的知识分子和青年学生受到了一次民主与科学思想的洗礼，也促使他们更加关心国家的前途与命运。新文化运动大大解放了人们的思想，使人们更容易接受新生事物，而此时中国工人阶级的队伍也在迅速壮大，这就为马克思主义在中国的传播奠定了思想和阶级基础。

在这样的背景下，中国先进分子的代表李大钊、陈独秀等，满腔热情地讴歌十月革命的胜利，如饥似渴地学习马克思主义，并不遗余力地加以宣传介绍。在这个过程中，他们逐渐完成了由激进民主主义者到马克思主义者的转变，而且经过五四运动的洗礼，也使一批具有初步共产主义思想的知识分子，如毛泽东、邓中夏、蔡和森、恽代英、周恩来、刘少奇等，集合在马克思主义的旗帜下。

1919 年 1 月起，协约国在巴黎召开所谓"和平会议"，中国作为战胜国也派代表参加了巴黎和会，然而，会议却被美、英、法、日、意等国所操纵，中国代表提出的合理要求不但遭到拒绝，而且会议竟然规定将德国在山东获得的一切特权转交给日本。中国在巴黎和会上的外交失败，使中国人民积蓄已久的反帝爱国情绪如火山般爆发出来。1919 年 5 月 4 日，北京大学等 13 所大专以上学校的学生 3000 余人齐集天安门示威，要求"外争国权，内惩国贼"，以学生斗争为先导的五四爱国运动由此爆发。运动很快波及全国的各阶层，从 6 月 5 日开始，上海工人自发举行声援学生的罢工，几天之间参加罢工的人数达到了六七万人。随后，北京、唐山、汉口、南京、长沙等地工人也相继举行罢工，运动的主力由学生转变为工人，中国工人阶级开始以独立的姿态登上政治舞台，标志着中国工人阶级政治上的觉醒。

五四运动在近代中国历史上具有划时代的意义，正如后来毛泽东所说，"它带着为辛亥革命还不曾有的姿态，这就是彻底地不妥协地反帝国主义和彻底地不妥协地反封建主义"①。五四运动启发了人们的政治觉悟，众多的中国先进分子，从巴黎和会中国外交的失败中，认识了帝

---

① 《毛泽东选集》第二卷，人民出版社 1991 年版，第 699 页。

国主义联合压迫中国的本质，进而倾向社会主义。五四运动后，学习和研究社会主义成为当时思想界的主流。

在这股社会主义思潮中，难免出现鱼龙混杂的情况。其中，既有马克思主义的科学社会主义，也有无政府主义、工读主义、基尔特社会主义、社会民主主义。中国的先进分子在经过反复比较之后，最终选择科学社会主义作为自己的信仰。毛泽东后来曾这样回忆说："我第二次到北京期间，读了许多关于俄国情况的书。我热心地搜寻那时候能找到的为数不多的用中文写的共产主义书籍。有三本书特别深刻地铭刻在我的心中，建立起我对马克思主义的信仰。我一旦接受了马克思主义是对历史的正确解释以后，我对马克思主义的信仰就没有动摇过。这三本书是：《共产党宣言》，陈望道译，这是用中文出版的第一本马克思主义的书；《阶级斗争》，考茨基著；《社会主义史》，柯卡普著。到了1920年夏天，在理论上，而且在某种程度的行动上，我已成为一个马克思主义者了，而且从此我也认为自己是一个马克思主义者了。"①

五四运动的另一结果，是使那些具有初步共产主义思想的知识分子，认识到工人阶级力量的伟大，他们脱下长衫，来到工人中间，了解工人的悲惨生活，启发工人的阶级觉悟，通过开办工人夜校，提高工人的文化水平，实现了马克思主义与中国工人运动的初步结合。在这个过程中，他们的思想感情进一步转变到工人阶级方面，实现了知识分子的工人阶级化。至此，在中国建立一个新型的无产阶级政党的任务，就摆在中国的马克思主义者面前。

1920年3月，李大钊在同邓中夏商议后，在北京大学组织了马克思学说研究会。这是中国最早的一个学习和研究马克思主义的团体，也是李大钊把"对于马克斯派学说研究有兴味的和愿意研究马氏学说的人"联合起来的最初尝试。1921年11月17日，研究会在《北京大学日刊》上登出启事，声明："本会叫做'马克斯学说研究会'，以研究

---

① ［美］埃德加·斯诺：《西行漫记》，解放军文艺出版社2002年版，第116页。

关于马克斯派的著述为目的。"① 启事中还登了 19 个发起人的名字。这19 个发起人，后来几乎都成了共产党员。李大钊虽然没有列入发起人名单，但这个研究会实际上是由他领导的，他是研究会的灵魂。

当时，列宁领导的第三国际（即共产国际）对中国组建无产阶级政党十分关心。1920 年 4 月，经共产国际批准，俄共（布）远东局海参崴分局派维经斯基来华，了解中国革命的情况，并同中国的革命组织建立联系。与其同行的还有旅俄华人、俄共（布）党员、翻译杨明斋等人。维经斯基先在北京会见了李大钊，并在北京大学图书馆与邓中夏、刘仁静、张国焘、罗章龙等北大学生进行了座谈。罗章龙后来回忆说："他同李大钊先生谈得很融洽，对李大钊先生评价很高。他在座谈上曾暗示说，你们在座的同学参加了五四运动，又在研究马克思主义学说，你们都是当前中国革命需要的人才。他勉励在座的人，要好好学习，要了解苏俄十月革命，正因如此，中国应该有一个象俄国共产党那样的组织。"② 不久，通过李大钊的介绍，维经斯基到了上海，找到了陈独秀。

五四运动爆发时，陈独秀因为支持学生爱国运动，被北洋军阀逮捕入狱。出狱后，他将《新青年》迁回上海出版，并继续研究和宣传马克思主义。

维经斯基到上海后，访问了陈独秀、李达、李汉俊、沈玄庐等人，也举行过几次座谈会。经过多次接触，这些马克思主义信仰者更加明白了苏俄的政策，得出了一致的结论："走俄国人的路。"

1920 年 5 月，陈独秀发起组织马克思主义研究会，探讨社会主义学说和中国社会改造问题。参加研究会的有陈独秀、李达、李汉俊、沈玄庐、施存统、陈望道、戴季陶、邵力子等。它与北京的马克思学说研究会不同，这是一个秘密组织，没有纲领，入会也没有成文的手续。8

---

① 《邓中夏全集》上，人民出版社 2014 年版，第 161 页。
② 罗章龙：《椿园载记》，生活·读书·新知三联书店 1984 年版，第 75 页。

月，在这个研究会的基础上，上海共产党早期组织正式成立，参加的有陈独秀、李达、李汉俊、陈望道、俞秀松等。

上海共产党早期组织成立的时候，名称就叫中国共产党。当时，究竟是称社会党还是称共产党，陈独秀拿不定主意，在写信征求李大钊的意见后，决定叫共产党，陈独秀被推举为书记。

上海共产党早期组织还曾起草了一个党章草案，由李汉俊用两张八行信纸写成，约有六七条，其中最重要的一条是"中国共产党以下列手段，达到社会革命的目的：一、劳工专政，二、生产合作"。李达对于生产合作这一条提出异议，陈独秀说："等起草党纲再修改。"

1920年11月，上海共产党早期组织拟定了《中国共产党宣言》，指出："共产主义者的目的是要按照共产主义者的理想，创造一个新的社会。"[①] 为此，通过革命的阶级斗争，推翻资产阶级政权，建立无产阶级专政。这个宣言后来没有发表，不过，上海共产党早期组织决定"以此为收纳党员之标准"。

上海共产党早期组织还决定将《新青年》作为公开宣传的机关刊物，同年11月又创办半公开的《共产党》月刊，介绍共产党的知识及共产国际和各国共产党的状况。由于经费困难，《共产党》月刊只办了两期便停刊了。

上海共产党早期组织作为党的发起组织和联络中心，对中国统一的工人阶级革命政党的建立起了重要作用。

1920年10月，李大钊、张申府、张国焘等在北京成立共产党早期组织，当初叫共产党小组，不久改称为共产党北京支部，以李大钊为书记。北京共产党早期组织曾帮助天津、唐山、太原、济南等地的社会主义者开展工作，对北方党组织的建立起到了推动作用。1920年秋到1921年春，董必武、陈潭秋、包惠僧等在武汉，毛泽东、何叔衡等在

---

① 中共中央党史研究室、中央档案馆：《中国共产党第一次全国代表大会档案文献选编》，中共党史出版社2015年版，第22页。

长沙，王尽美、邓恩铭等在济南，谭平山、谭植棠、陈公博等在广州，也都成立了共产党早期组织，并且开展共产主义的宣传和组织活动。在日本和法国，也有留学生中的先进分子组成的共产主义者组织。

这些共产党早期组织成立的时候，名称各不相同，有的实际上连名称都没有。尽管如此，中国第一批共产主义者的出现和各地共产党早期组织的建立，为中国共产党的成立做了组织准备。

2. 各地代表会聚上海

各地共产党早期组织成立后，尽快组建一个全国性的无产阶级政党，就成了中国共产主义者的共同愿望。1921 年 3 月，李大钊公开撰文发出建党呼吁，认为"中国现在既无一个真能表现民众势力的团体，C 派（按：指共产主义派）的朋友若能成立一个强固精密的组织，并注意促进其分子之团体的训练，那么中国彻底的大改革，或者有所附托"①。

要把各地分散活动的共产党早期组织，联合组成一个全国性的无产阶级政党，在当时并不是一件容易的事情。这时，上海共产党早期组织义不容辞地担负起组党的筹备工作。

从 1920 年下半年起，陈独秀、李汉俊便通过各种方式，与各地党的早期组织建立联系。1920 年年底，当时担任广东省省长兼粤军总司令的陈炯明，表面上标榜进步，邀请陈独秀任广东教育委员会的委员长。陈独秀接受了邀请，于同年 12 月中旬从上海来到广州。他在上海共产党早期组织的职务交由李汉俊担任。

陈独秀到广州后，一面处理广东政府的教育工作，并帮助广州的共产党早期组织进行整顿，一面把较多的精力用于筹备召开中国共产党的第一次全国代表大会。

---

① 《李大钊全集》第三卷，人民出版社 2013 年版，第 350 页。

1921年2月，陈独秀起草了一份中国共产党党章，寄给上海的李汉俊。李汉俊看到党章草案上主张党的组织采取中央集权制，对此极不满意，说陈独秀要党员拥护他个人独裁。于是他也写了一个党章，主张地方分权，中央只不过是一个有职无权的机关。李汉俊原本信仰无政府主义，看了考茨基的著作转而信仰马克思主义，但他想做合法的马克思主义者，主张参加议会去宣传无产阶级的政见，所以主张地方分权也不奇怪。李汉俊的建党主张自然不符合列宁主义的建党原则，而且在当时的情况下，中央如果没有高度集中统一的权威，党也只能是一盘散沙。

李汉俊起草的党章寄到了广州，陈独秀看后大发雷霆，就从广州写信责备李达，说上海的党员反对他，其实李达根本不知道这回事。不过陈独秀在党内也确有些家长制作风，他原本与李汉俊就有一些分歧，这件事又加深了他俩之间关系的裂痕。李达夹在中间，担心由此造成组织的分裂，只得调停于两者之间。但是，李汉俊的脾气很倔强，不肯接受调停，甚至放下书记不做，由他负责的《新青年》也不编了，还把党组织的名册和一些文件交给了李达，要李达担任书记。李达为维护党组织内部的团结，只好接受了。就这样，李达负责起上海党组织的工作，并筹备召开党的一大。

1921年6月初，共产国际派荷兰人马林作为驻中国的代表来到中国。几乎与此同时，共产国际远东书记处和赤色职工国际派到中国的代表俄国人尼克尔斯基也到了上海。两人很快取得了联系。

马林和尼克尔斯基到上海后，加快了中共一大的筹备工作。马林和尼克尔斯基在与李达、李汉俊的接触中了解到，自维经斯基来华后一年多的时间里，上海、北京、武汉、长沙、济南、广州等地已建立了共产党的早期组织，并开展了马克思主义的宣传和工人运动。据此，两人认为，中国建立统一的无产阶级政党的条件已经成熟，建议及早召开党的全国代表大会，宣告中国共产党的成立。

根据共产国际代表的建议，李达与广州的陈独秀和北京的李大钊取得联系，并确定在上海召开党的第一次全国代表大会。

接着，李达和李汉俊分别写信给全国各地及日本留学生中的党组织或党员，通知他们各派代表到上海开会。同时，从马林带来的共产国际给中国革命的经费中，给每一位代表寄了100元路费。

当时，中国处在北洋军阀的统治之下，共产党早期组织只能秘密开展活动，加之一切都在草创阶段，既无现成经验，也无章程可循，各地共产党早期组织的人数又多寡不一，多的如北京共产党早期组织有十几个人，少的只有几个人，而日本的留学生中，党员实际上只有施存统和周佛海两人。各地共产党早期组织在接到上海方面的通知后，多数没有进行代表选举，有的由领导人指定，有的由协商产生，当时也没有代表资格审查的程序。万事开头难，在连党的中央机构都未建立的情况下，这些都是可以理解的。

接到上海的通知后，北京共产党早期组织的张国焘、刘仁静、罗章龙、李梅羹、邓中夏等几个党员开会，研究推选出席一大的代表。当时已是暑假，这几个人在西城租了一所房子，办补习学校，为报考大学的青年补课。推选代表的会议就是在这所学校里开的，李大钊没有参加会议。

李大钊作为中国最早的马克思主义者和北京党组织的创始人，各地党员自然都希望他能出席一大。但是，李大钊那时担任北京大学的图书馆主任兼北大教授，同时还兼任北京八校教职员代表联席会主席，此时正值两个学年交替时间，公务繁忙，抽不开身。而且李大钊是全国名人，行踪为各方所注意，南下沪上也有诸多不便。

在这几个人中，张国焘颇为活跃，他既参与了北京共产党早期组织的创建，又到长辛店开展过工人运动，所以被大家一致推举为代表。在推举另一位代表时，有人主张让邓中夏去，邓中夏说有事不能去，罗章龙也说不能去，于是便决定由刘仁静去，当时刘仁静只有19岁，成为一大代表中最年轻者。

张国焘作为北京党组织的代表，需要参加大会的筹备工作，在这次会后不久即动身前往上海，成为外地最先到达上海的代表。张国焘在

《我的回忆》一书中，曾这样谈及他刚到上海的情况："下车后我就去看李达。他告诉我许多有关上海方面的情形，指出上海支部的工作没有以往那么紧张，有些事都陷于停滞状态；这是因为李汉俊和其他同志多忙于教书和写作，不能像陈独秀先生在这里时那样全神贯注的工作。他又提到新近来了两位共产国际的代表，一名尼科罗夫斯基（尼克尔斯基），是助手的地位，不大说话，像是一个老实人；另外一位负主要责任的名叫马林，这个洋鬼子很骄傲，很难说话，作风与威金斯基迥然不同。"①

刘仁静在6月底才从北京动身，先到南京参加少年中国学会的年会，然后于7月上旬到达上海。

长沙共产党早期组织的代表是毛泽东和何叔衡。1936年，他对访问陕北苏区的美国记者斯诺说："1921年5月，我到上海出席共产党成立大会。"② 这里的5月，应该是指农历。毛泽东具体动身的日期是6月29日。何叔衡的同乡兼好友谢觉哉在这天的日记中写道："午后六时叔衡往上海，偕行者润之。"③ 毛泽东、何叔衡是秘密前往上海的，谢觉哉当时并不知道他们去上海干什么。新中国成立后，谢觉哉回忆说："一个夜晚，黑云蔽天作欲雨状，忽闻毛泽东同志和何叔衡同志即要动身赴上海，我颇感他俩行动的'突然'，他俩又拒绝我们送上轮船。后来才知道，这就是他俩去参加中国共产党第一次全国代表大会——伟大的中国共产党诞生的大会。"④ 7月4日，毛泽东和何叔衡抵达上海。

武汉共产党早期组织的代表是董必武和陈潭秋，他们于7月15日左右动身，到上海时为20日左右。

---

① 张国焘：《我的回忆》第1册，东方出版社1991年版，第131—132页。
② 中共中央党史研究室、中央档案馆：《中国共产党第一次全国代表大会档案文献选编》，中共党史出版社2015年版，第126页。
③ 《谢觉哉日记》，人民出版社1984年版，第49页。
④ 谢觉哉：《第一次会见毛泽东同志》，《新观察》1952年第11期。

　　济南共产党早期组织的代表为王尽美、邓恩铭。张国焘赴上海途中，曾在济南逗留了一天，在大明湖的游船上同王和邓谈了召开一大的情况。在张国焘离开济南不久，他俩也乘车南下，于6月底到了上海。

　　陈独秀既是上海共产党早期组织的发起人，也是广州共产党早期组织的实际负责人，加上他在新文化运动中的巨大影响，各地代表希望他能出席党的成立大会。可是，在接到上海方面的来信时，正值他为兼任校长的预科大学争取到了一笔款子，一旦他离开广州，这笔款项就可能泡汤，便表示此时不便赴上海开会。坦率地说，党刚刚创立的时候，陈独秀等人并未预想到，党的成立大会在中国历史上将产生划时代的巨大影响。党的创始人基本上都是知识分子，开始时他们均不是职业革命家，从事共产主义的宣传和组织活动都是业余的，所以陈独秀等人并没特别看重这次大会。于是，陈独秀提议，派陈公博作为广州共产党早期组织的代表，又委派包惠僧代表自己前往上海出席一大。

　　包惠僧本是武汉共产党早期组织的成员。1921年1月，他准备到苏俄留学。从武汉来到上海以后，就住在渔阳里6号《新青年》编辑部。随后海路中断，又无路费，苏俄没有去成。五四运动中，包与陈独秀相识，后来又有书信来往，在上海滞留了几个月后，李汉俊因上海党组织的经费没有着落，就让他去广州找陈独秀，要么请陈独秀回上海，要么把党的机构搬到广州，于是包惠僧就到了广州找陈独秀。陈独秀以广州环境不好为由，不同意将党的机构搬来，并将包惠僧介绍到一家报馆做事，以解决生活来源问题。

　　对于包惠僧是否具有代表资格，历来有不同的说法。毛泽东、陈潭秋回忆包是会议代表，张国焘也在回忆中说包是代表，不过却说是代表武汉党组织，这显然有误，因为上海通知各地党组织派两名代表，武汉党组织已派来了董必武和陈潭秋。董必武则在1971年回忆说，包惠僧是列席的，不是代表，李达在回忆录中也没有提到包惠僧是代表。而包惠僧自己则回忆说："有一天，陈独秀召集我们在谭植棠家里开会，说接到上海李汉俊的来信，信上说第三国际和赤色职工国际派了两个代表到上海，要召开中国共产党的发起会，要陈独秀回上海，请广州支部派两个人出席会议，还寄来了二百元路费。陈独秀说第一他不能去，至少现在不能去，因为他兼大学预科校长，正在争取一笔款子修建校舍，他一走款子就不好办了。第二可以派陈公博和包惠僧两个人去出席会议，陈公博是办报的，又是宣传员养成所所长，知道的事情多，报纸编辑工作可由谭植棠代理。包惠僧是湖北党组织的人，开完会后就可以回去（会前陈独秀和我谈过，还让我回湖北工作，大概他已经接到上海的信了）。其他几个人都很忙，离不开。陈独秀年长，我们又都是他的学生，大家就没有什么好讲的了。他说了以后，同意了他的意见。"①

不过，说包惠僧是一大代表也说得过去。一大召开的时候，并没有代表资格审查程序，会议也没有设立代表资格审查委员会，谈不上合格不合格、正式代表还是列席代表的问题。

包惠僧和陈公博于 7 月 15 日动身，乘海船于 7 月 20 日到了上海。陈公博还把新婚的妻子也带来了。

李达和李汉俊还向日本的留学生中的党员发了通知。当时，留日学生中只在鹿儿岛的周佛海和东京的施存统是党员。施存统到日本的时间不长，功课又紧，便推周佛海作为代表。周佛海等课程结束放暑假后才动身，加之途中耗费了一些时日，到上海时已是 7 月下旬了。

上海共产党早期组织的代表是李达和李汉俊。由于上海共产党早期组织实际上是中国共产党的发起组，一大召开的地点又在上海，李达和李汉俊也就义不容辞地承担起了会议的筹备和会务工作。

各地的代表大多是教师或学生，收入有限，李达便由夫人王会悟出面，以接待北京大学师生暑假旅行团的名义，租了法租界的博文女子学校作为外地代表的住所。除了陈公博外，其余的外地代表都住在这里。陈公博是广东法政专门学校的教授、广东宣传员养成所的所长、《广东

---

① 中共中央党史研究室、中央档案馆：《中国共产党第一次全国代表大会档案文献选编》，中共党史出版社 2015 年版，第 174 页。

群报》总编辑，加之又是新婚燕尔，便下榻在大东旅社。

大会正式召开之前，各地代表曾在博文女校举行了一次简短的预备会议，相互交换意见，确定大会马上召开。

3. 为组党展开的热烈讨论

一大的会址是上海法租界望志路 106 号（今兴业路 76 号），这是一栋两层的楼房，为李汉俊的胞兄李书城所有。

7 月 23 日晚 8 时，各地共产党早期组织的代表毛泽东、何叔衡、董必武、陈潭秋、王尽美、邓恩铭、李达、李汉俊、陈公博、包惠僧、张国焘、刘仁静、周佛海，以及共产国际代表马林和尼克尔斯基来到会场。会场的陈设十分简单，一张长方形的餐桌旁放着十几把椅子，代表们围坐在四周，中国共产党的第一次全国代表大会就这样正式开始了。

会议原定由陈独秀主持，因陈独秀未能到会，临时改由张国焘主持。为此，张国焘在其回忆中曾自鸣得意地说："我被推为主席，首先宣布中国共产党的正式成立；接着通过原拟订的四项议事日程，决定每日分上下午举行两次会议，并即开始第一项议程的讨论。"[①] 实际的情况是，由于会议主持者须同共产国际的代表经常联系，李达、李汉俊都是书生味很浓的人，不喜交际，加之同马林的关系也不融洽，而张国焘却很活跃，于是大家临时推选他主持会议，由毛泽东和周佛海负责记录。

大会开始后，先由张国焘报告会议的筹备情况，介绍这次会议的意义，提出要讨论和解决的问题，主要是制订党的纲领和实际工作计划。

会前，李达、李汉俊、张国焘、刘仁静等曾就党纲和政纲进行过几次商讨。李汉俊指出，世界上有俄国的十月革命，还有德国的社会党革命，中国共产党应采取何种党纲和政纲，应先派人到俄、德两国去考察，在国内成立一个机构如马克思主义大学等，在从事精深的研究后才

---

① 张国焘：《我的回忆》第 1 册，东方出版社 1991 年版，第 131—132、138 页。

能作出决定。他还认为中国共产主义革命尚未成熟，目前共产党人应着手研究和宣传工作，并支持孙中山的革命运动，在孙中山的革命成功后，共产党员可以参加议会。

李汉俊的观点遭到了刘仁静的反对。刘仁静主张中国共产党应信仰革命的马克思主义，以武装暴动夺取政权、实现共产主义为最高原则，因此，必须反对西欧社会民主党的议会政策及一切改良派的思想，认为中国共产党不应该只是一个马克思主义的研究团体，也不应对国民党和议会活动存在幻想，应积极从事工人运动，为共产革命作准备。

由于起草人之间的意见分歧，党纲和政纲的草案实际并没有起草好。

张国焘讲完话后，由共产国际代表致词，李汉俊和刘仁静翻译。马林致词的大意是：中国共产党的正式成立，具有重大的世界意义，共产国际增添了一个东方支部，苏俄布尔什维克增添了一个东方战友，希望中国同志努力工作，接受共产国际指导，为全世界无产者联合起来作出自己的贡献。目前中国党基本是由知识分子所组成的，工人成分太少。（马林说的确是实情。在当时中国共产党的 50 多名党员中，只有武汉党组织有两名失业工人，出席一大的代表也全都是知识分子。不过，这也是可以理解的，因为知识分子有文化，对新事物又比较敏感，也才有可能较早地接触、研究马克思主义，从而转变为马克思主义者，然后才能由他们去向工人群众宣传马克思主义），因此党要特别注意开展工人运动，把工人中的积极分子吸收到党内来。

尼克尔斯基也讲了话。他首先对中国共产党的成立表示祝贺，然后介绍了赤色职工国际和共产国际远东处的情况，并建议中国共产党将大会的进程及时报告远东处。尽管尼克尔斯基讲话很短，但由于马林讲话时间长，此时时间已不早了，当天的会议便告结束。

7 月 24 日，大会举行第二次会议，主要是由代表们汇报各地党组织成立的经过、开展的主要活动、进行工作的方法和经验。由于各地党组织成立的时间不长，党员人数不多，开展的活动也有限，所以各地的报告都不很长。这天的会议马林和尼克尔斯基都没有出席。

7月25日、26日，大会休会两天。由于李汉俊和刘仁静之间的分歧，会前没有起草好党的纲领和工作计划，马林乃建议由董必武、张国焘、李达组成一个起草委员会，起草这些文件。

7月27、28、29三日，大会继续开会，讨论起草委员会拟就的《中国共产党的第一个纲领》和《中国共产党的第一个决议》。

与会代表对党纲和决议进行了认真的讨论。会议确定以中国共产党作为党名，中国共产党是工人阶级的政党，是无产阶级革命的神经中枢。党的纲领是：

（一）革命军队必须与无产阶级一起推翻资本家阶级的政权，必须支援工人阶级，直到社会的阶级区分消除为止；

（二）承认无产阶级专政，直到阶级斗争结束，即直到消灭社会的阶级区分；

（三）消灭资本家私有制，没收机器、土地、厂房和半成品等生产资料，归社会公有；

（四）联合第三国际。

这些内容表明，中国共产党一成立，就在自己的旗帜上写明奋斗目标——实现社会主义和共产主义，并且坚持用革命手段来实现这个目标，同崇拜资产阶级民主制度、主张走议会道路的第二国际划清了界限。

党纲还规定了吸收党员的手续和条件："凡承认本党纲领和政策，并愿成为忠实党员的人，经党员一人介绍，不分性别、国籍，均可接收为党员，成为我们的同志。但在加入我们队伍之前，必须与企图反对本党纲领的党派和集团断绝一切联系。"① 党纲还规定新党员入党后，须在两个月的考察期满后，经当地基层党组织大多数党员的同意，才能成为正式党员。

---

① 中共中央文献研究室、中央档案馆：《建党以来重要文献选编（1921—1949）》第1册，中央文献出版社2011年版，第1—2页。

对于这些内容，会议在讨论时并没有多大的意见分歧。因为中国共产党是在十月革命的影响下诞生的，一大又是在共产国际代表的指导下举行的，代表们对于按照列宁的建党原则组成中国无产阶级政党的认识是一致的，就连李汉俊和刘仁静也没相互抬杠。包惠僧回忆说："李汉俊是日本帝国大学毕业，他是河上肇的得意门生，他对于书本上的马克思主义有些研究，对于苏俄十月革命以后的材料也看得较多。他的性情很强悍，可是聪明伶俐，在这个场合太煞风景的话，他是不会说出来的，所以他对于中国共产党总的任务和总方向，并没有突出与大家不同的意见。""再说刘仁静，他此时还是个十九岁的小孩子，他在北京大学读书，看了几本马列主义的书籍，他如在会场或和别人谈话时，好搬教条，好抬杠，所以大家叫他'小马克思'，是讽刺他的。他在这次会上，也没有什么成套的意见。"①

但是，大会在讨论党员是否可以到现政府做官和做国会议员的问题时，发生了激烈的辩论。一种意见认为："采纳国会制就会把我们的党变成黄色的党"，党员不应当参加国会，而应当在国会外进行斗争；另一种意见主张："我们应当把公开工作和秘密工作结合起来，如果我们不相信在二十四小时内可以把国家消灭掉，……政治活动就是必要的。起义的机会不会常有，只是在极少数时候才会到来，但在和平时期，我们就应做好起义的准备。我们应该改善工人的状况，应该开阔他们的眼界，应该引导他们参加革命斗争和争取出版自由、集会自由的斗争。"②

陈公博和李汉俊是认为可以到资产阶级政府做官或做国会议员的。这与他们俩当时所处的情况有关。陈公博从北大毕业后，凭借陈独秀的关系，年纪轻轻就当上了广东法政专门学校教授、宣传员养成所的所长，可谓少年得志，官场前景看好。李汉俊是日本著名的东京帝国大学的毕业生，哥哥李书城又是当时军界和政界有影响的人物。凭借这个关

---

① 《包惠僧回忆录》，人民出版社1982年版，第22页。

② 中共中央文献研究室、中央档案馆：《建党以来重要文献选编（1921—1949）》第1册，中央文献出版社2011年版，第22—23页。

系，要在官场中求得个一官半职也不是难事。所以，他们对党章中规定不得做官或议员这一条不但很敏感，而且反对态度也坚决。

如果是别的代表对这个问题提出异议，还有讨论的余地，由于这个反对意见出自他俩之口，引起了一些代表对他们意见的反对。其中，尤以张国焘、刘仁静反对最为激烈。双方争论的结果是谁也没有被说服，这个问题没有取得一致意见。在修改纲领条文时，双方都作了一些让步。于是，会议"一致认为不应该当部长、省长，一般说不应当担任重要行政职务。在中国，'官'这个词普遍应用在所有这些职务上，不过，我们允许我们的同志当类似厂长这样的官。"①

另一个有争议的问题是共产党对于其他政党的态度。一种意见认为，"不论在理论上和实践上，无产阶级应当永远与其他党派进行斗争"。另一种意见主张，党"在行动上要与其他党派合作反对共同的敌人，同时又在我们的报纸上要批评他们"。应当说，第二种观点是有可取之处的，但由于党还刚刚成立，不懂得建立革命统一战线的重要性，结果大会采纳了第一种建议，明确规定："对现有其他政党，应采取独立的攻击的政策。在政治斗争中，在反对军阀主义和官僚制度的斗争中，在争取言论、出版、集会自由的斗争中，我们应始终站在完全独立的立场上，只维护无产阶级的利益，不同其他党派建立任何关系。"②

会议在讨论党的实际工作计划时，"因为党员少"，关于"组织农民和军队的问题成了悬案"③，年轻的共产党人还没有充分意识到在中国农民问题和武装斗争的极端重要性。

大会决定，党在当前的基本任务是成立产业工会，在工会里灌输阶级斗争精神，派党员去工会工作。作为无产阶级政党，一成立就注意到

① 中共中央文献研究室、中央档案馆：《建党以来重要文献选编（1921—1949）》第 1 册，中央文献出版社 2011 年版，第 23 页。

② 中共中央文献研究室、中央档案馆：《建党以来重要文献选编（1921—1949）》第 1 册，中央文献出版社 2011 年版，第 6 页。

③ 中共中央文献研究室、中央档案馆：《建党以来重要文献选编（1921—1949）》第 1 册，中央文献出版社 2011 年版，第 24 页

要进行马克思主义的宣传，还应注意密切同本阶级的联系，这是中国共产党的一大优点。

4. 大会进行中发生一件意外之事

7月30日晚，大会继续举行第六次会议。马林和尼克尔斯基也出席了。只有周佛海在这天下午肚子忽然大痛大泻，不能出门，一个人躺在博文女校的地板上，未能参加会议。按照预定的程序，会上先由共产国际代表讲话，对创建中国共产党的一系列问题发表意见和提出建议，然后再通过《中国共产党的第一个纲领》《中国共产党的第一个决议》。

晚饭后，代表们陆续来到会场。晚8点多，代表到齐了，正要宣布开会的时候，突然来了一个陌生人，打断了会议进程。对于这紧张的一幕，几位与会者都有具体的回忆。

包惠僧后来接受党史工作者访问时说："第四天，马林、李克诺斯基（尼克尔斯基）到会，我们刚坐下，突然有一个穿灰色长衫的陌生面貌的中年男子闯了进来，对我们看了一下，说：'对不起，我走错了。'说着就走了。面对门口坐的马林很机警，随即问我们认识这个人吗？我们说不认识。马林说这一定是个包打听，叫我们立即解散。我们就马上散了。上海的房子前门是常关着的，走后门。差不多大部分代表都到了渔阳里2号李达住的亭子间。出去后不久，张国焘要我到李汉俊家去看看。我去看时，李汉俊、陈公博尚在，未散。李汉俊对我说：'你怎么又回来了？你们走后，就来了十几个包打听和巡捕，搜查了一番，我对他们说是北大几个教授在这里商量编现代丛书的问题。侥幸的是一份党纲放在李书城写字台的抽屉内，竟没有被发现。'根据这情况，他认为不能再在这里开会了，必须改换地点。"[1]

---

① 中共中央党史研究室、中央档案馆：《中国共产党第一次全国代表大会档案文献选编》，中共党史出版社2015年版，第171页。

陈公博在 1944 年写的《寒风集》一书中则这样说："因着国焘个人和汉俊为难，恐怕其中代表还有附和国焘的主张罢，连日开会均没有更换地点，终于一天晚上，变故遂降临了。我们在汉俊楼上开会，人还没有到齐，俄代表马令（马林）和吴庭斯基（尼克尔斯基）也到了，忽然一个仆人跑上楼来报告，说有一个面生可疑的人问他经理在家否，这个仆人也算机警，急急上楼报告。俄代表一听这样说，或者因为长期经验关系罢，立即主张解散，我看各个人本来已有些慌张，一听马令（马林）主张解散，都开前门分头逃走，上海的弄堂房屋本来是惯走后门而不走前门的，大家往前门走，等于事急走太平门的办法。"①

张国焘也在《我的回忆》中说："大约是七月八日（按：时间有误）晚七时，当我们围坐在李家楼上书房的一张大餐桌的四周，正要宣告开会的时候，突然有一个陌生人揭开书房的门帘，窥探了一下，说声'我找错了人家'，就转身走了。我们都警觉到这人可能是法租界的暗探。我立即请大家将文件收拾好，准备立即离开，并将此事翻译给马林和尼科罗夫斯基（尼克尔斯基）听。马林十分机警，从座位上一跃而起，以手击桌说：'我建议会议立即停止，所有的人分途走开。'说完后就同尼科罗夫斯基（尼克尔斯基）首先走了。各代表也就随之分途离去。"②

虽然这几个人的回忆在细节上有些出入，但会议被中断是不争的事实。事情发生后，李汉俊声言他是屋主，不能离开，陈公博表示自愿留下来陪李汉俊。

代表们离开会场不久，一个法国巡捕带了一批便衣密探围住了李家，先将李汉俊和陈公博监视，并问房子的主人是谁，李汉俊很镇定地承认自己是房主。然后，警探们在房间中搜查。搜了一个钟头，没有找到什么可疑之物。其实桌子的抽屉里有一份党纲草案，大约是因为党纲

---

① 中共中央党史研究室、中央档案馆：《中国共产党第一次全国代表大会档案文献选编》，中共党史出版社 2015 年版，第 153 页。

② 张国焘：《我的回忆》第 1 册，东方出版社 1991 年版，第 142 页。

写在一张薄纸上，又被改得一塌糊涂，警探们认为不过是一张无关紧要的废纸，竟没引起注意。

搜查过后，这些人便问李汉俊家里藏有什么书？李略懂法语，便回答说，自己是学校的教员，藏书是用来供教学和研究参考的。又问为什么有许多社会主义书籍，李汉俊说他兼任商务印书馆的编辑，什么书都看。又问两个外国人是什么人，李说，是英国人，北京大学的教授，这次暑假来沪常常来叙谈。

接着便讯问陈公博。大约是因为陈公博一口广东话，巡捕便以为他是日本人。陈公博说，自己是百分之百的中国人。又问从哪里来，到上海干什么。陈公博答称，从广东来，是广东法专的教授，暑假来上海玩的。

巡捕见此，就用法语叽哩咕噜地向李汉俊说了一番。大意是说知道你们这些人是知识分子，大概想有某种企图，但中国教育还未普及，什么都谈不到，以后要在教育上用功，今天既然找不到证据，只好便宜你们了。说毕，一干人悻悻地走了。

代表们意识到会议已引起了租界当局的注意，不宜再在上海继续召开会议了。李达的夫人王会悟是浙江桐乡县人，桐乡曾属于嘉兴府。嘉兴离上海不远，有火车直达，只需一个多小时的旅程，且嘉兴的南湖风景优美。当李达、张国焘等人商量另找会址时，王会悟提出，如果上海找不到合适的地点，可到嘉兴去，利用游湖的名义继续开会。于是，代表们决定大会在嘉兴继续举行。

当天晚上，李达就让王会悟到上海北站了解到嘉兴的班次。代表们便分两批出发，第二天一早，出发的第一批到嘉兴已是上午10点多钟。首批抵达的王会悟等在张家弄的鸳鸯旅馆落脚，开了两个房间休息，洗脸吃早饭，并叫旅馆账房雇船。当然，对于嘉兴开会的时间，由于时间久远，有关当事人回忆的时间又有差异，所以学术界还存在不同的说法，有7月31日、8月1日、8月3日、8月5日之说，至今仍无定论，但大会最后一天是在嘉兴南湖召开这一点是没有疑义的。

共产国际的代表没有去嘉兴，广州代表陈公博也没有去，所以南湖上的会议只有 12 人参加。

陈公博这天晚上绕了几个弯回到大东旅社后，赶忙关好房门，打开箱子，将随身携带的关于社会主义的书籍焚毁在痰盂里，然后将当天晚上的情形详细地告诉了妻子。

一波未平，一波又起。7 月底的上海，酷热难当。这天晚上，陈公博夫妇怎么也睡不着，便将床上的席子拖到地板上，这才睡着。到了半夜，天下起了大雨。天快黎明的时候，在朦胧中忽听到一声枪响，同时又传来一声惨叫。陈公博急忙从地板上跳起，打开房门一看，走廊里寂静无声，并无一个人影，窗外则疾雨敲窗、狂风不止。

第二天早上，茶房跑来说，隔壁住的一个女子被人谋杀了。原来，隔壁的那位女子是丝厂的一名叫孔阿琴的女工，与洋行的一名买办恋爱，不知何故，俩人不能结合，便相约同死。男的偷来了一支手枪，到天明时向女方开了一枪，没有打死，就用毛巾去勒，女方死了后，他却不愿死了，便写了一封自白的长信，扬长而去。

陈公博得知隔壁出了凶杀案，唯恐此案牵及自己，加之妻子又非常害怕，就匆匆地结了账，离开大东旅社，又跑去把昨夜的经过告诉了李达，并说他下午要去杭州一游。其他代表得知这一情况后，开玩笑说，陈公博看来是被吓得不轻。

再说代表们到嘉兴后，原本打算租一艘大船，但旅馆账房说，要雇大船须提前一天预订，现在只有中号船了，于是，王会悟便雇了一只中号船，船费 4 元 5 角，中午饭一桌 3 元，连小费总共 8 元。

到了南湖，王会悟陪部分代表先到烟雨楼看了看，主要目的是观察哪里停船比较合适，代表们上船开会时已是 11 点多钟了。据王会悟回忆："开会那天游客并不多，据记忆开会时，停放湖中的船连我们的一条一共五条船。内中一只据船大娘说是城内某商户为儿子办满月酒雇的，另一只是乡下土财携眷进城游玩的，到下午三点钟以后，小游艇逐渐增多，有些小游艇漆得很漂亮，据说是城内士绅自备的。约五点钟左右，湖中游船已有五只了，并有一只小汽艇（是城内葛姓士绅私有的），当时看到疑为政府巡逻，曾引起警惕，临时休会，后来知道是私艇才放心。到这时候，到处留声机唱京戏，湖中已热闹非常，到六点多钟，我们就离开南湖准备回上海了。"①

代表们在船上讨论了些什么呢？据包惠僧说，午饭之前，通过了党纲和劳动运动计划，一致通过了《中国共产党的第一个纲领》和《中国共产党的第一个决议》。饭后讨论大会的宣言。讨论过程中，围绕对孙中山的评价，代表们的意见不一致。包惠僧说，孙中山好说大话不择手段，广州是军人横行、赌场遍地，到处是妓院、烟馆，哪里有一点革命的气味，不能对孙中山表示丝毫的妥协。包惠僧的意见为不少代表附和，但董必武明确表示反对。经过讨论，多数代表认为孙中山的政府与北洋政府相比是进步的。这个宣言总共千把字，大体上是按照《共产党宣言》的精神写的，最后一句是"工人们失掉的是锁链，得到的是全世界"。会议对宣言没有作结论，确定将之交给即将成立的中央局处理。

据李达回忆，这个宣言并没有发表，而是交给了陈独秀。陈将之放在包里，后来不知下落。此外，会议还讨论了工会组织和吸收工人参加共产党等问题。

红日西沉的时候，会议进行最后一项议程，选举党的中央机构。会议考虑到党员人数较少和地方党组织尚不健全的情况，决定暂不成立中央执行委员会，只设中央局作为中央的临时领导机构。选举陈独秀、张国焘、李达组成中央局。由于陈独秀在新文化运动中的巨大影响以及在党的创建过程起了重要作用，被代表们一致推举为中央局书记，在陈独秀未返回上海前，由周佛海暂代。同时推选李达负责宣传工作，张国焘负责组织工作。

---

① 中共中央党史研究室、中央档案馆：《中国共产党第一次全国代表大会档案文献选编》，中共党史出版社 2015 年版，第 187 页。

写到这里，还有一个问题需交代一下，这就是中共一大是 7 月 23 日开幕的，为什么却把 7 月 1 日作为党成立的纪念日？

把这一天作为党诞生的纪念日，是毛泽东于 1938 年 5 月首先提出来的。由于相距十几年，已记不清开会的具体日期了，又无档案可查，于是，就把 7 月 1 日这一天，象征性地作为党的生日。1941 年 6 月，中共中央为了纪念党成立 20 周年，发出《关于中国共产党诞辰廿周年抗战四周年纪念指示》，正式将 7 月 1 日作为中国共产党的成立纪念日。

出席中共一大的代表后来的结局各不相同。毛泽东成为党和人民的伟大领袖，为党和人民军队的发展壮大、为中华人民共和国的建立立下了不朽功勋。董必武一直是党的重要领导人，去世前担任中华人民共和国的代主席。王尽美 1925 年因积极为党工作，积劳成疾，英年早逝，年仅 27 岁。邓恩铭、何叔衡、陈潭秋在不同时期为革命事业而遭反动派杀害。李达、李汉俊在党成立后不久，因与陈独秀意见不合退党。他们离开党后，仍为党和革命做了不少有益的工作。李汉俊 1927 年在武汉被桂系军阀杀害，李达长期担任教师并积极译介马克思主义著作，解放后曾任湖南大学、武汉大学校长等职，1949 年重新入党。包惠僧在 1927 年大革命失败后脱离党的组织。刘仁静在大革命失败后参加过托派组织的活动而被开除党籍。陈公博、周佛海他们的共产主义信念不够坚定，不过一时对马克思主义感兴趣而成为党的早期组织的成员，党成立后不久就被清除出党或退出党的组织，两人后来追随汪精卫成为可耻的汉奸。张国焘在相当长的时间里一直在党内担任要职，为革命做过一些工作，但 1935 年红军长征途中个人野心膨胀，企图分裂党和红军，1938 年春逃到国民党统治区，成为国民党特务。一大代表的分化是不足为奇的。党刚成立之时，难免鱼龙混杂，大浪淘沙，方显英雄本色。随着党的发展，无数坚定的革命分子加入到党的队伍，并成为党的主体。

中国共产党的成立，给灾难深沉的中国人民带来了光明和希望。自此，中国人民的革命斗争有了光芒四射的指路明灯，中国革命的面貌也由此焕然一新。中国共产党的成立，也是中华民族从苦难走向辉煌的起点。

5. 革命纲领与党章的制定

中国共产党一成立，就立即投身到火热的革命斗争中去，尤其是在领导工人运动方面做了大量的工作。

1921年8月，中国共产党在上海成立了公开领导工人运动的总机关——中国劳动组合书记部，创办了机关刊物《劳动周刊》。接着，又在北京、武汉、长沙、广州、上海等地建立了分部。各地党组织相继领导了上海英美烟厂、粤汉铁路武（昌）长（沙）段、汉口租界人力车夫等罢工斗争，党在工人群众中的影响日益扩大。

中国共产党在领导革命斗争的同时，还注重发展自身组织。1921年11月，陈独秀以中央局书记的名义通告各区党组织，对党、团、工会组织的发展及工人运动和宣传工作等问题作出了具体的规定。要求上海、北京、广州、武汉、长沙5区在本年内，迟至明年7月开大会前，都能得同志30人，成立区执行委员会，以便开大会时能依党纲成立正式中央执行委员会。

各地党组织认真执行中央局的指示，组织发展基本上达到了中央局的要求，一些原本没有党组织的地方新建立了党的组织，旅法共产党早期组织也与党中央取得了联系。此外，在留德、留俄、留美学生中也发展了党员或建立了党组织。到1922年6月底，全国党员人数已由一大时的50余人，发展到了195人。其中，上海50人，长沙30人，广东32人，湖北20人，北京20人，山东9人，郑州8人，四川3人，留俄8人，留日4人，留法2人，留德1人。在党员中，有女党员4人，工人党员21人。

中国共产党成立后，中央机关设在上海，书记暂由周佛海代理。周当时是一个年轻的留学生，理论水平和实际经验都难孚众望，况且这位湖南青年虽然早在出国之前就已结婚，但与当时许多时髦的年轻人一样，撇下家中的结发妻子，与上海一富家女子闹婚外恋，根本没有多少心思顾及党的工作。这种局面引起了共产国际代表马林的担忧，他要求陈独秀辞去广州的职务，回沪一心一意主持中共中央工作，并派包惠僧到广州督促陈独秀返沪。

1921年9月，陈独秀辞去了广州的职务，回到了上海，专任中央局的书记。他经过与马林、尼克尔斯基会商，决定加强宣传工作，以《新青年》作为党的公开宣传刊物，由陈独秀亲自主持。继续出版《共产党》月刊，作为秘密宣传刊物，由李达负责。党还在上海成立了人民出版社，准备出版马克思全书15种，列宁全书14种，共产主义者丛书11种，其他9种。在此后一年的时间里，人民出版社出版了《共产党宣言》《国家与革命》《哥达纲领批判》等书。这是一个秘密的出版机构，所以书上印的社址是"广州昌兴马路"。

陈独秀虽然在创立党的过程中起了重大作用，但对如何展开党的工作显然也有个摸索过程。据李达回忆说："除了他隔几日来与我们相会外，我们不知道他的住处，他究竟每天做了些什么，我们全不知道。据我所知，除了他隔三五日来我寓所看文件、拿几封信回去（因为党的通信都由我收转）作答以外，似乎没有什么工作。"[①] 陈独秀与马林的关系也不融洽。陈是特立独行之人，而马林作为共产国际的代表，对中国同志难免有些颐指气使，这恰恰是陈独秀所受不了的。马林要陈独秀去汇报工作，陈独秀去了一次后，不肯去第二次，理由是党的组织还在萌芽时期，没有什么可报告的。马林又向他要工作计划和预算，表示共产国际将予以经济上的支持，陈独秀毫不客气地回答说，中国共产党是否加入共产国际还没有决定，即使加入了，将来与共产国际所派代表的关系怎样也有待研究，现在根本说不上工作报告、计划、预算等。后来

---

① 中国社会科学院现代史研究室、中国革命博物馆党史研究室编：《"一大"前后》（二），人民出版社1980年版，第15页。

陈独秀与马林还发生过激烈的争吵。

陈独秀在当时是大名人，返沪后，当地的媒体立即作了报道。名气大虽是好事，但有时也会招致额外的麻烦。陈独秀回上海的消息在报上刊登后，立即引起法租界当局的注意。10月4日，法国巡捕突然将陈独秀夫妇捕去，一同被捕的还有包惠僧、柯庆施等人。

马林虽然对陈独秀不尊重自己满肚子不高兴，但在这个时候还是挺身而出，花重金为陈独秀请了一名辩护律师，又利用各种途径打通了巡捕房至公审会堂等各路关节。陈独秀在巡捕房被关了二十余天，终于得以释放。通过这件事，陈独秀对马林的看法有了很大的改变。

可是，过了几个月，陈独秀和马林之间又发生了冲突。

原来，陈独秀出狱一个多月后，马林为了解孙中山先生和国民党的情况，在张太雷的陪同下到了广西桂林，会晤正在那里组织北伐的孙中山。

孙、马二人会面之后，相谈甚欢。马林发现，孙中山对苏俄的情况很感兴趣，对苏俄革命的成功十分钦佩，但对胜利后要实行共产主义制度颇有疑虑。马林觉得，尽管孙中山不理解共产主义，甚至不愿意中国青年选择马克思主义，但他身上毕竟有可贵的革命精神，在世界反对帝国主义的斗争中，应该将孙中山和国民党作为盟友，于是萌生了促使国共两党合作的想法。

马林返回上海后，把自己的想法告诉了陈独秀和张国焘。不料，陈独秀等毫不迟疑地表示，坚决反对国共合作。虽然马林讲了与孙中山合作的种种好处，如国民党并不反对共产党在南方进行共产主义宣传，在那里党组织可以从地下转入公开。马林甚至建议，可把党的中央机构搬到广州去。

对于与国民党合作，不仅陈独秀等人表示反对，不少党的组织和党员也不赞同，有的党员甚至说，如果共产党与国民党合作，他们将退党。马林见此，只得回莫斯科去请示共产国际。

就在这个时候，南方的局势又发生了变化。粤军总司令陈炯明原本是孙中山一手培养起来的，也一直为孙中山所倚重，但陈炯明与孙中山在理念上并不相同，对孙中山的北伐大为反对。孙中山北伐并没有自己的基本部队，主要依靠的力量便是陈炯明的粤军，而陈炯明舍不得将自己手中的军队交给孙中山去同北洋军阀拼杀，于是对孙中山的北伐大加破坏，最后竟发展到炮轰孙中山在广州的官邸，公开叛乱，还将孙中山赶出了广州。

在此前后，北方的局势也不稳定，奉系军阀张作霖发动对直系军阀曹锟、吴佩孚的战争，即第一次直奉战争。结果，奉军战败，张作霖退至关外，北京为直系军阀所独占。曹锟、吴佩孚入主北京后，便叫喊要"武力统一"中国。其他军阀为保住或扩大自己的地盘，便抬出"自治"或"联省自治"相对抗。新文化运动健将之一的胡适，也在这个时候联络一些学者，在《努力周报》上发表《我们的政治主张》，提出要由"国内的优秀分子"组织一个"好人政府"，"作为现在改革政治的最低限度的要求"，以便南北方早日议和，解决裁兵、国会、宪法、财政等问题。

这时候，国际形势对中国也很不利。1921年11月至次年2月，在美国的发起下，英、日、法、意、比、荷、葡及中国在华盛顿召开九国会议。由于美国的操纵，会议签订了《九国公约》，接受了美国提出的"各国在华机会均等"和"中国门户开放"的主张，使中国恢复到了被几个帝国主义国家共同支配的局面。

这种复杂的形势，使中国共产党必须对帝国主义、封建军阀、孙中山领导的国民党，以及"好人政府"、"联省自治"之类的主张，明确地表明自己的态度，并制定党在现阶段的革命纲领，明确奋斗目标。

1922年1月，共产国际在莫斯科召开了远东各国共产党及革命团体第一次代表大会，与华盛顿会议相对抗，中国共产党、社会主义青年团、国民党等组织共派出了30多名代表组成了中国代表团，中国共产党参加会议的代表有张国焘、高君宇、王尽美、邓恩铭等。这次会议阐明了列宁关于殖民地半殖民地问题的理论，明确指出：中国"当前的第一件事便是把中国从外国的羁轭下解放出来，把督军打倒"，创立一个民主主义的共和国。大会期间，列宁还接见了中国代表，对中国革命表示了极大的关注。这次会议对于中国共产党制定当前阶段的革命纲领提供了直接帮助。

在这样的背景下，中国共产党决定召开第二次全国代表大会。

早在 1921 年 11 月，陈独秀起草的《中国共产党中央局通告》就曾指出，党的二大要在 1922 年 7 月召开，但没有确定会议的地址。张国焘为此解释说："至于会议地点，如在上海，显然要预防租界当局的干扰；如改在广州举行，自然是很安全，不过当时广州的政情很复杂，孙（中山）陈（炯明）摩擦之说已甚嚣尘上，如果国民党内部真发生冲突，我们在广州召开大会就有些不便。因此，中共中央决定由陈独秀先生和我在广州指导劳动和青年团两个大会的进行，并考察广州的政治情况，研究国共合作的可能发展，再行决定我们党的第二次代表大会是否便于在广州举行。"①

张国焘所讲的"劳动和青年团两个大会"，指的是 1922 年 5 月召开的第一次全国劳动大会和随后举行的社会主义青年团第一次全国代表大会。这时正值陈炯明叛变前夕，广州的局势已很紧张。陈独秀曾同陈公博一起前往惠州会晤陈炯明，带有劝说陈炯明不要同孙中山决裂的意图，但陈炯明一意孤行。陈独秀见事不可为，便立即回到了上海。

既然如此，在广州召开二大显然不合适了，所以中共中央决定，党的第二次全国代表大会仍在上海举行。

在二大召开前夕，即 6 月 15 日，中国共产党发表了由陈独秀起草的第一次对时局的宣言。这份文件的最重要之处，就是放弃了过去对任何党派都采取排斥态度的关门主义观点，第一次提出了建立"民主的联合战线"的主张，强调"中国共产党是无产阶级的先锋军，为无产阶级奋斗，和为无产阶级革命的党。但是在无产阶级未能获得政权以

---

① 张国焘：《我的回忆》第 1 册，东方出版社 1991 年版，第 214 页。

前，依中国政治经济的现状，依历史进化的过程，无产阶级在目前最切要的工作，还应该联络民主派共同对封建式的军阀革命，以达到军阀覆灭能够建设民主政治为止"。① 这个《宣言》，实际上为二大的召开做好了思想准备。

既然决定二大在上海召开，找一个安全的会址就至关重要。这时，法租界望志路的李书城公馆和渔阳里 2 号的陈独秀寓所，都早为租界当局所注意，自然不能作为会址了。只有辅德里 625 号李达的家还是一个可靠的联络点，而且李达的房子是一排石库门房子中的一家，侧身一闪而入，不易辨出进了谁家。于是，中共中央决定在这里召开党的第二次全国代表大会。

这时，党组织虽有发展，但毕竟一切都处于初创时期，所以召开二大的时候，事先并没有制定代表选举办法，代表自然也不是选举产生，而是由陈独秀、张国焘指定的。上届中央局的成员陈独秀、张国焘、李达是当然的代表，此外，有各省区和社会主义青年团的代表，也有部分从莫斯科参加远东各国共产党和民族革命团体第一次大会回来的代表，还有留法支部的代表。

快到预定的开会日期了，但北京的李大钊、湖南的毛泽东和广东的谭平山等代表仍未赶到。李大钊原曾承诺参加，临近会期时又因有事不能出席；毛泽东这时倒是在上海从事反对湖南军阀赵恒惕的活动，但却未能参加大会。14 年后，他在陕北的窑洞里对来访的斯诺说："我被派到上海去帮助组织反对赵恒惕的运动。那年（1922 年）冬天（按：日期有误——引者），第二次党代表大会在上海召开，我本想参加，可是忘记了开会地点，又找不到任何同志，结果错过了这次大会。"② 广东代表谭平山则由于此时正值陈炯明发动反对孙中山的叛乱，中共中央与

① 中共中央文献研究室、中央档案馆：《建党以来重要文献选编（1921—1949）》第 1 册，中央文献出版社 2011 年版，第 97 页。
② 埃德加·斯诺：《西行漫记》，生活·读书·新知三联书店 1979 年版，第 134 页。

广东党组织的联络发生困难，没有赶来上海。

大会在等待几天之后，于 7 月 16 日正式开幕。参加这次大会的共有 12 名代表，代表了全国 195 名党员。大会由中央局书记陈独秀主持。陈独秀首先向大会报告了一年来中央工作的概况及 6 月发表的《宣言》中的政治主张，介绍了党组织发展和各地工人运动情况。陈独秀在报告中说，中国共产党是工人阶级政党，最终目的是要在中国实行无产阶级革命，建立劳农专政的国家，实现共产主义。但目前，中国对内仍在封建式的军阀统治之下，对外是个受帝国主义势力支配的半独立国家，所以无产阶级有加入民主革命运动的必要，只有联合资产阶级民主派才能打倒共同的敌人。

接着，由张国焘报告远东各国共产党和民族革命团体第一次代表大会经过、工人运动状况和第一次全国劳动大会情形，由施存统介绍社会主义青年团第一次代表大会的情况。

随后几天，大会的主要议程是分组讨论这几个报告。

当时，上海的政治环境恶劣，就在二大开幕的当天，法租界当局查封了中国劳动组合书记部。有鉴于此，大会吸取了一大时的教训，决定以小型的分组讨论为主。小组讨论分别在上海部分党员家里进行，不是代表的党员也可以参加讨论。在召开全体会议时，也经常改换地点，以免引起租界巡捕和密探的注意。

会议讨论的中心内容，是现阶段党究竟应制定什么样的纲领。虽然在大会前陈独秀代表中共中央拟就了《中国共产党第一次对于时局的主张》，对这个问题有了初步的阐发，但代表们认为还有值得修改完善的地方。蔡和森就明确表示，这个文件未将中国无产阶级及先锋队中国共产党的作用完全表达出来，中国的资产阶级不会有法国资产阶级在法国大革命时的那种作用。中国是一个半殖民地，无产阶级应当联络农民和小资产阶级，形成反对帝国主义的革命联盟。应该说，蔡和森的主张是正确的，其他一些代表也发表了类似的意见。

为了明确表明党对时局的主张，向全国人民阐明党在民主革命阶段的基本纲领，大会决定起草《中国共产党第二次全国代表大会宣言》，并推举陈独秀、蔡和森、张国焘组成起草委员会，负责宣言的起草工作。蔡和森和张国焘又推陈独秀为宣言执笔人。陈独秀花了两天的时间写出了初稿，蔡和森提出了许多补充和修改意见，然后交大会讨论。

在讨论现阶段革命的方针政策时，多数代表认为，当前还不能进行打倒资产阶级的社会主义革命，而只能是联合资产阶级进行打倒帝国主义和封建军阀的民族民主革命。有代表在讨论中提出，资产阶级是无产阶级革命对象，现在我们却要帮助资产阶级完成民主革命，使敌人掌握政权，反过来压迫无产阶级，这不是一个矛盾吗？多数代表认为，党的民主革命方针与党的根本目的是不矛盾的，因为进行民主革命并不是放弃社会主义革命，联合资产阶级不等于是投降资产阶级。民主革命胜利固然使资产阶级获得利益，工农群众同时也可以获得一些权利和自由，进一步加强本阶级的力量和地位。这种暂时的联合是工人阶级根本利益的需要，是为将来进行社会主义革命准备条件。

7月23日，大会在法租界的另一处地方再次举行全体会议，通过了《中国共产党第二次全国代表大会宣言》《中国共产党章程》《关于"民主的联合战线"的决议案》《中国共产党加入第三国际决议案》等9个文件，并进行大会的最后一项议程——选举中央领导机构。

二大决定成立党的中央执行委员会，代表们认为，目前党员的数量仍然有限，中央执行委员会的人数不必太多，乃选举陈独秀、张国焘、蔡和森、高君宇、邓中夏5人为中央执行委员会委员。

在选举时，上届中央局成员李达表示，根据自己一年来中央工作的经验，还是专门从事写作比较适宜，而且准备回湖南教书，请求不再担任中央的宣传工作。大会接受了李达的请求，并推选陈独秀为中央执行委员会委员长，蔡和森负责宣传工作、张国焘负责组织工作。

二大通过的《中国共产党第二次全国代表大会宣言》（以下简称《宣言》），对民主革命的对象、任务、性质做了明确的回答，制定了彻底的反帝反封建的革命纲领。

《宣言》对中国的政治经济现状做了正确的分析，指出，一方面，中国政治上经济上无不受帝国主义列强的控制，实际上已经成为国际资本帝国主义势力所支配的半独立国家；另一方面，中国在政治上还处在军阀官僚的封建制度把持之下。因此，现阶段，中国革命的性质是反帝反封建的"民主主义革命"。

《宣言》提出了党的最高纲领，这就是"组织无产阶级，用阶级斗争的手段，建立劳农专政的政治，铲除私有财产制度，渐次达到一个共产主义的社会"①。年轻的共产党人已经意识到，实现党的最高纲领，实现共产主义，毕竟是一个长期奋斗的过程，而要实现这个目的，就必须明确现阶段的革命任务。因此，《宣言》中又明确提出了现阶段的革命纲要，其要点是：消除内乱，打倒军阀，建设国内和平；推翻国际帝国主义的压迫，达到中华民族完全独立；统一中国本部（东三省在内）为真正的民主共和国。就这样，中国共产党在全中国人民面前，破天荒地提出了明确的反帝反封建的民主革命纲领，为中国革命指明了方向。

二大指出，为了实现反帝反封建的革命目标，必须组成"民主主义的联合战线"。大会通过的《关于"民主的联合战线"的议决案》指出："我们共产党不是空谈主义者，不是候补的革命者，乃是时时刻刻要站起来努力工作的党，乃是时时刻刻要站起来为无产阶级利益努力工作的党。在中国的政治经济现状之下，在中国的无产阶级现状之下，我们认定民主的革命固然是资产阶级的利益，而于无产阶级也是有利益的。因此我们共产党应该出来联合全国革新党派，组织民主的联合战线，以扫清封建军阀推翻帝国主义的压迫，建设真正民主政治的独立国家为职志。"②

大会通过的《中国共产党的组织章程决议案》强调，中国共产党

---

① 中共中央文献研究室、中央档案馆：《建党以来重要文献选编（1921—1949）》第1册，中央文献出版社2011年版，第133页。

② 中共中央文献研究室、中央档案馆：《建党以来重要文献选编（1921—1949）》第1册，中央文献出版社2011年版，第139页。

是中国无产阶级的先锋队组织，是中国无产阶级的忠实代表，党的一切活动都必须深入到群众中去，党的内部必须有严密的、高度集中的、有纪律的组织和训练。大会通过了《中国共产党章程》，这是党的历史上的第一部党章，对党员的条件、党的各级组织和党的纪律作出了具体的规定。

二大通过的党章强调："全国大会及中央执行委员会之决议，本党党员皆须绝对服从之。""下级机关须完全执行上级机关之命令；不执行时，上级机关得取消或改组之"，"一切会议均取决多数，少数绝对服从多数"。并且明确规定，凡党员有犯以下各项之一者，该地方执行委员会必须开除之：（一）言论行动有违背本党党纲章程及大会各执行委员会之议决案；（二）无故连续二次不到会；（三）无故欠缴党费三个月；（四）无故连续四个星期不为本党服务；（五）不守纪律经中央执行委员会命令其停止出席留党察看期满而不改悟；（六）泄漏本党秘密。① 这表明，党已经清醒地认识到纪律的极端重要性。严密的组织、严明的纪律，保证了中国共产党能够百折不挠、经历艰难困苦而不断走向胜利。

二大还作出了一个重要的决定：完全承认共产国际所决议的加入条件二十一条，正式加入共产国际，成为"国际共产党之中国支部"。

随着二大的召开，中国共产党完成了它的创建工作，并以一个真正的无产阶级政党的姿态，投入到实际的革命斗争中去。

---

① 中共中央文献研究室、中央档案馆：《建党以来重要文献选编（1921—1949）》第1册，中央文献出版社 2011 年版，第 273—274 页。

二、第一次国共合作的来龙去脉

1924 年至 1927 年的第一次国共合作，有力地推动了中国革命的向前发展，形成了轰轰烈烈的大革命局面。在这个过程中，由于中国共产党还没有认识到在统一战线中掌握领导权的重要性，尤其是还不懂得中国革命的主要形式是武装的革命反对武装的反革命，而没有建立一支由自己掌握的、力量强大的革命武装。结果，当蒋介石、汪精卫等人叛变革命的时候，中国共产党人处于十分被动的状态，最终导致大革命的失败。

1. 国共合作问题的由来

中共一大后不久，共产国际代表马林就几次建议中国共产党，放弃对国民党的不介入态度，而在国民党内开展政治活动。

共产国际为什么对国共合作那样积极呢？其实，中国共产党刚成立的时候，共产国际和苏俄一方面帮助中共建党，另一方面又觉得共产党的力量太小。1921 年底，马林在张太雷的陪同下，在桂林会晤了孙中山，与孙中山长谈了三次话，与其他的国民党要人也有所接触。这次桂林之行使马林对孙中山和国民党留下很好的印象，也使他相信，中国革命最好的形式，是共产党与国民党进行合作。他在事后写给莫斯科的报告中，对国民党的现状作了一番热情洋溢的描述，建议共产国际与孙中山建立密切的联系，而不只是全力去帮助共产党；共产党力量太弱小，与工人运动又毫无联系，最好的出路就是加入国民党，只有在那里共产党才有可能发挥作用。

然而，孙中山对于马林的建议并不十分积极，告诉马林说，他对苏俄革命的经验很感兴趣，但对于一些青年知识分子刻意模仿苏俄不以为然。他直截了当地对陪同马林并担任翻译的张太雷说："为什么青年要从马克思那里寻求灵丹妙药，从中国的古典著作不是也能找到马克思主义的基本思想吗？"① 他认为共产党信仰马克思主义，不过是一些年轻人崇洋媚外和标新立异的表现。加之孙中山此时正充满信心地准备新一轮北伐，而此次北伐所依靠的主要力量是他一手培养起来的陈炯明，他认为北伐成功的可能性极大，故对国共合作之事并没有表现出多大的热情。所以马林结束桂林之行后在长达半年的时间里，国共合作之事并无多大动静。

孙中山的北伐主要靠陈炯明的军队，可是陈炯明却有自己的想法。北伐成功固然好，但这个功劳首先会记在孙中山头上，他陈炯明得不到太多的好处；而一旦失败，损失的是他的力量。多年来，孙中山不停地策动北伐，但从未成功过，陈炯明从内心里反对北伐，于是指使部下在广州发动叛乱，炮轰孙中山的住地观音山总统府。孙中山在广州附近白鹅潭的永丰舰（也就是后来赫赫有名的中山舰）上同叛军对峙50多天，最后黯然回到上海。

孙中山回到上海之后，马林再次向他提出国共合作之事。此时孙中山正处在陈炯明叛变、事业严重受挫时期，急需外援和外力相助。中国共产党作为五四之后成长起来的一支新生政治力量，其蓬勃向上的活力正是国民党所缺乏的。中国共产党是共产国际的下属支部，吸纳共产党员加入国民党，亦可间接汲取俄国布尔什维克的革命经验和治党办法，得到苏维埃俄国物质上的帮助。此外，孙中山感到年轻的共产党人有意独树一帜与国民党"争衡"，让共产党员加入国民党并对其加以约束，至少要比让共产党置身于国民党之外，使共产党利用苏俄和共产国际的

———————————

① 李玉贞主编：《马林与第一次国共合作》，光明日报出版社1989年版，第373页。

支持与国民党竞争政治资源有利。

孙中山一生都在追求革命，但很长一段时间对国内的军阀和西方缺乏正确认识，常常是联合这一派军阀反对另一派军阀，但没有一个军阀是真心支持他的；同样，他也时常幻想取得西方列强的帮助以实现他的革命目标，但西方列强也没有一个给予实质性的帮助。经过一系列的挫折之后，孙中山终于意识到军阀与列强都是靠不住的。而这时，列宁领导的苏俄主动向他表达支持帮助之意，而想要得到苏俄的帮助，自然有必要理顺与中国共产党的关系。这是孙中山同意国共合作的重要原因。

当时的中国共产党不但人数不多，而且在全国的影响也远不及国民党，孙中山一方面同意国共合作，另一方面从内心里又有些看不起共产党。因此，他自然不愿与中国共产党进行平起平坐的对等合作，而只许共产党员以个人身份加入国民党，服从他的领导，即采取党内合作这种形式。

对于这种并不对等的合作条件，一开始，共产党方面表示不能接受。早在孙中山回到上海之前，即 1922 年 4 月 6 日，陈独秀绕过马林，直接写信给共产国际东方部负责人维经斯基，力陈中共不能加入国民党组织的六条理由：（一）共产党与国民党革命之宗旨及所据之基础不同；（二）国民党联美国、联张作霖段祺瑞等政策与共产主义太不相容；（三）国民党未曾发表党纲，在广东以外之各省人民视之，仍是一争权夺利之政党。共产党倘加入该党，则在社会上信仰全失（尤其是青年社会），永无发展之机会；（四）广东实力派之陈炯明，名为国民党，实则反对孙逸仙派甚烈，我们倘加入国民党，立即受陈派之敌视，即在广东亦不能活动；（五）国民党孙逸仙派向来对于新加入之分子，绝对不能容纳其意见及假以权柄；（六）广东、北京、长沙、武昌各区同志对于加入国民党一事，均已开会议决绝对不赞成，在事实上亦已无加入之可能。①

---

① 中央档案馆：《中共中央文件选集》第 1 册，中共中央党校出版社 1989 年版，第 31 页。

不久，受列宁关于殖民地半殖民地问题理论的启发及共产国际关于中国革命的指示，中共中央和陈独秀对国民党的看法有了较大的改变，认识到与国民党等"革命民主派"建立联合战线的必要性。在中共二大上，还正式提出了建立"民主的联合战线"的主张。

但是，无论是这年6月陈独秀起草的《中国共产党对于时局的主张》，还是中共二大通过的《关于"民主的联合战线"的决议案》，都只是一般地提出要与国民党等民主派合作，至于具体采取什么样的方式合作并没有解决。随着革命形势的发展，这一问题就显得日益突出。

1922年4月，马林得知陈独秀背着自己给维经斯基写信反对与国民党合作后，为了取得共产国际的明确指示，使陈独秀放弃己见，于月底绕道荷兰回到莫斯科，向共产国际详细汇报了中国的情况，并且得到了共产国际的明确支持。维经斯基随即向中国共产党发出如下指示：中国共产党中央委员会接短笺后，应根据共产国际主席团7月18日的决定，立即将驻地迁往广州，并与菲力普同志（按：即马林——引者）密切配合进行党的一切工作。① 维经斯基签发的这份指示，实际上也巧妙地给陈独秀的4月来信做了答复。

7月下旬，马林从莫斯科动身，8月12日经北京抵达上海，带来了共产国际执委会的"八月指示"。这个指示的基本精神，就是要马林立即着手开展让共产党员和青年团员以个人名义加入国民党的工作，尽快解决国共合作事宜。

马林一到上海，就通过张太雷把这些内容透露给陈独秀，还让张太雷与陈独秀、邓中夏等人联系并商量，在近期内召开了一次党的会议，郑重讨论国共合作的具体方法问题。

马林没有直接找陈独秀谈这个问题，也许是担心陈独秀不认他的账，甚至与他发生公开冲突。因此，马林还特别建议党的会议一定要请

---

① 中共中央党史研究室第一编研部：《共产国际、联共（布）与中国革命文献资料选辑（1919—1925）》，国家图书馆出版社1997年版，第321页。

李大钊参加。在马林看来，李大钊远比陈独秀敦厚平和，且对孙中山也有好感。

其实，此时的陈独秀对孙中山和国民党的态度已发生根本性的改变。陈炯明背叛孙中山后，中国共产党毫不犹豫地中止了与陈炯明的联系，并站在孙中山的立场上对其进行公开谴责。同时，陈独秀还以中共中央的名义致电广东支部负责人谭平山，要求他们立即断绝与陈炯明的一切关系，转而采取支持孙中山的立场。

这对于陈独秀来说已经不容易了，但马林仍嫌不够，他批评陈独秀的"民主的联合战线"主张是"空洞而不能实行的左倾思想"。甚至说，这不仅孙中山不能接受，共产国际也不会同意这样做。

这时，李大钊到了上海。陈独秀等人认为，李大钊和马林都没有参加二大，现在马林又提出了不同意见，因此，有必要开一次中央特别会议。会议定在风景如画的杭州西子湖畔举行。时间定在8月29日和8月30日。参加这次西湖特别会议的有陈独秀、李大钊、蔡和森、张国焘、高君宇、马林和张太雷，共7人。

会议由陈独秀主持，首先由马林传达共产国际的"八月指示"。马林在讲话中没有直接批评中共二大的决议，只是强调在国共合作的方式上，只能是共产党员和青年团员以个人身份加入国民党，实行党内合作。为此，马林强调了五点理由：

第一，中国在很长的时期内，只能有一个民主的和民族的革命，绝不能有所谓社会主义革命；而且现在无产阶级的力量所起到的作用都还很小。

第二，孙中山的国民党是中国现有条件下一个有力量的民主的和民族的政党，不能说它是资产阶级的政党，而实际上应被视为一个各阶层革命分子的联盟。

第三，孙中山可以而且只能容许共产党加入国民党，绝不会同意与共产党建立一个平等和平行的联合战线。

第四，中国共产党必须学会西欧工人运动中共产党员加入社会民主党工会联合战线的经验，必须尊重共产国际的意见。

第五，共产党加入国民党之举，既可以谋取革命势力之团结，又可以使国民党革命化，尤其可以影响国民党所领导的大量工人群众，将他们从国民党中争取过来。

马林话音刚落，张国焘、蔡和森立即表示反对。他们认为，共产党员加入国民党，不能与西欧共产党加入社会民主党工会一事相提并论，因为中国的国民党乃是一个纯粹的资产阶级政党，故中国共产党之加入，无异于将自身与资产阶级相混合，结果只能丧失自己的独立性，这与共产国际二大所通过的原则不符。

张国焘和蔡和森特别强调，中国共产党与国民党建立党外的联合战线是可以的，如果国共组成一个联合战线的委员会，可以推孙中山为主席，委员会中的国民党人数也可以比中共人数多一倍左右。中国共产党除与国民党建立联合战线外，更应争取国民党外的广大工农群众来壮大自己。因此，不能接受马林提出的党内合作方式，并希望共产国际重新予以考虑。

陈独秀也不赞同马林的意见。他在会上发言很多，最主要的一点就是认为国民党是一个资产阶级政党，不能因为国民党容纳了一点非资产阶级分子，便否认它的资产阶级性质。他进一步解释说，一旦共产党员加入国民党，肯定会产生许多复杂而不易解决的问题，其结果反而会大大损害中国革命力量的团结。

鉴于中共二大通过了中国共产党加入共产国际的决定，必须服从于共产国际的指示，说到最后，陈独秀表示，如果这是共产国际不可改变的决定，我们应当服从，至多只能申述我们不赞同的意见。

马林见此，急忙站起来说这是共产国际已经决定了的政策，陈独秀还是提出对共产国际的决定只能有条件地服从，强调只有孙中山取消打手模及宣誓服从他个人等原有的入党形式，并根据民主主义原则改组国民党，共产党员才能加入进去。否则，即使是共产国际的命令，也要反对。

　　见此情景，李大钊表示，党的工作不能凭个人的意气用意，考虑到马林的意见从整体上是对党的事业有利的，于是发表了自己的意见。对此，张国焘回忆说："李大钊先生却采取一个调和的立场。他虽同情我们的某些看法，也称许陈先生所提出的条件，但基本上是附和马林的。他认为国民党的组织非常松懈，无政府主义者加入国民党已经多年，挂着国民党党籍，依然进行无政府主义的宣传，并未受到任何约束。即单纯的国民党员也抱有各种不同的政见，单独从事政治活动的例子也不少，足见共产党员加入国民党，同样不会受到约束。他也判断联合战线不易实现，采取加入国民党的方式是实现联合战线的易于行通的办法。"[①]

　　由于李大钊的努力，会议以一种互相谅解的形式，确认只要国民党能够根据民主主义原则进行改组，并取消入党时打手模和向孙中山宣誓等效忠个人的形式，共产党员可以加入国民党，以实现两党的合作。

　　其实，这个时候的孙中山的确十分苦闷。他苦心经营多年的国民党成了一盘散沙，早年的革命朝气已无影无踪，除了少数人还在追随他苦苦奋斗外，不少人或热衷于一官半职，或者意志消沉，而国民党内部又混进了大量的官僚政客，成为一个无所不包的大杂烩。尤其是由他一手培养起来的陈炯明的叛变，给孙中山以重大打击，几乎使他陷入绝望的境地。

　　陈炯明叛变后，中国共产党立即断绝了同陈的联系，转而支持孙中山。孙中山抵沪后，陈独秀和李大钊又先后去访问，表示慰问与支持，这使孙中山对年轻的中国共产党产生了好感，表示欢迎苏俄对他的帮助，欢迎共产党人同他合作。西湖会议后，马林和陈独秀、李大钊赶赴上海，与孙中山洽商具体合作事宜。孙中山对共产党员加入国民党欣然表示同意，还应允取消打手模等原有入党形式，同意依照民主主义精神改组国民党组织。

　　① 　张国焘：《我的回忆》第 1 册，东方出版社 1991 年版，第 243 页。

按照西湖会议的决定，李大钊、陈独秀、蔡和森、张国焘等中共领导干部，由张继介绍率先加入了国民党。

接着，孙中山召集负责各省的国民党党员 53 人开会，商谈如何改进国民党的问题，又指定茅祖权、陈独秀、覃振、陈树人、丁惟汾、张秋白、吕志伊、田桐、管鹏等几个组成"国民党改进案"（亦称"改进方略"）起草委员会，拟定国民党的党纲和党章草案。

不过，这时加入国民党的还只有少数中共负责干部，直至 1923 年年初，这种状况仍没有多大改变。据包惠僧回忆，这年 2 月初，在北京地区党组织的一次会议上讨论国共合作问题时，除李大钊等少数人外，"北京地区的多数同志认为国民党是一个资产阶级的党，他们只有领袖，没有群众；只有高级干部，没有中下层干部，里面有许多堕落腐化的政客，很难在他们身上找出革命的因素。我们同他们建立联合战线，既失掉了我们的阶级立场，又损害了我们党的纯洁性。这就是国共没有建立联合战线以前一般共产党人的见解"①。

这种状况，引起了共产国际的严重不满，在共产国际四大上，共产国际政治书记狄拉克警告中国共产党说："不要过高估计你们的力量"，要"走出孔夫子式的共产主义学者书斋，到群众中去"。共产国际认为，在中国无论是实现社会主义的问题，还是建立苏维埃共和国的问题，还都没有提上历史日程。为此，共产国际极力敦促中国共产党加快国共合作的步伐。

当共产国际指示传到中国时，正值发生了二七惨案。中国共产党成立后，曾把主要的精力放在组织工人运动上，先后发动组织了安源路矿工人大罢工、开滦煤矿工人大罢工和京汉铁路工人大罢工。安源路矿工人大罢工取得了胜利，开滦煤矿工人大罢工也部分实现了工人的要求，而京汉铁路工人大罢工却遭到了军阀吴佩孚的残酷镇压，共产党林祥谦、施洋英勇牺牲，罢工工人牺牲 52 人，受伤 300 余人，因惨案开始

---

① 《包惠僧回忆录》，人民出版社 1983 年版，第 361 页。

于 1923 年 2 月 7 日，故称"二七惨案"。

二七惨案的发生，使年轻的共产党人得到了血的教训，这就是无产阶级不能仅靠自己单枪匹马地同强大的敌人搏斗，要取得胜利，还必须有其他各阶级的援助，建立革命统一战线。这一事件也加深了广大党员对实现国共合作紧迫性的认识，赞同国共合作的人日渐增多。

2. 国共合作的正式形成

二七惨案发生后，大多数党员表示赞同共产国际关于国共合作的决议，但如何执行这一决议，加入国民党后共产党的独立性应保持到什么程度，为发展国民党而进行的合作要达到什么程度，这些问题在党内却有不同的看法。因此有必要召开一次全国性的代表大会，解决上述问题，统一全党认识。于是，中共中央决定提前召开党的第三次全国代表大会，并决定会议在广州召开。

中共中央之所以把三大的会址选在广州，是因为此时广州的形势发生了有利于国共合作的变化。

1922 年 12 月，孙中山策动驻广西的滇军和桂军联合组成讨贼军，向陈炯明的粤军发动进攻，粤军内部不少将士对陈炯明叛变不满，这时纷纷倒戈加入讨贼军。陈炯明见大势已去，放弃广州，逃回惠州老巢。次年 2 月，孙中山应邀返粤，在广州重建陆海军大元帅府。

在此之前，中共中央机关一度由上海迁到北京。二七惨案发生后，北京政府下令通缉马林、陈独秀、李大钊等人，中央机关只得重迁上海。但此时上海的白色恐怖也很严重，孙中山在广州重建大元帅府后，革命力量可以在广州公开活动，中共中央也就迁至广州，因而在这里召开三大有一个相对安定的环境。

1923 年 5 月，中共中央向北方区、两湖区、江浙区、广东区的党组织发出通知，要求迅速选出代表于 6 月上旬到广州，准备参加三大。与前两次大会不同的是，出席三大的代表不再是指定，而是由各地选举产生的。

中共中央在通知中规定，代表人数按党员人数多寡选出，约为 10 至 20 名党员中选 1 人，要求以产业工人为主体，其次是从事工农革命运动的主要负责人和区、省的书记。根据中共中央的通知，北方区委进行了认真的讨论，然后向所属的铁路、矿山和北方区各大城市的党组织说明中央即将召开三大的意图，要求选派代表。长辛店、天津、唐山、南口、洛阳这些产业工人集中的地方都选出了代表。北方区的代表有李大钊、罗章龙、王荷波、王俊、何孟雄等。其他各区也选出了代表，如两湖区的毛泽东、陈潭秋、项英等，江浙区的徐梅坤、于树德、金佛庄等，广东区的谭平山、冯菊坡、阮啸仙、刘尔崧等。此外，还有中央代表陈独秀、张国焘、张太雷，从法国回来的蔡和森、向警予，从苏联回来的瞿秋白，以及共产国际四大代表刘仁静等。出席三大的总共有 30 多名代表，其中有表决权的 19 人，有发言权的十余人。不用说，参加这次大会的还有共产国际代表马林。

为了开好这次大会，中共中央特地在广州东山恤孤院后街（现在恤孤院路）租了一幢二层的小楼作为会场。这是一栋普通的砖木结构房子，整座楼似乎已是很长时间没有人住，看起来又旧又脏。楼下南边的一间是会议室，北边的一间作为饭厅。楼上的两间是宿舍，一部分代表就住在这里。房间的设备很简陋，没有电灯、自来水、厨房、洗澡间，只有一个大水缸，蓄着洗脸水，晚上照明是煤油灯和蜡烛。会议室的中央，摆着一张西餐式的长方台子，两边是一些长条凳，前后两端各摆着几把小方凳。中共三大于 1923 年 6 月 12 日开幕，6 月 20 日闭幕，历时 8 天。

大会正式开幕前，先举行了两天的预备会议，就一些主要议程和决议草案初步交换了意见。在讨论党的策略时，代表中已出现了尖锐的分歧。

正式开会的第一天，首先由陈独秀代表二届中央执委会作二大以来中央工作的报告。这个报告的特别之处在于，对工作中所取得的成绩讲得不多，缺点却讲了不少。

陈独秀在报告中这样说："上海的同志为党做的工作太少。北京的同志由于不了解建党工作，造成了很多困难。湖北的同志没能及时防止冲突，因而工人的力量未能增加。只有湖南的同志可以说工作得很好。""广州的同志在对待陈炯明的问题上犯了严重错误，最近他们正在纠正错误。"

报告中，陈独秀还对党一年的工作提出了批评，主要体现在："忽略了党员的教育工作"；"宣传工作进行得不够紧张"；"很少注意农民运动和青年运动，也没有在士兵中做工作"；"党内存在严重的个人主义倾向"。他还对中央执行委员会的工作提出了批评，说中央执行委员会没有组织，5 个中央委员经常不在一起，使工作受到了损害，缺乏知识，政治主张不明确。更有意思的是，他对自己和张国焘提出了严厉批评："陈独秀由于对时局的看法不清楚，再加上他很容易激动，犯了很多错误。""张国焘同志无疑对党是忠诚的，但是他的思想非常狭隘，所以犯了很多错误。他在党内组织小集团，是个重大的错误。"①

在党代会的工作报告中，如此大讲工作缺点，并对中央主要领导人大加批评，这在中国共产党的历史上并不多见。这说明，党在它的幼年时期，尽管组织上、思想上尚不成熟，但有着良好的批评与自我批评风气。一味地歌功颂德唱赞歌固然不对，但在党的全国代表大会上只讲缺点效果也不会好。陈独秀刚刚做完报告，就有代表发言，批评他的报告过于悲观，指出实际上党的工作还是有不少成绩的。

大会第二天，各地区的代表报告本地区的工作情况，刘仁静等报告参加共产国际四大的情况，张国焘报告二七大罢工及其善后情况。大会以后的日程是进行全体会议或分组讨论，中心议题是共产党员加入国民党的问题。

---

① 中央档案馆：《中共中央文件选集》第 1 册，中共中央党校出版社 1989 年版，第 171—172 页。

对于这个问题，大会争论的焦点不是要不要加入国民党，因为这个问题已经基本上取得了全党的共识。代表们所争论的，是共产党员要不要全体加入国民党，要不要在工人群众中发展国民党的组织，后一问题争论尤为激烈。

会上，围绕上述问题形成了相互对立的两派。一派以马林、陈独秀为代表，主张共产党员应全体加入国民党，在工人群众中也应该发展国民党的组织。另一派以张国焘为代表，反对全体共产党员加入国民党，尤其反对在工人群众中发展国民党组织。

马林认为，中国的劳动运动太软弱无力，实际上等于没有。中国共产党是人为地组织起来的，而且也产生得过早。目前中国只能发展国民运动。国民党是代表国民运动的，但它必须进行改组。现在有了改组国民党的机会，也有了这种可能。共产国际认为国民运动是当前中国共产党的中心任务，苏维埃俄国应该支持国民党。因此，中国共产党人一定要集中自己的力量改组国民党，在国民党内工作和发展国民党。全国的工人都必须参加国民党。只有参加国民党的工人的阶级觉悟提高之后，才能产生国民党左翼。只有到那个时候，一个真正的共产党才能形成，中国的革命运动只能这样发展。

陈独秀、瞿秋白、张太雷赞同马林的主张，认为目前共产党员应加入国民党进行国民革命，应当完全做国民党的工作，将来国民革命成功了，共产党的独立也就不成问题。而且共产党要进行工人运动，也只有加入国民党，集中力量于国民党。

马林等人的问题是对国民党估计过高，对共产党和工人阶级的力量估计过低，但他们坚持中国共产党应积极参加国民党，帮助国民党改组，集中力量进行国民运动的意见则是正确的。当然，在改组国民党问题上，马林也犯了绝对化的错误，提出"所有共产党没有例外地都应加入国民党，并在国民党内积极工作，一切工作归国民党"。这必然不利于共产党保持自己的独立性。

张国焘不赞同马林的意见，反对全体共产党员加入国民党，尤其是反对在劳动群众中发展国民党组织。张国焘的观点是："如果中共全体党员都加入国民党，而且都在国民党内担任实际工作，那就是说，陈独秀也要在国民党内担任实际工作，接受国民党的指导而忙得不可开交，并须以国民党的身份对外发言，那还有甚么中共的独立呢？"张国焘认为，"担任中共各级领导工作的中共党员，担任与国民党无关的工作如职工运动等的中共党员，则不必加入国民党，或加入而不必在国民党内担任实际工作。"①

从表面上看来，张国焘的观点未必是错误的。不过，就其本意而言，是根本怀疑加入国民党的政策，只是碍于共产国际的指示，不便公开反对，就主要在工人群众应否加入国民党上做文章。后来，在会上赞同张国焘观点的蔡和森也认为，张国焘等人的意见有三方面的缺陷：一是怕加入国民党后削弱了自己的势力，没有积极去参加国民党；二是希望孙中山左倾后再加入国民党，而忘却支配国民党的责任；三是不能加入国民党，去促进国民党改组，因而站在被动的地位。②

对于如何参加国民党的问题，大会经过长时间的讨论，也未能获一致意见。最后，大会就陈独秀起草的《关于国民运动及国民问题的决议案》进行表决。在此之前，张国焘反对这个决议案，由他提出了一个修正案，大意是"工人中的中共党员，除一部分有必要者外，应全体加入国民党"，"不应当采取积极介绍大批工人加入国民党的政策"。这个修正案在表决时，以一票之差被否决。接着，以21票赞同、16票反对通过了陈独秀起草的决议。大会还表决通过了《中国共产党第三次全国大会宣言》《劳动运动决议案》《农民问题决议案》等文件。这些文件中明确规定，共产党员以个人身份加入国民党，同时党须在政治上、思想上、组织上保持自己的独立性。

但是，上述文件也有其不足，最根本的是没有提出无产阶级应当努

---

① 张国焘：《我的回忆》第1册，东方出版社1991年版，第289页。
② 《蔡和森文集》，人民出版社2013年版，第179页。

力争取国民革命的领导权。这个问题与共产国际有很大关系。因为共产国际认为，中国共产党现时的任务，主要是帮助资产阶级进行革命，只有资产阶级革命成功了，中国发展了资本主义，有了资产阶级的民主制度，有了罢工之类的自由，届时才可能进行无产阶级革命。因为俄国革命就是这样进行的，先有与资产阶级合作、推翻沙皇专制统治的1905年革命和1917年的二月革命，然后才是革资产阶级之命的1917年十月革命。这个观点被陈独秀所接受。在中共三大上，由陈独秀主持起草的决议案认为：因为中国产业落后，劳动阶级还在极幼稚时代，工人运动尚未能强大起来成为一个独立的社会势力，"自然不能发生一个强大的共产党"。"我们须努力扩大国民党的组织于全中国，使全中国革命分子集中于国民党，以应目前中国国民革命之需要"①。中共三大通过的宣言更是明确宣布："中国国民党应该是国民革命之中心势力，更应该立在国民革命之领袖地位"②。所以，在后来的国共合作中，当蒋介石争夺领导权时，中共中央步步退让，其思想根源就在这里。

大会选举陈独秀、蔡和森、李大钊等9人组成中央执行委员会，由陈独秀、蔡和森、毛泽东、罗章龙、谭平山5人组成中央局，陈独秀为委员长，毛泽东为秘书，罗章龙为会计。

中共三大后，国共合作的步伐大大加快，全体共产党员加入国民党，使国民党焕发出了从未有过的朝气，全国范围的国民革命运动开始兴起。

1923年10月，应孙中山的邀请，苏联代表鲍罗廷到达广州，被聘为国民党组织教练员（后又被聘为政治顾问）。

1924年1月，在孙中山的主持下，国民党在广州召开了第一次全国代表大会，李大钊、毛泽东、谭平山等20余名共产党员参加，李大

---

① 中共中央文献研究室、中央档案馆：《建党以来重要文献选编（1921—1949）》第1册，中央文献出版社2011年版，第259页。
② 中共中央文献研究室、中央档案馆：《建党以来重要文献选编（1921—1949）》第1册，中央文献出版社2011年版，第276页。

钊还被孙中山指定为大会主席团成员，谭平山代表国民党临时中央执行委员会向大会做工作报告。大会对孙中山的三民主义做出了合乎潮流的新解释，使旧三民主义发展成为具有反帝反封建内容的新三民主义，并事实上确定了联俄、联共、扶助农工的三大政策，李大钊、谭平山、毛泽东、林伯渠、瞿秋白等10余名共产党员被选为国民党中央执行委员或候补执行委员。以国民党一大为标志，第一次国共合作正式形成。

3. 领导权问题的提出

共产党员加入国民党后，在全国各地积极创立和发展国民党组织。此前，国民党名义上是一个全国性的党，但其组织只在广东、上海、四川、山东等少数地区和海外存在，工作也仅在狭小的上层，缺乏下层群众基础。国民党内虽也有进步分子想改变这种局面，但他们对下层群众不熟悉，而这方面恰恰是共产党人的长处。共产党员在军阀统治下的地区进行了艰苦的宣传组织工作，建立国民党组织。这一时期，许多国民党省市党部的负责人，如北京执行部的李大钊，湖北省党部的董必武，湖南省党部的何叔衡、夏曦等，都是共产党员。周恩来在回顾这段历史时说："当时，国民党不但思想上依靠我们，复活和发展他的三民主义，而且组织上也依靠我们，在各省普遍建立党部，发展组织"，"是我们党把革命青年吸引到国民党中，是我们党使国民党与工农发生关系。国民党左派在各地的国民党组织中都占优势。国民党组织得到最大发展的地方，就是左派最占优势的地方，也是共产党员最多的地方。"①

国共合作后，孙中山还着手建立一支革命武装力量。孙中山虽然懂得武装力量在革命中的重要性，但他屡次失败的一个重要原因，就是企图利用军阀、借此军阀之力去反对另一军阀，手中没有一支自己掌握的

---

① 《周恩来选集》上卷，人民出版社1980年版，第112—113页。

军队。国共合作实现后，在中国共产党的建议和苏联的帮助下，孙中山决定在广州附近的黄埔岛上创办一所陆军军官学校，他自己亲自兼任军校总理，任命蒋介石为校长、廖仲恺为党代表，并聘请苏联将领加伦等为顾问。

孙中山之所以相中蒋介石担任黄埔军校的校长，这与蒋介石早年的经历有关。辛亥革命时，蒋介石在上海都督陈其美手下当团长，陈其美很早就追随孙中山，当孙中山组织中华革命党时，陈其美又带头宣誓、打手印（对打手印和向孙个人宣誓，许多同盟会会员很反感），深得孙中山信任，蒋介石也因此得以接近孙中山，曾被孙中山委任为粤军许崇智部的参谋长、支队司令。后来，蒋介石觉得在许手下没有前途，便丢下军职，跑到上海，与张静江、戴季陶等人在上海滩上炒股票，结果赔了钱。正当蒋介石走投无路之际，适逢陈炯明叛变，孙中山在永丰舰上与叛军对峙，召蒋介石赴粤，蒋便赶到广州，登上永丰舰，与孙中山共患难。事后，蒋写了一本《孙大总统广州蒙难记》的小册子，并请孙中山作序，自此与孙中山的关系进一步密切。不久，孙中山派蒋介石代表他到苏联考察，在蒋回国前，又任命蒋创办军官学校。那时，广东的实力派人物纷纷向孙中山推荐校长人选，反对蒋介石出掌军校，但孙中山不为所动，并且说："如果不叫介石当校长，宁可不办。"

蒋介石叛变革命是后来的事，当时孙中山不可能预见到蒋介石后来会走向革命的反面。当然，蒋介石一生都口口声声称自己是孙中山三民主义的忠实信徒。

对于创办黄埔军校，中国共产党给予了全力支持，不但派遣周恩来等一批优秀党员到军校任职，而且还从全国各地选送了大批党团员和革命青年到军校学习。黄埔一期中，共产党员和共青团员有56人，占这一届学生的十分之一，其中有徐向前、陈赓、蒋先云、左权、许继慎等。

在共产党和国民党的共同努力下，国民革命的思潮由南而北，以前所未有的速度向全国传播。1924年10月，冯玉祥发动北京政变，推翻了直系军阀曹锟、吴佩孚控制的北京政府，并电请孙中山北上"共商国是"。11月，孙中山离穗北上，沿途宣传召开国民会议和废除不平等条约的主张，上海、浙江、广东、湖南、湖北等地也相继组织了国民会议，各地民众团体纷纷通电拥护，形成了广泛的国民会议运动。

中共三大之后，一度沉寂的工人运动也得以复苏和发展。1924年7月，在外国人集中居住的广州沙面租界，数千名中国工人举行政治罢工，抗议英法租界当局限制中国工人自由进入沙面租界，连华人警察也参与了罢岗，斗争坚持了1个月，终于取得了胜利。这次罢工成为新一轮工人运动的起点。农民运动也有了很大发展。早在1922年，彭湃就在他的家乡海丰县组织农会，发动农民进行减租减息。这时，广东各县的农民纷纷建立农民协会，开展反对土豪劣绅和贪官污吏的斗争。经共产党人提议，国民党中央执行委员会决定于1924年7月在广州开办农民运动讲习所，先后由共产党员彭湃、阮啸仙、毛泽东主持，为农民运动培养了一批骨干力量。就这样，国共合作实现后的一段时间，在中国出现了前所未有的革命新气象。

但是，随着革命形势的发展，革命阵营内部的矛盾也逐渐暴露出来，国民党右派分子开始了他们的反共分裂活动，反对和破坏刚刚形成的国共合作局面。

早在国民党一大召开前的1923年11月，邓泽如等11人就秘密上书孙中山，诬蔑鲍罗廷和共产党帮助孙中山改组国民党，是"借国民党之躯壳，注入共产党之灵魂"，"内里隐阴谋"，"谋毁吾党"。只是由于孙中山改组国民党的决心已定，坚决驳斥了邓泽如等人的谬论，才使改组工作没有停顿下来。

但是，国民党右派并没有就此罢休，1924年6月，国民党中央监察委员邓泽如、张继、谢持3人，向国民党中央执行委员会提出"弹劾共产党案"，其中煞有介事地声称："中国共产党党员及中国社会主义青年团员之加入本党为党员者，实以共产党党团在本党中活动。其言论皆不忠实于党，违反党义，破坏党德，确于本党之生存发展，有重大妨害……特列举事实，加具意见，提出贵会，希即从速严重处分。"①

8 月 15 日至 23 日，国民党第一届第二次中央执行委员会全体会议在广州举行。会上，张继等人重提"弹劾"共产党、反对国共合作的陈词老调，遭到了共产党和国民党左派的有力驳斥。

由于孙中山在国民党内有崇高威信，而他又坚决主张国共合作，这次会议后，国民党右派的反共言行不得不有所收敛。尽管如此，随着国共合作的发展，国民党内部必将进一步分化，国共关系也将更为复杂化。为了应付日益复杂的形势，解决革命中面临的许多新问题，迎接革命高潮的到来，中国共产党决定召开第四次全国代表大会。

1924 年 9 月，中共中央正式发出召开党的第四次全国代表大会的通知，其中说，党的四大定于 11 月开会，应出代表之地方及俄、法两特别组应召集同志开大会，推选代表于 11 月 14 日前到沪，开会地点在上海。

由于共产国际代表 12 月才能到达上海，中共中央决定将大会改在 12 月 20 日召开。

党的四大实际上到 1925 年 1 月 11 日才正式召开。大会会址是上海闸北的横滨路 6 号，这里属于华界，又靠近租界，华界和租界的警探都不甚注意。

这是一栋石库门里弄的小楼，楼下是客堂，二楼的房间布置成教室，有课桌、黑板，大会就在"教室"里举行。楼梯口装有拉铃，如有警探进来，就通知楼上，以便代表们收起文件而拿起英语课本，以私人办的英语学校为掩护。三楼的房间作为外地代表的临时宿舍。

四大代表现在可以确认的有陈独秀、蔡和森、瞿秋白、张太雷、周恩来、陈潭秋、朱锦堂、彭述之、李立三、李启汉、李维汉、罗章龙、高君宇、王荷波、项英、杨殷、何今亮（即汪寿华）等，旁听或列席

---

① 《中央监察委员会弹劾共产党案》（1924 年 6 月 18 日），中国人民解放军政治学院党史教研室：《中共党史教学参考资料》第 3 册，第 323 页。

的还有张申府、沈玄庐、黄平等。

大会由陈独秀主持，秘书长是彭述之，记录为郑超麟、张伯简。

共产国际原驻中国代表马林已于1924年8月调离中国，参加四大的共产国际代表是维经斯基。此人在建党时来过中国，曾与李大钊、陈独秀探讨组党问题，后来担任共产国际东方部负责人，比较了解中国情况，工作作风上也不像马林那样动不动就以共产国际的指示压人。维经斯基出席了第一天的会议，并做了世界共产主义运动的报告，大会还通过了这个报告的决议案。

四大召开的时候，苏联共产党内部已经发生了斯大林和托洛茨基间的争论。这场争论既有两人在世界革命等许多理论问题上的分歧，也有权力斗争的因素。此时，斗争的结果已初见端倪，斯大林已巩固了在苏联党和国家中的领导地位，托洛茨基成了少数派。维经斯基在大会上提出，会议应作出一个反对托洛茨基的决议案。其他的决议案都是事先起草好，油印发给代表的，唯有这份决议案是临时提出的。

大会集中讨论了党如何加强对日益高涨的革命运动的领导，以及组织工作、群众工作上如何准备等问题。会议对这些问题没有引有争论，顺利地通过了《中国共产党第四次全国代表大会宣言》《中国共产党第二次修正章程》《关于职工运动之决议案》《关于农民运动之决议案》等11个决议案。这是历次党代会中相对平静的一次会议，担任记录的郑超麟回忆说："国际代表伍庭康（维经斯基）来了一次，瞿秋白翻译他的演说。政治决议案以及其他重要文件都是他起草，由秋白译成中文的。在理论问题上和政治问题上，大会简单接受国际的训令，中央委员会没有不同意见。各地代表也没有不同意见。开会经过如此平静，好像举行一种典礼，一种仪式，以至我这个记录员，记录了全大会十分之八九的发言，也没有保留深刻的印象。"①

四大的最主要成绩，就在于它分析了各个阶级在民主革命中的地位

---

① 《郑超麟回忆录》，东方出版社1996年版，第93页。

和作用，对无产阶级在民主革命中的领导权问题第一次做了明确的理论概括。

对于无产阶级在国民革命中的领导权问题，四大通过的《对于民族革命运动之议决案》指出："无产阶级的政党应该指导无产阶级参加民族运动，不是附属资产阶级而参加，乃以自己阶级独立的地位与目的而参加，如此无产阶级在参加民族运动中，方不致失其特性——阶级性与世界性。""中国的民族革命运动，必须最革命的无产阶级有力的参加，并且取得领导的地位，才能够得到胜利"。[①] 当然，四大也有其自身的不足，它虽然明确提出了无产阶级的领导权问题，但领导权如何去取得，又如何处理同国民党右派争夺领导权等复杂问题，并没有做出具体的回答，政权问题和武装斗争问题也没有引起大会的足够重视。这些弱点在随后的革命过程中逐步表现出来，并产生了严重后果。当然，要想通过一次党的代表大会将中国革命中存在的所有问题都加以解决，是不可能的。共产党人不是先知先觉的圣贤，当革命斗争的实践还没有对这些问题提出解决的迫切要求时，还有许多问题本应解决却未能解决也就不足为怪了。

4. 革命面临的严重危机

中共四大之后，革命的形势发展很快，但 1925 年 3 月孙中山病逝后，国民党内部的分化也在加剧，一股反共逆流正在滋长。1925 年六七月间，与蒋介石关系密切的国民党新右派代表人物戴季陶，以理论家的姿态先后出版了《孙文主义之哲学基础》《国民革命与中国国民党》等小册子，宣扬阶级调和，反对马克思主义的阶级斗争学说，要求已加入国民党的共产党员"脱离一切党派，作单纯的国民党员"。

[①] 中央档案馆：《中共中央文件选集》第 1 册，中共中央党校出版社 1988 年版，第 330、333 页。

同年 11 月，国民党内的老右派邹鲁、谢持等，利用为孙中山守灵的机会，在北京西北碧云寺自行召开所谓"国民党一届四中全会"，非法宣布取消共产党员的国民党党籍，解除鲍罗廷的职务，形成了西山会议派。

这些老右派基本上是国民党的元老人物，而且大多有海外背景，或者本人是华侨，或长期在国外生活，当孙中山闹革命时，他们都慷慨解囊，给孙中山很大的支持。但孙中山在历经挫折之后，联俄联共的决心很大，并且觉得老右派现在是成事不足败事有余，所以不为其鼓噪所动。1925 年孙中山去世后一段时间，老右派反共甚是积极，但当时他们企图与蒋介石、汪精卫等人争夺国民党的领导权，蒋汪等人自然也很不喜欢他们，因而对老右派们大加打压，借此巩固自己在国民党中的地位。

随着革命高潮的到来和中国共产党影响的日益扩大，国民党内部的分化也在日渐加快，逐渐形成了一个以蒋介石为代表的新右派集团。由于蒋介石在一个时期表面上赞同联俄容共，高喊革命口号，因而带有很大的欺骗性。五卅运动之前，他的内心十分矛盾。一方面，他害怕共产党和工农运动的发展妨碍他取代北洋军阀目的的实现；另一方面，他又需要借助共产党和工农运动来增强自己的实力和影响。所以这段时间，虽然他也在黄埔军校组织反共的孙文主义学会进行反共活动，但还不敢太放肆，反共活动是偷偷摸摸进行的。五卅运动后，共产党发动了轰轰烈烈的反帝爱国运动，组织规模甚大的省港大罢工和广东等地的农民运动，影响日益扩大。从这时起，蒋介石的反共活动开始表面化，最突出的事件就是他在 1926 年 3 月制造的中山舰事件。

早在 1925 年上半年，苏联派到国民党担任军事总顾问的加伦将军就曾建议进行北伐，推翻北洋军阀。北伐本是孙中山一贯的主张，但由于他英年早逝未能完成北伐大业。孙中山逝世后，北伐就成了国民党的头等大事。这时的蒋介石已是黄埔军校的校长和国民革命军第一军的军长，有了相当的军事资本，其领袖欲也正在迅速滋长，所以不但对北伐由衷表示拥护，而且很快拟订了一个全面的北伐计划书。1925 年下半年，加伦将军奉调回国。次年 1 月，支持北伐、对蒋介石帮助也最大的鲍罗廷也突然辞职回国，而全面接替加伦和鲍罗廷工作的季山嘉，竟然对北伐不但不赞成，反而大加阻拦。

实际上，季山嘉此举并不是他个人的意见，而是因为斯大林和共产国际东方部此时认为，广州革命政府还是不马上北伐为好，但蒋介石不知莫斯科态度的变化，认为这是新来的季山嘉等人在捣他的鬼，因而对季山嘉产生极大的不满甚至是猜疑。

北伐之结尚未解开，广州国民政府军事委员会忽然又削减了已经定好的黄埔军校经费，把减下来的部分挪给了国民革命军第一军属下的第二师。该师师长王懋功自代理广州卫戍司令以来，与季山嘉和汪精卫走得较近，表现左倾，这自然引起了蒋的猜疑和不满。孙中山去世后，在国民党内形成了汪负责政治、蒋负责军事的格局，但汪在国民党内的资历比蒋老，当时的地位和影响也比蒋高，而汪手中没有军权，蒋怀疑汪正在削弱他的兵权，拆他的台，于是对汪精卫也不满起来。

正好在此时，广州国民政府组成两广统一委员会，负责两广（广东、广西）统一事宜。在原有的六个军的基础上，不知何故，空出第七军的名义，而计划将新桂系李宗仁、黄绍竑的广西军队改编为第八、九军。一向多疑的蒋介石主观地认为，季山嘉和汪精卫此举，一定是要将王懋功的第二师拉出去，另立为第七军，进而削弱自己的力量。于是，他来了个先下手为强，将王懋功扣押起来，随即遣送上海，同时任命自己的亲信刘峙接替了第二师师长一职。

一波未平，一波又起。3 月 18 日傍晚，一艘由上海开往广州的商轮"定安"号被海盗劫持，有人向黄埔军校求助。军校没有军舰可供调遣，值班人员将此事电告军校驻省办事处。办事处主任欧阳钟随即向国民政府海军局请援。海军局接电之后很重视，当天夜里就命令中山舰驶往黄埔，听从军校的调遣。第二天上午，时任海军局局长和中山舰舰长的李之龙（系共产党员），因正在广州的一个苏俄考察团提出要参观中山舰，乃用电话请示正在广州的蒋介石，询问可否将该舰调回。恰在此时，汪精卫又几次询问蒋何时回黄埔。蒋本不知中山舰来黄埔之事，接了李之龙的电话和汪的询问，便猜疑汪精卫和苏联方面使用他对付王懋功的办法，把他劫持到中山舰上，然后将他送去苏联。

既然如此，蒋介石像以往遇到此类事情的反应一样，一气之下，不顾一切，撂下工作马上走人，于是决定乘车前往汕头东征军司令部休养。走到半路上，蒋介石觉得此举并非上策，说不定汪精卫等正好利用这一点来打击排挤他，于是又中途返回。随后，蒋介石召集心腹连夜开会，并决定来个先下手为强，于20日凌晨下令逮捕李之龙、解除中山舰武装，派兵包围省港罢工委员会，收缴工人纠察队的枪械，解除苏联顾问卫队的武器，拘押保卫广州的国民革命军第二师党代表中的共产党员等。

事件发生之时，中共中央毫不知情，希望得到莫斯科方面的指示。没想到的是，对于蒋介石的这种挑衅行为，苏联方面竟然采取了完全妥协的态度。苏联方面认为，中山舰事件的发生，是由苏联顾问在军事和政治方面的严重错误引起的，主要表现在苏联顾问的过度越权和对中国将领们的过分监督。现在共产党人还没有能力承担直接领导国民革命的任务，因此应对蒋介石作出让步以赢得时间。① 在上海的中共中央得知中山舰事件的消息后，也于3月29日给广州党组织发来指示："从党和军队纪律的观点看，蒋介石的行动是极其错误的，但是，事情不能用简单的惩罚蒋的办法来解决，不能让蒋介石和汪精卫之间的关系破裂"，对蒋介石"我们现在应全力拯救他，将他从陷入的深渊中拨出来"②。结果，蒋介石并未因中山舰事件而受到任何制裁，反而刺激了其野心的进一步膨胀。

这年5月15日至25日，国民党在广州召开二届二中全会。会上，

---

① 参见王奇生：《中国近代通史》第七卷，江苏人民出版社2006年版，第234页。

② 中共中央文献研究室：《毛泽东年谱（1893—1949）（修订本）》上，中央文献出版社2013年版，第158页。

蒋介石打着协调国共两党关系的幌子，以消除疑虑、杜绝纠纷为借口，提出了一个《整理党务决议案》，要求中共将加入国民党的党员名单交出；共产党员在高级党部（中央党部、省党部、特别市党部）任执行委员时，不得超过各该党部执行委员总数的三分之一；共产党员不得充任国民党中央机关之部长等。

《整理党务决议案》提出之时，蒋介石对于共产党方面能否接受，颇为忐忑不安。此时鲍罗廷已回到了广州，会前已知道了《整理党务决议案》的大概内容，他害怕苏联顾问被驱逐出广州，为了稳定局势，寻求同蒋介石继续合作，曾要中共中央派人去会见蒋介石，说明中共对《整理党务决议案》决不反对。结果，出席会议的共产党员对蒋的提案大多采取了相当合作的态度，并没有提出任何颠覆性的修改意见，只是在文字上略加修饰，使之变得含蓄一点而已。依照国民党二届二中全会通过的这个决议案，蒋介石随后采取了一系列措施限制共产党的活动。

整理党务案公布后，广州的共产党员甚为愤怒，有的要求改变国共合作形式，有的要求退出国民党，而此时鲍罗廷则认为，共产党员既然加入了国民党，现在绝不能不无所成就便撤出来。他的理由是：国共是要分家的，不过分得愈迟愈好；北伐到了北京的时候，便可实行分家，现在应该继续容忍合作。受苏联方面的影响，6月4日，陈独秀在《向导》上发表致蒋介石的公开信说，"从建立黄埔军校一直到三月二十日，都找不出蒋有一件反革命的行动"。而且向蒋介石表白：中国共产党绝不可能是阴谋倒蒋的反革命团体，"如果中国共产党是这样一个反革命的党，你就应该起来打倒他，为世界革命去掉一个反革命的团体；如果是共产党同志中哪一个人有这样反革命的阴谋，你就应该枪毙他，丝毫用不着客气。"①。国民党二届二中全会通过《整理党务决议案》后，原来担任国民党中央各部部长的共产党员只得辞职。由于汪精卫在中山舰事件后已离职出国，在蒋介石一手导演下，会议推选有"八面

---

① 《陈独秀文章选编》下，生活·读书·新知三联书店 1984 年版，第 227 页。

观音"之称的谭延闿任国民党中央政治委员会主席兼国民政府主席，推选蒋介石的密友、半身不遂的张静江任国民党中央常务委员会执行委员会主席，蒋介石自己则担任了中央组织部部长兼军人部部长。随后，他即把组织部部长一职让给了他的义侄陈果夫，又让老政客顾孟余当了中央宣传部部长，叶楚伦当了中央党部的秘书长。这样，国民党新右派在组织上占了极大的优势，无论国民党的还是国民政府的实权，都落到了蒋介石的手中。

6月5日，蒋介石又通过国民政府任命，担任国民革命军总司令，把军队的控制权、指挥权拿到手里。7月6日，又担任了国民党中央常务委员会主席，实现了把国民党的党权、军权、政权集中于一身的目标，形成了国民党就是蒋介石、蒋介石就是国民党的独裁局面。

整理党务案后，蒋介石的反共活动收敛了一段时间，他还没有打算公开同共产党分裂。1926年5月，蒋介石还在演讲中大言不惭地宣称："我对共产主义，不但不反对，并且很赞同的。"他还在继续演他的两面派的戏。蒋之所以这样做，并不是他不反共分共了，而是他还要借助共产党的力量打倒北洋军阀。此时，北伐战争正在准备，他需要共产党发动群众支持北伐军，也需要军中的共产党员为部队做政治工作和冲锋陷阵。同时，即将进行的北伐也需要苏联和共产国际为他提供物资的援助。

1926年7月9日，国民革命军正式出师北伐。北伐军兵分三路，分别以两湖、江西、福建为进军目标。由于此时的国民革命军是一支革命的军队，广大将士自觉为打倒北洋军阀而战；由于共产党人卓有成效的政治工作和广泛发动群众支援北伐；由于苏联顾问的帮助和苏联物质的支持，北伐军一路攻城略地，进展顺利。至1926年底，北伐军已占领了两湖、江西、福建，取得了重大胜利。

在北伐战争不断胜利的鼓舞下，工农运动尤其是湖南、湖北、江西、河南的农民运动蓬勃开展。以湖南的农民运动为例，从北伐军进入湖南至第二年1月，农民协会会员从40万人激增到200万人，能直接领导的群众增加到一千万人，也就是说，差不多一半的湖南农民已经组织起来。如果这个时候中共中央能制定正确的政策，进一步组织和动员千百万农民，建立自己的革命武装，将会大大改变中国革命的进程。

当工农运动在湖南、湖北、江西等地高涨之际，中共中央领导机关却依然在远离革命风暴中心的上海，党的主要领导人的思想和行动，也大大落后于迅速发展的革命形势。

北伐前夕，苏联顾问加伦曾让周恩来转告中共中央，在北伐中是帮助蒋介石还是削弱蒋介石，这一政治问题如何解决？陈独秀让张国焘开会商量，但开会时却没有认真讨论，只由张国焘说了一句话：北伐中我们的方针，是反对蒋介石，也不反对蒋介石。这等于什么也没说。所以北伐后相当长一段时间，中共中央对蒋介石的政策是不明确的，这在客观上帮助了蒋介石，使其个人威望随着北伐的胜利进军不断提高，势力也由此不断壮大。

1926 年 11 月，北伐军占领南昌。正在此时，南方革命阵营的分裂开始明朗化了，蒋介石逐渐撕下其两面派的伪装，露出了反共真面目。

这年年底，广州国民政府决定迁都武汉。蒋介石原本也是赞同武汉作为国民政府新的所在地的，但随着其势力的增强，他的个人野心日渐膨胀，为使国民党中央和国民政府置于他的武力控制之下，他突然提出要迁都南昌，只是由于国民党左派的强烈反对，蒋介石的阴谋才未得逞。

迁都之争失败后，蒋介石已开始肆无忌惮地反共分共了。1927 年 2 月 21 日，他在南昌发表演说，公开反共，自称"我是中国革命的领袖，所以共产党员有不对的地方，有强横的行动，我有干涉和制裁的责任及其权力"①。

蒋介石果然行使他的"干涉和制裁"之权了。3 月 6 日，在他的指

---

① 转引自李新、陈铁健主编：《中国新民主主义革命史长编——北伐战争》，上海人民出版社 1994 年版，第 573 页。

使下，驻江西赣州的国民革命军新编第一师诱杀了赣州总工会委员长陈赞贤。3月10日，他亲赴九江，指使青洪帮分子捣毁左派占优势的国民党九江市党部和九江总工会，打死打伤多人。3月23日，他又在安庆指使暴徒捣毁国民党左派领导的省党部、总工会和农民协会。

蒋介石集团公开叛变革命已是时间问题，当时尚未入党的郭沫若（时任国民革命军总政治部副主任），于4月9日发表长文——《请看今日之蒋介石》，明确宣告："蒋介石已经不是我们国民革命军的总司令，蒋介石是流氓地痞、土豪劣绅、贪官污吏、卖国军阀、所有一切反动派——反革命势力的中心力量了。"①

那么，面对日益反动的蒋介石集团，中共中央的反应和对策又如何呢？

1926年9月，陈独秀在中共中央机关刊物《向导》上发表《我们现在为什么争斗》一文，声言："共产党取得政权，乃是无产阶级革命时代的事，在国民革命时代，不会发生这类问题。"② 明白无误地宣布共产党将处于在野党地位。

1926年12月中旬，中共中央在汉口举行特别会议。这是在革命关键时候召开的一次会议，本应制定如何防止国民党右转，将革命引向新的高潮的具体政策。可是，以陈独秀为首的中共中央，竟然为国民党右派对工农运动的攻击言论所左右，公然提出要反对所谓"左稚病"。会议根据陈独秀的报告通过的决议案说："各种危险倾向中最主要的严重的倾向是一方面民众运动勃起之日渐向'左'，一方面军事政权对于民众运动之勃起而恐怖而日渐向右。这种'左'右倾倘继续发展下去而距离日远，会至破裂联合战线，而危及整个的国民革命运动。"③

---

① 中共中央文献研究室、中央档案馆：《建党以来重要文献选编（1921—1949）》第4册，中央文献出版社2011年版，第136页。

② 《陈独秀文章选编》，生活·读书·新知三联书店1984年版，第263页。

③ 中央档案馆：《中共中央文件选集》第1册，中共中央党校出版社1989年版，第358页。

当时，工农运动即"民众运动"中"左"的倾向是客观存在的，如工人运动中提出了一些脱离实际的要求，农民运动中出现了一些乱打乱斗现象，但它并不是国民革命的主要危害。这个决议似乎既反"左"，又反右，表面上公正全面，可是军权掌握在蒋介石等人手中，共产党拿什么力量去纠正军事政权的右呢？唯一能做到的只能是对工农运动的压制，以讨好国民党不右转。

这时，一部分党内同志反对陈独秀的右倾政策，如毛泽东认为应进一步发展农民运动，掌握农村一切权力，适时分配土地；瞿秋白提出无产阶级应注重争夺革命的领导权。但是，这些正确的建议并未被中共中央所采纳。

共产党的妥协退让，坚定了蒋介石叛变革命的决心。1927 年 3 月底，蒋介石到了上海，在得到帝国主义和江浙财团的支持，又得到了李宗仁、白崇禧桂系势力的配合，及流氓头子黄金荣、杜月笙等用青洪帮分子解除上海工人武装纠察队武装的保证后，决定在上海"清党"，向共产党人和革命群众举起了屠刀。

中共中央和上海区委对蒋介石的阴谋并非全未察觉。3 月 30 日，周恩来在上海特委会议上报告说：蒋介石、白崇禧等"对付我们已有准备。"又断言："将来或许是借扰乱治安等名目来干"。建议中共中央派人同已去南京的程潜联系以争取程，并使在安徽的李宗仁保持中立。[①] 然而，言者谆谆，听者藐藐。作为总书记的陈独秀，在此关键时刻却十分害怕国共关系的破裂，醉心于妥协退让。

4 月 1 日，因中山舰事件跑去国外的汪精卫突然回到了上海。这时，蒋介石和陈独秀对汪的到来都抱很大希望，蒋希望与汪合作共同反共，陈则希望汪能制止蒋介石叛变。

蒋介石那边，由吴稚晖出面，极力拉拢汪精卫。汪精卫清楚，一山

---

① 中共中央文献研究室：《周恩来年谱（1898—1949）》，中央文献出版社、人民出版社 1990 年版，第 109 页。

容不得二虎，他与蒋都是领袖欲极强的人，况且中山舰事件已领教过蒋之手段，而武汉方面对他复职的呼声又极高，所以他还不想为蒋介石抬轿子，对吴稚晖之流的劝诱，只是唯唯而已。

汪精卫的回国，使陈独秀燃起了满怀的希望。4月3日，陈去见汪。一见面，汪就用责备的口气问陈独秀，说共产党已喊出打倒国民党、打倒三民主义的口号，指使工人冲进租界，是否果有其事？陈独秀解释说绝无此事，并已向吴稚晖声明过。汪精卫听后装模作样地说没有就好，并表示再去找吴稚晖谈谈，双方消除误会，团结合作。

为了表明共产党方面维持国共合作的诚意，陈独秀连夜起草了一份声明，并于次日将声明送给汪精卫签字，这就是有名的《汪精卫、陈独秀联合宣言》。这份宣言在4月5日的上海《国民日报》等报纸上发表了。报纸出来了，陈独秀还对郑超麟说："大报上好久没有登载我的文字了！"在此中国共产党面临生死存亡的时刻，陈独秀在声明中说："中国共产党坚决的承认，中国国民党及国民党的三民主义，在中国革命中毫无疑义的需要，只有不愿意中国革命向前进展的人，才想打倒国民党，才想打倒三民主义。中国共产党无论如何错误，也不至于主张打倒自己的友党，主张打倒我们敌人（帝国主义与军阀）素所反对之三民主义的国民党，使敌人称快。""我们应该站在革命的观点上，立即抛弃相互间的怀疑，不听信任何谣言，相互尊敬，事事开诚协商进行，政见即不尽同，根本必须一致。两党同志果能开诚合作，如弟兄般亲密，反间之言，自不获乘机而入也。"①

陈独秀此举，当然是为了向世人表明中国共产党对于国共合作的态度。当时，陈独秀等人确实是千方百计地维护国共关系不要破裂。虽然陈独秀告诫世人不要"听信谣言"，可是，只过了几天，"谣言"变成了事实。4月12日，蒋介石在上海突然发动反革命政变，一大批共产

---

① 中央档案馆：《中共中央文件选集》第1册，中共中央党校出版社1989年版，第593—594页。

党员和革命群众惨死在蒋介石的屠刀之下。接着，江苏、浙江、安徽、福建、广东、广西等地也相继"清党"。4月18日，蒋记南京"国民政府"粉墨登场，公开与武汉国民政府对立。中国革命面临严重的危机。

5. 第一次国共合作的彻底破裂

四一二反革命政变还只是国民革命的局部失败。此时，武汉国民政府还在国民党左派的控制之下，它所管辖的湘鄂赣三省的工农运动还在继续高涨，如果采取坚决措施，还是可以将革命挽狂澜于既倒的。

正是在这种情况下，中共中央决定召开第五次全国代表大会。

在中共五大召开前夕，共产国际给中共派来了一位新代表。可他的到来，不但未缓解中国革命的危机，反而使许多本应迅速解决的问题陷入了冗长的辩论中，坐视革命形势一天天恶化。此人便是印度籍人罗易。

1927年4月初，罗易经广州、长沙到达武汉。四一二反革命政变后不久，陈独秀也从上海来到武汉。

在中国革命需要加强领导的时候，陈独秀、罗易和鲍罗廷却在中国革命何去何从的问题上争论不休，不少党的领导干部也卷入这场争论之中。

当时，争论的焦点问题有两个。一个是所谓深入与发展之争，一个是东征与北伐之争。

何谓深入，就是现在的革命应该深入，立刻在湖北、湖南、江西等省实行土地革命，巩固既有的革命根据地，再图发展；所谓发展，就是继续对外发展，土地革命应在北伐军打到北京后才实行。所谓东征，就是向东讨伐蒋介石；北伐不言而喻，就是进军河南，讨伐奉系军阀张作霖。

4月13日至15日，在中共中央政治局会议上，罗易和鲍罗廷为此争得不可开交。鲍罗廷主张北伐，反对东征，而且理由不少，如武汉面临的经济危机只有北伐才能解决；帝国主义干涉迫在眉睫，不北伐没有出路；唐生智靠不住，非北伐接冯玉祥出来牵制他不可。当然，最重要的是北伐与冯玉祥会师郑州后，可以背靠大西北，打通与苏联的国际交通，随时得到共产国际和苏联的援助，况且西北帝国主义的势力薄弱。这种主张，当时被称为"西北学说"。

罗易是主张深入的，他在会上说，他在原则上并不反对北伐。但目前阶级分化正在加速，资产阶级迟早要反对工农。所以立即北伐作战，充满着危险。

罗易反对北伐的理由也不少，如北伐会使武汉处于毫无防卫的地位，给蒋介石或北洋军阀从南京方面进攻提供可乘之机；冯玉祥和阎锡山不可靠，阎锡山会成为另一个蒋介石，冯玉祥将采取什么样的态度很难预料，如果冯、阎占领北京，武汉又放弃了，将走投无路；主张北伐的人是不再依靠革命的有组织的群众，而是依靠不可靠的军队。因此，他主张开展土地革命，由农民夺取政权，建立一支革命的军队。

然而，罗易的主张遭到了鲍罗廷的坚决反对。鲍罗廷担心这样不可避免地导致共产党人转向反对国民政府，进行武装起义，在他看来，这太危险了。陈独秀到武汉后，也明确表示，目前的迫切任务不是深入革命而是扩大革命，支持鲍罗廷的北伐主张。

在经历一番争论之后，4月16日，中共中央政治局通过了《关于继续北伐问题的决议》。这个主张正好与汪精卫为首的武汉国民政府的北伐决策是一致的。4月19日，武汉举行继续北伐誓师大会，武汉政府所属主力部队出师河南。这样，东征讨蒋和土地革命的主张都被放弃了。

四一二反革命政变半个月后，中国共产党第五次全国代表大会于4月27日至5月10日在武汉举行。

陈独秀和中央局委员、中共中央宣传部主任彭述之原想推迟五大召开的时间，因为他们担心此时召开五大，代表们会对其右倾错误进行谴责和批评，于己不利。但是，共产国际驻中共代表团和多数中央委员都认为五大绝不能后延，应及时总结经验教训，研究和制定挽救革命危机的方针政策，五大便基本上按预定的日期开幕。

出席五大的代表有陈独秀、蔡和森、瞿秋白、毛泽东、任弼时、刘少奇、邓中夏、张国焘、张太雷、李立三、李维汉等 80 多人，代表党员 57000 多人。共产国际代表罗易、鲍罗廷、维经斯基参加了会议。

大会的开幕式在武昌高等师范第一附属小学的礼堂举行。据参加会议的郑超麟回忆："这一日的大会完全是仪式。陈独秀当主席，致开幕词。国际代表团各人致祝词，徐谦代表国民党中央致祝词，工会、学生会、青年团、童子军代表致祝词。湖北总工会纠察队长项英（即项德隆）领了一队纠察队进会场来行礼。国民党方面除徐谦外，还有谭延闿和孙科，他们坐在主席台上不说话。"[1]

大会开始后，宣布主席团名单：陈独秀、蔡和森、李立三、李维汉、罗章龙、瞿秋白、张国焘、谭平山等，大会又设立了陈独秀等 13 人组成的政治委员会，谭平山等 10 人组成的土地委员会，李立三等 9 人组成的职工运动委员会，分别以瞿秋白、毛泽东、邓中夏为秘书。

为了避免加重武汉政府的"赤化"色彩，同时防止反动分子的袭击，会议没有公开发布消息，而且第一天后，也不再在武昌举行，而改在汉口靠近郊外的黄陂公馆，从开幕式到大会真正开始议程，中间还隔了几天。

黄陂会馆是一栋长方形的建筑物，一头开着大门，一头立着三开间平房，中间的大厅布置成会场，左边房间是大会秘书处办公、油印文件的地方，右边的房间空着。大厅至大门隔着一个长方形的院子，当中一条石子路，两旁是草地，草地外是围墙。大门外的两间房子住着几位卫士，保卫大会的安全。

会场的主席台上挂着马克思和列宁的画像，旁边贴了许多诸如"工农小资产阶级联盟""争取非资本主义前途"一类的标语。"争取非

---

[1] 《郑超麟回忆录》，东方出版社 1996 年版，第 135 页。

资本主义前途"是一句新口号，是 1926 年年底至 1927 年年初斯大林在谈及中国革命政权问题时提出来的，并得到了共产国际执委会的肯定。但斯大林并不是说中国马上要实现非资本主义即社会主义，而是要看主客观条件是否具备。可是，罗易却把它理解为实现非资本主义前途是中国共产党当前的斗争纲领，所以会场上才出现这样的标语。

会议前期，先由总书记陈独秀代表四届中央执行委员会做政治和组织报告。陈独秀在开场白中说，因为很忙，准备不够，不能做详细的报告，只能谈谈重要的问题。其实陈独秀的报告很详细，他一口气讲了五个多小时，而报告涉及的时间只有两年零三个月。

陈独秀的报告既没有正确总结几年来的经验教训，也没有提出切实可行的挽救时局的正确的政策办法，而是千方百计地为过去的错误辩解，并继续重复过去的一些错误。

陈独秀在报告中说，中山舰事件采取的妥协退让是正确的，因为共产党和国民党左派的力量当时的确是不能压倒蒋介石。

对于迫在眉睫的农民土地问题，他表示，虽然过去在这个问题上的策略太右了，可是无论如何，在目前没收一切地主的土地也是太革命了的，在相当时期以内，必须持一种折中的中庸的路线。他的"中庸路线"是，等打倒新旧军阀之后再进行土地革命，而不是相反。

报告重提了"西北学说"，这实际上也是鲍罗廷的主张。陈独秀在报告中认为，在上海、广州、天津、汉口等工业区，帝国主义和民族资产阶级的势力很强大，革命不可能取得胜利，应该退到西北各省去，因为那里帝国主义影响比较薄弱，革命力量容易聚集，然后再回来摧毁帝国主义统治。

陈独秀报告完了后，很多代表对这个报告不满，针对报告签名要求发言者达 38 人。随后几天，代表们围绕报告进行了几天的讨论。

瞿秋白是陈独秀右倾错误的激烈反对者。大会第二天，他向大会散发了他同年 2 月写成的小册子《中国革命中之争论问题》，小册子的扉页上写着副标题：《第三国际，还是第零国际？——中国革命中之孟塞维克主义》，尖锐地批判了陈独秀的右倾错误，强调"我们的党，必须毅然决然和这彭述之主义奋斗。如今病还浅，革命时机紧迫，赶快医治，还可以治好！为医治起见，必须赶快施手术，暴露其病根！我们党已经是群众的了"。①

四大上被选为中央局委员兼宣传部主任的彭述之，曾为无产阶级是"天然"领导阶级的鼓吹者。他认为，无产阶级的领导权是天然的，不需要去争取，实际上和陈独秀一样放弃领导权。因此，他也成了陈独秀右倾错误的忠实执行者。瞿秋白在小册子中没有公开点陈独秀的名，却对彭述之进行了指名道姓的批评："彭述之虽然一口咬定没有民族资产阶级，民族资产阶级等于似有实无的鬼，实际上却去和这个'鬼'联合，以备反抗他所认为是买办阶级的新右派。如此说来，资产阶级是有的，不过是'鬼'而不是人，他的力量很小，不妨和他联合。这真是彭述之的有鬼论。"② 彭述之看了瞿秋白的小册子，直冒冷汗，不停地说："见了鬼了！见了鬼了！"这是他的口头禅。

在五大召开前，毛泽东针对国民党右派和党内一些人对农民运动的责难，回湖南农村进行了1个多月的实地调查，写出了《湖南农民运动考察报告》，充分肯定了农民革命的伟大意义，指出一切革命的同志都应该站在农民的前头去领导他们，而不能站在旁边指手画脚地批评他们，甚至站在对立面反对他们，得出了农民运动"好得很"的结论。文章写好后，他交给中共中央机关刊物《向导》发表，但《向导》只刊发了一半就因陈独秀不同意而没有刊登下半部分。后来由于瞿秋白的支持，才由长江书局排印出了单行本。

会前，毛泽东邀请了彭湃、方志敏等各省农民协会负责人在武汉举行联席会议，制定了立即解决农民土地问题的方案，提交大会，建议立即解决农民的土地问题。在陈独秀的授意下，大会拒绝讨论毛泽东的提

---

① 《瞿秋白文集（政治理论编）》第四卷，人民出版社2013年版，第530页。
② 《瞿秋白选集》，人民出版社1985年版，第326页。

案，还剥夺了他在大会上的表决权。

团中央书记任弼时也对陈独秀进行了尖锐地批评，指出陈独秀的政治路线是错误的，是自动放弃无产阶级在民主革命中的领导权，对国民党不敢批评，处处退让，毫无独立的阶级政策，陈独秀的"西北学说"是投降主义、逃跑主义。

在五大上，共产国际代表罗易作了《中国革命问题和无产阶级的作用》和《中国革命的前途和性质》等讲话。他虽然批判了陈独秀、鲍罗廷的"西北学说"，却从一个极端走到另一个极端，说中国革命非资本主义前途的可能性大大超过资本主义前途的可能性，说什么国际形势和国内阶级力量等情况都倾向于这个前途。国民党、国民政府和共产党是实现这个前途的主观力量。他进而宣布，中国革命开创了一个直接走向社会主义的非资本主义经济发展时期。罗易的"非资本主义前途"，实际就是马上进行社会主义革命。可是，罗易的观点完全是脱离实际的"左"倾空谈，根本无助于解决当时革命进程中迫切要求解决的问题。

会上，罗易强调了土地革命的重要性，认为它既是必要的，也是可能的。这原本没有错，但罗易的"土地革命论"建立在对革命力量的主观夸大基础上，认为共产党已有力量左右武汉政府，有力量制止汪精卫等小资产阶级领袖的动摇，只要共产党坚持土地革命的主张，就能挟持武汉政府推行土地革命。这显然是罗易的一厢情愿。

实际上，当时共产党不但没有左右武汉政府的力量，而且武汉政府的领袖除邓演达外，汪精卫、谭延闿、孙科等都是反对土地革命的，他们也不是小资产阶级的代表，而是地主资产阶级的代表。不去发动千百万农民而企图挟持武汉政府进行土地革命，显然是不切实际的幻想。

经过十余天的争论，五大终于完成了它的议程，通过了《政治形势与党的任务议决案》《组织问题议决案》《土地问题议决案》《职工运动议决案》《中国共产党第五次全国代表大会宣言》等文件。

这些决议，否决了陈独秀的右倾错误主张，批评了陈独秀在过去中共中央领导工作中的右倾错误并指出了其危害，明确提出现阶段革命的主要任务，"是土地问题的急进的解决"，"现在革命的趋势，是要推翻土豪乡绅的政权，没收大地主及反革命派的土地，以贫农为中坚，建立农民的政权"①。所有这些，无疑都是正确的。

但是，理论的原则并不能代替具体的措施，五大虽然提出了无产阶级领导权的问题，但对于如何改造国民政府，改造国民党，掌握政权、党权，建立和扩大党领导的革命武装等紧要问题，均未做出切实的回答。一些问题陷入了空谈，一些问题继续了过去的右倾错误。五大的悲剧在于：它虽然已经意识到右倾错误的危害，却拿不出纠正这种错误的具体办法。

大会的最后一项议程是选举中央领导机关。由于陈独秀对自己的错误作了一些检讨，并表示接受大家的批评，加之党对陈独秀右倾错误的危害性还缺乏深刻的认识，大会仍然选举他为中央委员和总书记。

五大在党处在生死存亡的危急时刻，没有解决许多迫切需要解决的问题，虽然开会时间很长，但把许多的精力陷入徒然的辩论之中，连张国焘也说："大会于是花了许多时间听取各代表那些冗长的报告，枝枝节节的提出一些这样或那样的检讨和主张。真正紧急的问题仍在经常假座鲍（罗廷）公馆举行的中央政治局会议里争论不休，大会似乎成了无关紧要的装饰品……因此，在大会中，既没有对过去做彻底的检讨，也没有对未来提出坚定不移的主张。"②

五大之后，革命形势愈来愈严重恶化。5月13日，原驻宜昌的国民革命军第十四独立师师长夏斗寅，通电攻击武汉政府，随后率部向武汉进攻，被武昌卫戍司令叶挺率部击退。夏斗寅叛变后，中共中央仍未意识到要以武力应付突发事变。5月21日，国民革命军第三十五军三十三团团长许克祥在长沙发动反革命政变，捕杀共产党员和革命群众

---

① 中央档案馆：《中共中央文件选集》第3册，中共中央党校出版社1989年版，第69页。

② 张国焘：《我的回忆》第2册，东方出版社1991年版，第233—234页。

100多人，长沙陷入一片白色恐怖，时称"马日事变"。

马日事变后，鲍罗廷很着急，主动同谭平山、陈公博赴湖南，一面查办许克祥，一面查办"过火"的农民运动。然而，他们刚到岳州（今岳阳），就传来许克祥发来一封将调查人员就地枪决的电报，一干人赶忙逃回武汉。

回来之后，鲍罗廷不是想办法制止事态的发展，而是对湖南农民运动大加指责，据蔡和森在《党的机会主义史》一书所记："在有一场政治局会议上，鲁（罗）易与老鲍各自发表长篇的演说。老鲍的大意是：（1）现在国民党的左派还是好的，他们没有甚么错误和不好的倾向。一切错误都是工农运动过火，我们同志太幼稚，不能真正领导农民运动，领导湖南农民的是'地痞'与哥老会而不是我们；（2）我们现在必须向左派让步，继续取得与他们合作是中心的问题，假若现在我们与他们决裂，便是中国革命完全的失败，我们将甚么也没有；（3）继续与国民党合作便是指与他的现在的中央合作。国民党的中央现在还是好的，离开他的中央，或推翻他的中央这不是决裂便是政变。"①

马日事变后，鲍罗廷和罗易各持己见，中央政治局各常委也是各执一词，争争吵吵拿不出统一的意见，听任事态发展。结果，不久又发生了江西的朱培德"礼送"共产党人出境的事件。

这时，鲍罗廷和陈独秀等人还是拿不出任何应对紧急事变的办法，只是把满心希望寄托在北伐军同冯玉祥部的会师上。武汉北伐军经过苦战，终于击溃了奉军在河南的主力，使冯玉祥部得以占领郑州，两军会师开封。

6月10日至12日，武汉政府头面人物汪精卫、谭延闿、孙科在郑州同冯玉祥举行会议，决定将河南和西北的军政大权全部交给冯玉祥，武汉北伐军班师回汉。

郑州会议时，中共中央派张国焘到郑州了解情况，冯部政治部主

---

① 《蔡和森文集》下，人民出版社2013年版，第228—229页。

任、共产党员刘伯坚捎来口信说，冯玉祥对武汉的态度不好，倾向于南京的蒋介石。张国焘见此，取消了见冯玉祥的计划，慌忙跑了回来。

刘伯坚提供的情况是真实的。冯玉祥这时也开始右转，只过了几天，他便到徐州与蒋介石举行会议，公开倒向蒋介石一边，然后致电武汉政府，要求将鲍罗廷解职遣送回国，并将所部国民军中的共产党员和政治工作人员押送出境。鲍罗廷和陈独秀对冯玉祥的指望落了空，其"西北学说"也宣告破产。

事已至此，陈独秀等人除了不断退缩外，拿不出什么积极的办法。

陈独秀等人眼看汪精卫将与共产党决裂，不去做应对准备，却千方百计地去讨好汪精卫集团。他们取消了湖南武装起义的计划，下令解除武汉工人纠察队的武装，甚至连童子军的木棒也收缴了，以为这样可以避免汪精卫、唐生智分裂的口实。他们哪里知道，这正好使汪、唐等人看到共产党的弱点，助长了其反革命气焰。

在此前后，罗易提出了一个"惊人"的建议：武汉工人总罢工，反对武汉政府纵容许克祥；汉阳兵工厂特别罢工，表示不解决许克祥问题，工人绝不制造枪杀自己的武器；公开宣言反对朱培德、冯玉祥和许克祥。

鲍罗廷听到这个"建议"后，甚是气愤。彭述之得知这个建议后，到处宣传中共中央和中共湖北省委荒唐，以又气又急的口吻说："竟喊出打倒朱培德，讨伐朱培德的口号啊！"好像一喊这个口号，天就会塌下来。谭平山知道后，臭骂罗易是左派幼稚病，不懂中国情形。于是，他们如大祸临头，到处说："这不是与国民政府决裂么？我们有什么准备，能这样开玩笑！"于是左一口"荒唐"，右一口"幼稚"。①

罗易的建议虽然也不切实际，但鲍罗廷等人的反应却足以证明他们是如何害怕国共关系破裂。可是，害怕有什么用呢？何况仅指责他人并

---

① 参见李新、陈铁健主编：《中国新民主主义革命史长编——北伐战争》，上海人民出版社1994年版，第763页。

不是解决问题的办法。

中国革命的严重形势，引起了共产国际的高度关注。5 月 31 日，共产国际给中共中央发来了紧急指示，即有名的"五月指示"。指示的要点是：

一、改组武汉国民政府，加强这个政府中中国共产党的领导力量；

二、改组国民党中央执行委员会，在中央执行委员会中增加更多的工农领袖；

三、武装二万共产党员；

四、挑选五万工农积极分子加入国民党军队，使国民党军队得以彻底改造，排除其中的反动将领，以中国共产党党员和坚定的国民党左派代替；

五、建立以国民党左派领袖为首的革命军事法庭，严厉惩办反动军官；

六、厉行土地革命，坚决从下面实行没收地主土地和豪绅的财产。

这个指示确实来晚了一点，而且短期内也难以实现这些目标，但如果尽可能地按指示去执行，还可以对汪精卫的叛变有所准备，不至于遭受过分惨重的损失。可是，共产国际代表和中共中央都没有这样做。

莫斯科的指示罗易和鲍罗廷第二天就收到了，鲍罗廷的第一感觉是这一指示"荒唐可笑"，而罗易却格外高兴，因为他一向是赞同土地革命的。可是，罗易在此时却犯了一个致命的错误。6 月 1 日，罗易在未同任何人商量的情况下，将汪精卫约至其寓所，然后出示共产国际的密电给汪看。罗易这样做，无非是让汪精卫接受这个电报，同他一起搞土地革命。事后汪精卫对此事做了如下描述：

> 6 月 1 日，苏俄代表罗易忽然约兄弟去谈话，说："莫斯科曾有一种决议案，给我和鲍罗廷的，鲍罗廷给你看没有呢？"我说："没有。"他说："我可以给你看。"他于是把那决议案给我，一是俄文的，一是中文的。中文的是他们自己翻译出来的。兄弟看过之

后，觉得严重时期已到了。兄弟说："可以给我吗？"他当时有些迟疑，最后才说："今天晚上送给你，因为已修改几个字。"晚上果然送来。①

罗易以为这样汪精卫会按照他设想的路去走，殊不知，这正好为汪精卫集团分共提供了口实。

不过，由于唐生智的军队还在河南前线，汪精卫分共的条件还不成熟，所以他又拖了40余天的时间。

6月6日，中共中央政治局才讨论电报的内容，鲍罗廷得知罗易此事后气得暴跳如雷，陈独秀也极度沮丧，更加消极起来。6月15日，陈独秀根据中共中央政治局的意见复电莫斯科说："你们的指示是正确而重要的，我们表示完全同意"，但这些措施"在短时期内不可能实现"。②

6月下旬，团中央书记任弼时写了一份《政治意见书》给中共中央，批评陈独秀的妥协退让，责问中央为什么隐瞒国际的指示。陈独秀竟把《意见书》撕了。过了几天，任弼时又送来了一份《意见书》，对于这份《意见书》的命运，蔡和森在《党的机会主义史》一文中写道："C.Y中央来一决议，批评党的中央回避土地革命，独秀大发雷霆，碎之于地。"③

7月15日，在做好充分准备之后，汪精卫终于撕下其"左派领袖"的伪装，在武汉召开国民党中央常务委员会扩大会议，正式同共产党决裂，随即在两湖地区大肆搜查、屠杀共产党人。至此，第一次国共合作全面破裂，轰轰烈烈的1924年至1927年国民革命宣告失败。

---

① 汪精卫：《武汉分共经过》，中国人民解放军学院党史教研室：《中共党史参考资料》第4册，第475页。
② 《共产国际与中国革命资料选辑（一九二五——一九二七）》，人民出版社1985年版，第508页。
③ 《蔡和森文集》下，人民出版社2013年版，第250页。

三、古田会议的前因后果

在中国共产党和人民军队发展史上，古田会议有其特殊的历史地位。这次会议之所以重要，在于它对党和红军内部存在的不讲政治的单纯军事观点，对削弱党的战斗力的极端民主化倾向，对不执行党的决议、不开展正确的党内批评的非组织化观点，对小团体主义和享乐主义，制定了切实有效的反对措施，订出了切实可行的规矩，由此确立了党对军队的绝对领导。之所以召开这个会议，又与此前红四军内部在如何建党建军问题上曾发生的一场争论密不可分。回顾这段历史，或许能对今天进一步严肃党内政治生活，进一步增强党内团结引发一些思考。

1. 红四军出击赣南闽西

1928 年 4 月，毛泽东率领的工农革命军与朱德率领的南昌起义余部和湘南农军在江西宁冈县的砻市会师。两军会师后，在砻市的龙江书院召开连以上干部会议，根据中共湘南特委的决定，两军合编为工农革命军第四军，由朱德任军长，毛泽东任党代表，"朱毛红军"由此而来。接着，又召开中共工农革命军第四军第一次代表大会，选举产生了以毛泽东为书记，朱德、陈毅等为委员的红四军军委。同年 5 月下旬，中共湘赣边界第一次代表大会召开，成立了中共湘赣边界特别委员会，选举毛泽东任特委书记。随后不久，红四军军委进行改选，由陈毅任军委书记。

这年 6 月 26 日，中共湖南省委给红四军（1928 年 5 月，中共中央发出通知，规定各地工农革命军改称工农红军）发来指示信，要求取消红四军军委，另成立红四军前敌委员会指挥红四军与湘南党务及群众工作。中共湖南省委还指定红四军前敌委员会由毛泽东、朱德、陈毅、龚楚、宋乔生及兵士1人、湘南农民同志1人组成，毛泽东为书记，毛泽东、朱德、龚楚为常委。至于毛泽东此前所任的中共湘赣边界特委书记一职，则由中共湖南省委派来的杨开明继任。

7月中旬，由于中共湖南省委派来红四军的代表杜修经坚持省委决定，要求红四军去湘南活动。红四军召开军委扩大会议，决定按照中共湖南省委的指示，将军委改称为前委，因毛泽东在永新，由陈毅代理前委书记。会后，前委指挥红四军第二十八、第二十九两个团（原湘南起义部队）前往湘南郴州；毛泽东以党代表名义指挥第三十一团、第三十二团留在井冈山。7月下旬，前往郴州的部队遭受重大损失，其中第二十九团几乎全部散失。8月23日，毛泽东率第三十一团在湖南桂东与朱德、陈毅率领的第二十八团会合。当晚，红四军前委召开扩大会议，决定红四军主力重返井冈山，并取消前委，组织行动委员会指挥部队行动，以毛泽东为书记。

此前的6月4日，中共中央致信朱德、毛泽东及红四军前委，认为有"前敌委员会组织之必要"，并指出："前敌委员会的名单指定如下：毛泽东，朱德，一工人同志，一农民同志，及前委所在地党部的书记等五人组织，而以毛泽东为书记。前委之下组织军事委员会（同时即是最高苏维埃的军事委员会），以朱德为书记。"信中还提出，前委所管辖的范围"当然要由环境决定"，暂时可包括湘赣边界工农武装割据各县，"所有这一区域内的工作完全受前委指挥"。至于前委同江西、湖南两个省委的关系，中共中央要求"如前委在江西境内时受江西省委指导，在湖南境内时受湖南省委指导，同时与两个省委发生密切关系"①。

---

① 中央档案馆：《中共中央文件选集》第4册，中共中央党校出版社1989年版，第256—257页。

毛泽东和朱德收到中共中央这封信时已是 11 月 2 日。11 月 6 日，毛泽东主持召开中共湘赣边界特委扩大会议，讨论中共中央 6 月 4 日的来信，并根据中共中央的指示，决定重新成立红四军前委，由毛泽东、朱德、谭震林（地方党部书记）、宋乔生（工人）、毛科文（农民）5 人组成，毛泽东任书记。11 月 14 日至 15 日，中共红四军第六次代表大会召开，选举 23 人组成军委，由朱德任书记，陈毅改任士兵委员会秘书长。当时，红四军前委和军委的书记都是中共中央指定的，军委隶属于前委，军委委员的名单由前委指定。

1929 年 1 月，红四军前委在宁冈县的柏露村召开红四军军委、红五军军委、湘赣边界特委常委及边界各县党组织负责人和红四军、红五军代表参加的联席会议，决定由毛泽东、朱德率红四军主力出击赣南，彭德怀率红五军留守井冈山。2 月初，红四军到达湘粤赣三省交界的罗福嶂山区时，前委在这里召开扩大会议。此次会议鉴于部队行军打仗和军情紧急，为了减少领导层次，决定"军委暂时停止办公，把权力集中到前委"，由前委直接领导军内各级党委，朱德的军委书记一职也暂时停止。① 对于这个情况，同年 9 月陈毅在向中共中央报告红四军的党务工作时也说："四军出发赣南，前委在事实上随军走，所以只能管军队，至多连〔达〕到某地作一点巡视地方党的工作，同时军队每日行动均须决定，因此觉得军委前委发生重复，遂将军委停止职权，由前委直接指挥两个团委，及特务营委及军部特支，颇觉便利敏捷，同时前委权力超过特委军队行动脱离了地方主义的束缚。"②

这年 2 月 2 日，中共中央政治局召开会议，专门讨论朱毛红军撤离井冈山后的行动方针问题。由于当时中共中央对红四军的情况不很了解，自中共六大组成的新中央回国后，半年内几次派人送信给朱、毛，

---

① 中共中央文献研究室：《朱德年谱（新编本）》上，中央文献出版社 2006 年版，第 134 页。

② 中央档案馆：《中共中央文件选集》第 5 册，中共中央党校出版社 1990 年版，第 772—773 页。

但始终未能联系上，中共中央对此"莫不胜焦念"。红四军撤出井冈山在赣南一带游击的消息，中共中央是从报纸上的报道中得知的。为此，中共中央认为，在目前形势下，红四军很难形成一个大的割据局面，部队应分散活动，朱德和毛泽东应当离开红四军，以减少敌人的目标。会议决定，由周恩来起草一封信给红四军。此信史上称之为"中央二月来信"。

"中央二月来信"的全称，是《中央给润之、玉阶两同志并转湘赣边特委信——关于目前国际国内形势和党的军事策略》。信中强调："目前党的主要工作在建立和发展党的无产阶级基础（主要的是产业工人支部）与领导工农群众日常生活的斗争和组织群众。""因此，你们所领导的武装力量也宜在这一全国政治形势和党的任务前面重新下一责任的估定。中央依着六次大会的指示，早就告诉你们应有计划地有关联地将红军的武装力量分成小部队的组织散入湘赣边境各乡村中进行和深入土地革命。"中共中央要求红四军"在适宜的环境中（即是非在敌人严重的包围时候）可能的条件下（依照敌人的军力配置和我们武装群众的作战能力与乡土关系）"，将武装力量分编散入各乡村去。部队的大小可依照条件的许可定为数十人至数百人，最多不要超过五百人。"这些分编的部队必须互有联络互相策应，且须尽可能地散在农民中间发动农民的日常斗争走入广大的土地革命。"①

来信还要求朱、毛离开部队到中央工作，并且说："两同志在部队中工作年余，自然会有不愿即离的表示，只是中央从客观方面考察和主观的需要，深信朱毛两同志在目前有离开部队的必要：一方朱毛两同志离开部队不仅不会有更大的损失且更利便于部队分编计划的进行，因为朱毛两同志留在部队中目标既大，徒惹敌人更多的注意分编更多不便，一方朱毛两同志于来到中央后更可将一年来万余武装群众斗争的宝贵经

---

① 中央档案馆：《中共中央文件选集》第 5 册，中共中央党校出版社 1990 年版，第 34—35 页。

验贡献到全国以至整个的革命。两同志得到中央的决定后，不应囿于一时群众的依依而忽略了更重大的更艰苦的责任，应毅然地脱离部队速来中央。"①

4月3日，毛泽东、朱德收到中共中央的二月来信。4月5日，中共红四军前委召开会议，对此进行讨论。会后毛泽东根据会议所讨论的情况给中共中央复信，认为二月来信对客观形势和主观力量的估计"都太悲观了"，不赞成将队伍分散到农村游击和朱毛离开红四军，强调："中央若因别项需要朱毛二人改换工作，望即派遣得力人来。我们的意见，刘伯承同志可以任军事，恽代英同志可以任党及政治，两人如能派来，那是胜过我们的。"②

随后，中共中央不再坚持朱德和毛泽东离开红四军，也没有将认为能"胜过"他们的刘伯承和恽代英派来（刘伯承后来到了中央苏区，但已是1932年1月的事了），而是将刚从苏联学习回来的刘安恭派来了。

刘安恭是这年5月上旬来到当时红四军的驻地宁都的。刘安恭是四川永川（今属重庆）人，1918年赴德国留学。在德国期间，刘安恭结识了朱德、章伯钧等中共旅欧支部的成员，"共同的追求、共同的理想，使他们成为志同道合的同志和朋友"③。1924年，刘安恭回国后，被派往四川军阀杨森部做秘密工作，公开身份是杨部参谋和成都市电话局局长。不久，杨森在四川军阀混战中被逐出成都，驻扎在万县，杨森让刘安恭署理兵运事务，为自己招兵买马。1926年8月，朱德根据中共中央的指示，前来万县做杨森部的统战工作，与刘安恭再次相遇。同年9月万县惨案发生后，刘安恭因策动杨森部一个团易帜，遭杨通缉而

---

① 中央档案馆：《中共中央文件选集》第5册，中共中央党校出版社1990年版，第37页。

② 《毛泽东文集》第一卷，人民出版社1993年版，第57页。

③ 参见赵广瑞：《红四军领导人刘安恭因"托派"埋名》，《炎黄春秋》2000年第2期。

潜往武汉。不久，朱德也离开杨森部去了武汉。1927 年年初，朱德在南昌国民革命军第三军军官教导团任团长，刘安恭任副团长。刘参加了著名的八一南昌起义，起义失败后，根据中共中央的指示前往苏联高级射击学校学习。1929 年年初，刘从苏联回国，随即被中共中央任命为特派员，前往红四军工作。

刘安恭在苏联学习过军事，又是中共中央直接派来的，毛泽东和朱德对他的到来自然很重视，于是红四军前委决定恢复 2 月初曾"停止办公"的军委，并由刘安恭担任军委书记兼军政治部主任。同年 6 月 1 日，毛泽东在给中共中央的报告中，曾这样说："去年十一月以前全军有军党部，十一月的中央指示后，组织比前妥。前委设军委管辖前委的各级党部（团委营连委支部）兼及地方赤卫队，前委于指导红军之外还有对地方党部指导。今年一月四军从湘赣边界出发向闽赣边境，每日行程或作战，在一种特殊环境之下，应付这种环境，感觉军委之重迭，遂决议军委暂时停止办公，把权力集中到前委，前委直接指导之下组织委员会。现在因时间太长而发达红军数量比前大增，前委兼顾不来，遂决定组织军的最高党部，刘安荣〔恭〕同志为书记兼政治部主任。"①

报告中所言重新恢复军委，主要是"因时间太长而发达红军数量比前大增，前委兼顾不来"，固然也是事实。红四军离开井冈山后，起初在赣粤边境的大余、信丰一带活动并不顺利。后来陈毅在给中共中央的报告中说："一月十四日，四军军部率二十八、三十一两团及一特务营出发赣南游击，企图击破湘赣'会剿'。一月二十八日与赣军三团战于大庾，因当地无群众组织，事前不知敌人向我进攻，以致仓猝应战，我军未能全数集中，并因兵力累积重迭于一线致失利。我军引退折回粤边南雄界，取闽粤赣边界转至吉安、兴国一带，沿途皆两省交界，红军

① 中央档案馆：《中共中央文件选集》第 5 册，中共中央党校出版社 1990 年版，第 684 页。

没有群众帮助，行军、宿营、侦探等事非常困难，敌人又有样轮班穷追政策，我军为脱离敌人，每日平均急行九十里以上，沿途经过山岭皆冰雪不化，困苦加甚。复于平顶坳、崇仙圩、圳下、瑞金四地连战四次皆失利，枪械虽未有大的损失，但官兵经过三十日左右之长途急行军已属难支。"①

不过，到了2月之后，红四军的情况有了改观。2月9日，也就是农历除夕这天，在江西瑞金的大柏地打了一场漂亮的伏击战，消灭了一直尾追红四军的国民党军独立第七师（师长刘士毅）的两个团大部，俘敌团长以下八百余人。随后，进占宁都县城，并在李文林等人创建的东固根据地休整了一个星期。3月中旬，攻占福建长汀县城，歼敌两千余人，缴枪五百余支，击毙敌旅长郭凤鸣。还在这里利用缴获的敌人的被服厂赶制了四千套军装，这是红四军自成立以来第一次有了统一着装。占领长汀后，红四军回师赣南，在宁都、瑞金、兴国一带活动，建立三个县级革命政权。5月，红四军第二次入闽，攻占龙岩、永定等县城。

在这个过程中，红四军自身也得到了一定的发展。这年6月1日毛泽东在给中共中央的报告中说："红军第四军一二三纵队由大庾失败退到赣南时人数由三千六百，减至三千，计损失六百（内有百余名受伤与病，现在东固疗养实际损失二百）。六日都（此处可能是指宁都，大柏地位于宁都瑞金两县交界处，但属于瑞金——引者）大柏地对刘旅一战幸已补充，但因没有兵提，将所有之枪给江西红军第二团去。三个月来，人数增加一千六百，枪数增加五百（汀州、宁都、龙岩、坎市四役共得枪八百支，三百多等坏些的发给地方赤卫队去了），连原有共计二千。""现在计在前委管辖下与前委有发生关系的共有三个部队，一是四军一二三纵队，枪二千，这是主力，二是湘赣边界部队有枪一千

---

① 中央档案馆：《中共中央文件选集》第5册，中共中央党校出版社1990年版，第754—755页。

四百，三是江西第三〔二〕四团枪一千，共计四千五百枪。这三部分大体说［都可说］是有相当的战斗力的正式军队，都是从最困难的反革命高潮下创造出来的。"①

从毛泽东的这个报告中可以看出，大柏地战斗之后的几个月，红四军确实得到了较大的发展，兵力增加了一千多人，并且配合地方党组织建立了几个县的革命政权，但这恐怕不是恢复军委的全部理由。更重要的是，刘安恭来头大——中共中央直接派来，而且又有国际背景——在苏联学习，所以朱德、毛泽东对他的到来十分重视，先让其担任军政治部主任（这一职务原本是毛泽东兼的），后又于 5 月 23 日攻占龙岩城后，前委决定成立临时军委，并由刘安恭担任军委书记。一时间，刘安恭成了红四军内仅次于朱德、毛泽东的第三号人物。

时下一些人对以毛泽东为书记的中共红四军前委此间设立临时军委之事颇有微词，意即毛泽东实际上在红四军搞个人专断，军委书记这样重要的职务，他想取消就取消，他想恢复就恢复。笔者认为，这件事恐怕与毛泽东搞个人专断难以直接挂上钩来，而很大程度上是因人设事的需要。因为刘安恭是中央下派的"钦差大臣"，又有在莫斯科啃过洋面包、喝过洋墨水的背景，在那个全党对苏联普遍崇拜的年代，凡是从莫斯科回来者多少都带有神圣的光环。现在刘安恭来了，如何给他在红四军内安排一个合适的职务，是以毛泽东为首的红四军前委不能不考虑的问题。

2. 关于临时军委的不同意见

离开井冈山之后，由于"处境困难，屡遭挫折，于是，红四军内部，包括高级领导干部中，对井冈山时期以及下山后的一些政策和做法

---

① 中央档案馆：《中共中央文件选集》第 5 册，中共中央党校出版社 1990 年版，第 684 页。

产生了各种议论。对红军中党的领导、民主集中制、军事和政治的关系、红军和根据地建设等问题，争论更一直不断。"① 收到中共中央的二月来信后，这些争论又逐渐发展到基层。而刘安恭的来到和这个临时军委的设立，进一步加剧了红四军内部的这场争论，并且涉及毛泽东和朱德，也就是史上所说的"朱毛之争"。

在"朱毛之争"中，刘安恭自然是一个关键人物，但如果将这场"朱毛之争"的责任都归结到他个人身上，似乎将历史简单化了。

引发"朱毛之争"的，其实并不在于是否设立临时军委，而是前委与军委之间的职权如何划分。其导火线就是刘安恭担任军委书记一职后不久，就作了一项限制前委权力的决定：前委只讨论行动问题，不要管军事。曾经历过这场争论的萧克在《朱毛红军侧记》一书中回忆说："问题就出在新组织的军委。刘安恭在军委会讨论工作时，对上级机关——前委作了条决议，'前委只讨论行动问题'。对这条决定，许多人就觉得不合适，下级怎么能决定上级的权力范围呢？从而议论纷纷。"② 时任红四军政治部秘书长的江华也在其回忆文章中说："他（指刘安恭——引者）刚由苏回国不久，不了解中国红军发展历史和斗争情况，就主张搬用苏联红军的一些做法，并在他主持的一次军委会议上作出决定：前委只讨论行动问题，不要管其他事。这个决定限制了前委的领导权，使前委无法开展工作。显而易见，这个决定是错误的，是不利于革命斗争的，自然引起许多同志的不满。这时，原来在井冈山时期即存在的关于红军建设问题又开始议论起来，一些不正确的非无产阶级思想也颇有表露。"③

据曾志回忆，事情的起因是这样：这年 5 月中旬，红四军从宁都回师瑞金途中，快到宿营地的时候，有人发现田野不远处有四只肥猪在觅食，就断定不是穷人家养的，将其没收杀了改善部队的生活。对于这件

---

① 中共中央文献研究室：《朱德传》，人民出版社 1993 年版，第 175 页。
② 萧克：《朱毛红军侧记》，中共中央党校出版社 1993 年版，第 89 页。
③ 江华：《关于红军建设问题的一场争论》，《党的文献》1989 年第 5 期。

事，朱德知情但没有制止，后来一了解，那猪不是地主的，而是富农经商买卖的猪。毛泽东听了汇报后很生气，命令有关部门向那商人赔礼道歉，并赔偿了猪款。晚上，毛泽东召开干部会议，对此事提出严厉的批评。刘安恭听了毛泽东的批评后很不满意，觉得这次批评是冲着朱德的。会后，刘安恭对朱德说，前委书记在政治上干预太多了。军队是司令部对外，政治部门不能对外，政治部门不能直接干预军队的事。①

刘安恭主持的军委作出这样的决议，显然是违背中共中央精神的。当时中共中央在关于红四军工作的指示中说得很清楚，前委不仅领导所在红色区域的地方工作，而且是在前委之下组织军委，也就是说，军委是前委的下级组织，现在作为下级的军委竟然对其上级的前委作出限制性的决定，作为前委书记的毛泽东对此不满，也就是情理之中的事了。

问题在于以刘安恭为书记的军委能作出这样一个决定，似乎并不完全是刘个人所为。他初来乍到，对于红四军可以说是人地两生，虽然有"钦差大臣"的身份，但这样一个决定的作出，至少说明军内负责的干部中有部分人对此是赞成或者同情的。由此也可以看出，"朱毛之争"表面看是前委与军委之争，实际情形并不是这样简单。

对于这个问题，中共中央文献研究室编纂的《毛泽东传（1893—1949）》是这样论述的："转战赣南闽西的过程中，红军的环境相当艰苦。部队中，包括领导层中，对有些问题的认识出现了分歧。这时，刚从苏联回国的刘安恭，由中共中央派到红四军工作，担任临时军委书记兼军政治部主任，对毛泽东从实际出发的一些正确主张任意指责。这就促发了红四军党内关于建军原则的一场争论。"②

可见，这场争论所涉及的，并非只是前委与军委的职权划分问题，也并非是刘安恭来后才发生的，只不过是由于刘安恭任临时军委书记后

---

① 曾志：《一个革命的幸存者——曾志回忆录》上，广东人民出版社 1999 年版，第 93 页。

② 中共中央文献研究室：《毛泽东传（1893—1949）》，中央文献出版社 1996 年版，第 200—201 页。

加剧了这场争论而已。

1929 年 9 月，陈毅在给中共中央的报告中曾提到这个问题。他说："因四军是由各种自有其本身奋斗的历史部队而组成，混编的办法始终未执行，因此历史的残余尚保留在一般同志的脑中，武昌出发（毛部）南昌出发（朱部）的资格在军队中是有相当的尊重的，尤其军队的习惯，一班，一排，一连，一营，一团，生活各为一集团，农民的自私关系，自然要划分界而且非常清楚，因此小团体主义的色彩就很浓重，各团为各团争利益，如〔各〕营为各营争利益，各连为各连争利益，如枪弹人员之类则主张自己要多，如担任勤务则主张自己要少一点，尤其各连还有同乡关系，广东人，湖南人，北方老乡，他们总是情投意合，分外不同，遇有病痛，以这一类人为最能帮忙自己的。"① 当时红四军中下级干部有这种"小团体"主义，那么军中高级干部的情况如何呢，陈毅在报告中没有提及，恐怕很难说一点也没有。

还应该看到，红四军虽然是中国共产党领导的新型人民军队，但毕竟有相当部分是由原来的国民革命军脱胎而来。在国民革命军中，虽然也有党代表制，有政治工作人员，但党代表与政治工作人员在军队中的地位与作用与红军是不可同日而语的。在某种程度上，红军中的党代表和政治工作人员的地位或许还要高出同级军官，这就难免使一些军官不习惯。陈毅在报告中同样提及这个问题。他说："政治工作人员与军官常常发生纠纷，恍惚是国民革命军旧习一样。前委为根本解决这个问题，特考查政治工作人员与军官可以有四个方式：一、政治工作人员与军官平等（结发夫妻式），结果天天要吵嘴。二、把政治工作人员权力只限于政治训练，这样军官权力过大，政治人员会变成姨太太。三、照江西红军二四团的办法，军官须听命于政治工作人员，这样成了父子式了。四、军官与政治人员平等，由党内书记总其成，一切工作归支部，

---

① 中央档案馆：《中共中央文件选集》第 5 册，中共中央党校出版社 1990 年版，第 776 页。

这样可以解决许多纠纷，划分职权，但这要许多人材了。"① 其实，红四军内部发生这场争论，在一定程度上可以说在新型人民军队初创时期是难以完全避免的。

但是，刘安恭的到来加剧了这场争论，用《毛泽东传》所说的"促发"倒也贴切。刘的第一"促"，就是作出了前委不能讨论军事的决定，这就涉及前委与军委的关系问题，不难理解他的这一决定是针对毛泽东的。刘与毛泽东没有任何的历史关系，而刘与朱德可以说不但是同乡，而且是相识多年的旧友。革命当然没有地域之别，革命者也应当以党的事业、革命大局为重，不能有旧时代的同乡关系，但革命毕竟是在中国进行的，中国旧有的习俗（如重乡谊之类），不可能在革命者身上一点也不产生影响。

虽然 1929 年春夏红四军内部的这场争论可以追溯到下井冈山之初，但刘安恭的到来及临时军委书记一职的设置，加剧了这种争论并且使之表面化确是事实。差不多在此一年前，即 1928 年 6 月，中共六大在莫斯科召开。由于交通问题，六大有关文件传送到红四军时，已是 1929 年 1 月了。接到六大通过的有关文件后，红四军前委自然要组织学习。六大通过的党章规定："共产国际，中国共产党全国大会，中央委员会及其他上级机关的决议，都应当迅速而正确的执行。同时在未经决议以前，党内的一切争论问题可以自由讨论。"② 这样一来，"大多数人从关心党、爱护党的角度出发，发表自己的看法，展开争论。"③ 一时间，军委书记究竟该不该设成了红四军中的一个热门话题。

1929 年 5 月底，红四军前委在福建永定县的湖雷召开会议。会上，就个人领导与党的领导、前委与军委的分权等问题发生了争论。一种意

---

① 中央档案馆：《中共中央文件选集》第 5 册，中共中央党校出版社 1990 年版，第 773—774 页。

② 中央档案馆：《中共中央文件选集》第 4 册，中共中央党校出版社 1990 年版，第 480 页。

③ 萧克：《朱毛红军侧记》，中共中央党校出版社 1993 年版，第 89 页。

见是要求成立军委，理由是："既名四军，就要有军委"，建立军委是完成党的组织系统；而前委"管得太多""权力太集中""代替了群众工作"，是"书记专政"，有家长制倾向。半个月后，毛泽东在给林彪的信中，曾这样描述主张设立军委的意见："争论的焦点是在现在时代军党部要不要的问题，因为少数同志坚决地要军委，遂不得不攻击前委，于是涉及党的机关的本身问题，'党太管多了'、'权太集中前委了'就是他们攻击的口号。在辩论中论到支部工作，便有人说出支部只管教育同志的话，这亦是由于党的管辖范围一问题生出来的，因为他们主张党所过问的范围是要限制的，便不得不主张支部工作也是要有限制的了。因为党的意志伸张，个人意志减缩，一切问题都要在各级党的会议席上议决之后，才许党员个人依照决议去执行工作，使得个人没有英雄式的自由，于是从要有相当自由要求出来的'一支枪也要问过党吗?''马夫没有饭吃也要党去管吗?'这就成他们嘲笑党部精密细小工作的口号了。以上是他们在湖雷前委会议时发表的意见。"①

另一种意见是不必再设军委，因为现在领导工作的重心在军队，军队指挥需要集中而敏捷，由前委直接领导更有利于作战，不必设置重叠的机构，并且批评要求设立军委的人是"分权主义"。至于毛泽东本人，对是否应设军委态度很明确，他认为，"少数同志们硬是要一个军委，骨子里是要一个党的指导机关拿在他们的手里"。在他看来，虽然主张设立军委的人提出的理由"是冠冕堂皇的，可惜完全是一种形式主义罢了"。那种"既名四军，就要有军委"，"完成组织系统应有军委"的说法，是完全形式主义的。"现在只有四千多人一个小部队，并没有多数的'军'如中央之下有多数的省一样。行军时多的游击时代与驻军时多的边界割据时代又绝然不同，军队指导需要集中而敏捷。少数同志们对这些实际的理由一点不顾及，只是形式地要于前委之下、纵委之上硬生生地插进一个军委，人也是这些人，事也是这些事，这是什

---

① 《毛泽东文集》第一卷，人民出版社 1993 年版，第 67—68 页。

么人都明白在实际上不需要的。"

毛泽东还认为，少数人为了成立新的指导机关——军委，便不得不搜出旧的理由，攻击旧的指导机关——前委以至支部，指责党代替了群众的组织、四军党内有家长制。其实他们的"这种攻击又全陷于形式主义"，因为"党的组织代替群众组织，自有四军党以来就是严禁的，就前委指导下的工农组织说来，未曾有党的支部代替过工农协会的事，就兵士组织上说，未曾有任何一连的连支部代替过连士兵委员会的事，这是四军中有眼睛的人都见到的。至于党部机关代替了群众机关或政权机关，如纵委代替了纵队士委、纵队司令部、纵队政治部，前委代替了军士委、军司令部、军政治部，亦是从来没有过"。①

毛泽东的这些话，虽然不是他在湖雷会议上讲的，而是 6 月 14 日给林彪的信中写的，但基本反映了他对是否应当设立军委一事的态度。至于这场争论中另一个主要当事人朱德，在湖雷会议上对此持什么态度，相关文献中似乎没有留下什么记载。

湖雷会议并没有解决军委是否应该设立的问题，可以说是议而未决。因此，6 月 1 日，毛泽东在湖雷给中共中央写了一份报告，汇报红四军在赣南、闽西的斗争状况，以及红四军、红五军、江西红军独立第二团和第四团的实力和党组织的概况。至于湖雷会议上所发生的争论，信中只是简单地说："党内现发生些毛病，正在改进中。"②

这次会议后，红四军第二次攻占龙岩，并在这里建立了革命委员会，这是闽西继长汀、永定之后的第三个红色政权。6 月 7 日，红四军攻克上杭的白砂。第二天，红四军前委在白砂再次召开会议，再度讨论军委问题。出席会议的人员较之湖雷会议有所扩大，达到 41 人。毛泽东在会上提出了一份书面意见，认为前委、军委分权，前委不好放手工作，但责任又要担负，陷于不生不死的状态，还说："对于决议案没有

---

① 《毛泽东文集》第一卷，人民出版社 1993 年版，第 70—71 页。

② 中央档案馆：《中共中央文件选集》第 5 册，中共中央党校出版社 1990 年版，第 684 页。

服从的诚意，讨论时不切实际论争，决议后又要反对归咎于个人，因此，前委在组织上的指导原则根本发生问题。"毛泽东甚至表示，"我不能担任这不生不死的责任，请求马上调换书记，让我离开前委"①。

会上，朱德就党以什么方式领导红四军的问题发表意见，认为党应该经过无产阶级组织的各种机关（苏维埃）起核心作用去管理一切；表示极端拥护一切工作归支部的原则，并认为红四军在原则上坚持得不够，成为一切工作集中于前委，前委对外代替群众机关，对内代替各级党部；还认为党员在党内要严格执行纪律，自由要受到纪律的限制，只有赞成执行铁的纪律，方能培养全数党员对党的训练和信仰奋斗有所依归。②

朱德和毛泽东之间在要不要坚持党对红军的领导上没有分歧，所不同的是领导方式。"朱德更多地强调党支部的作用和一切工作归支部的原则，不赞成前委代表群众组织和各级党委的职权。这同毛泽东的主张有明显的差异。"③

白砂会议以 36 票对 5 票通过决议，取消临时军委，刘安恭的临时军委书记自然被免除，随后改任第二纵队司令员，政治部主任一职由陈毅继任。毛泽东对于会议的这一结果是满意的，他在 6 月 14 日给林彪的信中这样说："因为现在的四军的党是比第一、二时期都有显然的进步，各纵队的基础已是不能动摇，个人自私的欲望决定会被群众所拒绝，我们只要看四十一个人会议中三十六票对五票取消那少数同志们硬要成立军委的一件事，就可知道大多数人一定不会拥护他们的'不利于团结，不利于革命'的主张了。"④

事后看来，毛泽东对于白砂会议的估计过于乐观了。其实，"争论

---

① 中共中央文献研究室：《毛泽东年谱（1893—1949）》上卷，人民出版社、中央文献出版社 1993 年版，第 278 页。

② 中共中央文献研究室：《朱德年谱（新编本）》上，中央文献出版社 2006 年版，第 148 页。

③ 蒋伯英：《朱毛红军与古田会议》，福建人民出版社 2009 年版，第 146 页。

④ 《毛泽东文集》第一卷，人民出版社 1993 年版，第 68 页。

的根本问题仍未解决，少数人还把党内分歧意见散布到一般指战员中去，情况日趋严重"①。

这时，这场争论中的另一个重要人物出场了，这就是红四军第一纵队司令员林彪。6月7日，也就是白砂会议的当天，林彪给毛泽东写信，含沙射影地攻击朱德："现在四军里实有少数同志的领袖欲望非常高涨，虚荣心极端发展。这些同志又比较在群众是有地位的。因此，他们利用各种封建形成一无形结合（派），专门吹牛皮地攻击别的同志。这种现象是破坏党的团结一切的，是不利于革命的，但是许多党员还不能看出这种错误现象起而纠正，并且被这些少数有领袖欲望的同志所蒙蔽的阴谋，（附）和这些少数有俯视欲望的同志的意见，这是一个可叹息的现象。"②

关于林彪给毛泽东这封信的时间，现在出版的一些著述说法各一。有的说"第一纵队司令员林彪在开会前写信给毛泽东，含沙射影地攻击朱德"③。亦有的说是"白砂会后的当天夜里，（林彪）给毛泽东写了一封急信"④。"就在这次会议的当天晚上，（林彪）给毛泽东送来了一封急信"⑤。江华则回忆说："当天夜里，林彪给毛泽东同志送来一封急信，主要是表示不赞成毛泽东同志离开前委，希望他有决心纠正党内的错误思想。"⑥

不论林彪这封信是写于会前还是会后，确实在一定程度起到了挑拨两位主要领导人关系的作用。林彪从南昌起义起就是朱德的部下，跟随朱德一路转战到了井冈山，并从连长、营长升至团长（纵队司令员）。

---

① 中共中央文献研究室：《毛泽东传（1893—1949）》，中央文献出版社1996年版，第201页。
② 中共中央文献研究室：《朱德年谱（新编本）》上，中央文献出版社2006年版，第148页。
③ 中共中央文献研究室：《朱德年谱（新编本）》上，中央文献出版社2006年版，第148页。
④ 李蓉、吴为：《朱德与毛泽东》，中共党史出版社1998年版，第72页。
⑤ 庹平主编：《朱德与中共党史重大事件》，中央文献出版社2001年版，第136页。
⑥ 江华：《关于红军建设问题的一场争论》，《党的文献》1989年第5期。

红四军成立之初，军下有师，但只过了个把月，就取消了师的编制，由军直辖团。部队下井冈山后，在寻乌的罗福嶂进行整顿，将团改为纵队，全军只有第一、第三两个纵队，林彪为第一纵队司令员。此时的林彪还只有 22 岁。

于是，林彪给毛泽东写信的动机，就成了史家不能不分析的话题。有著述说，林彪在信中表示不赞成毛泽东离开前委，并称希望他有决心纠正党内的错误思想，这当然是无可非议的。但信中也暴露了林彪写信的严重私心。"林的私心已经在此之前的 6 月上杭县白砂一次支队长以上干部会议上便公开暴露过。他在会上说：'朱德在赣南行军途中，说我逃跑暴露了目标，给了我记过处分，这点我不在乎，就是这个月扣了我两块钱饷，弄得我没钱抽烟，逼得我好苦。'其实，林彪对朱德给他处分是很在乎的，他马上就给毛泽东写了一封攻击朱德的信，说朱德'好讲大话'、'放大炮'、'拉拢下层'、'游击习气'（指衣着破烂不整，说话高兴时喜欢提裤子）。现在，林彪认为出气的机会终于来了，于是，他又给毛泽东写这封信。"①

亦有著述说，据经历过当年斗争的老同志分析，林彪对朱德的不满由来已久。有三件事使林彪对朱德耿耿于怀。一是 1927 年南昌起义失败后，朱德率起义军余部向湘南转移途中，林彪曾想脱离队伍开小差，但没有走出去又回来了，朱德为此严厉地批评了他；二是在井冈山时期，第二十八团团长王尔琢牺牲后，有人提议由时任第一营营长的林彪继任，但朱德鉴于林在湘南时的表现没有马上同意，后来林彪了解到这一情况后对朱记恨在心；三是下井冈山后部队在寻乌的项山遭敌人突袭时，第二十八团担任后卫，时任该团团长的林彪拉起队伍就走，致使毛泽东、朱德和军直属机关被抛在后面，情况十分紧急，朱德在战后严厉批评了林，并扣发了他当月的薪金，林彪对朱德更加不满。所以，林彪

---

① 庹平主编：《朱德与中共党史重大事件》，中央文献出版社 2001 年版，第 136 页。

是借此次朱毛之间的争论攻击朱德，以泄私愤。①

林彪究竟是出于何种动机给毛泽东写信暂且不论，但林彪的这种态度的确获得了毛泽东的好感。根据前委"各作一篇文章，表明他们自己的意见"的要求，毛泽东于6月14日在福建连城县的新泉给林彪写了回信，并送交前委。信中开始就说："你的信给我很大的感动，因为你的勇敢的前进，我的勇气也起来了，我一定同你及一切谋有利于党的团结和革命的前进的同志们，向一切有害的思想、习惯、制度奋斗。"

毛泽东在信中说："因为现在的争论问题，不是个人的和一时的问题，是整个四军党的和一年以来长期斗争的问题，不过从前因种种原因把它隐蔽了，到近日来才暴露出来。其实从前的隐蔽是错误了，现在的暴露才是对的，党内有争论问题发生是党的进步，不是退步。"由此可以看出，1929年春夏的"朱毛之争"，并不是刘安恭的到来才引发的，很大程度上是朱、毛两支革命军队会师后，在一系列的问题上存在不同认识积累所致。

自红四军成立以来，毛泽东任党代表兼前委书记，朱德任军长并兼过一段时间的军委书记。红四军是由两支来自不同地区的革命武装合编而成，也正因为两支革命武装的会师，才有了著名的"朱毛红军"。两支来自不同地域、不同历史渊源、不同领导者的部队之所以能融合起来，能成为一个有机的整体，就在于两支部队都是共产党领导的革命武装，两军将士都把党的利益视为最高利益。同时也应看到，两支队伍毕竟来源不同，会合的时间不久，而且其成员或则来自于旧军队，或则来自刚刚放下农具参加革命的农民，难免受到旧思想、旧作风的影响。朱德、毛泽东之间在一些问题上（如党与军队、前委与军委的关系、军长与党代表的权责等）产生不同认识和不同看法也是很正常的。

在红四军的这场内部争论中，最核心的无疑是党与军队的关系问题。用毛泽东信中的话说："个人领导与党的领导，这是四军党的主要

---

① 李蓉、吴为：《朱德与毛泽东》，中共党史出版社1998年版，第72—73页。

问题。"之所以这个问题成为当时争论的核心，毛泽东在信中其实对此已作了很透彻的分析。他说："讨论这个问题，我们首先要记得的就是四军的大部分是从旧式军队脱胎出来的，而且是从失败环境中拖出来的。我们记起了这两点，就可以知道一切思想、习惯、制度何以这样地难改"，"红军既是从旧式军队变来的，便带来了一切旧思想、旧习惯、旧制度的拥护者和一些反对这种思想、习惯、制度的人作斗争，这是党的领导权在四军里至今还不能绝对建立起来的第一个原因。不但如此，四军的大部分是从失败环境之下拖出来的（这是1929年），结集又是失败之前的党的组织，既是非常薄弱，在失败中就是完全失了领导。那时候的得救，可以说十分原因中有九分是靠了个人的领导才得救的，因此造成了个人庞大的领导权。这是党的领导权在四军里不能绝对建立起来的第二个原因。"

毛泽东在信中将红四军党与军队的关系分三个时期作了分析。第一个时期是红四军成立到1928年9月重回边界。"党在这时期中不能有绝对的指挥权，小团体主义充分存在而发展，党不敢作调动枪枝上的尝试，红军后方兼顾主义与少数同志的红军本位主义是冲突的，军需制度和编制法规未能建立，个人支配政治和武器的事常常有的，这时候的党从连到军从它的实质说是处在一种从属的地位，在某些问题上是绝对听命于个人。"

第二个时期是1928年9月重回边界到这年3月占领长汀（当时称汀州）。这一时期，从支部到前委，党确处在指挥的地位了，原因是此时在湘南失败及大余一路逃难形势之下，"个人没有显出什么大领导，同时非依赖党的领导就会有塌台的可能"。此外，"这时期内党的组织与同志们的政治程度和斗争经验比起第一时期来确实进步些，少数同志不正确的言论行动比较不容易得到一般人的拥护，因此自己要收敛一些"。

第三时期是占领长汀到现在。"这一时期内党及红军的各方面实在都比以前进步了"，"各级党部更能无顾忌地讨论各种各样的问题"，

"政治部成立，司令部的职权也有限制了"。"但因为党的意志极大的限度的伸张、个人意志感到从来未有的痛苦，一连打了几个胜仗和一种形式主义的理论从远方到来，这三样汇合所以爆发了近日的争论。"毛泽东这里讲到的"一种形式主义的理论从远方到来"，指的显然是刘安恭。

毛泽东认为，那些坚持要设军委并为此攻击前委的人，"骨子里是要一个党的指导机关拿在他们的手里，以求伸张那久抑求伸的素志（即与历来指导路线不同的另一指导路线），然而表现出的理由仍然是冠冕堂皇的，可惜完全是一种形式主义罢了。"

至于红四军党内是否存在家长制的问题，毛泽东认为，"同样是一种形式主义的观察"。他首先解释了何谓家长制。他说，家长制是只有个人的命令，没有集体的讨论，只有上级委派，没有群众选举。用这个定义来衡量，就能很清楚地判断出红四军有无家长制。毛泽东接着说，四军党的集体的讨论，从支部到前委历来是如此的，各级党部会议，特别是前委纵委两级会议，不论是常委会、全体会，应到委员之外，差不多每次都有非委员的负责同志参加，这个问题各纵队和前委的会议记录都是有案可查的。凡是涉及全军的重大问题，如井冈山之出发问题讨论，东固之分兵讨论，以及这一次的争论及分兵问题讨论等，总是征求群众意见的。因此，不能说四军党内只有个人命令没有集体讨论。

在毛泽东看来，红四军党内事实上找不出什么家长制，但为何有少数人有这样的说法？"就是四军中有一种党部书记兼充红军党代表制度，一些同志分不清楚党代表与书记在职务上是两样东西，因为党代表与军官的权限历来没有弄清楚，时常发生争权问题，由是引起了头脑不清楚的人把党代表在那里工作看做是党的书记在那里工作了。""要除去此弊，只有使党代表与书记分开，这是应该一面从内部找人，一面从外面多找人来才可以解决的"。

毛泽东进一步分析了红四军内部产生这样的纷争的思想根源。他在信中写道："我们千万不要忘记红军的来源和它的成分，五月份统计，全军一三二四名党员中，工人三百一十一，农民六百二十六，小商人一百，学生一百九十二，其他九十五，工人与非工人的比例是百分之二十三对百分之七十七。讨论到个人思想时，不要忘记他的出身、教育和工作历史，这是共产主义者的研究态度。四军党内显然有一种建立于农民、游民、小资产阶级之上的不正确的思想，这种思想是不利于党的团结和革命的前途的，是有离开无产阶级革命立场的危险。我们必须和这种思想（主要的是思想问题，其余是小节）奋斗，去克服这种思想，以求红军彻底改造，凡有障碍腐旧思想之铲除和红军之改造的，必须毫不犹豫地反对之，这是同志们今后奋斗的目标。"①

毛泽东在这封信中，明确提出了要从思想路线的高度，克服党内的非无产阶级思想，实现非无产阶级出身的党员无产阶级化的问题。在毛泽东看来，要化解红四军内部的争论，最根本的就是要解决思想路线问题，克服各种非无产阶级的不正确思想，并从中提出了一个重大的课题——在长期的农村游击战争环境中，如何保持党对军队的绝对领导，如何使农民和小资产阶级出身的党员实现无产阶级化的问题。毛泽东并没有将红四军内部的这场争论简单地视为人事纠纷，而是从用无产阶级思想去克服非无产阶级思想的视角来看待这场争论，这正是毛泽东的过人之处。从这个角度来看，毛泽东的这封信，为他半年后起草古田会议决议打下了初步基础。

信的最后，毛泽东解释了他为何在白砂会议上提出辞职的理由：

（一）对于与党内错误思想奋斗，两年以来已经既竭吾力了，现在我又把问题的内容提出以后，使多数同志们作不断的奋斗才能得到最后的胜利。

（二）我在四军的日子太久了，一种历史的地位发生出来的影响是很不好的，这是我要指出的中心理由。

---

① 《毛泽东文集》第一卷，人民出版社1993年版，第64—75页。

（三）我个人身体太弱，智识太贫，所以我希望经过中央送到莫斯科去留学兼休息一个时期。在没有得到中央允许以前，由前委派我到地方做些事，使我能因改环境而得到相当的进步。

（四）四军的党已经有了比较坚固的基础了，我去之后，决然没有不好的影响。党的思想上的分化和斗争既已经起来了，决不因我去而不达到胜利的目的，所以你的信上的后面一段是过虑的。自然我的工作我只能提出意见，决定要在党部，我没有离开一天仍旧可以随大家作思想奋斗一天！①

毛泽东给林彪写信的第二天，朱德也给林彪写了一封信，就红四军党的组织领导问题阐述了自己的看法，表示不同意"党管理一切"为最高原则，如果真要执行此口号，必然使党脱离群众，使党孤立，认为"党管理一切"的口号，违背了党的无产阶级专政的主张。朱德在信中说，党的组织的最高原则，此前已印发的中共六大关于组织问题的决议案中已有明确的规定，我们不能有丝毫的修改。"至于我个人如稍有不合原则的，即可以铁的组织纪律拒绝。"

朱德认为，在党对于军事机关的核心作用的密切关系问题上，军事行政的路线是受党的政策指导的，他的行政路线是自理责任的，党员在此机关内起核心作用时，亦是党给予的行政责任，绝非机械式地去执行。朱德说，我们反对此口号，是因为拥护共产党的组织最高原则，恐被人曲解。一切工作归支部，此原则我是极端拥护的。党的新生命，就在此原则的实行，巩固党的基础，要打破家长制及包办制。一切实际工作集中于前委，前委开联委会开了数日，各级党部坐等命令到来，以便遵照办理，这样何尝有工作归支部呢？

朱德还说，此次的辩论，不但对党没有损失，并且使党有很大的进步，必定会培养多数党员的精神来。及支部基础建立起来，各级党部的

---

① 《毛泽东文集》第一卷，人民出版社 1993 年版，第 75 页。

职权实行起来，党的群众机关，行政路线正确起来，收效必大。各个同志积极的斗争，使党内一切不正确的一切的错误，都要全部清除，努力建设新生命的党。要克服困难，只有各同志大家担负起来，迅速建造党的新的基础。为此问题，请大家站在党的立场上去讨论。①

毛泽东和朱德给林彪的信，都公开登载在这年6月中旬前委编印的油印刊物《前委通讯》第3期上，实际上也使他们之间的争论在军内公开化。事后看，这个做法并不很妥当。这时，因在白砂会议上被免除军委书记和政治部主任职务的刘安恭，不仅继续坚持设立军委的主张，并且说红四军的党分成两派，一派是朱德为首，"是拥护中央指示的"；一派以毛泽东为首，"是自创原则，不服从中央指示"。刘进而提出，要通过建立"完全选举制及党内负责同志轮流更换来解决纠纷"②，也就是要采取轮流坐庄的办法，实际上是不赞成毛泽东继续担任前委书记。这样一来，红四军内部的争论非但未能停止，反而呈愈演愈烈之势。萧克回忆说："在这种情况下，各纵队、支队党委讨论得更热闹了，甚至连朱毛去留问题都提出来了。四军驻新泉的七八天，连以上尤其是支队、纵队干部天天开会，老是争论这么几个问题：党应不应管理一切？是管理一切、领导一切还是指导一切？等等。当时，领导上号召大家发表意见，放手争论。但得不出结果，大家觉得该由上边领导人来管了，多数干部希望停止争论。"③

正当红四军内部就党与军队的关系问题争论不休之际，蒋介石却没有放松对红军和革命根据地的进攻。6月16日，他命令江西、福建、广东三省的国民党军务必于半个月内分途集结于闽西边境，作好"会剿"红四军的准备，国民党参加"会剿"的兵力达13个团又2个营，约2万余人。因此，大敌当前，必须尽快解决内部的争论问题。6月中

---

① 中共中央文献研究室：《朱德年谱（新编本）》上，中央文献出版社2006年版，第150—151页。

② 蒋伯英：《朱毛红军与古田会议》，福建人民出版社2009年版，第149页。

③ 萧克：《朱毛红军侧记》，中共中央党校出版社1993年版，第93页。

旬，红四军前委召开了一次扩大会议，决定由陈毅代理前委书记，于近期内主持召开中共红四军第七次代表大会。为使陈毅集中精力筹备这次会议，又决定陈毅担任的红四军政治部主任一职由李任予继任。[①] 所以，毛泽东的前委书记实际在中共红四军七大前就已经离职。不过，他此时仍是红四军的党代表。

3. 未解决问题的中共红四军七大

6月19日，红四军第三次攻占龙岩城。6月20日，毛泽东就中共红四军七大如何召开问题向前委提出建议：通过总结过去斗争经验的办法达到统一认识，解决红军建设中存在的主要问题，以进一步提高红军的政治素质和战斗力，担负起发展农村革命根据地的斗争任务。但是，前委并没有采纳毛泽东的这个意见。[②]

6月22日，中共红四军第七次代表大会在龙岩城的公民小学召开。大会由陈毅作报告，参加会议的有支队以上干部和士兵代表共四五十人。会上，毛泽东、朱德都发表了讲话。至于毛泽东和朱德讲了些什么，陈毅在1971年林彪事件后曾回忆说，朱德在发言中承认自己过去有些看法存在片面性，表示欢迎大家对他提出批评。毛泽东在发言中强调，现在还要根据我们历来的实际斗争经验，加强政治工作，加强党对红军的领导，军队应该严格地在党的领导之下，军队要做群众工作，要打仗，要筹款，要讲三大纪律八项注意。至于会上对他的批评，他现在不说，如果对他有好处，他会考虑的，不正确的，将来自然会证明是不正确的。[③]

另外，参加了会议的红四军第四纵队司令员傅柏翠后来也回忆说：

---

① 刘树发主编：《陈毅年谱》，人民出版社1995年版，第151页。

② 中共中央文献研究室：《毛泽东年谱（1893—1949）》上卷，人民出版社、中央文献出版社1993年版，第280—281页。

③ 转引自余伯流、凌步机：《中央苏区史》，江西人民出版社2001年版，第120页。

"当我到会场时，在主席台上坐有三五个人，朱军长正在发言，还在答辩那些问题，说得很多。大家说不要再讲了。他还在讲，并说让我说完吧。毛主席也发了言，他讲话简明扼要，胸怀宽阔，我记得毛主席说，有问题以后还可以争论，也可以写文章，现在不需要作出答辩则非留待以后由历史来证明，不同意见可以保留吧。"① 陈与傅的回忆虽然有所出入，但大致意思还是相同的。

陈毅是这次会议的主角，他自上井冈山以来，实际上是红四军中的第三号人物，对朱毛的性格应当是比较了解的，而且也了解事情的来龙去脉。现在红四军的两位主要领导人在一些问题的认识上产生了分歧，客观形势将他推上了前台，需要他当这场争论的仲裁人。陈毅的看法是，毛泽东思想领导是正确的，但不太民主；朱德对红军有建树，但重用刘安恭是不对的。

因为此前中共中央的"二月来信"曾提出朱德和毛泽东离开红四军的问题，此次他们之间又发生了争论，而且毛泽东不止一次地提出要辞去前委书记的职务，会议专门讨论了两人的去留问题，提出这个问题将由中共中央决定，在中央未派人到军中工作前，他俩可以继续工作。会议还讨论了前委的组成人选，决定以前由中央指定的前委委员毛泽东、朱德不变动，仍为委员。按照中共中央的指示，红四军所到之处的地方党部派一名主要负责人为委员。其余的委员名额，由军直属队推选出陈毅，第一、第二、第三、第四纵队各推选纵队负责人林彪、刘安恭、伍中豪、傅柏翠，上述五单位又各推选出 1 名士兵代表。在正式选举中，这 13 个人选全部当选。接着举行前委书记的选举，结果陈毅当选，而原本是中共中央指定任前委书记的毛泽东却落选了。

对于毛泽东落选、陈毅当选的原因，萧克的解释是："当时在四军上下比较有威信的是毛、朱、陈。朱毛因对一些问题认识不一致，大家

---

① 转引自蒋伯英：《朱毛红军与古田会议》，福建人民出版社 2009 年版，第 165—166 页。

认为他们两人都有不对的地方，陈毅受命筹备'七大'并主持召开会议。因为自四军成立以来，陈毅同朱毛一样也曾担任过军委书记、前委书记，尽管我们也觉得毛陈两人相比，毛应居先，但陈亦是好领导人之一。所以通过民主选举，陈毅担任了前委书记。但决议还强调了一点，要把决定呈报中央批准，没有批准之前，先开展工作。"①

贺子珍则说："在红四军第七次党代表大会上，选举前委书记，许多人不投毛泽东的票，他落选了。他为什么会落选？有的人说，这是因为毛泽东民主作风不够，在党内有家长作风。毛泽东是不是有家长作风？我的看法是，他脾气是有一点，在这方面不如朱德同志，朱德的作风是更好一些。我看，他所以落选，主要是一些人轻视党对军队的领导，否定红军中的党代表制，不重视政治工作；另外，毛泽东对部队中的不正之风进行了批评和抵制，也引起一些人不高兴；加上这次打不打广东的问题上，意见也不一致。"②

红四军"七大"用举手表决的方式，通过了陈毅起草的《红军第四军第七次代表大会决议案》（以下简称《决议案》）。《决议案》分为"党内争论问题"和"分兵问题"，由于会议只进行了1天，"分兵问题"未能讨论。

关于"党内问题"，《决议案》分为七节：一、过去工作的检阅；二、这次争论之原因和性质；三、党应不应管理一切；四、对前委通信第三期的意见；五、对朱毛同志的意见；六、对中央指定之前委委员不动，决定以陈毅为书记；七、提出几个口号作为这次争论的结果及党员以后的工作标准。

在"过去工作的检阅"一节里，《决议案》首先就红四军成立以来的方针、政策进行总结，认为在总的政治策略上，红四军建立以后，在罗霄山脉中段坚持武装斗争，发动群众，武装群众，发展边界党和群众

---

① 萧克：《朱毛红军侧记》，中共中央党校出版社1993年版，第100页。
② 转引自王行娟：《贺子珍的路》，作家出版社1985年版，第139页。

组织，建立罗霄山脉中段政权，扩大地方武装，"这是十分对的，很正确的"。虽然有个时期出于不得已采取极端没收的经济政策，有点军事共产的意味，但随着红四军情况的变化，这种做法已得到纠正，《决议案》肯定自下山以来采取的经济政策。关于政权的形式，《决议案》明确指出"合群众的需要采取公开与秘密两种形式，是很对的"，而"在边界时采取有部分是强迫性质，不顾群众的需要是不对的"。

对于红四军这次争论的原因和性质，《决议案》没有认可毛泽东在给林彪的信中所说的，原因在于"因为党的意志极大限度的伸张，个人意志感到从来未有的痛苦，一连打了几个胜仗和一种形式主义的理论从远方到来，这三样汇合，所以爆发了近日的争论"，其性质是"少数同志们历来错误路线的结果，两个指导路线的最后斗争"的观点，而是认为主要是由于以下原因造成的：一是由于四军党员的经济背景复杂，思想认识不一致；二是负责同志间工作方式与态度不好，引起了意见纠纷；三是组织上不完备，兼职较多，责任心都很重，爱多管事；四是新的理论批评旧的习惯反响；五是过去党缺乏批评精神。关于争论的性质，《决议案》说："这次争论不仅是朱毛闹意见，不仅是组织原则的解释不同，实由于过去党的斗争历史上各种不同的主张，各种不同的方式互相精神（原文如此，意为僵持）着，历久不得解决，加上组织上有缺限（陷），及党内批评精神缺乏，造成这次争论总爆发。这个争论虽对党有益处，若没有无产阶级意识的领导，必不能得到正确的解决。"《决议案》同时认为，这场党内争论"并不是简单的两种路线思想的斗争结果"。

关于党应不应管理一切的问题，《决议案》说："这个口号并不是任何一个同志所能造的笑话，是一个工作口号，在四军党内极为深入。现在审查这个口号的意义与中央颁发的党的组织问题第三章的组织原则并不冲突，所以这个口号是对的。不过这个口号'党管理一切'在文字方面太简单不明显，可以引起不正确的理解，这个口号今后不要再引用。"

前委和军委的关系曾是这次内部争论的中心和焦点。《决议案》认为，军委是前委的下级党部，它有决议须报告前委审查，不能说前委与军委是分权式，只能说军委分担了前委的工作。规定前委只能讨论行动问题，"这是临时军委的错误"，一部分同志要求在前委之下再成立军委，是形式主义地看问题。根据目前实际情况看，前委之下再设立军委，实属机关重叠，没有必要。

对于此次争论中多次提到的红四军党内究竟有无家长制、有无党代表群众组织、上级党是否包办支部工作三个问题，《决定案》也一一作了说明。

关于第一个问题，《决议案》说，"过去四军党员群众对于党部，下级对上级，都有机械式的服从而无活泼的党的生活，将一切工作推到书记一人身上，形成家长制的倾向"。《决议案》同时认为，四军党内没有"书记专政"的问题，之所以产生这种偏见，主要是因为在组织上是前委书记兼党代表和政治部主任，这样，有时难免出现把一切事情集中于一个人的现象，但这不是"书记专政"，是属于组织上人才安排得不合适。

对于第二个问题，《决议案》认为，"党代替群众系指一切由党直接处理，使所有群众停摆。过去四军没有犯这个错误，只是执行工作技术上带有缺点"。

对于第三个问题，《决议案》明确指出："过去四军党能领导红军在艰苦奋斗，大半由于连支部起作用，说上级包办支部工作，完全不是事实。"《决议案》还认为，过去四军少数同志在组织纪律上犯错误是有的，但绝没有个人"与党争权"的事实，因而把这次争论看成是"个人领导和党的领导争雄的具体表现"，是"最要不得的"。①

因为在红四军《前委通信》第3期上，刊登了林彪给毛泽东的信及毛泽东、朱德给林彪的信。《决议案》也就此发表了的意见，对毛泽东给林彪的信作了评析，"否定了毛泽东的大部分意见，并且对毛泽东在白砂会议后愤而辞职的行为提出了批评。而对朱德在6月15日给林

---

① 转引自余伯流、凌步机：《中央苏区史》，江西人民出版社2001年版，第122—124页；傅柒生：《古田会议》，解放军出版社2006年版，第109—110页。

彪复信中指责毛泽东的内容,《决议案》也给予了批评"①。

《决议案》还对刘安恭和林彪在这场争论中所起的不良作用提出了严肃的批评,认为刘安恭来到红四军不久,未作调查研究就胡乱发表意见,挑拨领导人之间的关系是错误的行为。并且指出,刘安恭所说的红四军党分成两派,朱德是拥护中央指示的,毛泽东是自创原则、不服从中央指示,这完全不是事实,是凭空捏造;他所提出的用完全的选举制度和党内负责同志轮流担任前委书记的做法是非常不对的。《决议案》同时认为,林彪不应该将事关红四军前途的重大问题向个人写信,而应向党报告,更不应该随意指责军长朱德,挑拨朱德、毛泽东之间的关系。认为刘、林的做法"不但不能解决党内纠纷而使之加重","助长党内纠纷","这种轻率的工作是不对的"。《决议案》同时也对朱德和毛泽东提出了批评,认为"朱毛两同志在党内外负责重要工作,不能因某种观点与意见不同互相猜忌,又不提出来批评交由党解决,以致造成这次党内严重争论问题,给党以不好影响。朱毛两同志都有着同等错误。但毛同志因负党代表与书记之工作,对此次争论应负较大责任"。②为此,大会决定给予毛泽东严重警告处分,给予朱德书面警告处分。

《决议案》的最后提出了十三条口号,以"作为这次争论的结果及党员以后的工作标准":(一)拥护第七次代表大会决议案;(二)反对英雄思想;(三)反对形式主义;(四)增加批评精神;(五)闹个人意见的滚出党去;(六)反对不正确的理论与思想;(七)反对小团体主义;(八)实行民主集权制;(九)反对家长制及极端民主化倾向;(十)反对一切非无产阶级的意识;(十一)提高党员政治水平;(十二)做事科学化、规律化;(十三)改进支部生活。

中共红四军七大将毛泽东的前委书记选掉了,显然违背了组织程序,因为毛泽东的前委书记一职本是中共中央指定的。这样一来,虽然

---

① 余伯流、凌步机:《中央苏区史》,江西人民出版社 2001 年版,第 123 页。
② 转引自傅柒生:《古田会议》,解放军出版社 2006 年版,第 110—111 页。

毛泽东仍是红四军的党代表，但由于他此前一再表示过要辞前委书记之职，前往苏联学习，现在这一职务已被选掉，在这种情况下，留存军中似乎不太合适。恰在此时，中共闽西第一次党的代表大会将在上杭的蛟洋召开，于是，毛泽东与第三纵队司令蔡协民、第四纵队政治部主任谭震林、红四军政治部秘书长江华、红四军直属队支部书记曾志等，受红四军前委的委派，于7月8日由龙岩动身，前往蛟洋代表前委出席会议并对会议加以指导。

4."中央九月来信"与古田会议的召开

1929年4月7日，中共中央曾致信毛泽东、朱德，提出红军的总任务是扩大游击战争范围，发动农民武装斗争，深入土地革命，并再次提出毛泽东、朱德来中共中央的问题，明确表示，如果他们两人若一时不能来，希望红四军前委"派一得力同志"前来讨论问题。6月12日，中共中央政治局召开会议，由周恩来报告红四军4月5日从瑞金发出的对中央"二月来信"复信。周恩来提出，中央政治局常委会已决定召开一次军事会议，朱德、毛泽东处应派一得力人员来参加①。于是，中共中央再次致信红四军，要求其派人参加会议并汇报工作。

红四军前委收到由中共福建省委和闽西特委转来的中共中央来信时，朱德和陈毅正率部进驻连城的新泉，而毛泽东还在蛟洋参加中共闽西一大。7月29日，朱和陈从新泉赶赴蛟洋，与毛泽东等召开红四军前委紧急会议，商讨应对闽、赣、粤三省国民党军对闽西革命根据地第一次"会剿"的作战计划，并决定由陈毅赴上海向中共中央汇报工作，前委书记一职由朱德代理。

8月上旬，按照中共中央和前委的指示，陈毅动身前往上海。行

---

① 中共中央文献研究室：《周恩来年谱（1898—1949）》，中央文献出版社、人民出版社1990年版，第161页。

前，他专程到蛟洋征求毛泽东的意见，并请其复职，主持前委的工作。据《陈毅年谱》记载，"由于种种原因，毛未遂其愿"①。由此，红四军的三个主要领导人分为三处，陈毅去上海向中共中央汇报；朱德率第二、第三纵队出击闽中；毛泽东则在中共闽西一大之后因患疟疾病重，先后到上杭的苏家坡、大洋坝和永定的牛牯扑、合溪养病，同时指导闽西地方党的工作。

此前的 7 月 9 日，陈毅曾以红四军前委书记的名义给中共中央写了一份《关于闽西情况及前委工作计划的报告》，连同红四军"七大"的决议及毛泽东、朱德发表的不同意见等，一并交中共福建省委转交中共中央，并请求中共中央在详细审察这些文件之后给予明确指示。

看来中共中央及时收到了陈毅的报告及相关材料。8 月 13 日，中共中央政治局专门召开会议，讨论中共红四军七大文件及朱德与毛泽东之间的意见分歧等问题。周恩来在会上说，中共红四军七大对每一个问题都有一简单的回答，有些是正确的，有些是不正确的。刘安恭写信来将朱德与毛泽东分成两派，许多不会是事实，在故意造成派别。刘安恭无论如何要调回。由于有些问题还不清楚，等陈毅到后再作整个的回答。可以给红四军写一信，要朱德、毛泽东努力与敌人斗争，已经解决的问题不应再争论；军委可暂时不设立，军事指挥由军长、党代表管理。②

8 月 21 日，中共中央给红四军前委发出指示信（即"八月来信"）。信中认为，在敌人加紧实施三省"会剿"这种严重的局势之下，"你们第七次代表大会的主要精神是在解决党内纠纷而没有针对着目前围攻形势，着重于与敌人的艰苦奋斗——这不能不说是代表大会中的缺点。固然，你们一切决议案是极力向着解决问题的方向做的，但对群众的影响，却很有可能使他们转移视线着重于党内的斗争而放松或看轻与敌人的当前斗争。即从你们的文件语句中间，也可看出你们整个的精神

---

① 刘树发主编：《陈毅年谱》，人民出版社 1995 年版，第 136 页。
② 中共中央文献研究室：《朱德年谱（新编本）》上，中央文献出版社 2006 年版，第 156 页。

是正用在对内。"信中提出，在目前敌人四面包围中，红四军主要的任务是在向敌人奋斗，应集中力量向着敌人，可是"代表会的决议案无一语引导全体同志向着敌人争斗"。信中还就前一时期引发红四军党内激烈争论的几个问题作了明确答复。① 遗憾的是，中共中央的这封信，红四军前委并没有收到，而是误当作8月20日《中央给信阳中心县委转商城县委指示信》，送到了河南信阳。

8月下旬，陈毅抵达上海，很快同中共中央接上了头，并向中共中央政治局委员李立三汇报了红四军的有关情况。李立三表示他将尽快向政治局作报告，并要陈毅赶紧写出几份上报的书面材料。8月27日，李立三向中共中央政治局扼要介绍了陈毅报告的红四军有关情况，并且说，红四军都了解，"毛（泽东）在政治上强，军事上朱（德）强"。会议决定召开临时政治局会议，由陈毅出席并作详细报告。就在这次会议上，中共中央政治局决定由周恩来兼任中央军事部长，因为原军事部长杨殷由于叛徒告密而遭国民党当局逮捕。

过了两天，政治局会议如期召开，出席会议的有总书记向忠发和政治局委员李立三、周恩来、项英、关向应。陈毅在会上就红四军的全面情况和朱毛之间的争论作了详细报告。会议认为，红四军的经验和问题都很重要，乃决定由李立三、周恩来和陈毅组成一个委员会，由周恩来任召集人，就有关问题进行深入的讨论审议，并起草一个决议提交政治局讨论通过后发给红四军。

9月1日，陈毅写出关于红四军情况的几份书面材料：《关于朱、毛军的历史及其状况的报告》《关于朱、毛红军党务概况报告》《关于朱、毛争论问题的报告》《关于赣南、闽西、粤东江农运及党的发展情况的报告》。中共中央对几个报告是很重视的，其中还特地将第一个报告刊登在《中央军事通讯》的创刊号上。

随后，周恩来、李立三和陈毅多次讨论研究红四军问题，周恩来一

---

① 《周恩来军事文选》第一卷，人民出版社1997年版，第83—84页。

再强调要巩固红四军的团结，维护朱德、毛泽东的领导，并代表中共中央宣布毛泽东继续担任红四军前委书记。这说明，当时中共中央对毛泽东还是很信任的。同时，周恩来让陈毅根据此间召开的中共中央军事会议和谈话精神，代中央起草一封给红四军的指示信。很快，陈毅写出了这份题为《中共中央给红军第四军前委的指示》的文件，在经周恩来审定后，于9月28日由中共中央政治局讨论通过。这就是中国革命历史上著名的"中央九月来信"。

对于中共红四军七大前后军内引起热烈争论的若干问题，"九月来信"作了明确解答。关于前委与军委的问题，信中指出，党的组织系统可保存现在状态，前委委员不要超过9人，前委下面不需要成立军委。党在军队中采取秘密形式，党的机关设在政治部内，党的机关的人员不要过多，要尽量利用群众组织中的人做事。中共中央同时要求红四军中党对军队的指挥尽可能实现党团路线，不要直接指挥军队，经过军部指挥军事工作，经过政治部指挥政治工作。

关于所谓集权制问题，"九月来信"肯定了党的一切权力集中于前委指导机关是正确的，这个原则绝不能动摇，不能机械地引用"家长制"这个名词来削弱指导机关的权力，来作极端民主化的掩护。指示同时认为，前委对于一切问题毫无疑义应先有决定后交下级讨论，绝不能先征求下级同意或者不作决定俟下级发表意见后再定办法，这样不但削弱上级指导机关的权力，而且也不是下级党部的正确生活，这就是极端民主化发展到极度的现象。

关于"党管一切"的口号，指示认为这在原则上事实上都是行不通的，党只能经过党团作用做政治的领导。目前前委指挥军部、政治部，这是一个临时的办法。前委对日常行政事务不要去管理，应交由行政机关去办，由政治委员监督，前委应着眼在红军的政治军事经济及群众斗争的领导上。一切工作归支部这个口号是对的，是作经过支部去工作的解释，但不是与党的民主集权制相对立。

对于朱德和毛泽东的关系，"九月来信"为此单列一节专门作出指示（"九月来信"在编入《周恩来选集》时曾删去了此节），强调"红军是生长在与敌人肉搏中的，他的精神主要的应是对付敌人"，而此前红四军前委在处理两人问题时，存在四个方面的缺点：一是没有引导群众注意对外斗争，自己不先提办法，而交下级自由讨论，客观上有放任内部斗争关门闹纠纷的错误，前委自己铸成这个错误；二是没有从政治上指出正确路线，"使同志们得到一个政治领导来判别谁是谁非，只是在组织来回答一些个人问题"；三是削弱了前委的权力，客观上助长极端民主化的发展；四是没有顾及两人在政治上的责任之重要，公开提到群众中没有指导的任意批评，使他们在群众中的信仰发生影响。指示还特别指出："一般同志对朱毛的批评大半是一些唯心的推测，没有从政治上去检查他们的错误，这样不但不能解决纠纷而且只有使纠纷加重。"应当说这个批评是很中肯的，也是实事求是的，中共红四军七大给毛泽东和朱德罗列的各项缺点就存在这个问题。

信中指出，毛泽东和朱德的错误是"工作方法的错误"，并对其错误提出批评："第一，两同志常采取对立的形式去相互争论；第二，两同志常离开政治立场互相怀疑猜测，这是最不好的现象。两同志的工作方法亦常常犯有主观的或不公开的毛病，望两同志及前委要注意纠正这些影响到工作上的严重错误！"

指示明确要求红四军前委"应立即负责挽回上面的一些错误"，并提出了四条具体办法："第一，应该团结全体同志努力向敌人斗争，实现红军所负的任务；第二，前委要加强指导机关的威信与一切非无产阶级意识作坚决的斗争；第三，前委应纠正朱毛两同志的错误，要恢复朱毛两同志在群众中的信仰；第四，朱毛两同志仍留前委工作。经过前委会议，朱毛两同志诚恳接受中央指示后，毛同志应仍为前委书记，并须使红军全体同志了解而接受。"①

---

① 中央档案馆：《中共中央文件选集》第5册，中共中央党校出版社1990年版，第488—489页。

　　中共中央对上述问题的各项处理意见无疑是正确的，也是经得起历史检验的。它既实事求是地提出了朱德、毛泽东在工作方法上的缺点，同时又不是过分追究个人责任和进行所谓组织处分，并且强调要在帮助他们改正缺点的同时恢复他们在群众中的威信。事实证明，朱德和毛泽东之间确实不是什么权力之争，也不是所谓正确路线与错误路线之争，而是在党与军队关系、在新型人民军队究竟如何建设等具体问题上存在不同的看法。红军刚刚创建之时，如何建党建军没有现成的模式可以套用，一切都处于探索、摸索阶段，而且红四军又是由两支部队合编而成的，其领导人具有不同的经历、不同的个人性格，因而在若干具体问题上出现分歧、产生矛盾也是十分正常的。问题在于当这种纷争产生之后如何去处理，中共中央的这个指示，在某种意义上可以说为解决党内争论问题树立了一个典范。

　　在这个过程中，陈毅发挥了十分重要的作用。他是整个事件的见证人，在向中央汇报的过程中能够实事求是地反映情况，既不偏袒某一方面，也没有因为自己已当选为红四军前委书记，为保住自己的职位而对朱德、毛泽东进行添油加醋的指责，并且在起草"中央九月来信"时能够秉持客观公正的立场，既如实地指出了两人的不足，同时又满腔热情地要求全军恢复两人威信，体现了一个共产党人立党为公、以党的事业为重的胸襟，这也是这场争论能够顺利化解的重要因素。

　　不少论著认为，"七大"之后红四军内部的争论遂得以停止。这或许是事实，但争论停止的一个客观前提，是这场争论的两个主角实际已经分开，毛泽东去了闽西地方，只有朱德仍留在军中。然而，由于毛泽东的离职和陈毅去中共中央汇报，红四军"七大"之后，军中的主要领导人只剩下朱德一人，朱既是军长又是代理前委书记，用现在的话说是党政一肩挑，而朱德自四军成立以来一直负责军事，虽然现在不得不兼负军中的政治工作，但毕竟难以做到军政工作同时兼顾，因而"七大"之后，军中思想政治工作难免有所放松。1930 年 1 月 6 日，红四军前委在给中共中央的报告中说："四军八九十三个月中，前委机关不健全，毛同志去地方养病，陈毅同志去中央，前委只余朱德同志一人，因此应付不开，政策上发现许多错误，党及红军组织皆松懈。"①

虽然红四军"七大"提出的十三大口号中，有"实行民主集权制"和"反对家长制及极端民主化倾向"的内容，但由于前一阶段对党内争论问题采取"大家放开来争论"态度，这固然一方面有助于军中的民主空气，但另一方面使军中出现极端民主化的倾向。据红四军代理军委书记②熊寿祺1930年4月所写的《红军第四军状况（从1929年7月至1930年4月）》说："七次大会直到九次大会，前委的指导路线都不是集体指导一切问题。一切问题都摆在会场上让大家来讨论，不管他政治分析也好，行动计划也好，请调工作也好，都毫不准备意见到会场来争，往往争论终日得不到一个结论。八次大会前后，前委为了调工作问题（当时很多同志请调工作），常常讨论几个钟头，无法解决。每次开会，都要各纵队负责同志到了才能解决问题。各纵队同志在会场上，为了调人调枪这些问题，当然要为自己说话，于是争论起来，没法解决。前委负责人，只有说些随和话，常常都是这个样子开会。当时有许多同志说，前委是各纵队联席会，但是前委的负责同志还以为要这样才对，才是自下而上的民主制。"③

与此同时，军中要求毛泽东回来主持前委工作的声音也日益多起来。面对这种情况，朱德一面决定召开中共红四军第八次代表大会，以"解决'七大'所没有解决的一些争论问题"④。一面亲自给毛泽东写信，希望他能回来主持前委，但遭毛泽东拒绝。据陈毅回忆，毛泽东回

① 中国人民解放军政治学院党史教研室编：《中共党史教学参考资料》第14册，1985年编印，第236页。

② 1930年2月，因成立了中共红四、五、六军共同前委，红四军再次成立了军委，潘心源任书记，但潘未到任，由熊代理，军委委员有朱德、潘心源、林彪、熊寿祺、伍中豪等和士兵代表数人。

③ 中国人民解放军政治学院党史教研室编：《中共党史教学参考资料》第14册，1985年编印，第257页。

④ 中共中央文献研究室：《朱德传》，人民出版社1993年版，第184页。

信说：我平生精密考察事情，严正督促工作，这是陈毅主义的眼中之钉，陈毅要我作"八边美人四方面讨好"，我办不到；红四军党内是非不解决，我不能够随便回来；再者身体不好，就不参加会了。①

毛泽东这次确实身体不好，病得很重。中共闽西一大的后期，毛泽东因疟疾病倒了，由上杭蛟洋转移到苏家坡。以后，又到永定县金丰山区养病。国民党方面一时得不到他的消息，就造谣说他已死于肺结核病。共产国际误以为毛泽东已经病故，第二年年初在《国际新闻通讯》上发了一千多字的讣告，对毛泽东作出很高的评价："据中国消息：中国共产党的奠基者，中国游击队的创立者和中国红军的缔造者之一的毛泽东同志，因长期患肺结核而在福建前线逝世。""这是中国共产党、中国红军和中国革命事业的重大损失。""毛泽东同志是被称之为朱毛红军的政治领袖。他在其领导的范围内完全执行了共产国际六大和中共六大的决议。""作为国际社会的一名布尔什维克，作为中国共产党的坚强战士，毛泽东同志完成了他的历史使命。"②

9月19日，朱德指挥红四军和地方武装攻占了上杭城，打破了国民党军的三省"会剿"，使红四军获得了一个休整的机会。9月下旬，中共红四军第八次代表大会在上杭城太忠庙召开，会议由朱德主持。这次会议由于前委领导不健全，"会议又没有作好必要的准备，在事先不能拿出一个意见，就让大家讨论。结果，会议开了三天，七嘴八舌，毫无结果"③。熊寿祺在给中共中央的报告说："八次大会时，为了一个红军法规中的党代表权力问题，讨论了两天仍旧没法解决，结果还是决定请示中央。八次大会的选举，为了要各纵队都要参加人，决定选举十七（指前委委员——引者），在大会上临时来推选，把新由中央派来四军

---

① 中共中央文献研究室：《毛泽东传（1893—1949）》，中央文献出版社1996年版，第204页。

② 中共中央文献研究室：《毛泽东传（1893—1949）》，中央文献出版社1993年版，第205页。

③ 中共中央文献研究室：《朱德传》，人民出版社1993年版，第184页。

工作的张恨秋、谭玺和郭化仁等都一齐选为委员。谭玺当时尚在一纵队，还没有与大会上的人谋面，他的观念正不正确没有人知道，便当选为常委（这是因为提议他的同志说他好，提议了两次，最后一次才通过）。总之。当时前委什么事都是民主，大家要怎样干就怎样！前委事先对选举没有丝毫意见，结果，选出来的八届前委，又同从前一样，而且更甚地实行所谓'由下而上的民主制'，一开会就得争论半天，前委还认为这样才是无产阶级的办法。因此当时全军政治上失掉领导中心，对政治分析也是由大家缓议，各同志又没有报看，哪里议得出！"①

这次会议共选出了 17 名前委委员，毛泽东是其中之一，陈毅再次被选为前委书记，在他未回之前由朱德代理。在会议过程中，第三纵队九支队党代表罗荣桓提出要将毛泽东请回来，得到了不少代表的支持。朱德也有此意，但担心毛泽东不愿回来，于是就由军政治部主任张恨秋给毛泽东写"敦请信"。张恨秋是广东大埔人，8 月由中共中央派到红四军工作，即被委以重任，当上军政治部主任，他在信中说，接此信后若不回来，就要给予党内处分。毛泽东当时病得很厉害，接到信后只得坐担架从永定的金丰大山前来，可等到他到上杭城时，"八大"已经开完。大家见他身体确实虚弱，也就放弃了让他回来工作的打算。

其后，毛泽东到永定县的合溪继续养病。10 月 10 日前后，又从合溪由地方武装用担架护送到上杭城，住在汀江边的临江楼休养。经过一位名医吴修山 10 多天的治疗，毛泽东病情明显好转，心情也逐渐好了起来。农历重阳节（10 月 11 日），他看到临江边的黄菊盛开，乃填词一首："人生易老天难老，岁岁重阳。今又重阳，战地黄花分外香。一年一度秋风劲，不似春光。胜似春光，寥廓江天万里霜。"

这年 10 月 1 日，陈毅结束了在上海向中共中央的汇报，携带"九月来信"动身返回红四军。10 月 22 日，在广东蕉岭县的松源与朱德会

---

① 中国人民解放军政治学院党史教研室编：《中共党史教学参考资料》第 14 册，1985 年编印，第 257 页。

面。当天晚上，红四军前委召开会议，听取陈毅传达中共中央的指示。会议根据中共中央的指示精神，致信毛泽东请其回到红四军重新担任前委书记；同时，考虑毛泽东因病一时不能返回部队，决定前委书记暂由陈毅代理。

在陈毅回到军中的前两天，那位在"朱毛之争"中颇为活跃、白砂会议后改任第二纵队司令员的刘安恭，在率部进攻广东大埔的虎头沙时中弹牺牲，时年30岁。

11月2日，陈毅再次给毛泽东写信，请他回前委工作。过了两天，陈毅又写信向中共中央汇报说："我只有按照中央的办法去做：一、建立四军的政治领导，使全体同志及红军官兵集中力量对外斗争，对外斗争胜利才是我们的出路；二、建立前委的威信，制止极端民主化的发展；三、化除一些同志的成见（朱、毛在内），用布尔什维克党的态度扫除一切敷衍调和模棱两可的陈毅主义（如毛同志所说），对于这个非无产阶级意识的东西，我也不甘落人后地要去打倒他。我回前委后已迭函去催毛泽东同志回前委工作。现已筹备九次大会改选前委。"①

11月18日，朱德和陈毅率部抵达上杭的官庄，两人又一次致信毛泽东，请他回军中主持前委工作。23日，部队第三次攻占长汀，红四军前委在这里作出决定，促请毛泽东速回主持工作，并派部队去迎接。这时的毛泽东，一方面健康正在恢复，另一方面看了陈毅传达的"九月来信"，已知中共中央的态度，乃于11月26日在中共福建省委巡视员、组织部部长谢汉秋的陪同下，来到长汀与朱德、陈毅会合，并重新担任红四军前委书记。回到红四军后，毛泽东"向朱德、陈毅等表示接受中共中央的'九月来信'，包括对他工作方式的批评。陈毅诚恳地作了自我批评，并介绍了他上海之行的情况。毛泽东也说他在红四军八大时因为身体不好，情绪不佳，写了一些伤感情的话。这样，相互间的

---

① 刘树发主编：《陈毅年谱》，人民出版社1995年版，第140页。

矛盾和隔阂就消除了"①。到这时，历时几个月的红四军内部的争论真正结束了。

11月28日，毛泽东在长汀主持召开中共红四军前委扩大会议。会议作出了三项重要的决定：（一）召开中共红四军第九次代表大会；（二）用各种方法建立红四军的政治领导；（三）纠正党内各种错误倾向，扫除红军内部一些旧的封建残余制度（废止肉刑、禁止枪毙逃兵等）。同一天，毛泽东向中共中央写了一份报告，汇报自己回到红四军的情况和目前的工作计划。信中说："四军党内的团结，在中央正确指导之下，完全不成问题。陈毅同志已到，中央的意思已完全达到。"②

12月上旬，毛泽东、朱德、陈毅率红四军第一、第二、第三纵队撤出长汀，前往连城的新泉与在这里活动的第四纵队会合。然后，全军在这里进行了10天左右的政治与军事整训。同月中旬，他们又率部开赴上杭县的古田，为中共红四军第九次代表大会作准备。毛泽东依据"九月来信"的精神，结合调查研究的情况，起草了《纠正党内非无产阶级意识的不正确倾向》《党的组织》《党内教育》《红军宣传工作》等8个决议草案，共达3万字。

12月28日和29日，中共红四军第九次代表大会在古田召开。毛泽东在会上作了政治报告，朱德作了军事报告，陈毅传达了中共中央的指示。会议一致通过了毛泽东起草的8个决议，总称《中国共产党红军第四军第九次代表大会决议案》，即历史上著名的"古田会议决议案"。大会通过选举，产生了红四军新一届前委成员，他们是毛泽东、朱德、陈毅、李任予（军政治部主任）、黄益善（前委秘书长）、罗荣桓（第二纵队党代表）、林彪（第一纵队司令员）、伍中豪（第三纵队司令员）、谭震林（第四纵队政治部主任）、宋裕和（红四军经理处

---

① 中共中央文献研究室：《毛泽东传（1893—1949）》，中央文献出版社1996年版，第207页。

② 中共中央文献研究室：《毛泽东年谱（1893—1949）》上卷，人民出版社、中央文献出版社1993年版，第290页。

长）、田桂祥（士兵代表），毛泽东重新当选为前委书记。

古田会议决议近3万字，其主要内容是：（一）规定红军是一个执行革命的政治任务的武装集团，必须坚决贯彻中国共产党的纲领、路线、方针和政策。红军决不是单纯地打仗的，必须同时担负打仗、做群众工作和筹款三大任务。这是它区别于其他一切旧军队的根本标志之一。（二）规定红军中必须健全各级党的组织，实行政治委员制度，反对以任何借口来削弱党对红军的领导，并且尖锐地批评了"极端民主化""非组织观点"和个人主义等错误倾向。（三）规定了红军中政治机关和政治工作的地位，在高级地方政权未建立前，红军的政治机关与军事机关在前委领导下平行执行各自担负的工作：政治训练及群众工作事项，军事系统应接受政治系统的指挥；作战、宿营、给养等，政治系统应接受军事系统的指挥。（四）强调红军不断进行马克思主义和党的正确路线教育，是克服各种非无产阶级思想，提高军队政治素质，完成无产阶级政治任务的中心环节，并对各种错误思想的表现和社会根源作了分析，并提出克服的办法。（五）规定官兵平等、实行民主主义，官兵之间只有职务的不同，没有阶级的分别。切实保障士兵的民主权利，坚决废止肉刑，要克服极端民主化和平均主义、雇佣思想等错误倾向。古田会议决议总结了红四军成立以来在部队建设上的基本经验教训，确立了中国人民军队建设的基本原则，成功地解决在长期农村游击战争环境下，在党员和红军的来源大部分是农民的情况下如何建设一个无产阶级政党、如何保持党对人民军队绝对领导这样一个重大问题。

古田会议在党与人民军队历史上，也可以说是一次重要的立规矩的会议。古田会议决议案实际上就是制定了一系列的规矩。例如，关于极端民主化问题，决议案提出的纠正的方法，除了要解决思想认识问题外，还强调在组织上"厉行集中指导下的民主生活"。具体要求是：（一）党的领导机关要有正确的指导路线，遇事要拿出办法，以建立领导的中枢。（二）上级机关要明了下级机关的情况和群众生活的情况，成为正确指导的客观基础。（三）党的各级机关解决问题，不要太随便。一成决议，就须坚决执行。（四）上级机关的决议，凡属重要一点的，必须迅速地传达到下级机关和党员群众中去。（五）党的下级机关和党员群众对于上级机关的指示，要经过详尽的讨论，以求彻底地了解指示的意义，并决定对它的执行方法。对于党内存在着的少数不服从多数，"少数人的提议被否决，他们就不诚意地执行党的决议"的非组织观点，决议案指出的纠正的方法是"开会时要使到会的人尽量发表意见。有争论的问题，要把是非弄明白，不要调和敷衍。一次不能解决的，二次再议（以不妨碍工作为条件），以期得到明晰的结论"①。同时特别强调党的纪律之一是少数服从多数。少数人在自己的意见被否决之后，必须拥护多数人所通过的决议。除必要时得在下一次会议再提出讨论外，不得在行动上有任何反对的表示。要教育党员懂得党的组织的重要性，对党委或同志有所批评应在党的会议上提出。

关于古田会议的历史意义，在党的历史上一直赋予很高的评价，这自然是有其道理的，它确实在党的建设问题上、在新型人民军队建设问题上，都具有创新性的意义。但是也应该看到，古田会议及其决议的形成，与此前发生的朱德、毛泽东之间的争论有着密切的关系。在这场争论中，他们关于党与军队的关系，军队中党如何建设、军队自身如何建设等，曾出现不同意见，产生了争论。正因为产生了争论，就使得争论的双方都对自己的观点和对方的观点进行认真的思考，也使得中央领导层对双方争论的内容提出意见，其结果是形成了一系列关于党的建设、人民军队建设的比较正确的思想。而这场争论之所以产生这样一个积极的结果，一个重要的原因，是这场争论从根本上讲不是个人意气之争、权力之争，争论双方的出发点是共同的，这就是如何把军队建设好、把军队中的党建设好。因为有这样一个共同点，因为双方以党的利益为重，故而在经过一段时间的实践检验之后，双方最终达成了共识，这就为古田会议的成功召开奠定了基础。

---

① 《毛泽东文集》第一卷，人民出版社 1993 年版，第 82 页。

第二年的九十月间，中共中央特派员涂振农在一份报告中说："据我在那里时的观察，（朱毛）确实都从行动上改正过来。朱德同志很坦白的表示，他对中央的指示，无条件地接受。他承认过去的争论，他是错的。毛泽东同志也承认工作方式和态度的不对，并且找出了错误的原因。过去军政关系的不甚好，是做政治的和做军事的人对立了，缺乏积极的政治领导的精神。同时要说到四军党内虽有争论，但都是站在党的立场上，在党的会议上公开讨论，虽有不同的意见，但没有什么派别的组织，只是同志间个人的争论，而不是形成了那一派和这一派的争论。"① 这从一侧面对这场争论之所以能够取得一个良好的结局作了注解。

---

① 转引自中共中央文献研究室：《毛泽东传（1893—1949）》，中央文献出版社1996年版，第207—208页。

四、通道会议与毛泽东
领导地位的确立

1934 年 12 月的通道会议，是中共中央在经过湘江战役中央红军蒙受重大损失之后，召开的一次攸关中央红军生死存亡的重要会议。尽管这次会议决定的改向贵州方向进军还只是战术转兵而不是战略转兵（即还没有放弃前往湘西与红二、六军团会合的计划），但通道会议为随后召开的黎平会议改变中央红军战略方针，决定由贵州腹地向黔北进军创造了条件。更为重要的是，这是毛泽东自八七会议以来第一次出席中央会议并且得到了多数人的支持，这就为他重新复出并在遵义会议上进入中共中央领导核心走出了极为重要的一步。

1. 会前毛泽东处在"靠边站"状态

毛泽东是中国共产党的创始人之一，而且是农村包围城市革命道路的主要开创者，但在很长时间，他在党内担任的职务并不显著，并未进入中共中央核心层。尽管在中共三大上曾当选为中央执行委员会中央局成员兼中央局秘书，协助中央局委员长处理中央日常工作，可以说是第一次进入中央领导层，但 1924 年年底因回湘疗养未能参加 1925 年 1 月召开的中共四大，所以此后一段时间没有在党内担任重要职务，直到 1926 年 11 月中旬，才就任中共中央农民运动委员会书记，在 1927 年四五月间召开的中共五大上，也仅当选为候补中央委员。在 1927 年的八七会议上，毛泽东被增补为中央政治局候补委员，但随后因领导湘赣边界的秋收起义未能执行中共中央攻打长沙的决定，且"工农军所经区域没有执行屠杀土豪劣绅的策略"，而毛泽东作为中央特派员，"事实上为湖南省委的中心，湖南省委所作的错误毛同志应负严重的责任，应予开除中央临时政治局候补委员"①，受到了错误处分。1928 年 6 月在莫斯科召开的中共六大上，毛泽东缺席当选为中央委员。

上井冈山之后及在开辟中央苏区的过程中，毛泽东担任过红四军前委书记兼党代表、红一军团政治委员、红一方面军总前委书记兼红一方面军总政委，但这些都不是中央领导层面的职务。1930 年 6 月中旬，中共中央决定成立中国革命军事委员会，由毛泽东担任主席，名义上可以统一指挥各地红军的军事行动和苏维埃政权，可当时各革命根据地处于被分割包围状态，而中国革命军事委员会并没有具体的机构，毛泽东的主席实际上只有一个名义。同年 8 月 7 日，中共中央指示长江局："如南昌攻下后，中国革命委员会应在南昌建立，并可暂由毛泽东任主席"②。8 月 23 日，中国工农革命委员会在湖南浏阳永和市宣告成立，毛泽东任主席，但这同样是个虚职。直到 1930 年 9 月的中共六届三中全会，毛泽东才再次当选为中央政治局候补委员。

在 1931 年 1 月的中共六届四中全会上，毛泽东虽然保留住了政治局候补委员的身份，但随后因为在事关中国革命的一系列重大问题上，与四中全会组成的中共中央存在严重分歧，他的处境日渐艰难。这次会议后不久，以项英为书记的中共苏区中央局正式成立，撤销了以毛泽东为书记的中共红一方面军总前委，另成立由苏区中央局领导的中央革命军事委员会，毛泽东仅为副主席，同时取消了以他为主席的中国工农革命委员会。中共六届四中全会后，毛泽东虽然也在短时间内担任过中共苏区中央局代理书记，并在 1931 年 11 月中华苏维埃第一次全国代表大

---

① 中央档案馆：《中共中央文件选集》第 3 册，中共中央党校出版社 1989 年版，第 481、483—484 页。

② 中央档案馆：《中共中央文件选集》第 6 册，中共中央党校出版社 1989 年版，第 29 页。

会上当选为中央执行委员会主席和人民委员会主席，但中华苏维埃共和国成立后组成的中央革命军事委员会（中革军委），毛泽东仅是其中的一名委员，所以只能以临时中央政府主席和中革军委委员这样的尴尬身份随军行动。1932 年 8 月，毛泽东重新担任红一方面总政委，但仅过了一个多月，中共苏区中央局在宁都县小布村召开全体会议即宁都会议，他的意见不但未被采纳，而且会议"最后批准毛同志暂时请病假"① 回后方，他刚刚担任的红一方面军总政委一职由周恩来代理，实际上剥夺了他对于红军的指挥权，只得去"专心"做政府工作，在1934 年 1 月的中共六届五中全会上，由于共产国际的干预，毛泽东在缺席的情况下得以当选为中央政治局委员，但由于在军内没有领导职务，在政府中原来有实际工作的人民委员主席又被张闻天取代，因而只保留了一个临时中央政府主席的虚衔，更是远离了决策中心。

1933 年 9 月下旬，蒋介石在做好充分准备之后，对中央苏区发动了第五次"围剿"。蒋介石此次"围剿"采取步步为营的堡垒战术，在中央苏区的周边修筑了大量碉堡，"企图依托碉堡逐步紧缩中央苏区，消耗红军有生力量，尔后寻求红军主力决战，彻底消灭红一方面军，摧毁中央苏区"② 。在这种情况下，博古和李德等人却机械地搬用苏联红军的经验，采取"短促突击"、堡垒对堡垒的所谓新战术，使一向机动灵活、善于在运动中歼敌的红军陷于被动挨打的境地。在无力打破蒋介石新的"围剿"的情况下，1934 年春，共产国际派来中共中央的军事顾问李德向博古提出：要准备作一次战略大转移。③

1934 年 4 月，中央苏区北部门户广昌失守，国民党军队进入中央苏区腹心地区。这年 6 月，中共中央书记处决定红军主力撤离中央苏

① 中央档案馆：《中共中央文件选集》第 8 册，中共中央党校出版社 1991 年版，第 530 页。

② 《中国工农红军第一方面军史》编审委员会：《中国工农红军第一方面军史》，解放军出版社 1993 年版，第 409 页。

③ 中共中央文献研究室：《周恩来传（1898—1949）》，人民出版社、中央文献出版社 1989 年版，第 277 页。

区，并将这一决定报告了共产国际。随后，博古、李德从前方回到瑞金，共产国际复电同意中央红军主力撤离中央苏区，实行战略转移。从这时起，长征的准备在极少数领导人中开始秘密进行。这年7月间，毛泽东曾向中共中央提出建议：中央红军往西边去，"改取战略进攻，即以主力向湖南前进，不是经湖南向贵州，而是向湖南中部前进，调动江西敌人至湖南而消灭之"。但博古和李德没有采纳毛泽东的意见，只赞同红六军团向湖南中部转移。① 同年10月10日，中共中央和红军总部从瑞金出发，率领红军主力及后方机关共8万6千余人开始进行战略转移，也就是后来的长征。在出发之前，毛泽东"得知张闻天对中央最高'三人团'将张闻天、毛泽东、王稼祥等政治局成员分散到各军团去有意见，立即向中央提议，转移时将他们安排在一起，'三人团'采纳了这个意见。"②

长征之初，由于毛泽东在红军中没有领导职务，所以在军事上没有发言权，基本处于跟着走的状态。据李德的翻译王智涛回忆，长征到达湘南时，毛泽东曾提出"红军不能西渡湘江，而是留在湘南，乘桂军南下，兵力空虚之机，集中我军主力，从宜章至湘江地区出击。这里是敌人防御力量最薄弱、未构筑堡垒和坚固工事的区域，便于我军机动作战。"毛泽东将自己的想法告诉了张闻天和王稼祥，得到了他们的赞同，遂到江华县城中革军委的驻地见到了周恩来。周恩来了解他们的来意后，认为李德对毛泽东成见太深，不论毛泽东提什么意见，李德都不会接受，于是建议由王稼祥去同李德、博古主谈，然后把李德、博古请了出来。王稼祥说完建议后，博古没有表态，却遭到了李德的拒绝。③

---

① 中共中央文献研究室：《毛泽东年谱（1893—1949）》上卷，人民出版社、中央文献出版社1993年版，第432页。

② 中共中央文献研究室：《毛泽东年谱（1893—1949）》上卷，人民出版社、中央文献出版社1989年版，第434页。

③ 王智涛：《红军洋顾问李德在长征之初》，《中华儿女》2002年第6、7期。

2. 黎平会议和遵义会议的前奏

1934 年 11 月底，中央红军在广西的全州、兴安一带的湘江突破敌人第四道封锁线时遭受重大损失，全军由出发时的 8 万余人，到渡过湘江时只剩下 3 万多人。据中共中央文献研究室编纂的《毛泽东年谱》介绍，"过了湘江后，毛泽东向中央提出讨论军事失败问题"①。12 月上旬，中央红军翻越广西北部越城岭的老山界。从这时起，"中共中央领导内部发生争论，毛泽东、王稼祥、张闻天开始批评中央的军事路线，认为第五次反'围剿'以来的失败是由于军事领导上的错误路线所造成的"。也就在这时，蒋介石觉察到中央红军将前往湘西与红二、六军团会合的意图后，在湖南西南部的洪江、芷江，贵州东部的松桃、铜仁、石阡一带集结了近 20 万军队，设置四道防线，以阻止中央红军主力北上与红二、六军团会合。在这种情况下，毛泽东曾建议中共中央放弃去湘西同红二、六军团会合的计划，改向敌人力量薄弱的贵州前进，到川黔边建立根据地。但"秦邦宪、李德不予采纳，而把希望寄托在与红二、六军团的会合上"②。

12 月 10 日，中央红军占领了湖南西南部紧靠广西、贵州的通道县城，中共中央决定在这里召开中央负责人紧急会议。然而被李德称之为"飞行会议"的通道会议却没有留下任何文字材料，就连开会的时间学界也曾有 12 月 10 日、11 日、12 日之说③，有关会议的回忆史料也都比较间接，所以对于会议的具体情况难知其详。据王智涛回忆，这时毛

---

① 中共中央文献研究室：《毛泽东年谱（1893—1949）》上卷，人民出版社、中央文献出版社 1989 年版，第 438 页。

② 中共中央文献研究室：《毛泽东年谱（1893—1949）》上卷，人民出版社、中央文献出版社 1989 年版，第 439 页。

③ 中共中央文献研究室编纂的《毛泽东年谱（1893—1949）》和中共中央党史研究室编纂的《中国共产党历史》第一卷，都采用 12 月 12 日之说，也有可能是 11 日晚或 12 日晨。

泽东考虑到蒋介石在湘西南已布置重兵，主张废弃原计划前往湘西与红二、六军团会合的计划，改向敌人力量比较薄弱的贵州进军，以变被动为主动。"他将此意见与洛甫、王稼祥商量后，由洛甫向周恩来提出召开中央政治局会议的建议。"周恩来听取了他们三人的意见后，向博古作了转达。一开始，博古不同意召开政治局会议，周恩来说，张闻天是政治局常委、毛泽东是政治局委员、王稼祥是政治局候补委员，他们三人有权建议召开会议，而且他们的意见自己也赞同。现在是扭转危机的关键时刻，应该趁敌人还没有追上来，抽空召开个会议，以统一认识、明确方向并做个决定，有利于红军今后步调一致的行动。"此时的博古已不完全信赖李德，对执掌中央和红军的领导大权，也已有些心灰意懒，就顺水推舟，未与李德商量，便同意了。"①

另据罗明回忆，他在部队进驻通道的第二天去看毛泽东，当时正好傅连暲刚给毛泽东看完病打过针，毛泽东对罗明说他们正在商量军事问题，要罗与傅谈谈话，随后毛泽东便进大厅与张闻天谈话，"因为距离很近，我们听得很清楚"。张闻天提出国民党方面已经发现了中央红军去湘西与红二、六军团会合的意图，并布置了大批兵力企图将中央红军包围，现在处境极其困难，今后应该怎么办？还想不出好的办法。毛泽东说："现在我们突破敌人的第四道封锁线，受到了严重的损失，无论如何不能照原计划去湘西与二、六军团会合了，因为敌人已调集了三四十万兵力，部署在我们前进的道路上企图消灭我们。我主张现在应坚决向敌人兵力比较薄弱的贵州前进，才能挽救危机，争取主动"②。

出席通道会议的有博古、李德、周恩来、张闻天、毛泽东、王稼祥、朱德7人，其中博、周、张是政治局常委，毛、朱是政治局委员，王为政治局候补委员，可以说这是一次中共中央政治局会议，也是长征以来召开的第一次中共中央会议。自八七会议以来，毛泽东深

① 王智涛：《红军洋顾问李德在长征之初》，《中华儿女》2002年第6、7期。
② 罗明：《关于通道转兵一些情况的回忆》，《中共党史资料》1984年第1期。

入农村开创根据地，而中共中央却一直在上海这样的大城市中，也就远离了中共指挥中枢。后来中共临时中央因在上海无法立足搬到中央苏区，但当时党内生活不正常，中央政治局和政治局常委会基本上没有开过会，真正意义上的中央会议也就是 1934 年 1 月召开的中共六届五中全会，而在这次会议上毛泽东尽管当选为中央政治局委员但并没有参加。所以，通道会议是毛泽东 1927 年八七会议以来第一次出席中央会议。

据李德回忆，他在会上提出一个建议请大家考虑，即"是否可以让那些在平行路线上追击我们的或向西面战略要地急赶的周部（即敌周浑元部——引者）和其他敌军超过我们，我们自己在他们背后转向北方，与二军团建立联系。我们依靠二军团的根据地，再加上贺龙和萧克的部队，就可以在广阔的区域向敌人进攻，并在湘黔川三省交界的三角地带创建一大片苏区。"但这个建议被毛泽东"粗暴地拒绝了"，毛泽东在会上"坚持继续向西进军，进入贵州内地"[1]。因为会前毛泽东已将关于改向贵州进军的意见与张闻天、王稼祥做了沟通，会前又得到了周恩来的支持，因而会议过程中，朱德"首先表示同意这一意见"，张闻天、王稼祥、周恩来等"多数人也表示了赞同"[2]。

这样一来，博古的态度就很重要了，因为他毕竟是中共中央总书记。博古这时情绪很沮丧，湘江一战，中央红军损失严重。过湘江后，红军总参谋部立即对各部进行清点检查，并将情况向最高"三人团"报告，周恩来看过报告后"沉重地将总参报告递给了李德和博古，他们两人看完了报告，沮丧无奈，沉默不语"[3]。据聂荣臻回忆，湘江战役后，"博古同志感到责任重大，可是又一筹莫展，痛心疾首，在行军

---

① 李德（奥托·布劳恩）：《中国纪事（1932—1939）》，现代史料编刊社 1985 年版，第 124 页。

② 中共中央文献研究室：《朱德年谱（新编本）》上，中央文献出版社 2006 年版，第 438 页。

③ 王智涛：《红军洋顾问李德在长征之初》，《中华儿女》2002 年第 6、7 期。

路上，他拿着一支手枪朝自己瞎比划"①。因而在这种情况下，也不再一味地听信李德的主张，而是同意了大多数人的意见。李德"因为自己的意见被否决而提前退出会场"②。会议乃作出决定：不是直接北上湘西，而是先西进贵州，然后再寻找时机前往湘西。当天下午7点半，中革军委致电各军团、各纵队首长"我军明十三号继续西进"，并要求红一军团第一师"相机进占（贵州）黎平"③。12月13日晚21时，朱德急电中革军委和军委各纵队负责人："我军应迅速脱离桂敌，西入贵州，寻求机动，以便转入北上的目的"④。

当然，通道会议还仅仅是战术转兵而非战略转兵，会议作出进军贵州的决定也是为避敌锋芒，并没有从根本上放弃前往湘西与红二、六军团会合的计划。会议之所以作出进军贵州的决定，是因为这时中央红军从破译的国民党军电报中，得知蒋介石以中央红军五六倍的兵力在湘西南布置了四条防线，正在扎下一个大口袋，等待中央红军，以便一网打尽。⑤ 李德在会上提出的建议自然是异想天开，博古在湘江战役后不得不考虑中央红军的前途命运，对于李德也由过去的言听计从变为将信将疑，所以在通道会议上也只得听从多数人的意见。

12月15日，中央红军进占黔东南黎平县城，并于18日在这里召开中共中央政治局会议。在黎平会议上，博古、李德仍坚持由黎平北上，前往湘西与红二、红六军团会合，而毛泽东主张继续向贵州西北进军，在川黔边建立根据地。会议经过激烈争论，王稼祥、张闻天等多数人表示赞成毛泽东的主张，主持会议的周恩来最后决定采纳毛泽

---

① 《聂荣臻回忆录》，解放军出版社2007年版，第185页。

② 中共中央文献研究室：《毛泽东传（1893—1949）》，中央文献出版社1996年版，第337页。

③ 中国人民解放军历史资料丛书编审委员会：《红军长征文献》，解放军出版社1995年版，第171页。

④ 中共中央文献研究室：《朱德年谱（新编本）》上，中央文献出版社2006年版，第438页。

⑤ 中共中央文献研究室：《毛泽东传（1893—1949）》，中央文献出版社1996年版，第337页。

东的意见,西进渡过乌江北上。这次会议通过了《中央政治局关于战略方针之决定》,明确提出:"鉴于目前所形成之情况,政治局认为过去在湘西创立新的苏维埃根据地的决定在目前已经是不可能的,并且是不适宜的。""新的根据地区应该是川黔边区地区,在最初应以遵义为中心之地区,在不利的条件下应该转移至遵义西北地区"①。这就表明,黎平会议实现了由战术转兵到战略转兵的转变。如果没有通道会议毛泽东转兵贵州的建议,自然也就没有黎平会议的召开。从这个角度来看,黎平会议是遵义会议的前奏,而通道会议又是黎平会议的前奏。

3. 中央红军命运的重要转折点

从事后来看,通道会议尽管作出西进贵州的决定,并没有从根本上改变战略方针,但这次会议对于毛泽东后来在党内领导地位的确立、对于红军与党的命运的改变可以说是意义非凡。

前文已经述及,通道会议是毛泽东自八七会议以来首次出席中央会议,也可以说是自宁都会议以来他第一次得到了中共中央领导层多数人的支持,尤其是得到了周恩来的明确支持,这对于毛泽东在遵义会议进入中央领导核心十分重要。

很长一个时期,毛泽东的意见往往在中央领导层难以得到多数人的认可。他在党内领导地位的确立,得到王稼祥、张闻天的支持是一个重要的起点。王稼祥、张闻天都在苏联学习过,一开始毛泽东与他们有些隔阂,但通过实际接触,日渐接近,因而王和张在长征出发后不久成了毛泽东的坚定支持者,没有这种支持,毛泽东在党内领导层即便提出正确主张也会孤掌难鸣。

---

① 中共中央文献研究室、中央档案馆:《建党以来重要文献选编》第 11 册,中央文献出版社 2011 年版,第 656 页。

同时也要看到，遵义会议的成功召开，毛泽东在党内领导地位的确立，如果没有周恩来的支持也是难以想象的。周恩来在党内长期担任重要职务，有很强的组织协调能力，同时他又是一个纪律意识和大局意识很强的人。宁都会议后他兼任红一方面军总政委，实际上成为中央红军最高统帅。李德抵达中央苏区被博古委任中共中央军事顾问后，获得了红军最高指挥权，周恩来成为具体执行者，尽管他内心也对博古、李德不满，但严格的组织纪律性使得他只得在具体执行中搞变通。长征前和长征初期，博古、李德和周恩来组成的最高"三人团"，取代了中共中央政治局和中革军委，成为党和红军的最高领导机关。通道会议上周恩来对毛泽东西进贵州主张的认同与支持，表明最高"三人团"已开始分化，周恩来与博古、李德由此渐行渐远，与毛泽东则日益接近。事过多年，李德回忆说："毛泽东这次他不仅得到洛甫和王稼祥的支持，而且还得到了当时就准备转向'中央三人小组'一边的周恩来的支持。因此毛的建议被通过了。"[①] 周恩来对于毛泽东的能力与胆识是有充分认识的，1931年年底他刚到中央苏区之时，中央苏区一片欣欣向荣景象，然而自从中共临时中央和李德到来之后，中央苏区开始走下坡路，不但未能打破蒋介石的第五次"围剿"，长征以来又一路损失惨重，这不能不使周恩来为党和红军的前途担忧，而这前后几年的经历使他认识到毛泽东是党内不可多得的军事统帅人才，蒋介石在湘西南布置重兵的现实，使他意识到确实不能往蒋介石布置好的口袋里钻，毛泽东西进贵州的建议是红军摆脱目前困境的唯一出路，因而成为毛泽东意见的支持者。通道会议决定转兵贵州，说明毛泽东的意见得到中央领导层多数人的支持，特别是周恩来的支持，这对遵义会议毛泽东进入中央领导核心十分重要。

通道会议否定了李德的意见作出西进贵州的决定，动摇了李德的权

---

① 李德（奥托·布劳恩）：《中国纪事（1932—1939）》，现代史料编刊社1985年版，第125页。

威，从而也动摇了博古在中共中央的地位，这也为遵义会议上中央高层人事变动创造了条件。由于李德来自于共产国际，又有在正规军事学院学习过的经历，并且也担任过苏军的中级指挥员，而作为中共中央主要领导人的博古在军事上完全是外行，于是 1933 年 9 月李德一到中央苏区，就获得了中央红军的最高指挥权，成了中共中央在军事指挥上说一不二的人物。李德进入中央苏区时，第五次反"围剿"便已开始。作为一个刚来中国不久的外国人，自然不懂得中国的情况，加之李德来自共产国际，而当时的党内上上下下对共产国际充满敬畏，博古等人对李德言听计从也就不足为怪。由这样一个自视甚高而又不了解中国情况的人指挥这支并不正规的红军，与训练与装备都大大优于自己的国民党军作战，第五次反"围剿"的结局也就可想而知了。经过湘江之战，全军上下对于李德的军事指挥才能已完全失望，通道会议否决了李德的意见转而采纳毛泽东西进贵州的建议，连一向对李德偏听偏信的博古也不得不尊重多数人的意见，这是对李德威信的一次重大打击，也表明中共领导层对共产国际不再那么迷信，开始独立自主地解决自己的问题，没有这种独立自主精神，就不会有遵义会议的成功召开。

在通道会议上，朱德还提出要将在红五军团任参谋长的刘伯承调回中革军委，恢复其总参谋长职务，并且得到了与会者的同意。[1] 1934 年 9 月，刘伯承曾向李德建议：必须尽快改变目前的这种情况，否则我们就会变成千古罪人。李德听后勃然大怒，竟然训斥刘伯承"白进过伏龙芝军事学院，战术水平还不如一个参谋，还当什么总参谋长？"博古得知后，立即找刘伯承谈话，要他尊重共产国际军事代表的意见。[2] 结果，刘伯承从中革军委总参谋长降为红五军团参谋长。通道会议决定刘伯承重新担任军委总参谋长，也说明李德在红军中的地位已经动摇。

---

① 中共中央文献研究室：《朱德年谱（新编本）》上，中央文献出版社 2006 年版，第 438 页。

② 杨国宇等：《刘伯承军事生涯》，中国青年出版社 1982 年版，第 72 页。

同时，博古同意召开通道会议，并尊重多数人的意见，表明博古开始转变。博古作为中共中央总书记，尽管不懂军事，但毕竟是中共中央主要领导人，如果没有他的同意，连中央会议的召开可能都很困难。自李德指挥红军以来，第五次反"围剿"严重失利，中央苏区损失殆尽，中央红军长征两个月又损失一大半，怎样挽救危局也是博古不得不考虑的问题，他自然深知责任的重大。湘江战役的失败可以说是博古对李德军事才能怀疑的开始，也是他自省的开始，因为博古毕竟是心怀崇高理想的革命者，博古的这种怀疑与自省，对于遵义会议的成功召开十分重要，如果博古依旧如同以往那样对李德言听计从，坚持前往湘西与红二、六军团会合，等待中央红军的可能是第二个湘江战役。尽管在随后的黎平会议上博古出现反复，仍然主张前往湘西与红二、六军团会合，但此时的博古毕竟已不是刚到中央苏区时那样刚愎自用，在黎平会议上最终接受了多数人的意见。

通道会议还是中国共产党健全党内民主集中制的重要起点，为遵义会议的召开创造了条件。民主集中制在中国共产党创建之后就被确立为根本的组织原则，但一段时间执行不是很好，大革命时期陈独秀在党内就存在家长制的倾向，中共六届四中全会后组成的中共临时中央的领导人因为在党内资历相对较浅，很快从党内普通干部迅速进入中央领导层并没有明显的业绩，为了推行其"左"倾教条主义，只能搞"残酷斗争、无情打击"，严重践踏了民主集中制原则。博古和中共临时中央到达中央苏区后，重大问题很少集体研究决定，当时，作为党和红军核心领导机关的是最高"三人团"，"这个三人团主要从事转移的军事方面的准备，只开过两次会，一次在李德房中，一次在中央局。"① 如此重大的行动最高"三人团"竟然只开过两次会，可见当时党内民主集中制遭受严重破坏。在战争环境下，军事工作是头等大事，但"博古同

---

① 中共中央文献研究室：《周恩来传（1898—1949），人民出版社、中央文献出版社 1989 年版，第 277 页。

志特别是华夫同志（即李德——引者）的领导方式是极端恶劣的，军委的一切工作为华夫同志个人的包办，把军委的集体领导完全取消，惩办主义有了极大的发展，自我批评丝毫没有，对军事上一切不同意见不但完全忽视，而且采取各种压制的方法，下层指挥员的机断专行与创造性是被抹杀了"①。通道会议决定转兵贵州，博古同意召开通道会议，并尊重了多数人的意见，表明这种局面开始改变，正因为如此，才有随后召开的黎平会议、猴场会议，也才能有改变党和红军命运的遵义会议。

自博古和临时中央进入中央苏区、李德指挥红军以来，不但未能打破国民党的第五次"围剿"，把一个好端端的中央苏区折腾掉了，而且把一支好不容易发展起来数量已经不算少的中央红军，也折腾得损失大半，全党全军上下对于博古、李德是否具有领导中国革命胜利的能力，由开始时的将信将疑转变为怀疑与不满。像博古这样一个二十多岁的年轻人一跃而成为党的主要领导人，李德这样一个外国人来中国没有几天就获得中央红军的最高指挥权，固然与博古有在莫斯科学习的经历、李德是共产国际工作人员，当时全党上下对共产国际、对莫斯科充满敬意有关，也与中国共产党有严格的组织纪律，尤其强调下级服从上级有关。但是，自从博古和李德来到中央苏区后，形势便急转直下，全军上下自然要与他们来之前中央苏区的发展壮大相对比，愈发认识到毛泽东领导的正确与重要。没有这种认识，就不会有通道会议上毛泽东获得多数与会人员的支持，而没有党内领导层多数人的支持与认可，就不会有后来毛泽东在遵义会议上进入中央领导集体，更不会有毛泽东在党内核心地位的形成。因此，通道会议意味着毛泽东结束了"靠边站"的状态。这不但是毛泽东复出的关键一步，也是他走向更高的中央领导岗位的开始。因此，通道会议既是中央红军命运的转折点，也是毛泽东在党内重新崛起并日渐成为中共中央主要领导人的转折点。

---

① 中共中央党史资料征集委员会、中央档案馆：《遵义会议文献》，人民出版社2009年版，第21页。

五、"决定中国之命运"的
六届六中全会

在中国共产党历史上，中共六届六中全会曾被认为与遵义会议、十一届三中全会一样，是具有历史转折意义的会议。在中共七大上毛泽东曾说：中共六届六中全会"是决定中国之命运的"①。因此，有关著作在述说这一历史时，常使用毛泽东与王明"展开了激烈的争论"，会议"批判了王明的右倾投降主义"，"重新确立并巩固了毛泽东在党内的领导地位"之类的表述。那么，中共六届六中全会是在什么样的背景下召开的，会上毛泽东与王明究竟各自发表了什么样的观点，会议是否对王明展开了"批判"，如何看待这次会议的意义？

1. 会前中共中央与长江局的分歧

1937 年 12 月，长期在共产国际工作的王明回国，并在同月召开的中共中央政治局会议上系统发表了他关于抗战和抗日民族统一战线的主张。随后，王明前往武汉领导中共代表团与中共中央长江局②的工作。

---

① 《毛泽东在七大的报告和讲话集》，中央文献出版社 1995 年版，第 231 页。

② 1937 年，中共中央政治局十二月会议决定由周恩来、王明、秦邦宪、叶剑英组成中共代表团，负责同国民党谈判；由项英、周恩来、秦邦宪、董必武组成中共中央长江局，领导南方各省党的工作。同年 12 月 23 日，中共代表团与中共中央长江局在武汉召开第一次联席会议，在讨论组织问题时作出以下决定：鉴于代表团与长江局成分大致相同，为了工作便利起见，决定合为一个组织，对外叫中共代表团，对内叫长江中央局；长江局由项英、博古、周恩来、叶剑英、王明、董必武、林伯渠组成，暂以王明为书记，周恩来为副书记。

在长江局成立至中共六届六中全会召开前这段时间里，王明及长江局在处理国共关系、估计抗战形势等问题上，确实曾与毛泽东、张闻天及中共中央产生过某些分歧。

一是关于国民党临时全国代表大会问题。1938 年 2 月 3 日，国民党中央第 66 次常委会决定召开临时全国代表大会，讨论和制定国民党领导抗日的路线、方针及政策。中共中央和王明领导的中共中央长江局对这次大会都很重视。3 月 21 日，王明起草了一份《中共中央对国民党临时全国代表大会的建议》，报送中共中央一份，且未等中共中央答复，就于 24 日将这个建议书交给国民党。

这个建议主要就巩固和扩大各党派的团结、健全民意机关、动员和组织民众等问题提出了一些意见，提出应建立一个各党派共同参加的某种形式的民族革命联盟，拟定一统一战线纲领，由各方代表组成一由上而下的统一战线组织，而参加联盟的各党派保持政治上与组织上的独立性；建立健全包括各抗日党派、各军队、各有威信的群众团体的代表参加的民意机关；根据地域原则，在各地方组织统一的各界群众团体的领导机关，在全国范围内成立统一的全国性的领导机关。青年、妇女、文化界等应根据其切身利益和特殊需要，而组成各种统一的群众团体，且所有群众团体及其领导机关，均应向政府登记，并接受政府及党部的领导。中国共产党愿赞助国民党在抗日救国的大前提下，造成统一的群众运动和统一的群众组织。①

3 月 25 日，中共中央收到王明起草的该建议书后，认为这个建议书"有严重缺点"②，于是另起炉灶，起草了《中共中央致国民党临时全国代表大会电》，提出如下八条意见：（一）用一切宣传鼓动方法，号召全国人民以中华民族必胜的信心，克服一切困难，忍受一切牺牲，誓与日寇抗战到底。（二）继续动员全国武力、人力、财力、物力，为

① 中共中央书记处：《六大以来——党内秘密文件》上，人民出版社 1981 年版，第 921—922 页。

② 珏石：《周恩来与抗战初期的长江局》，《中共党史研究》1988 年第 2 期。

保卫西北、保卫武汉而战。（三）继续扩大与巩固抗日民族统一战线。（四）继续扩大与巩固国民革命军。（五）继续改善政治机构。（六）继续全国人民的动员。（七）为使政府与民众进一步结合起来，为更能顺利地动员民众参加抗战，必须采取具体的办法，实施改善民生的法令。（八）组织抗战的经济基础，建立国防工业，发展国防工业，改进农业。①

长江局收到中共中央这个电文的时候，国民党临全大会还未召开（大会3月29日开幕，4月1日闭幕），本来有时间将这个建议书送给国民党，同时将第一个建议书收回的。但是，"长江局既不送，又不及时报告中央"②。等国民党临全大会即将结束，才于4月1日电告中共中央说："我们根据政治局决议原则所起草的致国民党临时全国代表大会政治建议书于24日送去，国民党临时代表大会昨夜已开幕，你们所写的东西既不能也来不及送国民党，望你们在任何地方不要发表你们所写的第二个建议书，否则对党内党外都会发生重大的不良政治影响。"③且不论这两个建议书的内容谁是谁非，但以王明为书记的长江局此举，确有不尊重中央、闹独立性之嫌。

二是关于三青团问题。1938年2月10日，周恩来在会见蒋介石时，陈立夫曾提出能否在国共两党之外，另组一个双方共同参加的三民主义青年团（简称三青团），作为合作的一种办法。"由于对国民党的实际意图还不了解，周恩来没有立即表示态度。"④ 这年3月底4月初的国民党临全大会正式宣布成立三民主义青年团。

中共中央对成立三青团态度一开始是积极的。4月5日，毛泽东在陕北公学就国共两党合作问题发表讲演时提出，国共两党要想真诚合

---

① 中共湖北省委党史资料征集编研委员会等：《抗战初期中共中央长江局》，湖北人民出版社1991年版，第194—196页。

② 珏石：《周恩来与抗战初期的长江局》，《中共党史研究》1988年第2期。

③ 珏石：《周恩来与抗战初期的长江局》，《中共党史研究》1988年第2期。

④ 中共中央文献研究室：《周恩来传（1898—1949）》，人民出版社、中央文献出版社1989年版，第398页。

作，确实应当设法统一起来，"两个不同的政党要统一起来就要有一个桥梁，组织一个共同的委员会，或者另外组织一个党，国共两党都参加进去"①。4月14日，任弼时在向共产国际汇报的书面大纲中提出："我们准备赞成成立三民主义青年团的主张"②。4月18日，中共中央书记处发出《中央关于对国民党临全大全与纲领立场》的指示，明确表示"赞助国民党的进步与扩大及三民主义青年团的成立"③。

4月27日，中共中央书记处就国民党临全大会后的策略问题致电王明、周恩来等，明确提出对于成立三民主义青年团，"应该采取积极赞助的态度"。电文同时指出："如果国民党不管我们的赞助，而仍然不能把自己所说的话实现起来，或把原来企图进步的东西变坏，如青年团变成特务机关，那人家决不会责备共产党的赞助不好，而只会骂国民党的顽固派混蛋。今天国民党当局还不能把改造国民党、建立青年团的事做好，然而将来进步的可能是存在着的。"④

长江局对三青团的态度稍有不同。5月6日，王明、周恩来、秦邦宪、何克全就三青团问题致电中共中央书记处说，鉴于三青团其名义类似国民党候补党员的组织，且有人欲以青年团代替国民党，并以青年团溶化甚至代表各党派，以此孤立中共，他们认为对此问题"不能长期缄默，更不宜无条件赞助"，而首先应该明确三青团为"统一青运的青年组织"，"不分党派，容纳各党派参加领导，共同负责指导青运"，"依三民主义总方针决定青运统一纲领"。三青团应是"青年个人或团体以自愿原则加入"，"各级青委上设指导训练委员会，容纳各党

① 中共中央文献研究室：《毛泽东年谱（1893—1949）》中卷，人民出版社、中央文献出版社1993年版，第61页。

② 任弼时：《中国抗日战争的形势与中国共产党的工作和任务》（1938年4月14日），《文献和研究》1985年第3期。

③ 中央档案馆：《中共中央文件选集》第11册，中共中央党校出版社1991年版，第491页。

④ 中共湖北省委党史资料征集编研委员会等：《抗战初期中共中央长江局》，湖北人民出版社1991年版，第224页。

派负责人共同领导"。应保持三青团"独立的青年组织的性质,但加入青年团之青年有信仰及加入政党之自由","各党派不在青年团内发展其组织"①。

5月12日,毛泽东、张闻天等复电王明、周恩来等,认为应该承认三青团是国民党的青年团,为国民党候补党员性质的组织,共产党的目的是使三青团实质上成为各阶级各党派广大革命青年的民族联合,经过三青团去改造国民党,"一方面以青年团的力量推动国民党进步,另一方面经过它使大批革命青年加入国民党,发展与巩固国民党内部的革命力量"②。

接到毛泽东、张闻天诸人的电报后,王明、周恩来等于5月23日就三青团问题回电说:"肯定(三青团)只是国民党的团体,乃蓝衣社、复兴社所想,既不能成为改造国民党之各阶级联盟,也不能成为统一青年运动的团体",因此,他们主张向国民党建议,"说明青年团为统一青年运动或是统一战线的组织,以别于其为候补党员组织,为国民党的附属团体。"③

延安方面对长江局的这个说法并不完全认可。6月2日,中共中央书记处就此复电王明、周恩来等,认为不应以使三青团成为统一战线组织为唯一目的,"还有经过它改造国民党的目的"。可以向蒋介石提出三青团应是"各党派的各阶级的统一战线的民主集中制的青年群众的独立的团体"作为最高要求,以试探蒋介石的真正意图,如果蒋不能做到此最高要求,"即应有具体办法,即利用一切机会与各种可能,动员进步青年公开加入,动员一部分有能力的同志秘密加入,并设法取得

---

① 中共湖北省委党史资料征集编研委员会等:《抗战初期中共中央长江局》,湖北人民出版社1991年版,第230—231页。

② 中共湖北省委党史资料征集编研委员会等:《抗战初期中共中央长江局》,湖北人民出版社1991年版,第232页。

③ 中共湖北省委党史资料征集编研委员会等:《抗战初期中共中央长江局》,湖北人民出版社1991年版,第241—242页。

某些地位"①。

6月9日，周恩来见蒋介石时，根据中共中央的意见，提出应使三民主义青年团成为统一战线的组织，以此来统一全国的青年运动。蒋介石表示，三青团可由国共两党训练，但各党各派不能在团内活动。6月16日，蒋介石发表告全国青年书，公布三青年之团章，规定凡加入三青团者不得参加任何党派活动。

从上述延安与长江局就三青团问题你来我往的电报中可以看出，延安方面的用意，主要是利用三青团改造国民党；而王明及长江局之用意，则在于防止三青团成为国民党之工具。后来由于蒋介石反对共产党员跨党具有双重党籍，国共两党合并及共产党员加入三青团一事便告中止。

三是关于国民党恢复毛泽东等人党籍的问题。1938年6月3日，国民党监察委员会在重庆召开第十四次常委会，决定恢复陈独秀等26人的国民党党籍，其中包括周恩来、林伯渠、吴玉章、毛泽东、董必武、邓颖超、叶剑英7人。长江局得知这件事后，未经请示中共中央，就以毛泽东等人的名义，起草了一份紧急声明由国民党中央社交给各报馆，表示对此将不予承认。长江局认为，"此事既出于中监委元老好意及糊涂，他们既肯取消，我们除在重庆登报外，其他可不外提"②。

中共中央对于这个问题却有不同的看法。6月6日，中共中央书记处就此致电王明、周恩来等，指出：国民党中央此次恢复毛周党籍，是国民党公开容共的表示，是国民党在徐州失守后进步的表示，不论国民党此举还含有何种阴谋，应慎重警惕，但对于国民党这种基本进步的行动，应表示欢迎，应积极利用之，以求得国共合作之进步，而不采取消极拒绝的态度。在保持共产党独立的条件下，应公开表示接受国民党恢

---

① 中共湖北省委党史资料征集编研委员会等：《抗战初期中共中央长江局》，湖北人民出版社1991年版，第247页。

② 中共湖北省委党史资料征集编研委员会等：《抗战初期中共中央长江局》，湖北人民出版社1991年版，第250页。

复毛周等国民党党籍的决定，指出这是国共合作的进步，是国民党13年孙中山容共遗教的恢复与执行，是挽救目前危急时局的重要步骤，"而且通知他们正准备其他名单请求他们批准恢复，我们认为这样做，对我们与全国均有利益"。中共中央明确表示，"为挽救我们声明上的缺点"，周恩来应同蒋及国民党其他要人先行交换意见。"只要他们不公开提出共党不能跨党时，我们即应利用监察委员会无条件恢复党籍的决定，采取适当方法用中央名义给国民党一信，表示我们上述的态度"。①

由于长江局实际上已经拒绝了国民党方面恢复毛泽东等人党籍的决定，此事后来也就不了了之。

四是关于如何保卫武汉的问题。南京失守后，国民政府和许多机关迁到武汉，中共中央长江局和中共代表团也设在这里，武汉一时成为中国抗战的军事政治中心。这年5月19日，日军占领战略要地徐州，打通了津浦线，切断了陇海路，随即占领河南省省会开封。日军原计划在占领郑州后沿平汉铁路南下夺取武汉，由于蒋介石下令炸开郑州以北花园口的黄河河堤，豫东、皖北、苏北的大片地区随之变成泽国，使日军沿平汉铁路南下的企图暂时无法实现。尽管如此，日军并没有放弃进攻武汉的计划，转而集中9个师团又3个旅团及部分海空军共30万人，沿大别山北麓和长江两岸西进，从南北两个方向夹攻武汉。因此，如何保卫武汉就成为全国军民共同关注的问题。

6月15日，王明与周恩来、博古联合在《新华日报》发表《我们对于保卫武汉与第三期抗战的意见》。文章认为，"我们今天实具有保卫武汉的一切可能条件"，主张按照西班牙人民保卫马德里的经验来保卫武汉。文章强调："武汉是我国最后一个最大的政治经济中心，武汉的得失，不仅对于整个第三期抗战有极大的影响，而且对于整个内政外

---

① 《中央关于国民党中央恢复毛泽东、周恩来等党籍问题致陈绍禹、周恩来、博古、凯丰电》，1938年6月6日。

交方面均有相当的影响；同时，整个第三期抗战的成败，对于武汉保卫也有极重要的关系。"文章认为，在军事方面，"保卫武汉的最好方法，是能够将敌军击败和消灭在一切进入武汉的门户之外"，因此"要巩固和提高前线的战斗力"，"要用一切办法，更加亲密前线一切部队的团结"，"以运动战为主，配合以陆地战，辅之以游击战"，"造成军民一体，形成军民互助"，"要认真地进行建立有新式武装和能担负对敌决战的几十师坚强部队的工作"等。

6月17日，王明、周恩来、秦邦宪又就保卫武汉的战略方针问题致电中共中央书记处和八路军前方总指挥部：徐州放弃后战争进入新阶段，我们的战略中心是保卫大武汉。总的战略方针应是：将正规军主力组成许多野战兵团，依托太行山、嵩山、伏牛山、桐柏山、大别山、黄山、天目山一带有利地形，开展大规模山地战，以阻敌人西侵，同时加强长江防备；抽一部分正规军组成挺进队深入敌后，发展敌后游击战争，创造战场，把敌人后方变前方。这样造成战略上的夹攻形势，大量消耗敌人，争取时间，建立新的军队，以便实施战略反攻。①

7月6日，张闻天、毛泽东等致电王明、周恩来、博古、凯丰、叶剑英，发出关于保卫武汉的方针问题的指示，指出："保卫武汉，重在发动民众，军事则重在袭击敌人之侧后，迟滞敌进，争取时间，务须避免不利的决战，至事实上不可守时，不惜断然放弃之。因目前许多军队的战斗力远不如前，若再损失过大，将增加各将领对蒋之不满，投降派与割据派起而乘之，有影响蒋的地位及继续抗战之虞。在抗战过程中巩固蒋之地位，坚持抗战，坚决打击投降派，应是我们的总方针。而军队力量之保存，是执行此方针之基础。"②

由此可见，中共中央认为，不能过分夸大保卫武汉的意义，武汉的

---

① 中共湖北省委党史资料征集编研委员会等：《抗战初期中共中央长江局》，湖北人民出版社1991年版，第907页。

② 中共中央文献研究室、中央档案馆：《建党以来重要文献选编（1921—1949）》第15册，中央文献出版社2011年版，第537页。

得失并非长期抗战和中国存亡的关键，没必要号召人民像保卫马德里那样来保卫大武汉。中共中央还认为，王明等人提出的组织各种兵团进行阻击，以求将敌军击败与消灭在进入武汉的门户之外的战略方针，不符合在敌强我弱的形势下实行大踏步进退的战略思想，如果不顾实际情况地硬要死守武汉，不利于保存有生力量和坚持长期抗战。在中共中央看来，"保卫武汉主要是一个宣传口号"，应当"借保卫武汉这个时机来大力发展党的工作，动员党的干部，组织青年学生到农村去，发动与武装民众，开展游击战争，变敌后为前线。因此，保卫武汉宣传的重心应放在广泛地发动群众方面"。①

除了这些分歧，王明在武汉工作期间的一些做法，还表现出对中共中央的不尊重，甚至表现出闹某种独立性。1938 年 5 月 26 日到 6 月 3日，毛泽东在延安抗日战争研究会作了《论持久战》的讲演，批驳了"亡国论""速胜论"，指出抗日战争是持久战，要经过战略退却、战略相持和战略反攻三个阶段，最后胜利是中国的。这个演讲集中体现了毛泽东坚持持久抗战的思想。7 月上旬，中共中央致电长江局，要其在《新华日报》上刊登《论持久战》，可是王明等借口文章太长不予登载。随后中共中央再次致电长江局，要他们分期刊登，但王明等仍不同意。由于同样的原因，《群众》周刊也未刊载。以后只是在《新群丛书》中作为第 15 种出了个单行本。后来王明在《中共五十年》一书中曾说："在延安发表该文后，毛泽东又将此文送往武汉，要求在《新华日报》上刊登（该报编辑部在我的指导下进行工作）。我和秦邦宪（博古）、项英、凯丰及其他同志一致反对这篇文章，因为该文的主要倾向是消极抵抗日本侵略、等待日本进攻苏联。这个方针既同中国人民的民族利益、又同中国共产党的国际主义义务相矛盾。共产党的政策是，中国人民应当积极同日本侵略者作战，这一方面是为了保卫中国的独立和领土完整；另一方面则借以阻止日本军国主义者发动反苏战争，所以，我们

---

① 珏石：《周恩来与抗战初期的长江局》，《中共党史研究》1988 年第 2 期。

决定不在《新华日报》上发表《论持久战》一文。"①

王明在长江局工作期间闹独立性，还表现为"公然提议停止中共中央机关刊物《解放》在延安的刊行，主张改在武汉印刷制版；不和任何人打招呼，就以个人名义为1938年2月底的政治局会议做总结，甚至公开发表；以陈（即王明）、周、博（后加凯）的名义直接向各地及八路军前总发布指示性意见"等，"特别让中央书记处的领导人难以容忍的是，在张国焘叛逃，朱德、彭德怀及项英又经常去武汉，王稼祥、任弼时在莫斯科，武汉的政治局委员数经常超过延安的情况下，王明居然提出中央书记处不具合法性的问题，指责张、毛等不应以中央书记处的名义发布指示和文件。"② 对于这些问题，后来王明辩解说，是自己"在国外单独发表文件做惯了"。

现在看来，王明在十二月会议到武汉工作之后，在处理国共关系、估计抗战形势及如何坚持长期抗战等问题上，与毛泽东及中共中央间确实存在一些分歧，并且在若干问题上未作请示就擅自以中共中央的名义发表主张。但严格说来，那些意见分歧主要是认识问题而非立场问题，更非路线问题，王明及其领导的长江局，并没有一条独立于中共中央领导之外的路线，在1945年中共六届七中全会通过《关于若干历史问题的决议》之前，毛泽东和中共中央也没有认为王明犯有路线错误。1941年10月3日，中央书记处工作会议将王明在武汉时期的错误归纳为四点："（一）对形势估计问题——主要表现乐观；（二）国共关系——王明在统战下的独立性与斗争性；（三）军事战略问题——王明助长了反对洛川会议的独立自主的山地游击战的方针；（四）组织问题——长江局与中央关系是极不正常的"；等等。③ 1941年10月13日，毛泽东在中共中央书记处会议上说，王明在武汉时期的工作，路线是对

---

① 参见王明：《中共五十年》，现代史料编刊社1981年版。

② 杨奎松：《毛泽东与莫斯科的恩恩怨怨》，江西人民出版社1999年版，第76页。

③ 中央档案馆党史资料研究室：《延安整风中的王明》，《党史通讯》1984年第7期。

的，但个别问题的错误是有的，我们就是这些意见。① 可见，到这时，毛泽东并没有认为王明在长江局工作期间犯有"右倾"甚至"右倾投降主义"错误，更没有上升到路线错误的高度，只是认为其犯了"个别错误"。既然如此，在中共六届六中全会上，毛泽东与王明之间自然也谈不上存在"两条路线"的斗争。

2. 全会的预备：九月政治局会议

研究中共六届六中全会，就不能不提及 1938 年四五月间任弼时向共产国际的报告。任弼时是 1938 年 3 月 5 日离开延安启程前往莫斯科的。4 月 14 日，他向共产国际提交了《中国抗日战争的形势与中国共产党的工作和任务》的书面报告。报告分为"中国抗日战争形势""抗日民族统一战线的现状""八路军在抗日战争中的作用和最近状况""中国共产党的状况与群众工作""中国共产党目前最重要的任务"5 部分。

报告总结了全国抗战 8 个月所取得的主要收获，如"造成中国从未有过的内部团结统一的局势"，"国民政府在抗战中开始成为国防性质的政府"，"国民革命军开始成为统一的国防军"，"中国国际地位开始在抗战中提高了"，"民众运动有组织地和自发地在开展"，"获得对日作战的许多经验，使得军事战略战术上开始进步"，等等。报告强调："惟目前的形势，坚持抗战的力量还是超过投降主和派的力量，特别是前线作战的将领的最大多数和一部分国民党元老，还是主张坚持抗战的。在政府中有决定意义的蒋介石，今天还是表示坚决的。全中国的人民，是绝不愿意投降屈服的。"

报告分析了抗日民族统一战线的现状，认为"去年十二月份政治

---

① 中共中央文献研究室：《毛泽东年谱》中卷，人民出版社、中央文献出版社 1993 年版，第 332 页。

局会议后，中国抗日民族统一战线有了许多的进步与发展"，如中国共产党与国民党的合作日益进步。由于对统一战线的认识还存在某些不足的地方，工作方式上存在着缺点，加之国民党人士的深刻偏见，曾经与国民党政府和军队间有某些摩擦，但这种现象"在中央十二月政治局会议以后逐渐减少，使统一战线得到发展与成绩"；十二月会议，"王明同志等带回季米特洛夫同志关于巩固发展中国抗日民族统一战线的指示，对于统一战线问题有着更详细的讨论，认定国共合作的统一战线，不仅是党的策略上的改变，而且是战略性质的改变，与苏维埃革命时代的任务有基本上的改变，确立国共两党合作是长期的"；在民族统一战线当中，各党派在共同纲领下，是互相帮助，互相发展，共同领导，共同负责，不应有谁投降谁、谁推翻谁的企图。在统一战线中，党应保持组织上的独立与批评的自由，但批评应是善意的，反对投降主义和关门主义；等等。①

5月17日，任弼时出席共产国际执委会会议，并就4月14日的书面报告大纲作了说明与补充。口头报告首先介绍了中国9个月抗战的简单经过和9个月抗战的估计，其内容与4月14日书面报告大致相同。

任弼时的口头报告对十二月会议作了充分肯定，认为这次会议确定了关于统一战线的基本原则，并且"中国党根据这些原则教育全党同志，同时并向外宣布。在去年十二月宣言中，提出与国民党合作是长期的，不仅为着抗日，而且在抗日胜利之后，共同建国。这使得以国共合作为基础的统一战线，在基本上有了一些进步，如建立两党委员会，准许我党公开在武汉办日报，周恩来同志被邀请为国民政府军事委员会政治部副部长等"。口头报告也介绍了此次国共合作的新特点，以及合作中遇到的困难与阻碍。这些困难主要表现在国民党上层分子"对共产党的畏惧心理和削弱共产党力量的企图"；"蒋介石企图把中国各个党

---

① 任弼时：《中国抗日战争的形势与中国共产党的工作和任务》（1938年4月14日），《文献和研究》1985年第3期。

派统一于他的控制之下，以逐渐削弱溶化共产党"，国民党以复兴社为代表的一些人提出"中国只能有一个主义，一个政党，一个领袖，一个政府，一个军队等口号"，"想借统一之名来消灭中国共产党"；等等。

6月11日，共产国际执委会主席团会经过讨论后，形成《共产国际主席团关于中共代表报告的决议案》和《共产国际执委会主席团的决定》。前者指出："共产国际执委会主席团在听了关于中国共产党的活动的报告以后，认为中国共产党的政治路线是正确的。中国共产党在复杂和困难条件之下，灵活地转到抗日民族统一战线的政策之结果，已建立起国共两党的新的合作，团结起民族的力量，去反对日本的侵略。"① 后者的内容主要有两项：（一）完全同意中国共产党的政治路线，并声明共产国际与中华民族反对日寇侵略者的解放斗争是团结一致的。（二）批准中国共产党开除张国焘之党籍，因为"他背叛了共产主义和抗日统一战线的事业，他将自己出卖给中华民族的敌人。主席团深信，张国焘背叛行为，不仅在中共队伍中而且在抗日统一战线的一切忠实的拥护者中，都会遇到完全的唾弃与蔑视"。②

有论者说，共产国际的《决议案》和《决定》"沉重地打击了王明的错误主张，充分地肯定和支持了以毛泽东为代表的党的正确路线"。共产国际的《决议案》确实肯定了中国共产党的政治路线是正确的，而共产国际之所以肯定这条政治路线的正确性，是因为中国共产党"在复杂和困难条件之下，灵活地转到抗日民族统一战线"。也就是成功地放弃了十年内战时期的政策，建立起抗日民族统一战线。共产国际并没有认为中国共产党内部此时有正确路线与错误路线之分，更没有提及谁是正确路线的代表、谁是错误路线的代表。任弼时在给共产国际的

① 《共产国际主席团关于中共代表报告的决议案》（1938年6月），《文献和研究》1985年第4期。
② 中央档案馆：《中共中央文件选集》第11册，中共中央党校出版社1988年版，第888页。

报告中，也没有任何文字表明中国共产党内部在统一战线问题上存在原则分歧。王明回国后不论是十二月会议的发言，还是三月政治局会议的报告，以及他公开发表一些文章，其基本精神正是来自于共产国际，在共产国际看来，王明本不存在所谓"错误主张"，在其《决议案》中又如何能给王明以"沉重的打击"。当然，从王明回国之时季米特洛夫就明确要求全党要团结在毛泽东的领导之下，并嘱咐王明回国后不要争权，不要争当领袖的情况来看，共产国际已经认可了毛泽东在党内的领袖地位。在这个意义上，共产国际肯定了中国共产党政治路线是正确的，也等于间接地肯定了毛泽东的正确性。

任弼时向共产国际执委会作上述报告后，作为中共驻共产国际代表的王稼祥提出回国并得到批准，其工作由任弼时接任。王稼祥动身回国前，季米特洛夫对他和任弼时作了一次谈话，据王稼祥回忆说："在我要走的那天，他（指季）向我和任弼时同志说了一番语重心长的话。""他说：应该告诉大家，应该支持毛泽东同志为中共领导人，他是在实际斗争中锻炼出来的，其他人如王明，不要再去竞争当领导人了。"①1938年8月初，王稼祥回到了延安。

王稼祥回国后，中共中央通知王明等长江局领导人回延安听取共产国际的指示，并准备召开政治局会议和扩大的六届六中全会。8月7日，王明、周恩来、秦邦宪、凯丰致电毛泽东、张闻天等，请中共中央派王稼祥速来武汉传达共产国际指示，如王稼祥万一不能来时，请将共产国际指示的主要内容迅速电告。8月10日，毛泽东、张闻天等复电说：王稼祥不能来汉，决议原文尚未到达，为有充分时间研究共产国际指示内容起见，请长江局负责人在政治局会议前早几天回延安。②

8月29日，王明与周恩来、博古离开武汉前往延安参加中共扩大的六届六中全会。9月10日前后，王明、周恩来、博古等回到延安，

---

① 徐则浩：《王稼祥传》，当代中国出版社2006年版，第187页。

② 中共湖北省委党史资料征集编研委员会等：《抗战初期中共中央长江局》，湖北人民出版社1991年版，第912页。

受到延安各界群众的热烈欢迎，毛泽东、朱德等亲自前往迎接。

9月14日至9月26日，中共中央政治局召开会议（连续开了12天，其中9月18日休会一天）。这次政治局会议实际上是中共六届六中全会的预备会议。会议的第一项内容，就是听取王稼祥作《国际指示报告》，传达共产国际的有关指示和精神。报告的主要内容是：

——国际对中共党的路线的估计。报告说："根据国际讨论时季米特洛夫的发言，认为中共一年来建立了抗日统一战线，尤其是朱、毛等领导了八路军执行了党的新政策，国际认为中共的政治路线是正确的，中共在复杂的环境及困难条件下真正运用了马列主义。"

——关于国共合作与统一战线问题。这是报告的中心内容。王稼祥说：共产国际认为，统一战线是建立起来了，但今天还不够广泛与坚固，这是总的方针。共产国际认为，中国共产党在统一战线中的任务，是发展与巩固统一战线。第一，诚意拥蒋，拥护国民政府。在诚意拥护中并不因此便不反对亲日派，相反地，正是要加紧反亲日派斗争。第二，在巩固国共合作中，要共产党员在政府与军队中起模范作用，在政治上、工作上去影响国民党，如过去周恩来影响张学良和杨虎城即是很好的。第三，中国共产党提出拥护三民主义是正确的，要提出谁不愿统一，不实行三民主义，谁就不能真正地完成抗战的任务。第四，共产党员不参加国民政府是对的，国内外有许多反对统一战线的人，以不参加国民政府为有利，但军事、国防部门可以参加。

——关于中共七次大会问题。共产国际认为，"中共七次大会要着重于实际问题，主要着重于抗战中的许多实际问题，不应花很久时间去争论过去十年内战中的问题。关于总结十年经验，国际认为要特别慎重。""七大决议要特别注意短期的、实际的东西。""七大要吸引许多新的干部。"

——关于党内团结问题。王稼祥说："季米特洛夫与我谈话中有下列各点：（1）今天中共在全国取得公开存在，在群众中有很大的威信，党在公开活动中是可能影响国民党的。（2）今天日寇特别要很巧妙的挑拨破坏党内的团结，如制造什么周恩来与毛泽东的冲突等。（3）今天的环境中，中共主要负责人很难在一块，因此更容易发生问题。""在领导机关中要在毛泽东为首的领导下解决，领导机关中要有亲密团结的空气。"

王稼祥最后说："在我临走时他特别嘱咐，要中共团结才能建立信仰。在中国，抗日统一战线是中国人民抗日的关键，而中共的团结又是统一战线的关键。统一战线的胜利是靠党的一致与领导者间的团结。这是季米特洛夫临别时的赠言。"①

从王稼祥这个报告的内容来看，共产国际的指示再次肯定"中共的政治路线是正确的"，而共产国际之所以作出这种评价，就在于中共"建立了抗日统一战线"。王稼祥带回的共产国际关于国共合作与统一战线的指示，并没有强调在统一战线中要坚持独立自主，而是肯定国民党抗战之后"会进步"，蒋介石中途对日妥协的可能性"更少"，要求中国共产党"诚意拥蒋"，共产党员要用自己的模范作用去"影响国民党"，其基本观点与王明在十二月会议所讲的并无根本性的差异。在随后召开的中共六届六中全会上，毛泽东所作的《论新阶段》的政治报告中，对国民党与蒋介石曾给予了较高的评价，这很大程度上恐怕与共产国际的上述指示有关。共产国际亦没有对王明回国后的是非问题做出任何评判，它所强调的是中国共产党要加强内部的团结。为保证这种团结，特地指示在召开七大的时候，要着重讨论抗战中的实际问题，而不要去争论十年内战时的问题。共产国际的指示对六中全会的最大影响，是它明确表示中共的领导机关要"以毛泽东为首"，正式肯定了毛泽东在全党的领袖地位。

在这次政治局会议上，毛泽东、周恩来、朱德、刘少奇、王明、王稼祥等作了报告或发言。9 月 15 日，周恩来在会上作关于中共代表团的工作的报告。报告分四个部分：（一）抗战形势和保卫武汉问题；

---

① 《王稼祥选集》，人民出版社 1989 年版，第 138—142 页。

（二）关于国民党的统治及其政策；（三）中共中央代表团在统一战线中的工作；（四）各方面对统一战线的破坏情况。周恩来还在 9 月 26 日的会议上就抗战形势和统一战线问题作报告，指出：抗战转入第二阶段（战略相持阶段）。在第二阶段要发展游击战争，使正规战与游击战相配合。要在战争中建立新的军队。要大胆地把新四军的老干部放出去开展游击战争。中共必须在保持党的独立性的原则下，拥蒋合作，拥护三民主义，这是巩固统一战线的政治基础。①

同一天，朱德作八路军工作报告，介绍八路军抗战的经过、敌人战略战术的变迁、抗日根据地的建立、八路军本身的问题、一年来抗战的经验教训等，并指出：华北抗战经验证明，八路军虽然初期数量较少，但真正要抗战，非靠八路军不可，八路军在统一战线中起了模范作用。在 26 日的发言中，朱德又说，共产党要以天下为己任；为了掌握革命的领导权，干部必须要很好地学习马列主义，掌握革命理论。党内团结要实行正确的自我批评，党员要维护对党的领袖的信仰，因此，领导同志要有能接受批评的精神。领袖要听人家说自己的好话，同时还要听说自己不好的话。②

9 月 15 日，刘少奇在会上作关于北方局工作的报告，将华北形势的特点概括为：（一）整个华北成为战区，整个工作也是战区工作。（二）整个华北都是游击战争，一切工作都以游击战争为中心。（三）游击战争现在采取攻势，以游击战争包围敌人。（四）华北范围内我党领导的力量成主力。报告指出：华北抗日根据地已经建立，已经打好了长期抗战的基础。华北党的中心任务，就是坚持发展游击战争，坚持持久战，走向正规战争。建立抗日根据地，准备将来反攻的阵地。为此，要巩固华北的党与政权、军队，在巩固中发展，为了巩固而发展。在 9

---

① 中共中央文献研究室：《周恩来年谱（1898—1949）》，中央文献出版社、人民出版社 1989 年版，第 419 页。

② 中共中央文献研究室：《朱德年谱（新编本）》中，中央文献出版社 2006 年版，第 830 页。

月 26 日的会议上，刘少奇发言时又指出：现在半个中国是在敌人后方，大部分的领土、人口、物产都在敌后战区。共产党员要起模范作用，便要到前线、到战区去。同时，我们的长处也是战区的游击战争，对于我们的发展也以战区为有利。因此，我们的工作中心要放在战区。①

9 月 20 日，王明在会上作政治报告。"报告的内容与以前的观点相比虽然有不少改变，如开始改变速胜论的观点，也提出'长期持久战'，不再贬低游击战和敌后抗日根据地的重要性，也主张'发动游击战争'，并说它可以'发展成为根据地'，提出国共合作的'更大责任还在国民党'，应'保持中共在政治上组织上的独立性'等，但仍坚持他的一些错误观点，如继续强调保卫大武汉的特殊意义，说：'保卫武汉是全中国军民的责任，武汉的得失，关系着全中国政治军事经济文化交通的中心，且关系着国际的影响'，'保卫武汉是有可能的'；继续强调军队的'统一'，并继续强调运动战，说应'以运动战游击战为主'等。"②

24 日，毛泽东作长篇发言，主要内容是这次会议的意义、国际指示、抗战经验总结、抗日战争与抗日统一战线的新形势、今后任务 5 个问题。他指出，共产国际对中共政治路线的估计是"恰当的和必要的"，"这种成绩是中央诸同志和全党努力获得的"。毛泽东认为，共产国际的指示"最主要的是党内团结"，指示为这次会议的成功提供了保证。③ 毛泽东还说：武汉失守的危险是存在着的，武汉失陷后抗日战争将开始进入一个新的阶段，从军事意义上讲是战略相持阶段，抗日民族统一战线也将进入一个新的阶段，党的任务是坚持抗战，坚持持久战，坚持统一战线，以团结全国力量，准备反攻。关于统一战线问题，毛泽

---

① 中共中央文献研究室：《刘少奇年谱》上卷，中央文献出版社 2006 年版，第 235、236 页。

② 周国全、郭德宏：《王明年谱》，安徽人民出版社 1991 年版，第 119—120 页。

③ 中共中央文献研究室：《毛泽东传（1893—1949）》，中央文献出版社 1996 年版，第 516 页。

东强调，必须处理好统一与斗争的辩证关系，并指出："统一战线下，统一是基本的原则，要贯彻到一切地方、一切工作中，任何时候、任何地方不能忘记统一。同时，不能不辅助之以斗争的原则，因为斗争正是为了统一，没有斗争不能发展与巩固统一战线，适合情况的斗争是需要的，对付顽固分子，推动他们进步是必要的。"①

9月26日，张闻天作长篇发言。发言总结了中共六届五中全会以来取得的胜利，指出"国际批准党的政治路线，更能增进我们的自信心"。统一战线虽然发生了逆流，国共之间有摩擦，但"总的方向是前进了"。统一战线是在矛盾中发展的，矛盾的解决促进统一战线的发展。他还说，抗日战争已由第一阶段转到第二阶段，在这一个阶段内，游击战、运动战将取代正规战成为战争的主要形式，民主等问题要进一步解决。武汉的保卫因没有具备一定的条件，是要失掉的，武汉不能保卫时，要避极大的牺牲，不守时我们也有办法。中国持久战的胜利不在于一个城市的得失。关于国共能否长期合作的问题，我们可以向他们答复，只要国民党愿与共产党合作，我们可以和国民党一起来建设社会主义，这就是说，不仅抗战建国，即在建设社会主义时，我们也要和他们合作。中国有和平转变到社会主义的可能，抗战胜利后能够建设"新式的民主共和国"，在"新式民主共和国"中的经济建设有可能保证转变到社会主义。他还着重讲了党内教育问题，提出要提高党内的警惕性，要加强理论学习，最重要的问题是在实际工作中学习，打通马列主义的难关。②

在这天的会议上发言的还有王稼祥，他发言的题目是《关于巩固抗日民族统一战线的若干问题》。王稼祥认为，抗日民族统一战线与第一次国共合作的统一战线相比，主要有四点不同：第一，大革命时期的

① 中共中央文献研究室：《毛泽东传（1893—1949）》，中央文献出版社1996年版，第516页。

② 张培森主编：《张闻天年谱》上卷，中共党史出版社2000年版，第585—586页；程中原：《张闻天传》，当代中国出版社1993年版，第413—414页。

国共合作是反对一切帝国主义，现在是反对日本帝国主义；第二，上次国共合作是国内战争形式，现在是对外的民族战争，过去十年内战教训了全国人民，教训了蒋介石和国民党，没有国共合作不行；第三，过去一切帝国主义挑拨中国内战，造成国共分裂，今天日寇要打倒国共两党，要消灭蒋介石的主力，这样的政策有利于国共合作；第四，共产党现在的政策与大革命时不同，现在的政策是巩固同国民党的联合，去对付共同的敌人。过去大革命发生国民党胜利还是共产党胜利的问题，现在是日本胜利还是国民党、共产党与中国人民共同胜利的问题。①

9月26日的会议还对即将召开的扩大的六届六中全会议程作出决定，由毛泽东作政治报告，王明作关于国民参政会的报告并负责起草政治决议，张闻天主持开幕式并致开幕词，王稼祥传达共产国际指示。会议决定成立中央规则起草委员会，由康生、刘少奇、王明负责起草关于中央委员会工作规则与纪律、各级党委暂行组织机构、各级党部工作规则与纪律三个决定，准备提交扩大的六届六中全会讨论通过。会议还根据新的形势，决定撤销中共中央长江局，分别成立中共中央南方局和中原局。

3. 全会的召开与毛泽东的政治报告

9月29日至11月6日，扩大的中共六届六中全会在延安召开。会议由毛泽东、王稼祥、康生、周恩来、朱德、彭德怀、博古、刘少奇、张闻天、陈云、王明、项英组成主席团，由张闻天致开幕词。张闻天对会议要讨论的具体问题作了归纳，即"要总结民族抗战的经验与教训，要正确估计目前形势，克服当前困难，使抗战走向胜利的前途"；"要确定明确的方针，使我们党进一步发挥先锋、模范作用，使我们党成为广大的群众性的布尔什维克的党，以保证抗战的胜利"；"要讨论召开

---

① 《王稼祥选集》，人民出版社1989年版，第143—144页。

党的第七次全国代表大会的问题。"他说:"所有这些,都是为着使中国共产党能在抗战中起先锋作用,实现民主共和国,直到将来实现社会主义。"① 张闻天致完开幕词后,由王稼祥作《国际指示报告》,再次传达了共产国际的相关指示。

同一天,会议主席团决定,以毛泽东、王明的名义给蒋介石写信。信中说:"先生领导全民族进行空前伟大的民族革命战争,凡我国人无不崇仰。十五个月之抗战,愈挫愈奋,再接再厉,虽顽寇尚未戢其凶锋,然胜利之始基,业已奠定,前途之光明,希望无穷。此次,敝党中央六次全会,一致认为抗战形势有渐次进入一新阶段之趋势。""此时此际,国共两党休戚与共,亦即长期战争与长期团结之重要关节。泽东坚决相信,国共两党之长期团结,必能支持长期战争;敌虽凶顽,终必失败;而我四万万五千万人之中华民族终必能于长期的艰苦奋斗中,克服困难,准备力量,实行反攻,驱除顽寇,而使自己雄立于东亚。此物此志,知先生必有同心也。"② 这封信由周恩来于10月4日送交给了蒋介石(周因时局危急,未等全会结束,就于10月1日返回武汉)。

中共六届六中全会的第一阶段,是听取中央有关领导人和各地区负责干部报告相关工作。自10月12日起,全会进入第二阶段,由毛泽东与张闻天作政治报告和组织报告。

10月12日至14日,毛泽东代表中共中央政治局作《论新阶段——抗日民族战争与抗日民族统一战线发展的新阶段》的政治报告。报告共分为八个部分:(一)五中全会到六中全会;(二)抗战十五个月的总结;(三)抗日民族战争与抗日民族统一战线发展的新阶段;(四)全民族的当前紧急任务;(五)长期战争与长期合作;(六)中国反侵略战争与世界反法西斯运动;(七)中国共产党在民族战争中的

① 《张闻天文集》第二卷,中共党史出版社1992年版,第450—452页。
② 重庆市政协文史资料研究委员会等:《抗战时期国共合作纪实》上卷,重庆出版社1992年版,第453—454页。

地位；（八）党的七次全国代表大会。

报告回顾了抗日民族统一战线的形成过程，指出："去年七月七日芦〔卢〕沟桥事变发生之后，全中国就在民族领袖与最高统帅蒋委员长的统一领导之下，发出了神圣的正义的炮声，全中国形成了一个空前的抗日大团结，形成了伟大的抗日民族统一战线。"①

报告总结了抗战 15 个月的经验，并将之归纳为三个方面：第一，证明了抗日战争是长期的不是短期的，因而抗战的战略方针是持久战而不是速决战。第二，证明了中国的抗战能够取得最后胜利，悲观论者之没有根据。第三，证明了支持长期战争与取得最后胜利之唯一正确的道路，在于统一团结全民族，力求进步与依靠民众，藉以克服困难，争取胜利，而不是其他。围绕这三点，毛泽东作了具体的展开。

毛泽东在报告中花了很大的篇幅，对抗日民族战争与抗日民族统一战线发展的新阶段作了论述，认为中日战争是长期的，将经过防御、相持、反攻三个阶段，并强调相持阶段是战争的枢纽，预计这一阶段的基本情况一方面将是更加困难，另一方面将是更加进步。"更加进步将表现在下述各方面：（一）蒋委员长与国民党的坚持抗战方针及其在政治上的更加进步；（二）国共关系的改善，抗日民族统一战线的巩固与扩大；（三）军队改造工作的进步；（四）游击战争的发展与坚持；（五）国家民主化的进步；（六）民众运动的更大发展；（七）新的战时财政经济政策的实施；（八）抗战文化教育的提高；（九）苏联援助的继续与可能增加及中苏关系的更加亲密；等等。"②

报告强调，抗日战争发展的新阶段同时即是抗日民族统一战线发展的新阶段。毛泽东提出，"国民党有光明的前途"，"抗日民族统一战线是以国共两党为基础的，而两党中以国民党为第一大党，抗战的发动与

————————

① 中央档案馆：《中共中央文件选集》第 11 册，中共中央党校出版社 1991 年版，第 560 页。

② 中央档案馆：《中共中央文件选集》第 11 册，中共中央党校出版社 1991 年版，第 584 页。

坚持，离开国民党是不能设想的"。报告对国民党在抗战 15 个月来所起的进步作用作了较高的评价，认为其"进步也是显著的"，具体表现在召集了临时代表大会，发布了抗战建国纲领，召集了国民参政会，开始组织了三民主义青年团，承认了各党各派合法存在与共同抗日建国，实行了某种程度的民主权利，军事上与政治机构上的某些改革，外交政策的适合抗日要求等。毛泽东说："只要在坚持抗战与坚持统一战线的大前提之下，可以预断，国民党的前途是光明的"，"根据各种主客观条件，它是能够继续抗战，继续进步，与成为抗日建国的民族联盟的"①。

报告认为，将国民党转变为抗日建国的民族联盟，使之成为抗日民族统一战线的最好组织形式是可能的，因为"抗日战争的大势所趋，国民党如果不向广大民众开门，容纳全国爱国党派与爱国志士于一个伟大组织之中，那要担负起继续抗战与战胜敌人的艰难任务是不可能的"。而且国民党曾经有过将自己变为民族革命联盟的两次经历，一次从同盟会组成到辛亥革命，孙中山联合了一切反满的革命党派取得了辛亥革命的成功；另一次是 1924 年至 1927 年，对内联合了工农与共产党，对外联合了社会主义的苏联，实行了"三大政策"，因而创设了黄埔，建立了党军，取得了北伐战争的胜利。因此，"今天是国民党历史上第三次变为革命民族联盟的时机，为了反对日本帝国主义与建立三民主义共和国，必须也可能把它自己变为抗日建国的民族联盟。"②

报告将抗日民族统一战线的特点概括为八个方面，即全民族抗日的、长期性的、不平衡的、有军队的、有十五年经验的、大多数民众尚无组织的、三民主义的、处于新的国际环境中的，并对这些特点作了具

---

① 中央档案馆：《中共中央文件选集》第 11 册，中共中央党校出版社 1991 年版，第 595—596 页。

② 中央档案馆：《中共中央文件选集》第 11 册，中共中央党校出版社 1991 年版，第 597 页。

体的分析。报告指出,全民族的当前紧急任务是"坚持抗战,坚持持久战,巩固与扩大统一战线,以便克服困难,停止敌之进攻,准备力量,实行我之反攻,达到最后驱逐敌人之目的"①。

毛泽东认为,中国的抗战是长期的,这就决定了国共合作是长期的,不但在抗战中要合作,抗战胜利后仍然要合作。为了保证长期合作,需要解决合作的组织形式问题。报告认为,抗日民族统一战线可能有三种组织形式:

第一种形式,国民党本身变为民族联盟,各党派加入国民党而又保存其独立性。这是抗日民族统一战线最好的一种统一组织形式。如果建立这种合作形式,共产党可以实行同第一次国共合作不相同的办法:第一,所有加入国民党的共产党员都是公开的,将加入党员之名单提交国民党的领导机关。第二,不招收任何国民党员加入共产党,有要求加入的,劝他们顾全大局,不要加入。第三,如果青年党员得到国民党同意,加入三民主义青年团的话,也是一样,不组秘密党团,不收非共产党员入党。

第二种形式,"就是各党共同组织民族联盟,拥戴蒋介石先生作这个联盟的最高领袖",各党以平等形式互派代表组织中央以至地方的各级共同委员会,为执行共同纲领处理共同事务而努力。报告认为,"这也是一种很好的形式,我们也是赞成的"②。

第三种形式,就是现在的办法,没有成文,不要固定,遇事协商,解决两党有关之问题,但这种形式太不密切,许多问题不能恰当地及时地得到解决。例如许多大政方针之推行,下级磨擦问题之调整,都因没有一种固定组织,让它延缓下去,所以这种办法对于长期合作是不利的。然而如果第一二种办法不行,这种办法暂时也只得维持。

---

① 中央档案馆:《中共中央文件选集》第11册,中共中央党校出版社1991年版,第604—605页。

② 中央档案馆:《中共中央文件选集》第11册,中共中央党校出版社1991年版,第629页。

关于统一战线与坚持党的独立性的关系，报告认为，坚持抗日民族统一战线才能战胜敌人，并须是长期的坚持，这是确定了的方针。但同时，必须保持加入统一战线中的任何党派在思想上政治上与组织上的独立性。就是容许联合统一，同时又容许其独立共存。统一战线中，独立性不能超过统一性，而是服从统一性，不这样做，就不算坚持统一战线，就要破坏团结对敌的总方针。但同时，决不能抹杀这种相对的独立性，无论思想上也好，政治上也好，组织上也好，各党必须有相对的自由权。如果被人抹杀或自己抛弃这种相对的独立性或自由权，也同样将破坏团结对敌，破坏统一战线。

关于党的纪律问题，毛泽东指出，有几个基本原则是不容忽视的，这就是：（一）个人服从组织；（二）少数服从多数；（三）下级服从上级；（四）全党服从中央。这些就是党的民主集中制的具体实施，谁破坏了它们，谁就破坏了党的民主集中制，谁就给了党的统一团结与党的革命斗争以极大损害。为此缘故，党的各级领导机关，应该根据上述基本原则，给全党尤其是新党员以必要的纪律教育。毛泽东讲到这个问题的时候，虽然是拿出张国焘作为靶子加以批判，恐怕在一定意义上也是针对王明在长江局的一些作为。

为了使全党切实担当起自己的历史重任，毛泽东在报告中特地讲到了学习的重要，提出必须学习马克思主义的理论、研究民族的历史及当前运动的情况与趋势。在这里，毛泽东提出了马克思主义中国化的重要命题。他说："共产党员是国际主义的马克思主义者，但马克思主义必须通过民族形式才能实现。没有抽象的马克思主义，只有具体的马克思主义。所谓具体的马克思主义，就是通过民族形式的马克思主义，就是把马克思主义应用到中国具体环境的具体斗争中去，而不是抽象地应用它。成为伟大中华民族之一部分而与这个民族血肉相连的共产党员，离开中国特点来谈马克思主义，只是抽象的空洞的马克思主义。因此，马克思主义的中国化，使之在其每一表现中带着中国的特性，即是说，按照中国的特点去应用它，成为全党亟待了解并亟须解决的问题。"①

关于党的团结问题，报告指出："遵义会议与克服张国焘错误之后，我们的党是第六次全国代表大会以来最团结最统一的时期了。现在我们党内，无论在政治路线上，战略方针上，时局估计与任务提出上，中央委员会与全党，意见都是一致的。这种政治原则的一致，是团结的基本条件。"②

笔者不厌其烦地引用报告的内容，是希望尽可能较全面地反映毛泽东这个报告的基本观点。从上述内容可以看出，至少在毛泽东做这个报告的时候，他并不认为王明与他及中共中央有重大的原则分歧，亦不存在所谓的两条路线的斗争。或许有人认为，毛泽东是为了党内的团结才这样说的。其实，毛泽东是一个原则性很强的人，如果这个时候他与王明存在严重的意见分歧，他至少没有必要讲上述这样的话。

4. 张闻天的组织报告与王明等人的发言

10月15日，张闻天在六中全会上作关于抗日民族统一战线与党的组织问题的报告。报告一开头，张闻天就提出了组织工作中国化的问题。他说："在组织工作中必须熟习马列主义的基本原则。但必须严格的估计到中国民族的、政治的、文化的、思想习惯的各种特点，来决定组织工作的特点，来使组织工作中国化。"③ 在后面谈到宣传教育工作时，张闻天又说：宣传马列主义，提高全国的理论水平。特别要注意于以马列主义的革命精神与革命方法，去教育共产党员与革命青年。并以此去研究中国革命的实际问题，研究中国历史与中国文化的各方面。要

---

① 中央档案馆：《中共中央文件选集》第11册，中共中央党校出版社1991年版，第658—659页。

② 中央档案馆：《中共中央文件选集》第11册，中共中央党校出版社1991年版，第660页。

③ 中央档案馆：《中共中央文件选集》第11册，中共中央党校出版社1991年版，第663页。

认真地使马列主义中国化，使它为中国最广大的人民所接受。①

组织报告总结了抗日民族统一战线的特点，认为它既与法国的、西班牙的统一战线不同，同中国大革命时代的统一战线也不同。由于过去的长期斗争，在两党间造成了很深的成见与鸿沟；共产党方面怕国民党"反水"；国民党方面怕共产党"争夺领导权"；相互间存在着互相防范与警戒；特别是国民党的"联共"与"防共"政策的矛盾性。而在共产党手里，也有武装与政权。"这些均是磨擦的来源"②。不但如此，在统一战线内部两党合作又是不平等的。共产党方面承认三民主义与国民党的统治地位，及拥蒋的合作。所谓"合法权"是在国民党的手里，它是大党。共产党是比较小的党。共产党的武装力量也比它的小。共产党统治的边区也比它统治的地区小。力量上的不平等也就产生了合作形式上的不平等。于是"形式上我们拥护它，服从它。这是国民党方面的高慢主义、阿Q主义的来源"③。

由于抗日民族统一战线的这种特点，张闻天认为，必须善于把握总路线，克服一切障碍，坚持抗战，坚持统一战线，坚持国共长期合作的方针。为此，在言论行动上，总是把抗日反汉奸放在第一位，表示出要求团结统一及对于国家民族的忠诚。其他如民主民生，均应放在比较次要地位。不为一时的不满、磨擦、逆流而丧失自己的基本方向。从大处着眼，不讨小便宜，不急于成就，不为挑拨者所利用。这要求全党同志的持久性、忍耐性，不要急性病，不要冲动，而有高度的政治觉悟。

张闻天又说，在统一战线中，必须善于承认不平等，使不平等成为平等。首先应承认事实上的不平等，去推动国民党的进步，发展统一战线。尊重国民党中央的抗战国策，服从他们的抗战法令，用自上而下推

---

① 中央档案馆：《中共中央文件选集》第 11 册，中共中央党校出版社 1991 年版，第 709 页。

② 中央档案馆：《中共中央文件选集》第 11 册，中共中央党校出版社 1991 年版，第 667 页。

③ 中央档案馆：《中共中央文件选集》第 11 册，中共中央党校出版社 1991 年版，第 668 页。

动、协商、联络、影响、说服、批评等方法，使国民党党、政、军走向进步。其次应承认事实上的不平等，去壮大自己。不要太急于在形式上求得平等（如"共同宣言""共同领导"等），而要善于在现在不平等的形式下壮大自己，运用自己已经取得的合法权，在公开合法的组织中工作，去在帮助国民党，服从国民党的形式下进行工作，以组织自己的力量（党、政、军、民方面）。这要求全党同志埋头苦干，在力量上去壮大自己，使力量上的不平等也成为平等。①

张闻天指出，要善于运用不平衡，使不平衡走向平衡，要用一切办法去帮助和影响国民党，同时善于同顽固分子、动摇分子、妥协分子进行斗争；要"避免不必要的磨擦，不怕进行必要的磨擦"；要有软有硬，有退让有进攻，软到不丧失自己的立场，硬到不破坏统一。② 由此可见，在处理统一战线问题上，张闻天比王明要策略得多，也高明得多。

关于党的组织工作，张闻天指出，统一战线愈扩大与发展，则新的问题、新的任务愈多、愈复杂，在政治上、组织上巩固党的工作愈为重要。为此，他强调，必须在统一战线中保持党的独立性，反对投降主义的倾向。在抗战中放弃独立性的投降倾向表现在：忽视党在抗战中的作用，忽视党的巩固与发展及自己力量的壮大。迁就友党，放弃自己立场。他举出某些分子的动摇、腐化、逃跑等例子，指出党在这方面曾经进行了坚决的斗争，得到了很大成绩，但危险仍然存在，党必须在这方面继续努力。同时党必须同空喊"党的独立性""党的原则立场"，而不会认真地、切实地进行统一战线的艰苦工作的关门主义做斗争。③

10 月 19 日至 29 日，会议进入发言阶段，在会上发言的先后有：

---

① 中央档案馆：《中共中央文件选集》第 11 册，中共中央党校出版社 1991 年版，第 670 页。

② 中央档案馆：《中共中央文件选集》第 11 册，中共中央党校出版社 1991 年版，第 671—672 页。

③ 中央档案馆：《中共中央文件选集》第 11 册，中共中央党校出版社 1991 年版，第 699—700 页。

林伯渠、朱德、吴玉章、王明、朱理治、贾拓夫、曾山、涂振农、彭德怀、张文彬、郭述申、潘汉年、谢觉哉、宋一平、李昌、谭余保、高文华、孟庆树、罗迈、李富春、冯文彬、杜里卿、张浩、彭真、刘少奇、萧克、高自立等。

10月20日，王明在会上作了《共产党参政员在国民参政会中的工作报告》，还于这天临时要求作了《目前抗战形势与如何坚持持久战争取最后胜利》的发言。据王明自己讲，他已将共产党员参政员在国民参政会中的工作做了报告，同时行期又很紧迫，本来不预备再作发言，"但是因为有些同志要我对某部分问题发表点意见"，故而作这样一个发言。王明一开头就说："毛泽东同志在其政治报告中，将我们党自五中全会至六中全会的工作，做了一个基本的总结，对中华民族十六个月的英雄抗战，和目前抗战形势的特点，做了一个详尽的分析，对中华民族和中国共产党的当前的紧急任务，提出了正确的方案，所有这一切，我都是同意的。"①

王明的发言共分为五个部分：（一）日本法西斯军阀是中华民族的死敌，是全世界先进人类的公敌；（二）中华民族处在空前灾难的时期，同时也正处在无上光荣的时代；（三）目前的抗战形势正处在严重困难的阶段；（四）克服困难、渡过难关、坚持抗战和争取最后胜利的几个问题；（五）实行抗日民族统一战线的中国共产党。

王明的发言强调，我国抗战目前的根本困难，在于敌力增强，我力不足，克服困难的中心问题是增加力量，继续坚持抗战到底，是增加力量克服困难的基本条件，而继续巩固和扩大抗日民族统一战线，是增加力量、克服困难和进行持久战争取得最后胜利基本保证，即是说要继续巩固和扩大全中华民族的团结。那么，如何巩固和扩大这种团结？王明提出：首先，要使参加抗战而有利害冲突的各阶级加紧团结。其次，是要使参加抗战的各党派尤其是国共两党能更加亲密团结。对于这个问

---

① 《王明言论选辑》，人民出版社1982年版，第594页。

题，王明说，毛泽东在其报告中，不但指出了国共两党长期合作的必要
与可能的各种条件，而且代表中共提出了减少两党摩擦和奠定两党长期
合作的具体办法，这办法值得党内外严重注意。为此，王明一口气强调
了7个必须"严重注意"的办法，即："再一次确切声明，三民主义为
国共两党合作的政治基础"；"诚心诚意拥护蒋委员长，承认蒋委员
长是中华民族抗战建国的领袖"；"再一次声明我们现在不参加国民
政府"；"宣布共产党不在国民党军队中组织党的支部"；"明白地宣
布共产党不在国民党员中征收共产党"；"再一次向国民党提出建立
国共两党合作的进一步的经常形式的问题"；"再一次说明国共合作
的正确关系"①。

对于怎样才能正确地实行抗日民族统一战线政策，王明说：毛、洛
均指出，我们要做模范，即是：一方面我们要以"抗战高于一切，一
切服从抗日"，"一切为着抗日民族统一战线，一切经过抗日民族统一
战线"，"一切服从抗战利益，一切为着抗战胜利"为原则，对友党、
友军采取大公无私，仁至义尽，言行如一，表里一致，互相帮助，互相
尊重，互相友爱，共同工作，共同发展，同生死、共患难，祸福与共，
相依为命的工作方法和方式。王明同时也认为，抗日民族统一战线一方
面有广大力量和长期存在发展前途，"另一方面也包括有内部的严重斗
争，而且只有在适当的斗争中才能巩固才能发展"②。

王明也讲到马列主义中国化的问题，他说："马列主义理论民族
化，即是将马列主义具体应用于中国，是完全对的。的确，只有使马列
主义深广的中国化，成为中国人民血肉之新的东西，成为中国历史发展
和社会进化的必然产物，成为继承中国文化的优秀传统（从孔子到孙
中山），才能够家喻户晓和深入人心。""毛、洛报告提出的全对"。同
时，王明又提出，在马克思主义中国化问题上，必须注意如下各点：

①　《王明言论选辑》，人民出版社1982年版，第623—624页。
②　《王明言论选辑》，人民出版社1982年版，第629—630页。

（一）首先须学习马列主义，只有学习马列主义理论，然后才能运用和民族化，因此，加紧学习马、恩、列、斯学说；（二）不能庸俗化和牵强附会；（三）不能以孔子的折中和烦琐哲学代替唯物辩证法；（四）不能以中国旧文化学说来曲解马列主义，而要以马列主义来了解和开发中国文化；（五）不能在"民族化"的误解之下忽视国际经验的研究和运用。①

发言的最后，王明说，中国共产党的发展和团结统一，是抗战胜利的最基本条件，中国党现在的力量还不够，现有的各种人才和干部还不够用，须使党的各种力量发展。他还说："全党必须团结统一，我们党一定能统一团结在中央和毛同志的周围（领袖作用，譬如北辰而众星拱之）。"②

10 月 28 日、29 日，刘少奇作华北党 3 年来工作的基本总结的报告。10 月 31 日，陈云在大会上作关于青年工作的报告，对抗战初期党的青年工作进行初步总结。此外，在六届六中全会上，八路军第一二〇师政治委员关向应、八路军第一二九师政治委员邓小平、中共中央晋察冀分局书记彭真亦报告了各自负责的工作，中共中央书记处书记康生作了关于七大准备工作的报告，中共中央职工运动委员会负责人张浩作关于抗战中职工运动的任务的发言。因要出席国民参政会第一届第二次会议，王明未等六中全会闭幕，便于 10 月底 11 月初与博古、林伯渠、吴玉章经西安飞往重庆。

11 月 5 日，全会通过《致斯大林、季米特洛夫电》《致蒋委员长电》《致东北义勇军及全体同胞电》《致八路军新四军电》《致日本共产党电》《致西班牙共产党电》《致各国共产党电》。

《致蒋委员长电》说："先生于国家危急之际，坚决领导中国军民进行持久抗战，并获得了全民族的团结统一，给日寇以巨大打击，奠定

---

① 《王明言论选辑》，人民出版社 1982 年版，第 637—638 页。
② 《王明言论选辑》，人民出版社 1982 年版，第 639 页。

了最终战胜敌人复兴民族之基础。弊党扩大的六中全会谨以至诚向我国英明领袖致崇高的敬意。""中共中央一本过去主张,愿以至诚拥护我民族领袖,拥护三民主义,并在三民主义和抗战建国纲领的政治基础上,责成全体共产党员,本互助互让、同生死、共患难之精神和互敬互商之工作办法,亲密两党间的关系,巩固两党的长期合作,团结全民族,争取抗战最后胜利和三民主义的民主共和国之实现。"①

11月12日,《新中华报》还发表了《拥护民族领袖——蒋委员长》的社论,内称:"在六个多月的抗战中,虽然我们失去了许多的土地与大城市,但是不可否认的,我国是获得了空前的进步与成绩。""取得这些进步与成绩的原因,一方面是由于我国人民与前线将士的英勇抗战,另一方面应归功于我们最高统帅蒋委员长的正确坚强领导所致。我们数十万读者及全边区六十万民众向我们民族领袖致无上的敬意。"②

在中共六届六中全会的相关文献中,不论是毛泽东致蒋介石的信、《论新阶段》的政治报告,还是全会通过的《致蒋委员长电》,以及这篇社论,都对蒋介石给予相当高的评价。之所以如此,一方面,全民族抗战爆发以来一段时间蒋介石抗战比较积极,此举自然含有鼓励、激励蒋介石继续坚持抗日之意;另一方面,很大程度上与当时共产国际要求中国共产党"诚意拥蒋"不无关系。

5."一切经过统一战线是不对的"

11月5日、6日,毛泽东做结论报告。结论共讲了5个问题。

第一,六中全会的成功。毛泽东说:这次会议总结了抗日战争和抗日民族统一战线的全部经验,科学地分析和估计了抗日战争的形势,规

---

① 《致蒋委员长电》,《解放》第57期。
② 《拥护民族领袖——蒋委员长》,《新中华报》1938年11月12日。

定了党的方针和任务。这次会议是一次很好的会议，是党的历史上少有的，讨论的问题多，经验丰富，态度认真。

第二，广州、武汉失守后的形势。毛泽东说：在敌强我弱的形势没有发生根本性变化的条件下，广州、武汉的放弃是正确的。这种战略退却虽一时表现了有利于敌不利于我，但从整个形势看表明了有利于我不利于敌，我们保存了实力，敌人的兵力更分散了。日军占领上海等地时一鼓作气，占领武汉后它的力量就再而衰，战略进攻接近了顶点，这是相持阶段快要到来的象征。在相持阶段中，我方作战形式以游击战为主，运动战为辅。敌后游击战争应分两大区域，在已经大大发展了游击战争的区域，应大力加以巩固；在没有充分发展或正在发展游击战争的区域，应迅速地广大地发展游击战争。所以，应当巩固华北，发展华中和华南。①

第三，民族统一战线的长期性。毛泽东说：为了长期合作，统一战线中的各党派实行互助互让是必需的，但应该是积极的，不是消极的。我们必须巩固和扩大我党我军，同时也应赞助友党友军的巩固和扩大；人民要求政府满足自己的政治经济要求，同时给政府以一切可能的利于抗日的援助；工人要求厂主改良待遇，同时积极做工以利抗日；地主应该减租减息，同时农民应该交租交息，团结对外。这些都是互助的原则和方针，是积极的方针，不是消极的片面的方针。互让也是如此。彼此不挖墙脚，彼此不在对方党政军内组织秘密支部；在我们方面，就是不在国民党及其政府、军队内组织秘密支部，使国民党安心，利于抗日。

关于民族斗争和阶级斗争的关系问题，毛泽东说：用长期合作支持长期战争，就是说使阶级斗争服从于今天抗日的民族斗争，这是统一战线的根本原则。在此原则下，保存党派和阶级的独立性，保存统一战线中的独立自主；不是因合作和统一而牺牲党派和阶级的必要权利，而是

---

① 中共中央文献研究室：《毛泽东年谱（1893—1949）》中卷，人民出版社、中央文献出版社 1993 年版，第 94—95 页。

相反，坚持党派和阶级的一定限度的权利；这才有利于合作，也才有所谓合作。否则就是将合作变成了混一，必然牺牲统一战线。在民族斗争中，阶级斗争是以民族斗争的形式出现的，这种形式表现了两者的一致性。一方面，阶级的政治经济要求在一定的历史时期内以不破裂合作为条件；另一方面，一切阶级斗争的要求都应以民族斗争的需要（为着抗日）为出发点。这样便把统一战线中的统一性和独立性、民族斗争和阶级斗争，一致起来了。

在这里，毛泽东第一次对"一切经过统一战线"的提法提出了批评，认为它"是不对的"。他说："国民党是当权的党，它至今不许有统一战线的组织形式。刘少奇同志说的很对，如果所谓'一切经过'就是经过蒋介石和阎锡山，那只是片面的服从，无所谓'经过统一战线'。"①

毛泽东还提出了处理统一战线与独立自主原则的几种办法。一是在敌后根据国民党已经许可的东西独立自主地去做，或者估计国民党可能许可的，先斩后奏。他解释说，由于国民党剥夺各党派的平等权利，企图指挥各党听它一党的命令，如果是要求国民党"一切"都要"经过"共产党同意是做不到的，如果想共产党所要做的"一切"均事先取得国民党同意，那么，它不同意怎么办？国民党的方针是限制共产党的发展，共产党提出这个口号，只是自己把自己的手脚束缚起来，是完全不应该的。二是有些应该先得国民党同意，例如将三个师的番号扩编为三个军的番号，这叫做先奏后斩。三是有些则造成既成事实再告诉它，例如发展20余万军队，这叫做先斩后奏。四是有些则暂时斩而不奏，估计它现时不会同意，例如召集边区议会之类。五是有些则暂时不斩不奏，例如那些如果做了就要妨碍大局的事情。总之，一定不要破坏统一战线，但又决不可自己束缚自己的手脚，因此不应提出"一切经过统一战线"的口号。

---

① 《毛泽东选集》第二卷，人民出版社 1991 年版，第 537—538 页。

第四，战争与战略问题。毛泽东指出：中国不是一个独立的民主的国家，而是一个半殖民地半封建的国家；在内部没有民主制度，而受封建制度压迫；在外部没有民族独立，而受帝国主义压迫。因此，无议会可以利用，无组织工人举行罢工的合法权利。在这里，共产党的任务，基本地不是经过长期合法斗争以进入起义和战争，也不是先占城市后取乡村，而是走相反的道路。在中国，主要的斗争形式是战争，而主要的组织形式是军队。其他一切，例如民众的组织和民众的斗争等等，都是非常重要的，都是一定不可少，一定不可忽视，但都是为着战争的。在中国，离开了武装斗争，就没有无产阶级和共产党的地位，就不能完成任何的革命任务。

毛泽东在分析中国共产党和中国共产党的战争历史，论述了国内战争和民族战争中党的军事战略的转变问题之后，集中讲到了抗日游击战争的战略地位问题。他说，从抗日战争的全体上说来，正规战争是主要的，游击战争是辅助的，因为抗日战争的最后命运，只有正规战争才能解决，但游击战争是在全战争中占着一个重要的战略地位的。没有游击战争，忽视游击队和游击军的建设，忽视游击战的研究和指导，也将不能战胜日本。游击战争虽在战争全体上居于辅助地位，但实占据着极其重要的战略地位。抗日而忽视游击战争，无疑是非常错误的。①

第五，其他问题。在讲到党内团结问题时，毛泽东说："团结的要点是政治上的一致。此会上一切主要问题无不是一致的，这就保证了全党的团结。"他还谈到对于王明的看法问题，并且说："王明在部分问题中说的有些不足或过多一点，这是在发言中难免的。这些问题已弄清楚了。王明在党的历史上有大功，对统一战线的提出有大的努力，工作甚积极，他是主要的负责同志之一，我们应原谅之。"他讲到了过去干部政策上的错误，提出在历史作了错误处理的干部"应予平反"，没有

① 《毛泽东选集》第二卷，人民出版社1991年版，第552—553页。

搞清楚的要搞清楚。①

毛泽东在《论新阶段》的政治报告中，并没有对"一切经过统一战线"提出异议，为何在全会作结论时却又对此提出批评？笔者认为，并不是因为这时王明已经离开延安，而是很大程度上与蒋介石此间对共产党的态度发生变化有关。

10月4日，周恩来见蒋，递交毛泽东、王明致蒋信件，说明中共六届六中全会决定，建议四点：（一）停止两党斗争；（二）共产党可加入国民党，或令其一部分先行加入，如情形良好再全部加入；（三）共产党取消一切青年组织，其全体分子一律加入三民主义青年团；（四）以上参加者，均保留其党籍。② 据周恩来10月14日给中共中央书记处的电报："谈到武汉失守后将遇到新的困难，他承认；对抗战坚持，他表示无问题；对在敌后求补充发展，他表赞成；对〈我们〉不在国民党及军队中发展，他很动思；对公开加入国民党，他注意听；对加入青年团，他说可商量；说到特务工作要注意辨别情报真相，即有误会或错误亦不能行动，他表示同意。"③ 最后，蒋介石要周恩来将有关意见写给他。

10月8日，周恩来将书面意见交给蒋介石，蒋见后，"先召集其干部陈立夫、朱家骅、康泽、贺衷寒、谭平山、黄季陆面谈，告以关于我们不在国民党及其军队中发展、提议公开加入国民党、改变青年团章程三项，要他们研究。言词中对我党尚无坏评，仍反对小党及我们外围"④。14日，周恩来再次去见蒋介石，蒋答复周说，关于共产党公开

---

① 中共中央文献研究室：《毛泽东传（1893—1949）》，中央文献出版社1996年版，第519—520页。

② 转引自杨天石：《寻找真实的蒋介石——蒋介石日记解读二》，华文出版社2010年版，第38页。又见［日］古屋奎二：《蒋介石秘录》第四卷，湖南人民出版社1988年版，第190页。

③ 中共湖北省委党史资料征集编研委员会等：《抗战初期中共中央长江局》，湖北人民出版社1991年版，第289页。

④ 中共湖北省委党史资料征集编研委员会等：《抗战初期中共中央长江局》，湖北人民出版社1991年版，第289页。

加入国民党及青年团问题，必须由国民党中常委讨论，三青团章程可以改变，共产党可以加入。周问蒋：是否可以立即加入，蒋回答说：可先见青年团诸人谈谈。①

1924 年至 1927 年的国共合作，由于当时孙中山一方面赞成国共合作，但另一方面又认为共产党人数少，力量与影响不能与国民党对等，故而不赞成党与党的平等合作，而认为只能采取党内合作的方式，即共产党员和共青团员以个人身份加入国民党，即容共政策，将共产党容纳于国民党之中。由于采取党内合作的方式，难免在合作过程中产生各种纠纷，孙中山在世时，由于他国共合作的态度坚决，两党合作能得以相安，而孙中山去世之后，随着共产党力量和影响的增大，国民党内的反共分共势力逐渐猖獗，最后导致了国共合作的破裂。因为在国民党右派看来，如果再不采取措施，共产党会更加坐大，必须赶紧对共产党下手，蒋介石就是在这种背景下发动四一二反革命政变的。

现在共产党方面重提参加国民党的问题，蒋介石对此自然十分慎重。虽然出于抗战需要，蒋介石对共产党由"剿共"改为联共，实现了第二次国共合作，但此时蒋对共产党仍抱有相当的成见与敌意。他一方面认为"对共产党应放宽，使其尽其所能也"，"对共党，主张消化而不可排斥"、"主感召而不主排斥"；另一方面又认为共产党"幼稚与枭张"②。所以他的联共实为"溶共"，是要"合并融化"共产党，将共产党化入国民党。至于共产党提出加入国民党的问题，他最担心的是此举不但不能将共产党化入国民党，反而会使共产党利用国民党之躯壳进一步壮大自身力量，如同第一次国共合作那样。他发动四一二政变之时，共产党还没有丰富的政治斗争经验，对他突然分共反共未加防范，而且手中也没有多少反击的本钱（没有掌握多少军队），而经过十年内

①　中共湖北省委党史资料征集编研委员会等：《抗战初期中共中央长江局》，湖北人民出版社 1991 年版，第 291 页。

②　杨天石：《寻找真实的蒋介石——蒋介石日记解读二》，华文出版社 2010 年版，第 34、36 页。

战之后，共产党已经积累了相当的政治斗争经验，不可能再像 10 年前那样任其摆布了。因此，对于共产党加入国民党的问题，蒋介石担心的是共产党乘机再次改造国民党，如同孙悟空钻进铁扇公主的肚子一般。他在 11 月 18 日的日记中写道："共党教育与经验是由其国际百年来秘密苦痛幽囚中所得之教训而成，故其纪律最严，方法最精，组织最密，任何党派所不及，因之其手段亦最毒，情义与道德扫地无余。"在第二天的日记中又写道："对共党防范之道，除改正本党、重新本党外，尚有他法否？应不使其取得合法地位为目前要点。"①

基于对共产党的这种成见与敌意，蒋介石觉得还是不能让共产党加入国民党为好。12 月 6 日，周恩来在桂林再次见蒋，蒋表示不赞成跨党，共产党既行三民主义，最好与国民党合并成一个组织，如果这一点可以商谈，在西安召开华北西北将领会议后，就约毛泽东面谈。蒋问周：如果共产党全体加入做不到，可否以一部分共产党员加入国民党而不跨党？周恩来答称：中国共产党实行三民主义，不是因为这是抗战的出路，而是因为这是达到社会主义的必由之路，国民党员则都不如此想，故国共终究是两个党，跨党是为了取得信任，但我们也不强求。如果认为时机未到，可采用他法。要求全体共产党员加入国民党，退出共产党，不可能也做不到。少数人退出共产党而加入国民党，不仅失节、失信仰，而且于国家有害无益。蒋介石听后表示：如果合并之事不可能，就不必约毛泽东到西安面谈。②

全国抗战爆发之后，毛泽东在强调中共必须警惕右倾投降危险的同时，对国民党蒋介石在抗战中的表现还是充分肯定的，并且也曾一度产生过将国民党再次进行改造，使其转变成为民族联盟的设想，即使他在

---

① 杨天石：《寻找真实的蒋介石——蒋介石日记解读二》，华文出版社 2010 年版，第 38 页。

② 中共中央文献研究室：《周恩来年谱（1898—1949）》，中央文献出版社、人民出版社 1989 年版，第 427 页；黄修荣：《抗日战争时期国共关系纪事》，中共党史出版社 1995 年版，第 343 页。

会上作《论新阶段》的政治报告时，这样的设想仍未放弃。可是，蒋介石对于共产党方面的建议很冷淡，不但不愿给共产党以平等地位，而且他始终企图"溶共"，将共产党化入国民党。这使毛泽东意识到由于两党实力的差异，不可能达到改造国民党的目的，统一战线约束不了国民党，如果"一切经过统一战线"等于将自己的手脚捆绑起来，唯有独立自主才能生存与发展，统一战线内部就不可避免地存在斗争，就必须团结与斗争两手并用。

6."党有了群众信仰的领袖"

11月6日，刘少奇在六中全会上作关于党规党纪的报告，对提交全会的《关于中央委员会工作规则与纪律的决定》《关于各级党委暂行组织机构的决定》和《关于各级党部工作规则与纪律的决定》作了具体说明。同一天，全会通过了上述几个文件及《中共扩大的六中全会政治决议案》《中共扩大的六中全会关于召开第七次全国代表大会的决议》《中共扩大的六中全会告全国同胞全体将士和国共两党同志书》。

《中共扩大的六中全会政治决议案》认为，随着抗日战争从第一阶段转到第二阶段，抗战的困难将进一步增加，但同时又必须估计到中国的更加团结，更加进步与日本困难的同时增多。"蒋委员长与全国人民的不动摇的坚决抗战，国共合作及民族统一战线的进步，国共两党数量上的发展与其政治影响的扩大，全国人民对日仇恨与同生死共患难的团结，中国还保有广大的完整地区（西北、西南）作为抗战的总后方，而在敌后方则广泛的游击战争与抗日根据地正在强大着，英勇的中国军队积蓄了丰富的抗战经验并正在巩固其战斗力，全国政治制度正在逐步的民主化（尤其在敌后方抗日根据地中），广大民众正在发动与组织起来"。这些都是中国将更加团结进步的表现。

《决议案》强调国共两党合作是抗日民族统一战线的基础，是抗战建国大业完成与胜利的保证，并指出："为此目的，扩大的六中全会正式决定：不在国民党中及其军队中建立共产党的秘密组织。再一次正式宣言，中国共产党对于拥护三民主义，拥护蒋委员长，拥护国民政〈府〉的诚心诚意。再一次恳切的责成所有的中国共产党党员，以互助互让和同生死共患难的精神，以尊重合作中各政党独立性的立场，以谦和互敬互商的工作态度，去亲近国民党同志和一切抗日党派的同志。"

《决议案》还强调，共产党员必须在民族自卫战争和建立三民主义共和国的伟大斗争中起模范战士的作用。共产党员的岗位首先应该是在最能打击日寇的地方——前线和敌后方。共产党员应该成为执行抗日民族统一战线的模范战士。根据一切服从抗战利益，一切为着抗战胜利，一切为着抗日民族统一战线，抗日民族统一战线高于一切的原则立场，共产党员对友党友军应该采取精诚团结和互助互让的态度，对执行三民主义及抗战建国纲领应该采取最诚恳最积极的立场。共产党员应该根据民权主义的精神，在政治上组织上尊重各党派的独立性，应该成为尊重国民党和各抗日党派的独立性的模范；同时，应该坚持保证共产党本身在政治上组织上的独立性。

《决议案》指出，目前"左"倾关门主义分子的危险，在于他们不了解在现时条件之下解放中国人民的唯一道路，就是巩固和扩大抗日民族统一战线——尤其是建立国共两党的长期合作；同时，在于他们不认识抗战形势而产生的"左"的急性病。右倾机会主义分子的危险，在于执行抗日民族统一战线政策中，牺牲党的政治上和组织上的独立性，把无产阶级为了反对共同敌人而与其他阶级建立抗日的民族统一战线的政策，曲解成为使无产阶级及其政党成为资产阶级的尾巴；同时，他们在困难前面失望，而产生对抗战形势及前途的悲观主义。①

六中全会通过了一系列的有关组织建设的文件，其中《关于中央委员会工作规则与纪律的决定》，很大程度是针对王明在长江局工作期

---

① 中央档案馆：《中共中央文件选集》第 11 册，中共中央党校出版社 1991 年版，第 750、754、755—756、757、758 页。

间与中共中央闹独立性而提出的。文件决定："各中央委员不得在中央委员会以外对任何人发表与中央委员会决定相违反的意见，亦不得有任何相违反的行动。""各中央委员如果没有中央委员会、中央政治局及中央书记处的委托不得以中央名义向党内党外发表言论与文件。""各政治局委员除开在政治局内部及向国际控诉外，不得在党内党外对任何人发表任何与政治局决定相违反的意见，并不得有任何与政治局决定相违反的行动。""各政治局委员未得到中央政治局之委任，个人不得用中央政治局名义或全党名义发表对内对外的言论文件。"中央书记处"各书记之重要文章及对外发表之重要谈话或重要的报告大纲等，在可能时须经其他书记多数同意方能公布。""各中央局中央分局须完全执行中央委员会、中央政治局、中央书记处的决议和指令。并不得有任何违反中央委员会、中央政治局、中央书记处的文字与行动。"①

全会通过的《关于各级党部工作规则与纪律的决定》亦强调："个人服从组织，少数服从多数，下级服从上级，全党服从中央，党的一切工作由中央集中领导，是党在组织上民主集中制的基本原则，各级党的委员会的委员必须无条件的执行，成为一切党员与干部的模范。"②

通过这些文件之后，会议由王稼祥致闭幕词。闭幕词说："中共六次扩大的中央全会开了一个多月的会议，现在结束了。这次得到了大的成绩，大的进步。大会中所估计所想的问题，在大会结束时已变成了事实。此次会表示我们已掌握马列主义，以之分析具体的复杂的环境，定出正确的政策与方针。此次大会表示了党的团结与一致。此次会在党史中占重要地位，总结了过去的经验，定出了工作，将会完成光荣的任务。此次会在中华民族史上亦有重大的意义，推动抗日战争走向最后

---

① 中央档案馆：《中共中央文件选集》第 11 册，中共中央党校出版社 1991 年版，第 761—765 页。

② 中央档案馆：《中共中央文件选集》第 11 册，中共中央党校出版社 1991 年版，第 769 页。

胜利。"①

从中共六届六中全会的全过程来看，虽然毛泽东在会议作结论报告时对"一切经过统一战线"提出批评，但这种批评不能说专指王明一个人的。首先，"一切经过统一战线"是王明在1937年十二月会议发言中提出的一个观点，但这个观点并不是王明的发明，而是共产国际的精神。其次，当时认可这个观点也不只有王明一人，十二月会议后中共中央书记处形成的《政治局十二会会议的总结与精神》的会议精神传达大纲，更是在这个口号之外，另提出"一切服从统一战线"的口号，而这个传达大纲是经过中共中央书记处同意的，可以说是中共中央集体的意见。所以，毛泽东对"一切经过统一战线"的批评，既是针对王明的，也是针对所有认同这个观点的人的。应当说，经过一年多的国共第二次合作，中国共产党人对抗日民族统一战线有了新的认识。最后，毛泽东与王明在统一战线与国共关系问题上，既有相同的地方，也有意见分歧，但当时毛泽东对王明并没有扣上什么帽子。后来毛泽东也说："在六中全会的文件上，在六中全会的记录上，看不出我们尖锐地批评了什么东西，因为在那个时候，不可能也不应该提出批评，而是从正面肯定了一些问题，就是说在实际上解决了问题。"② 所以笔者认为，这次全会并未开展对王明右倾错误的斗争，但在统一战线和国共关系的处理上取得了新的认识，最终意识到不能一切经过统一战线，而应当坚持独立自主原则。

中共六届六中全会最重要的意义，在于进一步确立了毛泽东在全党的领袖地位。遵义会议是毛泽东进入中共中央领导集体的第一步，随后逐渐成为这个领导集体的核心。经过遵义会议到六届六中全会，一方面毛泽东的领导才能逐渐为全党所公认，另一方面其领导地位又得到了共产国际的肯定。在六届六中全会上王稼祥传达了共产国际的指示之后，

---

① 《王稼祥选集》，人民出版社1989年版，第147页。
② 《毛泽东文集》，人民出版社1996年版，第360页。

与会者在发言中纷纷表示拥护毛泽东的领袖地位。张闻天在会上说："我们有克服困难的优良的条件，就说是：（甲）有一大批党的中心干部。（乙）中央的极高的威信，中央主要领导者毛泽东同志的极高威信。"① 彭德怀说："党有了群众信仰的领袖。在我所知道的十年中，毛泽东同志基本上是正确的。""领袖的培养，是在坚决斗争中锻炼出来的，是由正确的领导而取得的。领袖不能委任，领袖也不是抢来的，领袖是在长期斗争中产生的。我们党要经常把握正确的方向，党的领袖很重要。"刘少奇说："领袖不是自称的、委任的，而要拥护。要使委任的领袖真正成为群众所拥护的领袖。"李富春说："党的成功有：（一）党的统一与团结；（二）保存广泛干部；（三）党的组织路线的正确。……最主要的是中央路线的正确，以毛泽东为首的领导。"谢觉哉说："我党朱（德）毛（泽东）领袖，都是了解中国古今实际情况，是能中国化的。"② 林伯渠说："毛泽东同志及其他许多同志，在全国人民中之影响"，"确是比别党的人强些"，"这是我们党足以自豪的!"③

按照共产国际的指示，中共六届六中全会前，张闻天向毛泽东提出，党中央总负责人的职务应该由毛泽东来担任了。毛泽东经过全面考虑，认为目前还不是提出这个问题的时候，要张闻天继续担任下去。所以，张闻天也就没有将这个问题提到中央政治局去讨论。尽管如此，这次全会之后，虽然张闻天在形式上还在主持中共中央的会议，但实际上并不在党内负总的责任了。④ 毛泽东在党内的领袖地位经过这次会议已完全得以确立。

---

① 中央档案馆：《中共中央文件选集》第 11 册，中共中央党校出版社 1991 年版，第 722 页。
② 王秀鑫：《中共六届六中全会》，《中共党史资料》第 46 辑，中共党史出版社 1993 年版，第 252 页。
③ 《林伯渠传》编写组：《林伯渠传》，红旗出版社 1986 年版，第 224 页。
④ 程中原：《张闻天传》，当代中国出版社 1993 年版，第 413 页。

六、新中国内政外交
基本方针的形成

1947 年人民解放战争从战略防御转入战略反攻后，战争形势日益朝着有利于人民的方向发展，党的领导人曾预计从 1946 年 7 月全面内战爆发算起，用 5 年左右的时间即可基本上打倒国民党，从而也开始描绘未来新中国的蓝图。1949 年年初，三大战役结束后，国民党军队的主力已经被基本消灭，原来预计的战争进程大大缩短，中国共产党即将迎接在全国执政的局面。在这种情况下，以召开中共七届二中全会为标志，加紧了执政全国的准备工作。

1. 毛泽东对夺取全国政权的预计

1945 年抗战胜利前后，中国共产党鉴于当时的形势与国共力量的对比，曾提出建立民主联合政府的主张。在这年 3 月的中共六届七中全会上，毛泽东在讲到联合政府问题时说："联合政府有三种可能性：一种是坏的我们不希望的可能性，即要我们交出军队去做官。军队我们当然是不交的，但政府还是独裁的，我们做官不做呢？我们不要宣传去做，也不要拒绝，要准备这种可能性。其坏处是在独裁政府做官，不过这是可以向群众解释的（为了委曲求全，而这个政府我们是不赞成的），但也有好处，可以做宣传工作。第二种可能性，也是以蒋介石为首，形式是民主，承认解放区，实质仍是蒋介石的独裁政府。第三种可能性，是以我们为中心，在我们有一百五十万军队、一亿五千万人民时，在蒋介石的力量更加缩小、削弱，无联合可能时，就要如此做，这是中国政治发展的基本趋势和规律，我们要建设的国家就是这样一个国家。"①

在 1945 年 4 月召开的中共七大上，毛泽东将其所作的政治报告取名为《论联合政府》，可见对这一问题的重视。毛泽东在报告中设想，建立联合政府应分两步："第一个步骤，目前时期，经过各党各派和无党无派代表人物的协议，成立临时的联合政府；第二个步骤，将来时期，经过自由的无拘束的选举，召开国民大会，成立正式的联合政府"②。同时考虑到蒋介石坚持其一党专政和个人独裁的一贯立场，及其对联合政府的反对态度，中共中央还一度有过成立解放区联合委员会，自己另起炉灶成立政府的想法。

七大后不久，抗战胜利，形势发生重大变化，中共中央放弃了成立解放区联合委员会的设想，而是致力于推动联合政府的实现，而这样的政府能否建立，从根本上讲取决于蒋介石及国民党的态度。当时，中国共产党对于和平民主是抱有诚意的，毛泽东冒着极大的风险赴重庆与蒋介石谈判，积极推动政治协商会议的召开，并在国共谈判中作了许多重大让步。一时间，国共关系出现了缓和的迹象，中共中央对时局也曾作出过乐观的估计，开始做参加政府的准备。

在这段时间，中共中央甚至计划将首脑机关迁到江苏的淮阴，其中一个考虑就是参加联合政府后往来南京开会方便。1946 年 1 月 27 日，在重庆参加政治协商会议的周恩来返回延安，于第二天向中共中央政治局报告关于停战、三人小组（即由国民党代表张治中、共产党代表周恩来、美国代表马歇尔组成的最高军事小组会议，研究国共军队的整编统编问题）、政协等情况，并提出将来参加政府时中央要考虑搬迁问题。③ 2 月 2 日，刘少奇在中共中央书记处讨论实施政协协议问题时说，

---

① 《毛泽东文集》第三卷，人民出版社 1996 年版，第 277 页。
② 《毛泽东选集》第三卷，人民出版社 1991 年版，第 1068—1069 页。
③ 中共中央文献研究室：《周恩来年谱（1898—1949）》，中央文献出版社、人民出版社 1990 年版，第 641 页。

华中我们应该保留，也可能党中央将来搬去。同一天，中共中央致电陈毅，指出："必须巩固华中现有地区，因中央机关将来可能迁淮阴办公。"① 3月4日，马歇尔、张治中、周恩来从重庆飞抵延安，在中共中央举行的欢迎晚会上，张治中对毛泽东说："和平实现了，政府改组了，中共中央就应该搬到南京去，您也应该住到南京去。"毛泽东回答说："我们将来当然要到南京去，不过听说南京热得很，我怕热，希望常住在淮安（阴），开会就到南京。"②

但是，人们期待的联合政府并没有建立。因为蒋介石从骨子里是要坚持其个人独裁统治和国民党一党专政的。共产党的主张不但与他的根本理念不符，而共产党的存在本身就是对他个人独裁的威胁，至于建立联合政府，不但将是对他独裁统治的限制，而且联合政府亦是对国民党一党专政的否定。蒋是靠抓军队起家的，对武力的作用十分迷信，认为共产党问题只能靠战争的方式解决。蒋介石此时对于用武力解决共产党问题也颇有信心。因为经过8年抗战，国民党军队不但数量庞大，而且经过抗战的磨练，战斗力有了很大提高，在美国的援助之下部队装备也有了很大的改进，抗战的胜利又增添了他在全国的威望。所有这些，使蒋介石认为，以战争的方式解决共产党问题是有把握的，从而决定以全面内战来回应中国共产党的联合政府主张。

当时，从实力对比上来看，国民党要比共产党强大得多。国民党军队不但在数量上远远超过共产党的军队（当时国民党总兵力达430人，人民解放军为127万人），而且有空军，有海军，有大量的重武器和特种兵，而共产党海空军根本没有，重武器也不多，因而蒋介石认为可以速战速决，很快解决共产党问题。1946年7月，在决意发动全面内战之际，蒋介石和他的参谋总长陈诚都说，"两个月内消灭苏北中共军，五个月内在军事上解决整个中共"（在同年12月26日的国民大会代表

① 中共中央文献研究室：《毛泽东年谱（1893—1949）》下卷，人民出版社、中央文献出版社1993年版，第56页。
② 《张治中回忆录》，文史资料出版社1985年版，第750页。

招待会上陈诚改口称:"下届国民大会明年十二月开会前,国军将肃清共军。"到 1948 年 1 月 1 日,蒋介石发表元旦广播,宣称将在一年内消灭共军主力)。可是,蒋介石估低了他对手的能力,此时的人民军队虽然数量与装备都不如国民党军队,但与全民族抗战之初相比有了质的飞跃。更重要的是,经过抗战的锻炼,中国共产党已经真正成熟起来,虽然不希望战争的发生,但并不惧怕战争。为此,毛泽东公开宣布:"帝国主义和一切反动派都是纸老虎。"他认为蒋介石集团貌似强大,实则外强中干,完全是可以打败的。1946 年 7 月 20 日,即全面内战爆发后的第二个月,毛泽东就明确提出:"蒋介石虽有美国援助,但是人心不顺,士气不高,经济困难。我们虽无外国援助,但是人心归向,士气高涨,经济亦有办法。因此,我们是能够战胜蒋介石的。全党对此应当有充分的信心。"①

全面内战爆发之初,毛泽东制定了不计较一城一地得失、以歼灭敌人有生力量为目标的战略方针,而国民党凭借其在人力物力上的优势,一度占领了一部分解放区。1946 年 10 月,国民党军队占领晋察冀解放区的首府张家口,蒋介石为其"胜利"冲昏头脑,悍然决定召开由国民党一党把持的所谓"国民大会"。这个"国民大会"的召开,等于是蒋介石彻底堵死了由各党各派与其共建联合政府之路,不但为中国共产党所坚决反对,也遭到了中国民主同盟等中间党派的拒绝。到这时,通过改组国民党一党把持的国民政府为各党各派共同参加的联合政府已彻底行不通,中国共产党也就决心通过打倒国民党来建立由自己领导的全国政权。

1947 年 6 月 30 日夜,以晋冀鲁豫野战军强渡黄河千里挺进大别山为标志,人民解放军由战略防御转入战略进攻,战争形势日渐朝着有利于共产党的方向发展。在这种情况下,毛泽东以其战略家的眼光开始预计战争的进程,并首次作出了 5 年解决国共战争问题的估计。1947 年 7

---

① 《毛泽东选集》第四卷,人民出版社 1991 年版,第 1187 页。

月 21 日至 23 日，中共中央在陕北靖边县的小河村召开扩大会议，毛泽东在分析形势时提出：对蒋介石的斗争，计划用五年（从 1946 年 7 月算起）解决，看过去这一年的作战成绩是有可能的。说五年，用不着讲出来，还是讲准备长期奋斗，五年到十年甚至十五年。不像蒋介石那样，先说几个月消灭我们，不能实现又说再过几个月，到了现在又说战争才开始。① 这是党的领导人第一次明确提出用 5 年或者更长的时间打倒蒋介石。

虽然毛泽东估计有可能 5 年打倒蒋介石，但他并不认为中国共产党此时已具备建立全国性政权的条件。这年 6 月 25 日，南京政府最高法院发布"平字第一九〇六号训令"，宣布"通缉"毛泽东。6 月 30 日，国民党中常会及中央政治委员会召开联席会议，通过《关于中国共产党叛乱问题案》，说共产党"武装叛乱，割据地方，破坏和平统一，危害国家民族"，"亟应明令剿办，勘平内乱"。7 月 4 日，南京政府通过蒋介石提出的《厉行全国总动员勘平共匪叛乱方案》。7 月 10 日，林彪曾致电毛泽东："在国民党下令通缉毛主席，通过全国总动员之后，估计不久会有所谓讨伐令下来，在这种情况下，是否可以请中央考虑建立以我党为中心的联合中央政府问题。"毛泽东在 7 月 25 日复电称："建立民主联合政府的时机尚未成熟，在第二年作战再歼敌一百个旅左右，攻占中长、北宁大部，平绥、同蒲全部，并向长江流域发展，全国人民更加同情我党之时，可以考虑此问题。"② 此举毫无疑问是正确的。一旦那样的联合政府建立，不但要建立庞大的政府机构，而且要用大量的人力物力来保卫这个机构，就连中共中央本身恐怕也不能像转战陕北时那样行动自如。

虽然毛泽东不同意当下就组建民主联合政府，但自从全面内战爆发

---

① 中共中央文献研究室：《毛泽东年谱（1893—1949）》下卷，人民出版社、中央文献出版社 1993 年版，第 207 页；《胡乔木回忆毛泽东》，人民出版社 1994 年版，第 497 页。

② 中共中央文献研究室：《毛泽东年谱（1893—1949）》下卷，人民出版社、中央文献出版社 1993 年版，第 209 页。

之后，中共中央一直没有放弃"联合政府"这面旗帜，1947年8月1日，新华社发表《人民解放军二十周年》的社论，指出："在消灭一切进犯军的过程当中及其以后，就当然能够成立民主的联合政府，就当然要惩办以蒋介石为首的战争罪犯，没收官僚资本，取消特务机关，废除卖国条约。"9月14日，《人民日报》也发表文章号召"把解放的旗帜插到全中国！把民主的联合政府在全国范围内建立起来"①。

基于形势的变化，也基于鼓舞全国人民同国民党反动派斗争的信心，1947年10月10日，也就是南京政府的国庆日这一天，中共中央公布《中国人民解放军宣言》（即"双十宣言"），第一次明确提出"打倒蒋介石，解放全中国"的口号，并且公开号召："联合工农兵学商各被压迫阶级、各人民团体、各民主党派、各少数民族、各地华侨和其他爱国分子，组成民族统一战线，打倒蒋介石独裁政府，成立民主联合政府。"② 正式向全国人民发出了建立排除国民党反动派在外的民主联合政府的号召。

中共中央在"双十宣言"中虽然发出了成立民主联合政府的号召，但这只是一个与各民主党派共同奋斗的目标。1947年12月，中共中央在陕北米脂县的杨家沟召开扩大会议（史称"十二月会议"），毛泽东在向会议提交的书面报告《目前形势和我们的任务》中提出："中国人民的革命战争，现在已经达到了一个转折点。这即是中国人民解放军已经打退了美国走狗蒋介石的数百万反动军队的进攻，并使自己转入了进攻。""现在，战争主要地已经不是在解放区内进行，而是在国民党统治区内进行了，人民解放军的主力已经打到国民党统治区域里去了。中国人民解放军已经在中国这一块土地上扭转了美国帝国主义及其走狗蒋介石匪帮的反革命车轮，使之走向覆灭的道路，推进了自己的革命车轮，使之走向胜利的道路。这是一个历史的转折点。这是蒋介石的二十

---

① 《人民解放军大举反攻》，《人民日报》1947年9月14日。
② 《毛泽东选集》第四卷，人民出版社1991年版，第1256页。

年反革命统治由发展到消灭的转折点。这是一百多年以来帝国主义在中国的统治由发展到消灭的转折点。"① 毛泽东在这次会议的讲话中还说，从现在到明年一年内，国内形势还会有很大变化，有利于我们。革命的长征已经到了高潮，将来还会更高。高潮主要表现在战争的胜利，但战争仍是长期的，这样大的国内敌人和美帝国主义，不会甘心于失败的。战争还要准备四五年，也可能还要长些。②

虽然毛泽东在十二月会议上讲道："1947 年 10 月，人民解放军发表宣言，其中说：'联合工农兵学商各被压迫阶级，各人民团体，各民主党派，各少数民族，各地华侨及其他爱国分子，组成民族统一战线，打倒蒋介石独裁政府，成立民主联合政府'。这就是人民解放军的、也是中国共产党的最基本的政治纲领。"但并不等于这样的联合政府可以很快建立起来。在十二月会议上，又有人提出成立民主联合政府的问题，毛泽东仍认为条件不成熟，在会议作出的一系列决定中，有这样两项内容：一、中国革命战争应该力争不间断地发展到完全胜利，应该不让敌人用缓兵之计（和谈）获得休整的时间然后再来打人民。二、组织革命的中央政府的时机目前尚未成熟，须待我军取得更大胜利，然后考虑此问题，颁布宪法更是将来的问题。③ 这说明，毛泽东一方面科学地预见中国革命的高潮即将到来，中国共产党即将迎来执政全国的局面；另一方面对于建立全国性的政权又是持十分谨慎的态度。

1948 年 3 月 21 日，毛泽东在《关于情况的通报》中进一步提出："本年内，我们不准备成立中央人民政府，因为时机还未成熟。在本年蒋介石的伪国大开会选举蒋介石当了总统，他的威信更加破产之后，在我们取得更大胜利，扩大更多地方，并且最好在取得一二个头等大城市之后，在东北、华北、山东、苏北、河南、湖北、安徽等区连成一片之

---

① 《毛泽东选集》第四卷，人民出版社 1991 年版，第 1243—1244 页。
② 《胡乔木回忆毛泽东》，人民出版社 1994 年版，第 512 页。
③ 《胡乔木回忆毛泽东》，人民出版社 1994 年版，第 511 页。

后，便有完全的必要成立中央人民政府。其时机大约在一九四九年。"①

虽然中共中央并不打算在 1948 年成立中央人民政府，但随着战争形势的日益向前发展，还是开始了执政全国的准备工作。1948 年 3 月，毛泽东离开转战一年之久的陕北前往晋察冀与中央工委会合，在途经山西临县三交镇时，曾说：同蒋介石的这场战争，可能要打六十个月，六十个月者，五年也。这六十个月又可分为两个三十个月，前三十是我们"爬坡"到顶点，也就是打到我们占优势；在后三十个月，叫做"传檄而定"，那时候，我们是"下坡"，有的时候不用打仗，喊一声，敌人就投降了。② 同一月，刘少奇在中央工委会议上也指出：目前的形势是准备和争取全国的胜利，不应只在口头上、思想上、精神上来准备，而且要在组织上、政策上、干部上、机构上、具体办法上来准备。③ 4 月 30 日，中共中央发布纪念"五一"劳动节的口号，其中最引人注目的是发出了"各民主党派、各人民团体、各社会贤达迅速召开政治协商会议，讨论并实现召集人民代表大会，成立民主联合政府"的号召。这一号召立即得到了全国各民主党派、各民主人士和海外华侨的拥护。此后，在国民党统治区和香港等地的民主人士，陆续北上进入解放区。

到 1948 年 6 月底，经过两年的作战，人民解放军的总兵力，已由原来的 127 万人发展到 280 万人，同国民党军总兵力的对比，已从战争开始时的 1∶3.37，变为 1∶1.3，并且经过新式整军运动士气高涨，武器装备也得到极大改善，已经具备攻坚作战能力。全国解放区的面积已达到 135.5 万平方公里，占全国面积的 24.5%；人口 1.68 亿，占全国人口的 37%，在广大的老区、半老区已经完成了土地改革。为此，中共中央和毛泽东判断，再过 3 年左右就可从根本上打倒蒋介石了。7 月 18 日，中共中央在《关于揭破敌人的和平阴谋的指示》中指出："依

---

① 《毛泽东选集》第三卷，人民出版社 1991 年版，第 1299 页。

② 《杨尚昆回忆录》，中央文献出版社 2001 年版，第 259 页。

③ 中共中央文献研究室：《刘少奇年谱》下卷，中央文献出版社 1996 年版，第 142 页。

据过去两年的作战成绩，加上今后的更大努力，执行正确的军事政治经济文化各项政策，大约再打三年左右，就可以从根本上消灭中国的反动势力，在全国范围内建立人民民主共和国，我们自己及全国人民就可以永远过和平自由幸福的生活了。"①

这个指示是中共中央对内宣布建立新中国的时间表。同年 7 月 30 日，新华社发表《人民解放战争两周年的总结和第三年的任务》的社论，则公开宣布再过三四年即可解放全中国。社论说："中国人民虽然已经在广大的地区内，彻底消灭了反动势力，但是反动势力仍然在另外的广大地区内存在，而且他们在美国帝国主义援助之下，仍然还有他们一定的力量，并继续压迫那里的人民；因此，中国人民的革命只能是逐步地胜利，敌人的阵地只能一个一个地被夺取，反动势力只能是一部分一部分地被消灭；因此，中国人民还必须准备继续作几年的艰苦奋斗，至少还要准备拿三四年时间去作这种艰苦斗争，才能最后解放全中国，并在民主基础上统一全中国。"②

1948 年 9 月 8 日至 13 日，中共中央政治局在西柏坡召开会议（即九月会议）。毛泽东在分析国际国内形势后指出："我们的战略方针是打倒国民党，战略任务是军队向前进、生产长一寸、加强纪律性、革命无不性，由游击战争过渡到正规战争，建军五百万，歼敌正规军五百个旅，五年左右根本上打倒国民党。"③ 这里所说的 5 年左右打倒国民党，是从 1946 年全面内战爆发后算起的，预计到 1951 年中便可以完成消灭国民党军主力的任务。对于这一问题，毛泽东在为会议作结论时又补充说，所谓蒋政权就是表现在他的军队上，我们一时打不到江南去也不要紧，蒋的力量 80% 在江北，消灭了他的力量，也就算把他打倒了。④ 在

---

① 中共中央档案馆：《中共中央文件选集》第 17 册，中共中央党校出版社 1992 年版，第 253 页。

② 《人民解放战争两周年的总结和第三年的任务》，《人民日报》1948 年 8 月 1 日。

③ 《毛泽东文集》第五卷，人民出版社 1996 年版，第 133 页。

④ 《胡乔木回忆毛泽东》，人民出版社 1994 年版，第 530 页。

这次会议上，毛泽东还讲到了成立中央政府的问题。他说："中央政府的问题，十二月会议只是想到了它，这次会议就必须作为议事日程来讨论。""政协今年下半年或明年上半年要开一次会，现在开始准备。战争第四年将要成立中央政府。这个政府叫做什么名字，或叫临时中央政府，或叫中国人民解放委员会，其性质都是临时性的中央政府。究竟叫什么，到那时再定。"①

此次会议通过了《中共中央政治局九月会议基本决议》，其中第三项内容为："建立无产阶级领导的，以工农联盟为基础的人民民主专政，打倒帝国主义、封建主义和官僚资本主义的反动专政，建立民主集中制的各级人民代表会议制度，召开各民主党派、人民团体及无党派人士的代表人物的政治协商会议，成立中华人民民主共和国临时中央政府。"组建中央人民政府正式提到了中共中央的议事日程。

同年 10 月 10 日，毛泽东为中共中央起草了《中共中央关于九月会议的通知》，将这次会议的基本情况和决定向全党通报，并且指出："根据过去两年作战的成绩和整个敌我形势，认为建设五百万人民解放军，在大约五年左右的时间内（从一九四六年七月算起）歼敌正规军共五百个旅（师）左右（平均每年一百个旅左右），歼敌正规军、非正规军和特种部队共七百五十万人左右（平均每年一百五十万人左右），从根本上打倒国民党的反动统治，是有充分可能性的。""准备在一九四九年召集中国一切民主党派、人民团体和无党派民主人士的代表们开会，成立中华人民共和国临时中央政府。"②

形势的发展比人们的预料还要快。1948 年 9 月 12 日，东北野战军发动规模巨大的辽沈战役，并且进展顺利。10 月 15 日，攻占锦州，歼敌 10 万余人；10 月 19 日，长春国民党守军 4.7 万人投诚；10 月 28 日，全歼敌廖耀湘兵团 10 万余人，取得了全歼东北国民党军的决定性

---

① 《毛泽东文集》第五卷，人民出版社 1996 年版，第 136—137 页。
② 《毛泽东选集》第四卷，人民出版社 1991 年版，第 1345、1347 页。

胜利。10 月 31 日，辽沈战役尚未结束，毛泽东就在致林彪、罗荣桓等人的电报中提出："中央九月会议规定五年左右建军五百万，歼敌正规军五百个旅，根本上打倒国民党的任务，因为战争迅速发展，可能提早一年完成。此点你们应有精神准备，从而加速组织准备，并以此种精神教育干部。"① 11 月 2 日，辽沈战役结束，此役共歼敌 47 万人，使东北全境获得解放。更为重要的是，辽沈战役的胜利使中国的军事形势发生了重大变化，人民解放军不但在质量上早已占有优势，而且在数量上现在也已经占有优势。到这时，国民党的全部军队包括陆海空军、正规军、非正规军、作战部队和后勤机关在内，只有 290 万左右的人数。人民解放军则增至 300 余万人。

11 月 11 日，毛泽东以十分兴奋的心情致电东北野战军司令员林彪、政治委员罗荣桓、参谋长刘亚楼、政治部主任谭政及各中央局、各野战军前委："九月上旬（济南战役前）中央政治局会议时所作的五年左右建军五百万，歼敌五百个正规师，根本上打倒国民党的估计及任务，因为九、十两月的伟大胜利，已经显得是落后了。这一任务的完成，大概只需再有一年左右的时间即可达到了。即是说，国民党已不可能再动员三百万人，我军已不需要再以三年时间（从今年七月算起）歼敌三百个正规师才能达到根本上打倒国民党之目的。我军大约再以一年左右的时间，再歼其一百个师左右即可能达成这一目的。"②

11 月 14 日，新华社发表毛泽东撰写的关于中国军事形势的评论，指出："原来预计，从一九四六年七月起，大约需要五年左右时间，便可能从根本上打倒国民党反动政府。现在看来，只需从现时起，再有一年左右的时间，就可能将国民党反动政府从根本上打倒了。至于在全国一切地方消灭反动势力，完成人民解放，则尚需较多的时间。敌人是正

---

① 《毛泽东文集》第五卷，人民出版社 1996 年版，第 183 页。
② 《毛泽东文集》第五卷，人民出版社 1996 年版，第 193—194 页。

在迅速崩溃中，但尚需共产党人、人民解放军和全国各界人民团结一致，加紧努力，才能最后地完全地消灭反动势力，在全国范围内建立统一的民主的人民共和国。"①

基于再过一年即可从根本上打倒国民党反动政府的估计，召开新的政治协商会议、组建中央人民政府被提到了议事日程。1948 年 12 月 30 日，新华社发表毛泽东所写的《将革命进行到底》的新年献词，明确提出："1949 年将要召集没有反动分子参加的以完成人民革命任务为目标的政治协商会议，宣告中华人民共和国的成立，并组成共和国的中央政府。这个政府将是一个在中国共产党领导之下的、有各民主党派各人民团体的适当的代表人物参加的民主联合政府。"② 1949 年 1 月 6 日至 8 日，中共中央政治局再次在西柏坡召开会议，讨论形势与任务问题。会议通过的《目前形势和党在 1949 年的任务》的决议中指出："整个国民党在长江以北的战略上的战线已经崩溃，国民党在其统治区域内是处在极大的混乱和崩溃的状态中。我们已经完全有把握地在全国范围内战胜国民党。一九四九年和一九五〇年将是中国革命在全国范围内胜利的两年。"③ 毛泽东在会上提出了中国共产党新的一年里的 17 项任务，包括召开中共七届二中全会；准备召开政治协商会议，成立中央政府，宣告中华人民民主共和国成立。1 月 8 日，他在会上作结论时说："如果完成了全国革命的任务，这是铲地基，花了三十年。但是起房子，这个任务要几十年工夫。"④ 于是，中共加紧了"起房子"即执政全国的准备工作。随后召开的中共七届二中全会和筹备新政协就是其中的重要准备。

---

① 《中共中央负责人评论中国军事形势》，《人民日报》1948 年 11 月 16 日。
② 《毛泽东选集》第四卷，人民出版社 1991 年版，第 1379 页。
③ 中央档案馆：《中共中央文件选集》第 18 册，中共中央党校出版社 1992 年版，第 16 页。
④ 中共中央文献研究室：《毛泽东传（1893—1949）》，中央文献出版社 1996 年版，第 908 页。

2. 新中国的主要经济政策

在中国革命即将胜利之际，毛泽东和党的领导人开始绘制未来新中国的蓝图，确定新中国的内政外交方针。

1946 年国共内战爆发之后，党的领导人首次对未来新中国的经济构成作出分析与判断，是 1947 年年底的十二月会议。毛泽东在此次会议上所作的《目前形势和我们的任务》的报告中指出："新中国的经济构成是：（1）国营经济，这是领导的成分；（2）由个体逐步地向着集体方向发展的农业经济；（3）独立小工商业者的经济和小的、中等的私人资本经济。这些，就是新民主主义的全部国民经济。而新民主主义国民经济的指导方针，必须紧紧地追随着发展生产、繁荣经济、公私兼顾、劳资两利这个总目标。一切离开这个总目标的方针、政策、办法，都是错误的。"[1]

1948 年七八月间，中共中央作出再过 3 年可基本上打倒国民党反动派的估计之后，党的领导人开始深入思考新中国经济构成及应对其采取的政策。在 1948 的九月会议的发言中，刘少奇着重阐述了新民主主义经济建设问题，指出：整个国民经济，包含着自然经济、小生产经济、资本主义经济、半社会主义经济、国家资本主义经济以及国营的社会主义经济。国民经济的总体就叫做新民主主义经济。新民主主义经济包含着上述各种成分，并以国营的社会主义经济为其领导成分。[2] 毛泽东在九月会议的报告中，则对新民主主义经济是"新资本主义"的提法提出批评，指出："这个名词是不妥当的，因为它没有说明在我们社会经济中起决定作用的东西是国营经济、公营经济，这个国家是无产阶级领导的，所以这些经济都是社会主义性质的。农村个体经济加上城市

---

[1] 《毛泽东选集》第四卷，人民出版社 1991 年版，第 1255—1256 页。
[2] 《刘少奇论新中国经济建设》，中央文献出版社 1993 年版，第 3 页。

私人经济在数量上是大的，但是不起决定作用。我们国营经济、公营经济，在数量上较小，但它是起决定作用的。我们的社会经济的名字还是叫'新民主主义经济'好。"①

同一月，刘少奇写出了《论新民主主义的经济与合作社》一文。文章指出，国家经济、合作社经济和私人资本主义经济及被允许设立的外国私人经济机关，这就是今天的解放区及将来的新中国的经济构成。刘少奇认为，"在新民主主义的社会制度下，在国民经济中还存在着占有相当比重的私人资本主义经济。这种经济，在以后还要发展，而且这种经济在一定程度上的发展，也还是必要的，有益的，不是可怕的。"②

同年 9 月 15 日，张闻天为中共中央东北局起草了《关于东北经济构成及经济建设基本方针的提纲》，提出东北经济由 6 种经济成分构成，这就是国营经济、合作社经济、国家资本主义经济、私人资本主义经济、小商品经济、秋林经济（秋林是苏联在东北开办的一家公司名称）。并且提出，东北经济建设的基本方针应是："以发展国营经济为主体，普遍地发展并紧紧地依靠群众的合作社经济，扶助与改造小商品经济，容许和鼓励有利于国计民生的私人资本主义经济，尤其是国家资本主义经济，防止与反对商品的资本主义经济所固有的投机性和破坏性，禁止与打击一切有害于国计民生的投机操纵的经营。"③

9 月 30 日，东北局将这个提纲报送给中共中央，得到了中共中央的高度重视，毛泽东和刘少奇都对提纲作了修改。毛泽东在修改这个提纲时，强调了以下 5 点：（一）实行国民经济组织性与计划性必须严格限制在可能和必要的限度内，国营经济首先要适应这种组织性与计划性；（二）除开国家总的计划外，必须特别重视地方性的国民经济计划；（三）使合作社成为普遍的社会制度，必须经过长时期的艰苦工作，才能一处一处和一步一步地做到；（四）在批判小资产阶级或资产

---

① 《毛泽东文集》第五卷，人民出版社 1996 年版，第 139 页。
② 《刘少奇论新中国经济建设》，中央文献出版社 1993 年版，第 14 页。
③ 《张闻天选集》，人民出版社 1985 年版，第 416 页。

阶级路线时，又必须严格防止任何急性的"左"倾冒险主义；（五）由于有了多种经济成分，而且有了私人资本主义经济，特别是商人资本主义这一切情形，这使我们必须有无产阶级明确而周密的经济政策、经济计划与整套的经济组织去指导国民经济建设，绝不容许有任何的模糊和混乱。①

10 月 26 日，毛泽东致信刘少奇，建议将提纲中"决不可采取过早地限制私人资本经济的办法"改为"决不可以过早地采取限制现时还有益于国计民生的私人资本经济的办法"。理由是"因为就我们的整个经济政策说来，是限制私人资本的，只是有益于国计民生的私人资本，才不在限制之列。而'有益于国计民生'，这就是一条极大的限制，即引导私人资本纳入'国计民生'的轨道之上。要达到这一点，必须经常和企图脱出这条轨道的私人资本作斗争。而这些私人资本虽然已经纳入这条轨道，他们总是想脱出去的，所以限制的斗争将是经常不断的"②。

这年 11、12 月间，刘少奇对《关于东北经济构成及经济建设基本方针的提纲》再次作了修改，并且重点论述了合作社问题，认为"在新民主主义的国家中，合作社应该成为广大劳动人民所易于接受和了解的一种经济组织形式和一种普遍的社会制度"，提出合作社主要应该分为消费合作社、供销合作社和农业（或工业）生产合作社三种类型，农业生产合作社从低级到高级又可分为劳动互助社、集体农场和农业公社三种形式，后两种是农业生产合作社的高级组织形式，在中国现在还不能实行。前一种是现时就能普遍实行的。在对结论部分的修改中指出："在我们批判与反对小资产阶级的或资产阶级的路线时，又必须坚决地严密地防止任何急性的'左'倾冒险主义的倾向，即是过早地和过多地在国民经济中采取社会主义的步骤，超出实际的可能性和必要性

---

① 薄一波：《若干重大决策与事件的回顾》上卷，中共中央党校出版社 1991 年版，第 23 页。

② 《毛泽东文集》第五卷，人民出版社 1996 年版，第 177 页。

去机械地实行计划经济，因而使我们失去农民小生产者的拥护。这是一种极危险的'左'的偏向，我们必须严格地加以防止。"①

12月25日，刘少奇在华北财政经济委员会所作的报告中，就新民主主义经济的性质作了进一步的阐释，认为它既不能是资本主义的，也不是社会主义的，它既有社会主义成分，也有资本主义成分。这是一种特殊的历史形态，它的特点是过渡时期的经济，可以过渡到社会主义，也可以过渡到资本主义。②

在1949年1月的中共中央政治局会议上，毛泽东在讲话中对新中国经济建设的方针作了如下论述："今后对经济构成是应有一个通盘的认识。国营经济是带社会主义性质，合作经济也是带社会主义性质并向社会主义前进的，国家资本主义经济、私人资本主义经济和个体经济，那个东西基本上（是）对的，但要注意两条战线斗争。一方面不要以为新民主主义经济不是计划经济，不是向社会主义发展，而认为是自由贸易、自由竞争，向资本主义发展，那是极端错误的"；"另一方面，必须注意，必须谨慎，不要急于社会主义化。"③

1949年3月，中共七届二中全会在河北省平山县的西柏坡召开。这是一次为新中国确定大政方针的重要会议。毛泽东在报告中就新中国经济成分及对各种经济成分的政策作了系统的论述。他指出："国营经济是社会主义性质的，合作社经济是半社会主义性质的，加上私人资本主义，加上个体经济，加上国家和私人合作的国家资本主义经济，这些就是人民共和国的几种主要的经济成分，这些就构成新民主主义的经济形态。"毛泽东还提出，由于中国经济现在还处在落后状态，在革命胜利以后一个相当长的时期内，还需要尽可能地利用城乡私人资本主义的积极性，以利于国民经济的向前发展。在这个时期内，一切不是于国民

---

① 《刘少奇年谱》下卷，中央文献出版社1996年版，第167—168页。
② 《刘少奇论新中国经济建设》，中央文献出版社1993年版，第49页。
③ 薄一波：《若干重大决策与事件的回顾》上卷，中共中央党校出版社1991年版，第24页。

经济有害而是于国民经济有利的城乡资本主义成分，都应当容许其存在和发展。毛泽东同时又强调，新中国成立后，虽然允许私人资本主义的存在和发展，但"不是如同资本主义国家那样不受限制任其泛滥的"，而是在税收政策、市场价格、劳动条件等各方面，"按照各地、各业和各个时期的具体情况，对于资本主义采取恰如其分的有伸缩性的限制政策"。同时，"对于私人资本主义采取限制政策，是必然要受到资产阶级在各种程度和各种方式上的反抗的，特别是私人企业中的大企业主，即大资本家。限制和反限制，将是新民主主义国家内部阶级斗争的主要形式"。毛泽东还认为，对个体农业和个体手工业，"必须谨慎地、逐步地而又积极地引导它们向着现代化和集体化的方向发展"①。

既然在新中国成立之后将允许私人资本主义存在和发展，就存在一个如何处理同资本家的关系和如何看待资本主义剥削的问题。对此，刘少奇作了较多的思考。1949 年 4 月 3 日，他在中共北平市委和北平市人民政府召集的党员干部会议上讲话时指出：有些资本家不安心，应想法使之安心生产。我们可以宣布既定方针，保障资本家的合法利润，禁止非法盈利。我们还应考虑哪些生产不妥当，要加以节制；哪些生产需要发展，加以帮助。在劳资问题上，应向资本家和工人宣布，在可能范围内适当改善工人待遇，但我们要反对过高的要求，反对把工厂分散，我们可说服资本家满足工人的正当要求。②

4 月 10 日，为贯彻中共七届二中全会精神，受中共中央委托，刘少奇到天津视察和指导工作。他在第二天听取天津军管委和中共天津市委负责人黄克诚、黄敬等人汇报时说：根据今天中国的情况，劳资双方不能斗争太激烈，劳资双方今后还不是你死我活的斗争问题。4 月 18 日，刘少奇在中共天津市委会议上的讲话，对毛泽东提出的四面八方政策作了全面阐释。他指出：天津是完整地接收了，很有成绩。现在接收

---

① 《毛泽东选集》第四卷，人民出版社 1991 年版，第 1433、1431—1432、1432 页。
② 《刘少奇年谱》下卷，中央文献出版社 1996 年版，第 190—191 页。

工作告一段落，当前的任务是如何改造、管理与发展这一城市。自由资产阶级不是斗争对象，一般地是团结的对象、争取的对象。对资产阶级也有斗争，但重点在团结，如果把它当作斗争对象，那就犯路线的错误。因此，公私兼顾、劳资两利政策必须确切执行，这是我们的战略任务中很重要的组成部分。毛主席说过，我们考虑问题要全面，要照顾四面八方。四面就是公私关系、劳资关系、城乡关系、内外关系；八方就是城乡关系的城乡两方，内外关系的内外两方，公私关系的公私两方，劳资关系的劳资两方。这四面八方都要照顾到，才叫全面照顾。我们一定要熟悉资本家，不熟悉不行。我们党员不熟悉资本家，怎能代表无产阶级？① 在 4 月 24 日的天津干部会议上，刘少奇又说："我们要注意把工人放在第一，但也要照顾资本家，特别是在生产上、经济上，资本家比我们有办法，发展生产应该首先和资本家合作，资本家在城市生产方面占很高的地位。"②

在 28 日出席天津市职工代表大会讲话时，刘少奇指出："对民族资产阶级有斗争的一面，有联合的一面。在政治上要联合他们，和帝国主义、封建主义、官僚资产阶级作斗争。在经济上要联合他们发展生产，但在联合当中不能缺少斗争。因此只斗争不联合是错误的，只联合不斗争也是错误的。但以哪个为主呢？今天来讲，重点是联合不是斗争。因此和民族资产阶级进行必要的适当的斗争，但不能破坏联合。如果斗争到把资产阶级消灭，这样工厂减少了，生产下降，工人失业，对工人，对国家，对人民都不利。今天中国不是资本家太多，太发展了，而是太少，太不发展"。"其它国家的资本主义都发达了几百年了，而我们才只几十年，所以在新民主主义的经济下，在劳资两利的条件下，还让资本

---

① 《刘少奇年谱》下卷，中央文献出版社 1996 年版，第 194—195 页。
② 中共天津市委党史资料征集委员会：《刘少奇在天津》，天津人民出版社 1993 年版，第 18 页。

家存在和发展几十年。这样做，对工人阶级的好处多，坏处少"①。

5月2日，刘少奇在与天津进出口贸易、染织、皮革、火柴等十多个行业的工商业家代表座谈会时，明确表示：在我们整个国民经济中，近代化的工业生产只占10%，90%是落后的农业和小手工业。在10%的工业中，一部分是国营的，一部分是私营的。国营和私营企业之间，可能会有竞争、有矛盾，但是政府的方针，是要使国营企业和私营企业互相合作配合，减少竞争。政府要发展国营生产，也要发展私人生产，这就是公私兼顾。也许私营生产会超过公营的，但政府并不怕。我们的主要目的是发展生产，并不反对哪样生产发展得多。在讲到剥削问题时，刘少奇说："现在有好些人怕说剥削，但剥削是一个事实。尽管工厂有几千几百个股东，但你是代表股东、代表资方在工人身上剥削剩余价值的，一块钱也是剥削。有这个事实，只好承认。但是，认为'剥削多，罪恶大，要审判，要枪毙'，因而苦闷，这种想法是错误的。今天在我国资本主义的剥削不但没有罪恶，而且有功劳。封建剥削除去以后，资本主义剥削是有进步性的。今天不是工厂开得太多，剥削的工人太多，而是太少了。你们有本事多开工厂多剥削一些工人，对国家人民都有利，大家赞成。""今天中国资本主义是在年轻时代，正是发挥它的历史作用、积极作用和建立功劳的时候，应赶紧努力，不要错过。今天资本主义剥削是合法的，愈多愈好。"②

虽然资本主义剥削"愈多愈好"的表述有些绝对化，但联系到当时讲话的特殊背景，刘少奇的这些话是很有见地的。天津解放之初，资本家对共产党的政策不摸底，以为共产党在农村清算了地主，进行土地改革，实际上已经"共"了地主的"产"，现在共产党进了城，是否也要"共"资本家的"产"，心里不踏实。而事实上，也确有一些工人、

---

① 中共天津市委党史资料征集委员会：《刘少奇在天津》，天津人民出版社1993年版，第44、45页。

② 中共天津市委党史资料征集委员会：《刘少奇在天津》，天津人民出版社1993年版，第44、59页。

店员自发地搞对资本家的清算。据薄一波回忆，当时平、津地区工业生产中的问题，除了城乡交换阻隔、外贸断绝、原料匮乏、产品滞销、通货膨胀外，工作中没有处理好公私、劳资等关系，也是存在的突出问题。"工人、店员误认为我们允许分厂、分店，进行清算斗争。天津解放一个月内，曾发生53起清算斗争。""资本家脑子里有三怕：一怕清算，二怕共产党只管工人利益，三怕以后工人管不住，无法生产。"因此，他们抱着消极等待、观望的态度，甚至跑去香港，天津的私营企业的开工率不足30%。① 这种状况如果继续下去，后果将十分严重。最终消灭剥削无疑是共产党人的奋斗目标，但剥削现象的最终消灭是一个相当长的过程，只有当社会生产力高度发展，当社会真正具备了实行单一公有制条件的时候，才有可能消灭剥削现象。当时的中国，社会生产力水平十分低下，资本主义的发展很不充分，私人资本主义于国计民生的积极一面要远远大于它消极的一面，如果在此时就匆匆忙忙地提出要消灭剥削，显然是不利于社会发展的。可惜在后来的实践中，人们对私人资本主义过多地看待其剥削的落后性、生产的无计划性，而对其有利于国计民生的一面重视不够，给历史留下了某些遗憾。

党的领导人关于新中国经济构成的上述设想，在后来的《中国人民政治协商会议共同纲领》中得到了充分体现。《共同纲领》规定："中华人民共和国经济建设的根本方针，是以公私兼顾、劳资两利、城乡互助、内外交流的政策，达到发展生产、繁荣经济之目的。国家应在经营范围、原料供给、销售市场、劳动条件、技术设备、财政政策、金融政策等方面，调剂国营经济、合作社经济、农民和手工业者的个体经济、私人资本主义经济和国家资本主义经济，使各种社会经济成分在国营经济领导之下，分工合作，各得其所，以促进整个社会经济的发展。"②

---

① 薄一波：《若干重大决策与事件的回顾》上卷，中共中央党校出版社1991年版，第50—51页。

② 《中国人民政治协商会议共同纲领》，《人民日报》1949年9月30日。

在中共七届二中全会的报告中，毛泽东还谈到了革命胜利后的基本矛盾问题，指出："中国革命在全国胜利，并且解决了土地问题以后，中国还存在着两种基本的矛盾。第一种是国内的，即工人阶级和资产阶级的矛盾。第二种是国外的，即中国和帝国主义国家的矛盾。因为这样，工人阶级领导的人民共和国的国家政权，在人民民主革命胜利以后，不是可以削弱，而是必须强化。对内的节制资本和对外的统制贸易，是这个国家在经济斗争中的两个基本政策。谁要是忽视或轻视了这一点，谁就将要犯绝大的错误。"①

当时之所以对新中国成立后国内主要矛盾作出这种判断，主要依据是：随着中国革命的胜利，意味着半殖民地半封建社会的终结，中国将进入新民主主义社会，而新民主主义的前途又只能是社会主义。这样，新中国成立之后，国内的主要矛盾也将发生转换，不可能再是原来的人民大众与封建主义的矛盾，因为封建主义经过土地改革已经被消灭。当然，中国人民同帝国主义的矛盾仍然存在，因为帝国主义出于其反共意识形态，必然对新中国采取敌对的政策。同时，新民主主义社会是一个具有过渡性质的社会阶段，它客观上有两种发展可能，即过渡到资本主义或过渡到社会主义。这又是一个允许社会主义和资本主义两种经济成分同时存在的社会，这两种不同的经济成分之间必将产生矛盾，这种矛盾导致的双方力量的此消彼长，决定了新民主主义社会的过渡方向。

当然，社会主要矛盾的变化将有一个过程，并不等于新中国一建立无产阶级与资产阶级的矛盾就会迅速激化，并由此产生两个阶级的尖锐对立。更重要的是，这样的矛盾在无产阶级（共产党）已经掌握政权的情况下，决定矛盾演变发展方向的，已不是资产阶级而是无产阶级，资产阶级实际上已很难将中国引向资本主义前途。因此，无产阶级与资产阶级虽然有矛盾、有斗争，但这种矛盾是可控的，并不一定演变为激烈的阶级对抗。

---

① 《毛泽东选集》第四卷，人民出版社1991年版，第1433页。

虽然党的领导人一再强调，新中国的社会主要矛盾将是无产阶级与资产阶级的矛盾，但他们又意识到，随着革命在全国的胜利，摆在党面前的首要任务并不是立即开展同资产阶级的斗争，而是应当"开始着手我们的建设事业，一步一步地学会管理城市，恢复和发展城市中的生产事业"。因此"必须用极大的努力去学习生产的技术和管理生产的方法，必须去学习同生产有密切联系的商业工作、银行工作和其他工作。只有将城市的生产恢复起来和发展起来了，将消费的城市变成生产的城市了，人民政权才能巩固起来。城市中其他的工作，例如党的组织工作，政权机关的工作，工会的工作，其他各种民众团体的工作，文化教育方面的工作，肃反工作，通讯社报纸广播电台的工作，都是围绕着生产建设这一个中心工作并为这个中心工作服务的"①。在已经基本获得解放的长江以北地区，除了少数的新解放区外，这些地区"已经推翻了国民党的统治，建立了人民的统治，并且根本上解决了土地问题。党在这里的中心任务，是动员一切力量恢复和发展生产事业，这是一切工作的重点所在"②。

关于革命胜利后的主要矛盾问题，1949 年 7 月刘少奇率中共代表团秘密访苏时在给联共（布）中央和斯大林的报告中，曾有另一种表述。报告中有这样一段话："有人说：'在推翻国民党政权之后，或者说在实行土地改革之后，中国无产阶级与资产阶级的矛盾，便立即成为主要矛盾，工人与资本家的斗争，便立即成为主要斗争'。这种说法，我们认为是不正确的；因为一个政权如果以主要的火力去反对资产阶级，那便是或开始变成无产阶级专政了。这将把目前尚能与我们合作的民族资产阶级赶到帝国主义那一边去。这在目前的中国实行起来，将是一种危险的冒险主义的政策。""在推翻国民党政权之后，劳资间的矛盾是客观存在的，并将逐渐地加紧起来，因此，工人阶级要向资产阶级

---

① 《毛泽东选集》第四卷，人民出版社 1991 年版，第 1428 页。
② 《毛泽东选集》第四卷，人民出版社 1991 年版，第 1429 页。

进行必要的和适当的斗争，才能保护工人阶级与人民民主专政的利益；但同时，还要和民族资产阶级实行必要的和适当的妥协与联合，以便集中力量去对付外部敌人和克服中国的落后现象。"① 事后看来，刘少奇在这个报告中关于新中国成立后主要矛盾的表述，更符合当时的实际情况一些，可惜对于这一点，后来没有坚持下来，而是恢复到无产阶级与资产阶级矛盾的判断上。

既然即将建立的新中国还只能是新民主主义的，而实现社会主义又是中国共产党人的奋斗目标，这就决定了新民主主义是一个过渡性质的社会。与此相关联，党的领导人也开始考虑需要多长时间向社会主义过渡的问题。在1948年9月的中共中央政治局会议上对何时转入社会主义进行了讨论。刘少奇在发言时提出，不能过早地采取社会主义，毛泽东插话说："到底何时开始全线进攻？也许全国胜利后还要十五年。"② 当天为会议做结论时，毛泽东又说："关于完成新民主主义到社会主义的过渡的准备，苏联是会帮助我们的，首先帮助我们发展经济。我国在经济上完成民族独立，还要一二十年时间。我们要努力发展经济，由发展新民主主义经济过渡到社会主义。"③ 在1949年1月的政治局会议上，毛泽东又表示，不要急于追求社会主义化，合作社不可能很快发展，大概要准备十几年工夫。这是党的领导人对新民主主义转入社会主义最早提出的具体时间表。

1949年7月4日，毛泽东在中央团校第一期毕业典礼上又讲：20年后，我们工业发展到一定程度，看其情况进入社会主义。④ 刘少奇访苏期间在给斯大林的报告中也说："在中国从现在起到实行一般民族资本国有化，还需要经过许多步骤，需要一段相当长的时间。这一段时间

---

① 《建国以来刘少奇文选》第1册，中央文献出版社2005年版，第7页。
② 《刘少奇论新中国经济建设》，中央文献出版社1996年版，第7页。
③ 《毛泽东文集》第五卷，人民出版社1996年版，第146页。
④ 《毛泽东年谱（1893—1976）》，人民出版社、中央文献出版社1993年版，第525页。

到底需要多久？这要看国际的和国内的各种条件来决定，我们估计或者需要十年到 15 年。"①

这是一个内部掌握而没有向社会公布的时间表。在 1949 年中国人民政治协商会议筹备会讨论《共同纲领》时，有人提出，既然承认新民主主义是一个过渡性质的阶段，一定要向社会主义过渡，因此在《共同纲领》中就应该把这个前途写出来。经过讨论，最后没有采纳这种意见，周恩来为此解释说："筹备会讨论中，大家认为这个前途是肯定的，毫无疑问的，但应该经过解释、宣传特别是实践来证明给全国人民看。只有全国人民在自己的实践中认识到这是唯一的最好的前途，才会真正承认它，并愿意全心全意为它而奋斗。所以现在暂时不写出来，不是否定它，而是更加郑重地看待它。而且这个纲领中经济的部分里面，已经规定要在实际上保证向这个前途走去。"②

概括地来说，毛泽东、刘少奇在中共七届二中全会前后关于新中国的经济构成与经济建设思想，大体包括如下内容：其一，即将建立的新中国经济，其性质既不是社会主义的，也不是资本主义的，而是新民主主义的，在五种经济成分中，社会主义性质的国营经济在经济生活中是领导力量并起决定性的作用，这种新民主主义经济的前途只能是社会主义。其二，革命胜利后相当长的一个时期内，还要利用私人资本主义的积极性，其目的在于促进社会生产力的发展，恢复和发展国民经济。限制与反限制的斗争，是新民主主义国家内部阶级斗争的主要形式。其三，必须引导占国民经济总产值 90% 的个体农业和个体手工业，向集体化的方向发展，合作社是引导个体农业和个体手工业走上社会主义之路的根本途径。其四，新民主主义有和平转入社会主义的可能性，实现这种转变的时间大约需要十五年。

---

① 《建国以来刘少奇文稿》第 1 册，中央文献出版社 2005 年版，第 7 页。
② 中共中央文献研究室：《建国以来重要文献选编》第 1 册，中央文献出版社 1992 年版，第 16—17 页。

3. 新中国的国体与政体

对于执政全国后将要建立的新国家的国体和政体问题，毛泽东在 1948 年 1 月为中共中央所起草的《关于目前党的政策中的几个重要问题》的决定草案中，第一次作了详细的论述，明确提出："新民主主义的政权是工人阶级领导的人民大众的反帝反封建的政权。所谓人民大众，是包括工人阶级、农民阶级、城市小资产阶级、被帝国主义和国民党反动政权及其所代表的官僚资产阶级（大资产阶级）和地主阶级所压迫和损害的民族资产阶级，而以工人、农民（兵士主要是穿军服的农民）和其他劳动人民为主体。这个人民大众组成自己的国家（中华人民共和国）并建立代表国家的政府（中华人民共和国的中央政府），工人阶级经过自己的先锋队中国共产党实现对于人民大众的国家及其政府的领导。这个人民共和国及其政府所要反对的敌人，是外国帝国主义、本国国民党反动派及其所代表的官僚资产阶级和地主阶级。""中华人民共和国的权力机关是各级人民代表大会及其选出的各级政府。"①

在 1948 年的九月会议上，毛泽东进一步指出："我们政权的阶级性是这样：无产阶级领导的，以工农联盟为基础，但不是仅仅工农，还有资产阶级民主分子参加的人民民主专政。"他还要求各级政府和各种政权机关都要加上"人民"二字，如法院叫人民法院，军队叫人民解放军，以示和蒋介石政权不同。对于新中国的政体，毛泽东指出："人民民主专政的国家，是以人民代表会议产生的政府来代表它的。"他还明确表示，在政体问题上将建立民主集中制的各级人民代表会议制度，而不采用资产阶级议会制。②

1949 年 2 月初，苏共中央政治局委员米高扬秘密访问西柏坡，毛

---

① 《毛泽东选集》第四卷，人民出版社 1991 年版，第 1272—1273 页。
② 《毛泽东文集》第五卷，人民出版社 1996 年版，第 135—136 页。

泽东在讲到将建立的新政权问题时，曾这样说：这个新政权的性质简括地讲，就是在工农联盟基础上的人民民主专政，它的实质就是无产阶级专政。不过对我们这个国家来说，称人民民主专政更合适，更为合情合理。它是由各党各派、社会知名人士参加的民主联合政府，但名义上不这样叫。现在中国除共产党外，还有好几个民主党派，与我们已合作多年了，但国家政权的领导权是掌握在中国共产党的手里，这是确定不移的，丝毫不能动摇的。就是说，新政权建立后，中国共产党是核心，同时要不断加强和扩展统一战线工作。①

1949 年 6 月 30 日，毛泽东公开发表《论人民民主专政》一文，对人们普遍关心的新中国的国体问题作了一个总的回答。他指出："人民是什么？在中国，在现阶段，是工人阶级，农民阶级，城市小资产阶级和民族资产阶级。这些阶级在工人阶级和共产党的领导之下，团结起来，组成自己的国家，选举自己的政府，向着帝国主义的走狗即地主阶级和官僚资产阶级以及代表这些阶级的国民党反动派及其帮凶们实行专政，实行独裁，压迫这些人，只许他们规规矩矩，不许他们乱说乱动。如要乱说乱动，立即取缔，予以制裁。对于人民内部，则实行民主制度，人民有言论集会结社等项的自由权。选举权，只给人民，不给反动派。这两方面，对人民内部的民主方面和对反动派的专政方面，互相结合起来，就是人民民主专政。""总结我们的经验，集中到一点，就是工人阶级（经过共产党）领导的以工农联盟为基础的人民民主专政。这个专政必须和国际革命力量团结一致。这就是我们的公式，这就是我们的主要经验，这就是我们的主要纲领。"②

人民民主专政是毛泽东在《新民主主义论》中提出的各个革命阶级联合专政思想的发展。那么，人民民主专政的国家政权如何建立，如何使包括民族资产阶级在内的人民，在新中国的国家政权中都有自己的

---

① 中共中央文献研究室：《毛泽东传（1893—1949）》，中央文献出版社 2003 年版，第 910 页。

② 《毛泽东选集》第四卷，人民出版社 1991 年版，第 1475、1480 页。

话语权，中共中央的考虑，就是建立中国共产党领导的、各民主党派参加的联合政府。为此，《共同纲领》明确规定："中国人民民主专政是中国工人阶级、农民阶级、小资产阶级、民族资产阶级及其他爱国民主分子的人民民主统一战线的政权，而以工农联盟为基础，以工人阶级为领导。""中华人民共和国为新民主主义即人民民主主义的国家，实行工人阶级领导的、以工农联盟为基础的、团结各民主阶级和国内各民族的人民民主专政"。

至于新中国的政体，党的领导人的思想一直很明确，这就是人民代表大会制。毛泽东在《新民主主义论》中提出："中国现在可以采取全国人民代表大会、省人民代表大会、县人民代表大会、区人民代表大会直到乡人民代表大会的系统，并由各级代表大会选举政府。但必须实行无男女、信仰、财产、教育等差别的真正普遍平等的选举制，才能适合于各革命阶级在国家中的地位，适合于表现民意和指挥革命斗争，适合于新民主主义的精神。这种制度即是民主集中制。"① 毛泽东在中共七大所作的《论联合政府》的报告中，再次重申了这一主张，指出："新民主主义的政权组织，应该采取民主集中制，由各级人民代表大会决定大政方针，选举政府。它是民主的，又是集中的，就是说，在民主基础上的集中，在集中指导下的民主。只有这个制度，才既能表现广泛的民主，使各级人民代表大会有高度的权力；又能集中处理国事，使各级政府能集中地处理被各级人民代表大会所委托的一切事务，并保障人民的一切必要的民主活动。"②

在九月会议的报告中，毛泽东对新中国的政体为何要实行人民代表大会制度作了解释。他说："关于建立民主集中制的各级人民代表会议制度问题，我们政权的制度是采取议会制呢，还是采取民主集中制？过去我们叫苏维埃代表大会制度，苏维埃就是代表会议，我们又叫'苏

---

① 《毛泽东选集》第二卷，人民出版社 1991 年版，第 677 页。
② 《毛泽东选集》第三卷，人民出版社 1991 年版，第 1057 页。

维埃'，又叫'代表大会'，'苏维埃代表大会'就成了'代表大会代
表大会'。这是死搬外国名词。现在我们就用'人民代表会议'这一名
词。我们采用民主集中制，而不采用资产阶级议会制。议会制，袁世
凯、曹锟都搞过，已经臭了。在中国采取民主集中制是很合适的。我们
提出开人民代表大会，孙中山遗嘱还写着要开国民会议，国民党天天念
遗嘱，他们是不能反对的。外国资产阶级也不能反对，蒋介石开过两次
'国大'他们也没有反对。德国、北朝鲜也是这样搞的。我看我们可以
这样决定，不必搞资产阶级的议会制和三权鼎立等。"①

　　1948 年 4 月 27 日，毛泽东致信中共晋察冀中央局城市工作部部长
刘仁，请其邀请张东荪、符定一、许德珩、吴晗等民主人士来解放区，
参加各民主党派、各人民团体代表会议，讨论召开人民代表大会成立民
主联合政府和关于加强各民主党派、人民团体的合作及纲领政策问题，
并提出会议的名称拟称为政治协商会议，开会地点在哈尔滨，开会时间
在 1948 年冬季，一切民主党派及重要人民团体均可派遣代表参加。会
议的决议必须是参加会议的每一单位自愿同意，不得强制。② 5 月 1 日，
中共中央发布纪念"五一"劳动节口号，号召"各民主党派、各人民
团体、各社会贤达迅速召开政治协商会议，讨论并实现召集人民代表大
会，成立民主联合政府"。这就是说，当时设想的成立联合政府的程
序，是先召开政治协商会议，讨论召开人民代表大会的相关事宜，然后
召开人民代表大会，选举产生中央人民政府。

　　在发布"五一"劳动节口号的同一天，中共中央致电上海局和香
港分局，指出："（一）我党准备邀请各民主党派及重要人民团体的代
表来解放区来〔开〕会讨论：（甲）关于召开人民代表大会并成立民主
联合政府问题。（乙）关于在反对美国帝国主义侵略及蒋介石卖国政府
的斗争中加强各民主党派各人民团体的合作及纲领政策问题。（二）我

---

①　《毛泽东文集》第五卷，人民出版社 1996 年版，第 136 页。
②　中央档案馆：《中共中央文件选集》第 17 册，中共中央党校出版社 1992 年版，
第 143—144 页。

党认为召开此项会议讨论上述问题的时机业已成熟，但须征求各民主党派的意见，即他们是否亦认为时机业已成熟及他们是否愿意派遣代表来解放区。"①

随着辽沈的胜利结束，淮海、平津战役的顺利进展，中共中央决定加快建立中央人民政府的步伐，在1949年内将这样的中央政府建立起来。问题是按照原来的设想，中央人民政府须由人民代表大会选举产生，人民代表大会的召开又须先进行普选，而当时长江以南、西南、西北尚有大片的国土还没有解放，解放这些地方无疑需要一定的时间，从这些地方解放到开展普选也需要一个过程。如果非要召开人民代表大会后才组成中央政府，在1949年内恐难做到。即使在已获得解放的地区，因忙于战争支前，结束土改与整党工作，加之需抽调大批干部南下，使得原计划1948年冬至1949年春建立县、区、村三级人民代表会议，选举三级政府委员会的工作不得不推迟。为此，1948年12月20日，中共中央发出《关于县、村人民代表会议的指示》，提出将各解放区县、区、村三级人民代表会议的正式选举工作，暂时推迟至1949年秋后举行。

为了不致因全国性的人民代表大会暂时不能召开而影响中央人民政府的建立，中共中央开始考虑不经过人民代表大会，直接由新政治协商会议产生中央人民政府的方案。1948年10月8日，中共中央将《关于召开新的政治协商会议诸问题（草案）》发给东北局，向已经到达哈尔滨的民主人士征求意见。这个草案的内容包括：（一）新政治协商会议的召集。提议由中国共产党及赞成中共中央"五一"劳动节口号第五项的各主要民主党派、人民团体及无党派民主人士的代表们成立一个新政协的筹备会。（二）新的政治协商会议的参加者。提议在南京反动政府系统下一切反动党派及反动分子必须排除，不得许其参加外，由反对

① 中央档案馆：《中共中央文件选集》第17册，中共中央党校出版社1992年版，第149页。

美国帝国主义侵略，反对国民党反动统治，反对封建主义和官僚资本压迫的各民主党派、各人民团体及无党派民主人士的代表人物组成之。（三）新的政治协商会议的时间、地点。提议新政协召开的时间为1949年，具体时间视各方代表到达的情况由新政协筹备会加以决定；地点从目前看哈尔滨较为适宜，但依情况的发展，也可能改在华北某一大城市。（四）新的政治协商会议应讨论的事项。中共中央认为，新的政治协商会议应讨论和实现两项重要问题：一为共同纲领问题；二为如何建立中华人民民主共和国临时中央政府问题。

民主人士在讨论过程中，对于如何成立中央人民政府一项产生了不同意见，有的认为新政协会议即等于临时人民代表会议，即可产生临时中央人民政府，有的主张要先召开全国人民代表大会，然后成立联合政府。中共中央了解这一情况后，认为可采纳前一种意见。这年11月3日，中共中央致电东北局负责人高岗、李富春，提出："依据目前形势的发展，临时中央人民政府有很大可能不需经全国临时人民代表大会即迳由新政协会议产生。"① 同月25日，高岗、李富春与在哈尔滨的民主人士沈钧儒、谭平山、章伯钧、蔡廷锴、王绍鏊、朱学范、高崇民、李德全等，对政治协商会议诸问题达成协议：新政协举行的时间为1949年，具体时间地点由筹备委员决定；新政协应讨论和实现的问题有二：（一）共同纲领的制定；（二）中华人民共和国中央人民政府的建立。1949年1月8日的中共中央政治局会议正式通过决议："一九四九年必须召集没有反动派代表参加的以完成中国人民革命任务为目标的各民主党派各人民团体的政治协商会议，宣告中华人民民主共和国的成立，组成共和国的中央政府，并通过共同纲领。"② 1949年6月15日，新政治协商会议筹备会第一次全体会议在北平开幕，毛泽东在讲话中宣布：

---

① 《周恩来年谱（1898—1949）》，中央文献出版社、人民出版社1990年版，第795页。

② 中央档案馆：《中共中央文件选集》第18册，中共中央党校出版社1992年版，第21页。

"我们召集新的政治协商会议成立民主联合政府的一切条件，均已成熟。"①

经过一段时间的筹备，这年 9 月 21 日，新政治协商会议即中国人民政治协商会议召开。会议随后通过的《共同纲领》规定："中华人民共和国的国家政权属于人民。人民行使国家政权的机关为各级人民代表大会和各级人民政府。各级人民代表大会由人民用普选方法产生之。各级人民代表大会选举各级人民政府。""国家最高政权机关为全国人民代表大会。""在普选的全国人民代表大会召开以前，由中国人民政治协商会议的全体会议执行全国人民代表大会的职权，制定中华人民共和国中央人民政府组织法，选举中华人民共和国中央人民政府委员会，并付之以行使国家权力的职权。"

至于国家结构形式，也就采取联邦制还是单一制问题，受列宁民族自决与苏联采取联邦制的影响，中国共产党曾一度主张建立联邦制。1922 年中共二大通过大会宣言提出"用自由联邦制，统一中国本部、蒙古、西藏、回疆，建立中华联邦共和国"，这是中国共产党首次就国家结构形式发表意见。这种通过民族自决建立联邦制共和国的思想，一直延续到 1945 年中共七大。七大通过的《党章》总纲指出："中国共产党在目前阶段的任务是：对内，组织与团结中国的工人、农民、小资产阶级、知识界和一切反帝反封建的人们以及国内各少数民族同自己一道，……为建立独立、自由、民主、统一与富强的各革命阶级联盟与各民族自由联合的新民主主义联邦共和国而奋斗。"②

抗战胜利后，中国共产党的民族政策开始发生重大变化，逐渐淡化"民族自决""独立自治"观点，转而强调"民族团结"和"国家统一"。在国家结构形成上，逐步放弃由各民族共同组建联邦共和国的构

① 《毛主席等七人在新的政治协商会议筹备会上的讲话》，《人民日报》1949 年 6 月 20 日。

② 中央档案馆：《中共中央文件选集》第 15 册，中共中央党校出版社 1991 年版，第 116 页。

想，代之以统一国家之下的民族地方自治。1946年1月16日，中共代表团在政治协商会议上提出"和平建国纲领草案"，明确表示"在少数民族区域，应承认各民族的平等地位及其自治权"①，而不再提"民族自决权"。这一主张为政治协商会议所采纳，1月31日会议一致通过的《和平建国纲领》第三节第六条和第七条规定："积极推行地方自治，实行由下而上之普选，迅速普遍成立省、县（市）参议会，并实行县长民选，边疆少数民族所在之省、县，应以各该民族人口之比例，确定其实行选举之省县参议员名额。""自治县政府，对于其辖区内之国家行政，应在中央监督指挥之下执行之。"②

同年2月24日，就"内蒙古人民共和国临时政府"和"东蒙古人民自治政府"的成立一事，中共中央在给东北局的指示信中明确指出："东蒙今天应依和平建国纲领第三节第六条实施地方自治，在辽北省与热河省政府下成立自治区，至多要求成立一单独的省，作为普通地方政府出现，而不应与中国形成所谓宗主国与类似自治共和国的关系，不必要求单独的货币、单独的军队，甚至单独的国旗。"③ 3月23日，中共中央就内蒙古自治问题作出指示，强调"内蒙民族自治政府与中国的关系问题，在大会宣言中应确定内蒙自治政府非独立政府，它承认内蒙民族自治区仍属中国版图，并愿为中国真正民主联合政府之一部分，它所反对的为蒋介石国民党独裁政府及其所制定的取消民族自治权利的伪宪与其卖国内战反动的政策"。④

1947年5月1日，内蒙古人民代表大会在王爷庙举行。大会通过了内蒙古自治政府施政纲领及组织法草案，选举产生出内蒙古临时参议

---

① 中央档案馆：《中共中央文件选集》第16册，中共中央党校出版社1992年版，第42页。

② 《和平建国纲领》，《解放日报》1946年2月2日。

③ 中共中央统战部：《民族问题文献汇编（1921年7月—1949年9月）》，中共中央党校出版社1991年版，第1011页。

④ 中央档案馆：《中共中央文件选集》第16册，中共中央党校出版社1992年版，第431页。

会，选出博彦满都为参议长，云泽（乌兰夫）为自治政府主席。5 月 5 日，内蒙古自治政府宣布成立。内蒙古人民代表会议在其宣言中明确宣布："内蒙古自治政府，是内蒙古民族各阶层联合内蒙古区域内各民族实行高度区域性自治的地方民主联合政府，并非独立自治政府，它是中华民国的组成部分。"① 内蒙古自治政府是中国共产党领导下的第一个省级民族自治单位，是中国共产党关于民族区域自治纲领的首次付诸实践。

当时，少数民族聚居地区已经获得解放的主要是内蒙古地区的东部。至于其他少数民族地区，大部分还没有获得解放，建立中国共产党领导的全国政权的条件也还没有成熟，未来的新国家究竟采取何种结构形成更为有利，还不是一个十分迫切的问题。因此，此后一段时间，一些重要的文告或高级干部的讲话中，仍有"联邦"这样的表述。如1947 年 10 月 10 日发表的著名的《中国人民解放军宣言》第七条仍"承认中国境内各少数民族有平等自治及自由加入中国联邦的权利"②。1948 年 8 月 3 日，高岗在内蒙古干部会议上的讲话中说："随着形势的开展，内蒙自治政府的统一性必更加强。在全国解放后，则将按照自愿和民主的原则，由中国境内各民族组成中华民主共和国联邦（毛主席'论联合政府'）。内蒙自治政府，将是这个联邦在国境北部的主要组成部分。"高岗同时又强调："但是总之，内蒙在各方面都与中国其他部分不可分割，决不可能幻想离开同国内外友邻民族（如汉民族、苏联、外蒙等）的团结帮助，而能够孤立地求得自己的巩固发展。"③

在新政治协商会议筹备期间，毛泽东就新中国的国家结构形式是单一制还是联邦制的问题，征询党内对民族问题颇有研究、并在陕甘宁边区从事过民族工作的中共中央统战部部长李维汉的意见。李维汉认为我国同苏联国情不同，不能实行联邦制，建议在统一的中华人民共和国

---

① 《内蒙开始创造自由光明的新历史》，《人民日报》1947 年 7 月 16 日。
② 《中国人民解放军宣言》，《人民日报》1947 年 10 月 10 日。
③ 高岗：《在内蒙干部会议上的讲话》，《人民日报》1948 年 11 月 24 日。

内，在少数民族聚居区，实行民族区域自治的政策和制度。其理由在于：一是俄国十月革命前，俄罗斯民族是典型的压迫民族，而我国各民族包括汉族人民在内都同样遭受帝国主义的压迫剥削，都是受欺凌的被压迫民族。二是俄国少数民族人口占总人口的50%，而我国少数民族当时人口只占5%左右。三是俄国少数民族聚居集中，联系密切，我国少数民族大都同汉族或其他少数民族杂居或交错聚居。四是俄国经过二月革命和十月革命，许多民族实际上已经分离为不同国家，不得不采取联邦制把各个国家联合起来；而我国是在中国共产党领导下，由平等联合进行革命，到平等联合建立统一的人民共和国。五是我国抗日战争时期，特别是1947年内蒙古自治区成立后，已经对实行民族区域自治取得了宝贵的经验。①

这个建议为毛泽东和中共中央所采纳。1949年9月7日，周恩来在给即将出席中国人民政治协商会议的代表作报告时，指出："关于国家制度方面，还有一个问题就是我们的国家是不是多民族联邦制。现在可以把起草时的想法提出来，请大家考虑。中国是多民族的国家，但其特点是汉族占人口的最大多数，有四亿人以上；少数民族有蒙族、回族、藏族、维吾尔族、苗族、夷族、高山族等，总起来，还不到全国人口的百分之十。当然，不管人数多少，各民族间是平等的。首先是汉族应该尊重其他民族的宗教、语言、风俗、习惯。这里主要的问题在于民族政策是以自治为目标，还是超过自治范围。我们主张民族自治，但一定要防止帝国主义利用民族问题来挑拨离间中国的统一。""任何民族都是有自决权的，这是毫无疑问的事。但是今天帝国主义者又想分裂我们的西藏、台湾甚至新疆，在这种情况下，我们希望各民族不要听帝国主义者的挑拨。为了这一点，我们国家的名称，叫中华人民共和国，而不叫联邦。今天到会的许多人是民族代表，我们特地向大家解释，同时

---

① 王兆国：《统一战线工作者的光辉典范——深切缅怀李维汉同志》，《人民日报》1994年8月7日。

也希望大家能同意这个意见。我们虽然不是联邦，但却主张民族区域自治，行使民族自治的权力。"①

对于这个问题，《共同纲领》规定："各少数民族聚居的地区，应实行民族的区域自治，按照民族聚居的人口多少和区域大小，分别建立各种民族自治机关。凡各民族杂居的地方及民族自治区内，各民族在当地政权机关中均应有相当名额的代表。"

1949 年 10 月 5 日，中共中央就少数民族问题向中国人民解放军第二野战军前线党委发出指示：关于党的民族政策，应当根据人民政协《共同纲领》中民族政策的规定贯彻执行。关于少数民族的"自决权"问题，今天不应再去强调。过去在内战期间，为了反对国民党的反动统治，曾强调过这一口号，这在当时是完全正确的。今天新中国已经诞生，为了完成国家的统一大业，为了反对帝国主义及其走狗分裂中国民族团结的阴谋，在国内民族问题上，就不应再强调这一口号，应强调中华各民族的友爱合作与互助团结。②

在确定新中国的国体与政体的同时，中共中央开始考虑建立新中国法律体系的问题。1948 年 12 月 12 日，中共中央书记处会议决定成立以王明为主任的中央法律委员会，作为"协助中央研究与处理有关全国立法和司法问题之工作机关"，并规定中央法律委员会"在立法问题方面之任务为：遵照中央指示，草拟有关全国性之法律大纲或条文；遵照中央指示或依其他机关提议，协助其他机关草拟或审查专门性之法律或法令；协助中央书记处审查各地送来之法律草案。在司法方面之任务为：厘定司法制度与法院组织纲要；拟定司法人员训练计划；编译法律书籍材料；以及总结司法工作经验"③。

---

① 《周恩来统一战线文选》，人民出版社 1984 年版，第 139—140 页。
② 中共中央文献研究室：《建国以来重要文献选编》第 1 册，中央文献出版社 1992 年版，第 24 页。
③ 中央档案馆：《中共中央文件选集》第 17 册，中共中央党校出版社 1992 年版，第 563 页。

1949 年 2 月 22 日，中共中央发出由王明起草，经毛泽东、周恩来修改，以及任弼时、董必武、林伯渠等圈阅的《关于废除国民党的六法全书与确定解放区的司法原则的指示》。《六法全书》指国民党政府的宪法、刑法、民法、商法、刑事诉讼法、民事诉讼法六种法规的汇编。该指示的核心内容是：（一）在无产阶级领导的工农联盟为主体的人民民主专政政权下，国民党的《六法全书》应该废除，人民的司法工作，不能再以国民党的《六法全书》为依据，而应该以人民的新的法律作依据。（二）在人民新的法律还没有系统地发布以前，应该以共产党政策以及人民政府与人民解放军已发布的各种纲领、法律、条例、决议作依据。目前，在人民的法律还不完备的情况下，司法机关的办事原则，应该是：有纲领、法律、命令、条例、决议规定者，从纲领、法律、命令、条例、决议之规定；无纲领、法律、命令、条例、决议规定者，从新民主主义的政策。（三）司法机关应该经常以蔑视和批判《六法全书》及国民党其他一切反动的法律法令的精神，以蔑视和批判欧美日本资本主义国家一切反人民法律、法令的精神，以学习和掌握马列主义、毛泽东思想的国家观、法律观及新民主主义的政策、纲领、法律、命令、条例、决议的办法，来教育和改造司法干部。①

周恩来在对该指示作修改时曾批示道：对于旧法律条文，"在新民主主义的法律精神下，还可以批判地个别采用和修改一些，而不是基本采用，这对今后司法工作仍然需要。"② 周恩来这个观点无疑是正确的。近年来，学术界对这个文件的必要性与正确性曾开展过讨论，持肯定者与否定者均有之。当时，新民主主义革命胜利在望，中国共产党人决心建立和建设一个全新的国家，提出废除国民党的伪法统自然有其必然性。问题在于当时百废待举，在国民党政府的旧法律废除之后，新政权

---

① 中央档案馆：《中共中央文件选集》第 18 册，中共中央党校出版社 1992 年版，第 152 页。

② 《周恩来年谱（1898—1949）》，中央文献出版社、人民出版社 1990 年版，第 815 页。

自己的法律又一时难以产生，于是难免产生以政策代替法律的问题。

4. 新中国的外交方针

基于 1949 年将建立自己领导的中央政府的考虑，中共中央确定即将建立的新中国的国体、政体和各项经济政策的同时，也在开始确立新中国的对外政策和外交方针。

由于中国共产党尚未建立自己的中央政府，自然与任何外国均未建立正式的外交关系，而长期以来，帝国主义国家出于其反共意识形态，对中国革命一直采取敌视的态度，所以中国共产党在即将全国执政之际，对国民党政府与帝国主义各国所建立的外交关系，一概采取不承认的态度。1948 年 11 月 10 日，沈阳刚刚解放，中共中央就指示东北局：英、美、法等国未承认我们的政府，我们对他们现在的领事亦应采取不承认，而只承认普通侨民的方针。① 11 月 23 日，中共中央再次指示东北局：不承认国民党与英、美、法这些国家的外交关系，使我外交立于主动，并不等于我们永远不与这些国家发生外交关系，也不等于对待这些国家毫无区别。②

在 1949 年 1 月的中共中央政治局会议上，毛泽东在谈到外交问题时说，现在帝国主义在中国没有合法地位，不要忙于要他们承认。我们是要打倒它，不是承认它。但政策不乱，侨民要保护。将来要通商，但亦不忙，忙的是同苏联及民主国家通商建立外交关系。周恩来说：外交政策以不承认为好，对帝国主义国家要观察，根据需要将来再说。总的观念是百年来受压迫，现在站起来了。应该有这样的气概。③ 这就是新

---

① 《周恩来年谱（1898—1949）》，中央文献出版社、人民出版社 1990 年版，第796 页。

② 《周恩来年谱（1898—1949）》，中央文献出版社、人民出版社 1990 年版，第799—800 页。

③ 《胡乔木回忆毛泽东》，人民出版社 1994 年版，第 546 页。

中国成立初期重要外交方针之一的"另起炉灶"。

根据这样的指导思想，1949年1月19日，中共中央发出《关于外交工作的指示》，指出："目前我们与任何外国尚无正式的国家的外交关系"，因此，不承认这些国家现在派在中国的代表为正式的外交人员，实为理所当然。采取这种态度，"可使我们在外交上立于主动地位，不受过去任何屈辱的外交传统所束缚。在原则上，帝国主义在华的特权必须取消，中华民族的独立解放必须实现，这种立场是坚定不移的。但是在执行的步骤上，则应按问题的性质及情况，分别处理。""总之，在外交工作方面，我们对于原则性与灵活性应掌握得很恰当，方能站稳立场，灵活机动。"① 该指示还对外交关系、外资关系、对外贸易关系、海关税收、外国传教士、外国人办的学校、外国人办的医院、外国办的报纸、外国人办的文化机关、外国人办的救济机关、外国雇员、外国人入境等项，作了具体规定。

这年2月，苏共中央政治局委员米高扬访问西柏坡期间，毛泽东详细地介绍了中共中央即将采取的外交政策，明确提出了"打扫干净屋子再请客"的方针。毛泽东说，我们这个国家，如果形象地把它比作一个家庭来讲，它的屋内太脏了，柴草、垃圾、尘土、跳蚤、臭虫、虱子什么都有。解放后，我们必须认真清理我们的屋子，从内到外，从各个角落以至门窗缝里，把那些脏东西通通打扫一番，好好加以整顿。等屋内打扫清洁、干净，有了秩序，陈设好了，再请客人进来。我们的真正朋友可以早点进屋子来，也可以帮助我们做点清理工作，但别的客人得等一等，暂时还不能让他们进门。

毛泽东又说，我想，打扫干净，陈设好了，再请客人进门，这也是一种礼貌，不好吗？我们的屋里本来就够脏的，因为帝国主义分子的铁蹄践踏过。而某些不客气、不讲礼貌的客人再有意地带些脏东西进来，

① 中共中央文献研究室、中央档案馆：《建党以来重要文献选编（1921—1949）》第26册，中央文献出版社1991年版，第55页。

那就不好办了。因为他们会说："你们的屋子里本来就是脏的嘛，还抗议什么?!"这样我们就无话可说啦。我想，朋友们走进我们的门，建立友好关系，这是正常的，也是需要的。如果他们又肯伸手援助我们，那岂不更好么! 关于这方面的问题目前只能讲到这里。但我们知道，对我们探头探脑，想把他们的脚踏进我们屋子里的人是有的，不过我们暂时还不能理睬他。至于帝国主义分子，他们抱着不可告人的目的，一方面想进来为自己抓几把，同时也是为了搅浑水。浑水便于摸鱼。我们不欢迎这样的人进来。①

在中共七届二中全会上，毛泽东在谈及新中国的外交政策时，进一步指出："不承认国民党时代的任何外国外交机关和外交人员的合法地位，不承认国民党时代的一切卖国条约的继续存在，取消一切帝国主义在中国开办的宣传机关，立即统制对外贸易，改革海关制度，这些都是我们进入大城市的时候所必须首先采取的步骤。在做了这些以后，中国人民就在帝国主义面前站立起来了。剩下的帝国主义的经济事业和文化事业，可以让它们暂时存在，由我们加以监督和管制，以待我们在全国胜利以后再去解决。对于普通外侨，则保护其合法的利益，不加侵犯。关于帝国主义对我国的承认问题，不但现在不应急于去解决，而且就是在全国胜利以后的一个相当时期内也不必急于去解决。我们是愿意按照平等原则同一切国家建立外交关系的，但是从来敌视中国人民的帝国主义，决不能很快地就以平等的态度对待我们，只要一天它们不改变敌视的态度，我们就一天不给帝国主义国家在中国以合法的地位。"②

既然将不承认国民党政府与各国政府建立的旧有的外交关系，也不急于取得帝国主义对新中国的外交承认，但新中国毕竟需要发展对外关系，于是，中共中央将发展对外关系的重点，放在联合苏联和其他社会主义、人民民主主义国家上，也就是所谓的"一边倒"政策。

---

① 师哲：《在历史巨人身边——师哲回忆录（修订本）》，中央文献出版社 1995 年版，第 379—380 页。

② 《毛泽东选集》第四卷，人民出版社 1991 年版，第 1434—1435 页。

1947年年初，毛泽东曾提出访问莫斯科。6月15日，斯大林复电表示同意，但要求对此事绝对保密。可是，到了这年7月1日，斯大林又致电在陕北担任医生兼联络员的奥尔洛夫（又名阿洛夫）："鉴于即将举行的战役，鉴于毛泽东若离开，会对战事发生不良影响，我们认为暂时推迟毛泽东的出行为宜。"① 1948年4月12日，毛泽东再次提出访苏的问题，并同周恩来、任弼时商量了此事，周、任对此都表示同意。4月26日，毛泽东致电斯大林，表示决定提早动身赴苏联。斯大林先是复电同意，但过了十余天致电毛泽东说，考虑到中国战局的发展和途中的安全，再次建议他推迟访苏。这年7月，毛泽东又向斯大林提出访苏要求，但斯大林回电说苏联粮食征购工作马上开始，领导同志要分赴各地开展这项工作，要到11月才能回来，如果毛泽东一定要来，也要等到11月底，实际上是再次拒绝毛泽东的访苏要求。后来，毛泽东"又几次致电斯大林提出访苏问题，但由于种种原因最终也未能成行"②。

毛泽东的访苏要求虽然一再为斯大林所拒，但由于中国革命的形势发展迅速，中国革命胜利在望，又由于中国共产党对苏共将南斯拉夫共产党开除出共产党工人党情报局采取了支持态度，斯大林最终解除了毛泽东是铁托式的民族主义者的疑问，于是在1949年1月委托米高扬秘访西柏坡，了解中国革命的形势和中国共产党的内政外交政策。

1月31日，米高扬从大连飞抵石家庄，然后前往西柏坡。当天下午，毛泽东与朱德、刘少奇、周恩来等会见了米高扬。对于此行的目的，米高扬说，中国革命形势发展迅猛异常，在这关键的时候，毛泽东同志不能离开指挥岗位；再者，中国境内交通不便，还要通过敌人的封锁线，也要考虑到安全问题；到苏联往返的时间太长，怕影响毛泽东同志的身体健康，因而，斯大林不主张毛泽东到苏联去。斯大林十分关心

---

① 安·列多夫斯基：《米高扬与毛泽东的秘密谈判》，《党的文献》1995年第6期。
② 《胡乔木回忆毛泽东》，人民出版社1994年版，第547页。

中国革命形势的发展，派我代表他到中国来听取你们的意见。你们所讲的话我回国后向斯大林汇报。任何事情都由斯大林决定。① 米高扬这番话，算是对斯大林为何一再拒绝毛泽东访苏作了解释。

米高扬的这个解释虽然并非毫无道理，但恐怕不是斯大林拒绝毛泽东访苏的全部原因。实际上，斯大林曾一度怀疑毛泽东是南斯拉夫铁托式的民族主义者。1944 年 6 月，他在与美国驻苏大使哈里曼的谈话中，公开说中国共产党不是真正的共产党，而是"人造黄油"式的共产党。1948 年 6 月，斯大林作出将南共联盟开除出各国共产党情报局的决定。7 月 10 日，中共中央发表声明，明确表示"完全同意由保、罗、匈、波、苏、法、捷、意各国共产党所参加的情报局会议关于南斯拉夫共产党问题所通过的决议"，公开指责以"铁托、卡德尔、德热拉斯、兰科维奇为代表的南斯拉夫共产党的领导集团，在其对内对外的背叛性的和错误的行动中，违反了马克思列宁主义的基本观点"，并且认为"南斯拉夫党内所发生的事件，不是偶然的和孤立的现象，这是阶级斗争在无产阶级革命队伍中的反映"，要求"全党干部都应当认真研究共产党情报局会议关于南斯拉夫共产党问题的决议，借以加强党内关于阶级的、党的、国际主义的、自我批评精神和纪律性的教育"。② 到这时，斯大林才确认毛泽东并非铁托式的人物，中国共产党也并非是"人造黄油"式的共产党。此外，"二战"结束后，苏美从战时的合作走向对抗，1947 年 3 月 12 日，美国总统杜鲁门在国会正式提出"对苏联发动冷战以遏制共产主义"。同年 7 月，美国又正式启动抵制苏联影响的马歇尔计划，苏联亦随后实施莫洛托夫计划与之相对抗。显然，在苏美冷战已拉开序幕，而美国又明确支持蒋介石政府的情况下，如果毛泽东前往苏联访问，不管如何保密，恐怕也很难保证毛泽东访苏的消息不被外界所知，而这样的消息一旦透露出去，必定引起美国的强烈反应。所以，在

① 师哲：《在历史巨人身边——师哲回忆录（修订本）》，中央文献出版社 1995 年版，第 374 页。
② 《中共中央委员会关于南共问题的决议》，《人民日报》1948 年 7 月 14 日。

国共内战胜负未分的情况下，斯大林显然不愿让毛泽东出现在苏联的土地上。

米高扬于2月1日、2日、3日连续3天与毛泽东进行会谈。毛泽东详细地向他介绍了中国革命的进展情况和中国共产党即将采取的方针政策。米高扬此行加深了斯大林对中共和毛泽东的了解，对推动中苏两党关系的发展，以及中共决定采取"一边倒"的外交政策起了重要作用。就莫斯科方面而言，减少了对毛泽东和中国共产党人的疑虑，米高扬称赞毛泽东"有远大的眼光，高明的策略，是很了不起的领袖人物"①。虽然米高扬表示自己"只是带耳朵来的，没有权利发表意见"，但在此关键时刻斯大林和苏共中央将其派来，本身就是对中国共产党取得革命胜利的肯定与支持。

在中共七届二中全会上所作的总结中，毛泽东特地就十月革命与中国革命的关系讲了很长的一段话，并且明确表示："我们不能设想，没有苏联，没有欧洲的和美国的工人运动吸引美帝国主义的力量在西方，我们中国革命也能胜利。我说，东方的空气比较稀薄，而西方的气压很重，我们就在东方冲破帝国主义力量比较薄弱的这一环。中国革命胜利以后的巩固也是一样，帝国主义是要消灭我们的，没有各国无产阶级，首先是苏联的援助，巩固是不可能的。自然，我们受人帮助，也要时刻准备帮助别人。这就是国际主义。中苏关系是密切的兄弟关系，我们和苏联应该站在一条战线上，是盟友，只要一有机会就要公开发表文告说明这一点。现在对非党人士也要说明这一点，也要做这种宣传。"②

中共中央很快就作了这样的"宣传"。这年4月3日，中共和各民主党派联合发表毛泽东亲自草拟的《中国各民主党派联合声明反对北大西洋公约》，第一次公开点明苏联是新中国的盟友。其中说："如果帝国主义侵略集团竟敢挑动这个危害全世界人民的反动的战争，那么我

---

① 师哲：《在历史巨人身边——师哲回忆录（修订本）》，中央文献出版社1995年版，第385页。

② 《毛泽东文集》第五卷，人民出版社1996年版，第262页。

们将团结全国人民，遵守孙中山先生的不朽遗嘱，采用必要的方法，与中国的盟友苏联和各国和平民主势力，携手并进，向侵略战争的发动者作坚决的斗争，打败侵略者，推翻整个帝国主义制度，实现全人类的解放和永久的和平。"① 6 月 30 日，毛泽东又公开发表《论人民民主专政》一文，其中更是明确提出，新中国在对外关系上要"一边倒"。他说："一边倒，是孙中山的四十年经验和共产党的二十八年经验教给我们的，深知欲达到胜利和巩固胜利，必须一边倒。积四十年和二十八年的经验，中国人民不是倒向帝国主义一边，就是倒向社会主义一边，绝无例外。骑墙是不行的，第三条道路是没有的。我们反对倒向帝国主义一边的蒋介石反动派，我们也反对第三条道路的幻想。不但中国，全世界也一样，不是倒向帝国主义，就是倒向社会主义，绝无例外。中立是伪装的，第三条道路是没有的。"②

对于为什么要实行"一边倒"，这年 7 月 19 日邓小平在向中共中央华东局负责人传达毛泽东的口头指示时，曾作了如下解释："帝国主义的各种花样直到封锁，其目的在于迫我就范，我们的斗争也在于迫使帝国主义就范。我们绝不会就帝国主义之范，而一个多月的经验看出，帝国主义就我之范亦非易事。这一时期双方斗争实际上都是试探的性质，直到英美摊出封锁的牌。封锁，在目前说来，虽增加我们不少困难，但对我仍属有利，即使不封锁，我们许多困难也是不能解决的。但封锁太久了，对我则是极不利的。打破封锁之道，毛主席强调从军事上迅速占领两广云贵川康青宁诸省，尽量求得早日占领沿海各岛及台湾。同时我们提出的外交政策的一面倒，愈早表现于行动则对我愈有利（毛主席说，这样是主动的倒，免得将来被动的倒）；内部政策强调认真的从自力更生打算，不但叫，而且认真着手做（毛主席说，更主要的从长远的新民主主义建设着眼来提出这个问题），毛主席说这两条很

① 《中国各民主党派联合声明反对北大西洋公约》，《人民日报》1949 年 4 月 4 日。
② 毛泽东：《论人民民主专政》，《人民日报》1949 年 7 月 1 日。

好，与中央精神一致。我们这样做，即占领全国、一面倒和自力更生，不但可以立于坚固的基础之上，而且才有可能迫使帝国主义就我之范。"①

6月21日至8月14日，刘少奇率中共代表团秘密访问苏联，会见联共（布）领导人斯大林、莫洛托夫、马林科夫、米高扬等，向联共（布）中央通报中国革命战争即将取得胜利并将召开新的政治协商会议成立联合政府的有关事宜。7月4日，刘少奇在给联共（布）中央和斯大林的书面报告中，详细介绍了中共即将采取的外交政策。报告提出，在今后的外交活动中，中共中央将根据这样几项原则进行：（一）和各帝国主义国家进行斗争，以便实现中国民族的完全独立；（二）在国际事务中和苏联及各人民民主国家站在一道，反对新的战争危险，保卫世界和平与民主；（三）利用各资本主义国家之间和这些国家内部的矛盾。（四）在平等互惠的条件下发展中国与外国的通商贸易，特别是发展与苏联及其他人民民主国家的贸易。

报告提出，在新的中央政府成立以后，就会发生与各国建立正式外交关系的问题，参加联合国及其他国际组织和国际会议的问题。"如果帝国主义各国采取承认中国的新政府的政策，那我们就要准备和这些国家建立外交关系。""对于国民党与外国订立的各种条约和协定，我们准备重新审查，分别处理。其原则就是：凡是对于中国人民及世界和平民主有利者，我们都准备加以承认和继承，例如：联合国宪章、开罗宣言、中苏友好同盟条约等。凡是对于中国人民及世界和平民主不利者，我们都准备加以废除。例如：中美通商航海条约等。另有一些，则准备在加以修改后，予以承认。""在国际活动的政策上，我们一定要与苏联一致。""若干党外人士曾批评我们的政策是向苏联一面倒，毛泽东同志答复他们说：我们的政策就是要向苏联一面倒，如果不和苏联一

---

① 《邓小平文选》第一卷，人民出版社1994年版，第134页。

起，站在反帝国主义阵营，而企图走中间路线，那是错误的。"①

就这样，从 1948 年 9 月中共中央政治局会议到 1949 年 6 月《论人民民主主义专政》的发表，即将成立的新中国内政外交的基本方针均已确立。

①　《建国以来刘少奇文稿》第 1 册，中央文献出版社 2005 年版，第 13—14 页。

七、从新民主主义向社会主义过渡

1949 年新中国的成立，标志着新民主主义社会制度在全国范围的建立。1952 年秋，党的领导人根据当时的情况和党预定的目标，决定提前结束新民主主义社会，开始向社会主义社会过渡。1953 年秋，过渡时期总路线正式提出，由此开始了大规模的对农业、手工业和资本主义工商业的社会主义改造。1956 年，社会主义改造基本完成，中国实现了由新民主主义社会向社会主义社会的转变。

1. 新民主主义社会的基本特征

毛泽东在 1940 年发表《新民主主义论》时，曾对新民主主义共和国的国体和政体做了充分的论述，认为新民主主义共和国的国体是各个革命阶级的联合专政。毫无疑问，这里的"各个革命阶级"指的工人阶级、农民阶级、小资产阶级和民族资产阶级，在这个联合专政里，居领导地位的自然是无产阶级。他说："现在所要建立的中华民主共和国，只能是在无产阶级领导下的一切反帝反封建的人们联合专政的民主共和国，这就是新民主主义的共和国。"① 1944 年 9 月，中共中央又提出了建立民主联合政府的主张，通过建立联合政府以体现各个革命阶级的联合专政。由于蒋介石坚持其个人独裁和一党专政，这样的联合政府并未建立。尽管如此，中国共产党并没有放弃联合政府的口号，并且一

---

① 《毛泽东选集》第二卷，人民出版社 1991 年版，第 675 页。

再强调，在打倒蒋介石、解放全中国后要建立的新的中央政府，仍旧是民主的联合政府。当然，这是一个排除国民党反动派的民主联合政府。

新中国成立之初组成的中央人民政府，从一定意义上来讲是由中国共产党领导的民主联合政府。中央人民政府的主席、副主席共7人，其中非中共人士3人，分别是副主席宋庆龄、李济深和张澜；中央人民政府委员56人，其中非中共人士27人。在随后组建的政务院及其所属机关的负责人中，政务院总理副总理共5人，其中非中共人士2人，即副总理郭沫若和黄炎培；各部、委、署主官中，非中共人士超过三分之一。此外，最高人民法院院长亦由非中共人士沈钧儒担任。

新中国成立之初，各民主党派和无党派民主人士不但在中央人民政府中担任重要职务，而且真正做到了有职有权。作为执政党的中国共产党，也采取了许多有效措施保证党外人士有职有权，认为"党外人士既然担任了一定的职务，即应享有与其职务相当的权力，履行与其职权相当的责任。这不仅要在工作中同党外人士商量一切应该同他们商量的问题，取得大多数人的协议，然后付诸执行，而且要在共产党员和党外人士之间进行必要而适当的分工，并主动地帮助党外人士做出成绩来"①。

当时，政务院的政务会议每星期召开一次，有关文件均交非党人士审查，一切指示、法令也要其修改。陈云主持中财委的工作，明确要求各部部长对本部工作做报告，非党人士担任部长的就要非党人士做报告。中财委副主任薄一波还总结了与党外人士合作共事的四条经验：一是要使党外人士有职有权，做到该商量的必须商量，该请示的必须请示，该经过的必须经过；在工作中遇到党外人士有不同意见时，不应做硬性决定，除检讨自己意见有无不妥外，还应帮助说服党外人士，始能做决定。二是一切重要决定应有应该参加的党外人士（如部长、副部

---

① 中共中央文献研究室：《建国以来重要文献选编》第1册，中央文献出版社1992年版，第155页。

长等）参加决定。三是有些日常处理的重要事情（如电报、公文）和上级来的指示，下级来的报告，均应使应该看到的党外人士看到。四是用人也应与党外人士商酌，党外人士所举荐的人，更应慎重考虑，能用者尽量予以录用。①

1951年3月，北京市政府党组就与党外人士合作问题的检查情况写了一份报告，其中认为要使党外人士有职有权，并帮助他们在工作中做出成绩，"这首先需要进行必要而适当的分工，如是党外人士任正职，那就应在集体领导，分工负责的原则下，给予他们以总揽全局和最后决定之权；如是党外人士任副职，也应在集体领导，分工负责的原则下，使他们在自己职权的范围内，能够放手做事，不受干涉"。中共中央认为北京市的这种做法"很好"，要求各中央局"转告各有党外人士工作的机关中党组研究"②。在新中国成立之初，中央人民政府及地方各级人民政府在构建上具有某种联合政府性质，是当时的历史条件决定的，但其中的一些成功做法，对于我们今天的政权建设仍有其借鉴意义。

对于新民主主义社会的经济制度，《共同纲领》做了这样的规定："中华人民共和国经济建设的根本方针，是以公私兼顾、劳资两利、城乡互助、内外交流的政策，达到发展生产、繁荣经济之目的。国家应在经营范围、原料供给、销售市场、劳动条件、技术设备、财政政策、金融政策等方面，调剂国营经济、合作社经济、农民和手工业者的个体经济、私人资本主义经济和国家资本主义经济，使各种社会经济成分在国营经济领导之下，分工合作，各得其所，以促进整个社会经济的发展。"③

---

① 中共中央文献研究室：《建国以来重要文献选编》第1册，中央文献出版社1992年版，第464—465页。

② 《中共中央转发北京市政府党组关于与党外人士合作的报告》，1951年3月19日。

③ 《中国人民政治协商会议共同纲领》，《人民日报》1949年9月30日。

新民主主义社会经济最根本的特征，就是多种经济成分共存。以过渡时期总路线正式提出前的 1952 年为例，各种所有制在国民收入中的比重分别是国营经济占 19.1%，合作社经济占 15%，国家资本主义经济占 0.7%，私人资本主义经济占 6.9%，个体经济占 71.8%。① 至于在此之前的 1949 年至 1951 年，后两种经济成分的比重无疑要更大一些。由此可见，在新民主主义社会阶段，现代经济和公有制经济在国民经济中所占的比重很小，传统的个体经济占了很大的比重。

在新民主主义经济中，国营经济数量虽然不占优势，但它处于领导地位并呈日益壮大之势。从 1949 年至 1952 年，国营经济发展迅速。1949 年国营工业的总产值为 36.8 亿元，1952 年达到了 142.6 亿元，增长 287.5%。国营商业机构 1950 年的批发和零售额，分别占全国的 23.2% 和 8.3%，1952 年则上升到 60.5% 和 19.1%。

私人资本主义经济是新民主主义社会的重要经济成分，1949 年至 1952 年其总量也是呈增长的趋势，但由于国营经济的快速增长，它在国民经济的比重则出现逐年下降之势。在 1951 年之前，私营工业在全部工业总产值中超过了 50%，即 1949 年 63.3%，1950 年 51.8%，1951 年 50.1%，而 1952 年下降到 39%。

对于私人资本主义问题，毛泽东在《新民主主义论》中提出，"并不禁止'不能操纵国民生计'的资本主义生产的发展"②。在中共七大的时候，无论是大会的书面报告还是口头报告中，毛泽东都多次讲到中国发展资本主义的问题，但到新中国成立前夕七届二中全会的时候，毛泽东又提出要"对于资本主义采取恰如其分的有伸缩性的限制政策"，七届二中全会确定的对私人资本主义是利用与限制并重的政策。对此《共同纲领》曾这样规定："凡有利于国计民生的私营经济事业，人民政府应鼓励其经营的积极性，并扶助其发展。"这就意味着，凡不利于

---

① 赵德馨主编：《中国经济通史》第十卷（上册），湖南人民出版社 2002 年版，第 87 页。

② 《毛泽东选集》第二卷，人民出版社 1991 年版，第 678 页。

国计民生的私营经济事业，人民政府将予以限制。所以在新民主主义社会，对私人资本主义基本上采取的是利用与限制并重的政策，并且随着时间的推移，更多的是侧重于限制。

1950 年 6 月，中央人民政府出台了《中华人民共和国土地改革法》，由此在广大的新解放区进行了轰轰烈烈的土地改革运动（老解放区此前已完成了土改）。通过开展土地改革，亿万农民得到了祖祖辈辈梦寐以求的土地。由于废除了封建剥削，减少了税收负担，农民的生活有了显著改善。

土地改革之后，农村经济体制仍基本上是个体农民所有制。这不单体现在生产方式上是农民以家庭为生产单位，更为重要的是农民对于土地具有所有权，以及附随所有权而产生的土地处置权。也就是说，在新民主主义社会里，农民依法具有土地所有权以及土地的处置权，土地的买卖是合法的。对此，《共同纲领》规定："凡已实行土地改革的地区，必须保护农民已得土地的所有权。"1950 年 6 月通过的《中华人民共和国土地改革法》也规定："土地改革完成后，由人民政府发给土地所有证，并承认一切土地所有者自由经营、买卖及出租其土地的权利。"农村土地归农民个人所有是新民民主主义社会的一个重要特征。

虽然《共同纲领》中提出"应引导农民逐步地按照自愿和互利的原则，组织各种形式的劳动互助和生产合作"，但这一阶段除了互助组有较大发展外，农业生产合作社数量还很少。1950 年全国只有 19 个初级形式的农业合作社；到 1952 年也只发展到 3644 个，入社的农户 59028 户，占全国总农户数的 0.1%。① 当时，党内相当多的人认为，新民主主义社会的主要任务是实现国家工业化，只有实现了工业化才能实现社会主义化，因而他们认为在农村不要急于动摇私有基础和急于建立农业生产合作社。因此，在新民主主义社会时期，农村的主要经济成分是农民个体所有制。

---

① 王贵宸：《中国农业合作经济史》，山西经济出版社 2006 年版，第 251 页。

在新民主主义社会，私有财产被明确列为保护的对象。《共同纲领》规定："保护国家的公共财产和合作社的财产，保护工人、农民、小资产阶级和民族资产阶级的经济利益及其私有财产，发展新民主主义的人民经济，稳步地变农业国为工业国。"

对于新民主主义社会的文化，《共同纲领》规定得比较简略，指出："中华人民共和国的文化教育为新民主主义的，即民族的、科学的、大众的文化教育。人民政府的文化教育工作，应以提高人民文化水平、培养国家建设人才、肃清封建的、买办的、法西斯主义的思想、发展为人民服务的思想为主要任务。"此外，《共同纲领》还对培养国民公德，发展自然科学，用历史的科学的观点研究社会科学，文学艺术为人民服务，改革旧的教育制度等做了原则规定。

新民主主义社会在文化体制上一个明显的特征，是多种所有制共同存在的文化产业格局。

据 1950 年 3 月的统计，全国共有私营报纸 58 家，私营广播电台 34 个。私营报纸最多的为华东地区，有 24 家，其中 14 家在上海出版，如《大公报》《文汇报》《新民报》《大报》《亦报》、英文《字林西报》、英文《密勒氏评论报》等。[1]

新中国成立之初，国营的电影制片厂只有东北、北京、上海 3 家，而私营电影公司则有十几家，其中有一定制片能力的主要有昆仑、文华、大同、国泰等影业公司。1949 年和 1950 年国营电影制片厂共摄制了 29 部故事片，而昆仑、文华等私营电影公司却生产了约 50 部影片。1950 年《大众电影》读者共评选出了 10 部最喜爱的国产片，其中有 4 部是私营影片公司生产的。[2]

新中国成立初期，私立高等学校包括大学、专门学院、专科学校等占的比重相当大。1949 年有大专学校 205 所，其中私立 81 所（包括外

---

① 方汉奇主编：《中国新闻传播史》，中国人民大学出版社 2002 年版，第 335 页。

② 陈荒煤主编：《当代中国电影》第一编，中国社会科学出版社 1989 年版，第 65 页。

国教会所设学校），占总数的 39.5%；除教会学校外，则为 60 所，占总数的 29.3%。① 据第一次全国教育工作会议统计（1949 年 12 月），全国已解放地区（缺西南六省、西北三省数字），共有私立中等学校1467 所，占中等学校总数的 48%；私立中等学校学生共有 36.6 万余人，占学生总数的 42%。仅京、津、沪、宁、武汉五城市统计，有私立小学 1452 所，占小学总数的 56%；私立小学学生 30.7 万人，占 44%。②

在新中国成立的头三年，中国共产党基本上是老老实实、不折不扣地按照《共同纲领》来建设新民主主义社会的。当时的社会性质属于新民主主义社会，也是确定无疑的，中国是在这样的基础上过渡到社会主义的。即是说，中国不是由半殖民地半封建社会跨入社会主义的，而从新民主主义走入社会主义的，中国共产党人兑现了革命时期建立新民主主义共和国，由新民主主义再转入社会主义的承诺。

2. 过渡时期总路线的酝酿与提出

新民主主义社会无疑是带有过渡性质的社会形态。那么，如何实现从新民主主义社会向社会主义社会的过渡呢？毛泽东曾这样说过："没有一个新民主主义的联合统一的国家，没有新民主主义的国家经济的发展，没有私人资本主义经济和合作社经济的发展，没有民族的科学的大众的文化即新民主主义文化的发展，没有几万万人民的个性的解放和个性的发展，一句话，没有一个由共产党领导的新式的资产阶级性质的彻底的民主革命，要想在半殖民地半封建的废墟上建立起社会主义社会

---

① 李国钧等主编：《中国教育制度通史》第八卷，山东教育出版社 2000 年版，第187 页。

② 毛礼锐、沈灌群主编：《中国教育通史》第六卷，山东教育出版社 1989 年版，第 24—25 页。

来，那只是完全的空想。"① 这段话集中概括了新民主主义社会向社会主义社会过渡所应当具备的基本条件，这就是说，只有经过新民主主义社会在政治、经济、文化全面而充分的发展，而且根据中国人民的需要和意愿，才能实现这种过渡。

基于这样的认识，党的领导人在构建新民主主义社会的时候，曾设想经过一个比较长的新民主主义社会阶段之后，才能实现社会主义的前途。1944 年 7 月，毛泽东在会见英国记者斯坦因时说："我们目前的新民主主义政策在任何条件下都将必须继续实行，而且还要实行相当长的一个时期。"② 这里"相当长的一个时期"究竟是多长，毛泽东没有进一步进行解释。实际上，这时抗战尚未胜利，虽然中国共产党所领导的各解放区无疑是新民主主义的社会形态，但就全国而言，大多数地区或为日本所侵占，或为国民党统治区，全国范围的新民主主义社会尚未建立，自然也没有必要具体设想向社会主义过渡的问题。

到了 1948 年秋，中国革命的胜利已是指日可待，中国人民盼望已久的新民主主义的新中国很快将变成现实。在这年 9 月的中共中央政治局会议上，对何时转入社会主义进行了讨论。刘少奇在发言时提出，不能过早地采取社会主义步骤，毛泽东插话说："到底何时开始全线进攻？也许全国胜利后还要十五年。"③ 当天为会议做结论时，毛泽东又说："关于完成新民主主义到社会主义的过渡的准备，苏联是会帮助我们的，首先帮助我们发展经济。我国在经济上完成民族独立，还要一二十年时间。我们要努力发展经济，由发展新民主主义经济过渡到社会主义。"④ 在 1949 年 1 月的政治局会议上，毛泽东又表示，不要急于追求社会主义化，合作社不可能很快发展，大概要准备十几年工夫。这是党的领导人对新民主主义社会转入社会主义社会最早提出的具体时间表。

---

① 《毛泽东选集》第四卷，人民出版社 1991 年版，第 1060 页。
② 《毛泽东文集》第三卷，人民出版社 1996 年版，第 182 页。
③ 《刘少奇论新中国经济建设》，中央文献出版社 1993 年版，第 7 页。
④ 《毛泽东文集》第五卷，人民出版社 1996 年版，第 146 页。

直到 1951 年，党的领导层仍然认为需要一二十年的新民主主义建设阶段，然后才能转入社会主义。

党的领导人之所以认为需要一二十年的新民主主义建设阶段才能采取社会主义步骤，其着眼点就在于只有经过一个比较长的新民主主义建设阶段，在为向社会主义过渡准备充分条件后，才能考虑过渡的问题。这本来是符合中国实际的。但从 1952 年开始，随着过渡时期总路线的酝酿和提出，这个设想被提前放弃了。

毛泽东等中央领导人是从什么时候开始考虑可以结束新民主主义社会的呢？据薄一波回忆，1952 年下半年开始，毛泽东就考虑向社会主义过渡的问题。1952 年 9 月 24 日，他在中央书记处会议上提出：十年到十五年的时间基本上完成到社会主义的过渡，而不是十年或者以后才开始过渡。① 从这时到 1953 年上半年，毛泽东一直思考向社会主义过渡的问题。

所谓向社会主义过渡，在经济领域就是将私有制改造成为公有制，其中关键是将私人资本主义工商业改造为国营企业，对个体农业和个体手工业进行集体化改造。这时，毛泽东认为，经过 3 年多的时间，已经具备了对其进行改造的条件。

1952 年 10 月，刘少奇率中共代表团参加苏共十九大。受毛泽东的委托，他于 10 月 20 日在莫斯科给斯大林写了一封长信。信中对我国过渡到社会主义所需的时间和能够实现的条件进行了估算和分析。

中共中央的这个想法得到了斯大林的赞同。10 月 24 日，斯大林接见中共代表团，并且说："我觉得你们的想法是对的。当我们掌握政权以后，过渡到社会主义去应该采取逐步的办法。你们对中国资产阶级所采取的态度是正确的。"②

刘少奇还向斯大林通报了中共中央关于召开全国人民代表大会的设

---

① 薄一波：《若干重大决策与事件的回顾》上卷，中共中央党校出版社 1991 年版，第 213 页。

② 《建国以来刘少奇文稿》第 4 册，中央文献出版社 2005 年版，第 525—528 页。

想。信中说，中国人民政治协商会议在全国有很好的信誉，各民主党派也愿意召开人民政协，而不积极要求召开全国人民代表大会，全国选举的准备工作也做得不够，因而中共中央准备把全国人民代表大会推到3年以后去召开。与此相关联的是，中共中央认为《共同纲领》在各阶层中均有很好的威信，在目前的过渡时期以此作为国家的根本大法是过得去的，因而在过渡时期可暂不制定宪法，以待在中国基本进入社会主义以后再来制定宪法。

对于这个问题，斯大林发表了不同意见。他认为，中共如果不制定宪法，不进行选举，敌人可用两种说法向群众进行反共宣传，一是政府不是人民选举的，是建立在刺刀上的，是自封的；二是《共同纲领》也不是人民选举的代表大会通过的，而是由一党提出，其他党派同意的东西。斯大林还认为，中国"现在的政府是联合政府，因此，政府就不能只对一党负责，而应向各党派负责。这样，国家的机密就很难保障"。斯大林甚至认为，"如果人民选举的结果，当选者共产党员占大多数，你们就可以组织一党的政府。其他党派在选举中落选了，但你们在组织政府时可给其他党派以恩惠，这样对你们更好"。[1]

斯大林对中共中央关于过渡到社会主义的设想表示赞同，坚定了党的领导人加快由新民主主义向社会主义过渡的信心。经过半年多的酝酿，1953年6月15日，毛泽东在中央政治局会议上，正式提出过渡时期总路线。会议期间，他在一个讲话提纲中写道："总路线是照耀一切工作的灯塔。""党的任务是在十年至十五年或者更多一些时间内，基本上完成国家工业化和社会主义的改造。""所谓社会主义改造的部分：（一）农业；（二）手工业；（三）资本主义企业。"[2] 两个月后，他对这个总路线做了完整表述："从中华人民共和国成立，到社会主义改造基本完成，这是一个过渡时期。党在这个过渡时期的总路线和总任

---

① 《建国以来刘少奇文稿》第4册，中央文献出版社2005年版，第537页。
② 《建国以来毛泽东文稿》第4册，中央文献出版社1990年版，第251页。

务，是要在一个相当长的时期内，基本上实现国家工业化和对农业、手工业、资本主义工商业的社会主义改造。这条总路线，应是照耀我们各项工作的灯塔，各项工作离开它，就要犯右倾或'左'倾的错误。"①

中共中央对斯大林关于提前召开全国人民代表大会和制定宪法的建议亦很重视。1952 年 11 月，中共中央作出决定：尽快召开全国人民代表大会和制定宪法，并按规定向全国政协提议，由全国政协向中央人民政府委员会提出定期召开全国人民代表大会的建议。12 月 24 日，全国政协常务委员会召开会议，一致同意中国共产党的建议，决定由全国政协向中央人民政府委员会建议，筹备召开全国人民代表大会和地方各级人民代表大会。1953 年 1 月 13 日，中央人民政府委员会举行会议，一致通过了《关于召开全国人民代表大会及地方各级人民代表大会的决议》，"定于今年召开由人民用普选方法产生的乡、县、省（市）各级人民代表大会，并在此基础上接着召开全国人民代表大会"②。1953 年 9 月，鉴于各项准备工作尚未完成，中央人民政府委员会又决定将全国人民代表大会召开的时间推迟到 1954 年。1954 年 9 月，第一届全国人民代表大会第一次会议在北京召开，选举产生了新的中央人民政府组成人员。在此之前，地方各级人民代表大会也相继召开。从此，人民代表大会成为我国的根本政治制度。

以毛泽东同志为代表的中国共产党人，在构建新民主主义社会蓝图的时候，明确将新民主主义社会定位于中国这样原本经济文化十分落后的半殖民地半封建国家，过渡到社会主义所必须经过的一个社会发展阶段，这就决定了这种社会形态的过渡性和短期性，因而不论是毛泽东还是刘少奇，他们对于新民主主义社会存在的时间的估计，不过是一二十年的时间，现在看来，即使一二十年时间也短了一些。而实际的结果

① 《建国以来重要文献选编》第 4 册，中央文献出版社 1993 年版，第 348—349 页。
② 《建国以来重要文献选编》第 4 册，中央文献出版社 1993 年版，第 16—17 页。

是，从 1949 年新中国成立至 1953 年过渡时期总路线的正式提出，完整意义上的新民主主义社会存在时限仅 4 年。那么为什么新中国成立之后，新民主主义社会存在的时间却那样短，也就是为什么要提前结束新民主主义社会呢？对于这个问题，原因自然是多方面的。在众多的原因中，这样几个方面的原因是不能忽视的。

第一，苏联模式或斯大林模式的影响。苏联模式或斯大林模式是后人的总结，在社会主义改造问题上，中国是有自己的特点的，并非照搬苏联模式，但由于时代条件的限制，也不可避免地受这种模式的影响。当时，毛泽东等领导人曾测算过苏联进行社会主义改造的时间。按《联共（布）党史简明教程》的介绍，1925 年年底苏联国民经济恢复时期结束，从 1926 年开始国家的社会主义工业化建设，到 1933 年年底取得决定性胜利，共花了 8 年时间。按斯大林 1936 年 11 月 25 日所做的关于苏联宪法草案报告所讲的情况，苏联 1924 年开始社会主义改造，到 1936 年资本主义在国民经济所有部门中被完全消灭，时间则为 13 年。那么，中国设想用 10 年到 15 年过渡到社会主义，还算是打了一点机动时间的。

第二，全国人民对社会主义急切向往。新中国成立后一直没有放松对社会主义优越性和社会主义美好前景的宣传，全国人民已经以一种十分迫切的心情等待社会主义的早日到来。这里举一个例子：为了学习苏联集体农庄的经验，1952 年 5 月至 8 月，中共中央派出了以农业劳动模范为主的中国农民代表团，对苏联进行了 3 个半月的参观访问。代表团回国后，对苏联农业集体化的好处作了广泛的介绍。河北饶阳"耿长锁农业生产合作社"社长耿长锁说："集体农民的生活真是令人羡慕。他们吃的是面包、肉、牛奶，星期天穿的不是哗叽就是绸子，睡的是钢丝床，房子里有自来水、电灯、收音机，柜橱桌椅齐备。每个集体农场都有俱乐部、图书馆、无线电转播站、电影场。集体农民一面工作一面唱歌。那里没有人剥削人的现象，大家都很快乐。这种生活只有集体化才能得来。看了之后，真使人羡慕。我们一定要努力争取这种生活在中国实现。这先要农民大伙认识这种好处，携起手来干。"①在当时人们的心目中，一旦实现了社会主义，大家就会过吃喝穿用不必愁的好日子，既然如此，又有谁不希望社会主义早日到来呢。在一定意义上讲，提前结束新民主主义社会，也是当年广大人民群众的强烈愿望。

第三，对农村可能出现的两极分化的过早担心。新中国成立时，老解放区已完成了土地改革。到1952年年底，新解放区的土改也基本完成。土地改革后，在农业生产恢复发展和农民生活得到改善的同时，一些新的情况和问题也随之出现了。其中最为人们所担心的就是出现了两极分化的苗头。农村开始出现少量的新富农，这也不可避免地将产生雇工剥削。这使人们不得不思考这样一个问题：将会有一部分富裕中农富农化，出现新富农（富农在当时被视为农村的资产阶级），对此是允许其发展还是限制其发展？对于土改后农村出现的少量的两极分化过度担心，是党的领导人决定提前在农村进行所有制改造的一个重要原因。

第四，"五反"运动暴露出私人资本主义的诸多弊端。毛泽东在战争年代关于发展资本主义的有关论述，主要是出于理论分析，因为当时根据地基本上没有资本主义。但是，理论上对资本主义的分析与现实中对资本主义采取什么样的政策毕竟是有所不同的。现实中的东西要复杂得多。当年毛泽东认为要发展资本主义，主要考虑到的是其积极作用。可是进城之后，当与现实中的资本主义打交道时，就常常遇到理性与感性的矛盾。在1950年调整工商业后，少数不法资本家违法犯罪活动日趋严重，将其唯利是图、损人利己的本性充分暴露。因此，中共中央决定在党政机关开展"三反"运动后不久，又在资本家中开展了"五反"运动。打击资本家的"五毒"行为是非常必要非常及时的。但是，"五反"运动使党内相当多的人对资本主义原有的一点理论上的好感也不存在了。而"五反"运动之后，资产阶级受到了严重打击，资产阶级在事实上已

---

① 《农业集体化的好处说不完——中国农民劳动模范谈访苏观感》，《人民日报》1952年8月21日。

经不能像过去那样生存了，资本主义在当时的生存发展空间已变得十分狭小，资本家自己也感到前途渺茫，请求国家"计划"他。

3. 个体农业的社会主义改造

我国农民在中国共产党的领导下有较长时间的互助合作传统和实践。

全国解放后，劳动互助在继续发展，但是也出现了新的情况和问题。对于广大的新解放区来说，新中国成立之初，主要的任务还是进行土地改革，消灭封建剥削制度，互助合作还提不到议事日程。而对于早已完成土地改革的老区，随着生产的发展和农民生活的改善，一部分生产条件较好的农民参加互助组的热情消退，有部分农民宁愿单干而不愿参加互助。

在这样的背景下，党内对于如何看待土改后富裕中农的富农化及党员能否雇工等问题，产生了不同的看法，1950 年年初，刘少奇与中共中央东北局书记高岗之间曾发生了一场关于东北富农问题的争论。

东北是全国解放最早的大区，也是完成土改最早的大区。到 1949 年新中国成立时，这里的土改大多数地区已完成了好几年的时间。组织互助组也有好几年的时间。到这时，农村出现了新的情况，一是一些条件较好的农民不愿参加互助组而愿意单干，其中还包括一部分党员；二是少数翻身农民买进了土地，成为新富农。对于这个问题，当时的东北局采取的措施是用各种办法排斥和限制单干，如单干户出门不开路条，对单干农民实行"三不贷"和"一不卖"，即不贷款、不贷粮、不贷农具，供销合作社不卖给单干户任何东西。有的地方甚至还提出，单干户没有公民权，不准和他们来往，从而使单干的农民"不但在生产上处处感到困难，且在人权上受到歧视"，并且禁止党员雇工剥削，如果党员雇工就开除党籍。

刘少奇得知这一情况后认为，富农雇人多，买了马，不要限制他，现在要让他发展，没有坏处，这不是自流。将来对待富农的办法，让他发展到一定的程度，再来予以限制，三五年之后，用国家颁布劳动法、把雇农组织起来、提高雇农的待遇、征土地税、多累进一些、多征公粮等办法予以限制。他进而指出："现在限制单干是过早的，现在能够单干是很好的，也不可认为反对单干的农民便是集体主义，因为他还无力单干，是不能去单干的贫农。""现在的农民党员，是可以单干的。我们的党规党法上允许党员单干而且也允许雇人，认为党员便不能有剥削，是一种教条主义的思想。但能单干与应该单干是两回事，我们允许党员单干，并不是我们鼓励他们去单干。"①

随后，党内又就山西农业合作社问题展开了一场争论。1951 年春，在中共山西省委的支持下，山西长治地区试办了 10 个农业合作社，山西省委提出的口号是"对于私有基础，不应该是巩固的方针，而应当是逐步地动摇它、削弱它，直到否定它"。对此，刘少奇对山西省委做了严厉的批评，认为现在办合作社的条件还不成熟，现在是 3 年准备 10 年建设，13 年或 15 年之后，才可能考虑到社会主义问题。现在富农固然有剥削，但也有好处，能稳住中农，有利于社会生产。现在农村阶级分化，正是将来社会主义的基础。将来富农作为一个阶级出现后，可以采取税收、价格、工会等办法加以限制。在新民主主义阶段，不可轻易地动摇、削弱和否定农民的个体所有制。不要怕农民冒富，只有80%的农户发展到三马一车一犁的富裕程度后，才能由他们自愿地走农业合作化的道路。

这两场争论的结果是，毛泽东明确表示支持东北局和山西省委的意见，实际上否定了刘少奇的主张。毛泽东的出发点主要是防止农村在土改后出现两极分化，同时他认为没有机械化也可以实现合作化。对于土改后农村出现的少量的两极分化过度担心，是毛泽东决定提前在农村进行所有制改造的一个重要原因。

---

① 《刘少奇论新中国经济建设》，中央文献出版社 1991 年版，第 154 页。

早在 1951 年 9 月，中共中央召开第一次全国互助合作会议，毛泽东主持制定了《中共中央关于农业生产互助合作的决议（草案）》（以下简称《决议》）。这是我国第一个指导互助合作的文件。《决议》指出，土改后在农民中存在着发展个体经济和实行互助合作的两种积极性，中国共产党一方面不能忽视和粗暴地挫伤农民个体经济的积极性；另一方面要在农民中提倡"组织起来"。互助合作运动要根据生产发展的需要与可能的条件采取稳步前进的方针，初级社是走向社会主义农业的过渡形式，互助组和生产合作社必须贯彻自愿和互利的原则，必须采取典型示范逐步推广的方法，引导农民走互助合作的道路。到 1952 年，我国农业互助合作组织有了很大发展。这年全国共有互助组 803 万个，参加的农户为 4500 万户，占总农户的 40%。初级农业合作社共有 3600 多个，入社农户为 5.9 万户，占农户总数的 0.05%。高级农业合作社即集体农庄有 10 个。

我国的农业合作化经历了由互助组到初级农业生产合作社再到高级农业生产合作社的转变。生产资料公有和按劳分配被认为是社会主义的本质特征。互助组顾名思义带有农民互助性质，农户之间相互换工或拨工，劳动不参与分配，产品归田主所有，故被称为社会主义萌芽；初级社是农民将土地等生产资料以股份的形式交给集体，但所有权仍归个人，社员集体劳动，产品由生产资料和社员劳动情况按一定（如地四劳六）的比例进行分配，虽然生产资料还属于个人，但在分配上已有按劳分配成分，被认为具有半社会主义性质；高级社生产资料归集体所有，土地等生产资料不参与分红，完全按社员劳动情况进行分配，因而被认为是完全社会主义性质。过渡时期总路线提出之前，各地重点是发展互助组，随着过渡时期总路线的提出，我国互助合作进入大规模地发展阶段，并且重点为发展初级形式的农业合作社。到 1956 年年初，全国农村基本实现了初级合作化，随后又很快由初级社转变为高级社。

我国的农业合作化运动最初步伐是稳健的，但到 1955 年下半年，由于不适当地开展对所谓"小脚女人"即右倾保守思想的批判，农业合作化运动的速度迅速加快。

1954 年是过渡时期总路线提出后的第一年，也是农业合作社大发展的一年。到 1955 年 1 月，全国新办的合作社就达 38 多万个。在合作社的大发展中，不但有相当多的社是在条件不成熟的情况下勉强建立的，而且这些社建立后，在分配制度等方面也存在相当严重的不合理现象。加之 1954 年是全面实行粮食统购统销的第一年，部分地方在粮食征购中征了"过头粮"，导致 1955 年春一些地方粮食紧张。这样一来，引起了一些农民的强烈不满，他们对党的农村政策产生怀疑，甚至用大量出卖或屠宰牲畜等方式进行消极抵抗。

当时农村的严峻形势，使毛泽东感到农业合作社的发展有必要加以适当控制。大约在这年 3 月上旬，毛泽东找邓子恢做了一次谈话。他说，5 年实现农业合作化的步子太快，有许多农民入社，可以肯定不是自愿的。到 1957 年入社农户发展到三分之一就可以了，不一定要求达到 50%。邓子恢听毛泽东这么一说，甚感惊讶。1953 年主政中央农村工作部后，他曾主持对发展过快的农业合作社进行过一次整顿，结果导致了毛泽东的批评，说他是"言不及义"（即言不及社会主义）。邓子恢对这件事记忆犹新，不敢贸然接受这么低的数字，便说，50% 的设想还是适合的，并解释了能够完成的理由。但毛泽东仍不同意，认为粮食征购已到了界限，合作化也要放慢。邓子恢表示，到今年秋后停下来。毛泽东说，干脆现在就停下来，到明年秋后再看，停止一年半。①

根据毛泽东的指示和农业合作化运动的实际，3 月 22 日，中央农村工作部发出了《关于巩固现有合作社的通知》，强调春耕季节已到，全国农业生产合作社已发展到 60 万个，完成了预定的计划。不论何地均应停止发展新社，全力转向春耕生产和巩固已有社的工作。

1955 年年初，毛泽东对农村紧张形势的看法与邓子恢等人是一致

---

① 中共中央文献研究室：《毛泽东年谱（1949—1976）》第二卷，中央文献出版社 2013 年版，第 350 页。

的，因而也赞成停止合作社的发展。但是，到了5月，他的态度发生了根本性的变化，认为合作社不但不应停止发展，反而应该加快发展。

促使毛泽东改变对农业生产合作社发展速度的原因，一是毛泽东此时感到粮食并非那么紧张。这年春天，正当缺粮的呼喊声越来越大的时候，中共中央收到了一份反映山西闻喜县宋店乡粮食统销情况的材料。其中说，这个乡原本要求供应粮食10170斤，经过对统销工作进行整顿后，不仅不要供应，而且还多余6200斤机动粮。有些农户本可以自给自足，看到别人向国家买粮食，自己也跟着叫喊粮食不够。也有的农户本来有余粮，只因为害怕别人说自己售粮太少或别人前来借粮，故意和别人一起喊缺粮。有的基层干部因为自己多买了粮或包庇亲友多买了粮，明知缺粮是假，也睁一只眼，闭一只眼。另外，由于没有经验，统销办法不规范，也助长了供应不公或宽打窄用。不缺粮而喊缺粮的人中，各阶层都有，而以富裕中农为多。类似的材料中共中央还收到不少，由此使毛泽东和中共中央认为，"所谓缺粮，大部分是虚假的，是地主、富农以及富裕中农的叫嚣"①。

促使毛泽东改变农业生产合作社发展速度的第二个原因，是他此时认为党内有部分人不愿走社会主义道路，他们对办合作社采取消极态度，这种状况必须改变。4月下旬，毛泽东离开北京，前往南方视察。此时正是春暖花开时节，毛泽东在视察的途中，看了铁路公路两旁庄稼的长势，听了一些地方负责人的汇报，对农村的形势作出了新的判断，认为农民生产消极的只是小部分。尤其是中共中央上海局书记柯庆施对他讲了一个情况，说他经过调查，县、区、乡三级干部中，有30%的人反映要"自由"的情绪，不愿意搞社会主义。这使毛泽东立即意识到：这种"不愿意搞社会主义"的人，下面有，省里有，中央机关干部中也有。中央农村工作部反映部分合作社办不下去，是"发谣风"。

---

① 薄一波：《若干重大决策与事件的回顾》上卷，中共中央党校出版社1991年版，第372页。

回到北京之后，毛泽东于5月5日晚找邓子恢谈浙江收缩合作社的问题，他警告邓子恢说："不要重犯一九五三年大批解散合作社的错误，否则又要作检讨。"① 但邓子恢却没有跟上毛泽东认识的变化。在此次谈话后的第二天，即5月6日，他在第三次全国农村工作会议的总结报告中，仍强调要坚持停止发展、全力巩固的方针。

5月9日，毛泽东再次约见邓子恢、中央农村工作部副部长廖鲁言以及国务院副总理李先念、粮食部副部长陈国栋。毛泽东说：下半年粮食征购任务原定900亿斤，可考虑压到870亿斤。这样可以缓和一下，这也是个让步。粮食征购数字减少一点，换来个社会主义，增加农业生产，为农业合作化打基础。今后两三年是农业合作化的紧要关头，必须在3年内，打下合作化的基础。他问邓子恢：1957年化个40%，可不可以？邓子恢说：上次说三分之一，还是三分之一左右为好。毛泽东勉强表示：三分之一也可以。接着又说：农民对社会主义改造是矛盾的，农民是要"自由"的。这种思想党内也有。显然，毛泽东对邓子恢仍坚持原来的发展速度已经有所不满了。

5月17日，毛泽东在北京主持召开华东、中南、华北15省市委书记会议。会上，有的省委书记汇报说，按照中央农村工作部的建议收缩合作社，引起了农村干部和群众的不满。也有人在汇报中埋怨中央农村工作部压制了下面办社的积极性。这些汇报进一步使毛泽东认为中央农村工作部这一阶段反映的农村情况是不真实的，停止发展农业合作社是不正确的。毛泽东说："合作社问题，也是乱子不少，大体是好的。不强调大体好，那就会犯错误。在合作化的问题上，有种消极情绪，我看必须改变。再不改变，就会犯大错误。对于合作化，一曰停，二曰缩，三曰发。缩有全缩，有半缩，有多缩，有少缩。社员一定要退社，那有什么办法。缩必须按实际情况。片面的缩，势必损伤干部和群众的积极

---

① 中共中央文献研究室：《毛泽东年谱（1949—1976）》第二卷，中央文献出版社2013年版，第369页。

性。后解放区就是要发，不是停，不是缩，基本是发；有的地方也要停。但一般是发。华北、东北等老解放区里面，也有要发的。譬如山东30%的村子没有社，那里就不是停，不是缩。那里社都没有，停什么？那里就是发。该停者停，该缩者缩，该发者发。"① 毛泽东在这里虽然也重申了停、缩、发的方针，但他所强调的已不是停和缩，而是如何发。

6月14日，刘少奇主持中共中央政治局会议，听取中央农村工作部关于第三次全国农村工作会议情况的汇报。刘少奇提出："建社有很大成绩。要估计到我国和苏联情况不同。苏联农业集体化以后，一两年内减产。我国显然不同，社一建立起来，百分之七十五都增产（去年）；减产的，整顿后第二年也增产了。对农业合作化事业要有充分的信心，对成绩要有充分的估计。"② 会议批准了到1956年秋收前农业生产合作社发展到100万个（即在已有65万个社的基础上增加35万个，一年翻半番）的计划。

7月11日，毛泽东又一次约见了邓子恢，参加约见的还有农村工作部的副部长陈伯达、廖鲁言、刘建勋、陈正人和秘书长杜润生及谭震林。邓子恢汇报了全国农业合作化的基本情况。毛泽东听完汇报后，严厉批评邓子恢，说邓子恢自以为了解农民，又很固执。邓子恢作了检讨，还说，主席啊，我没有说过"砍"合作社。毛泽东说，你没有说过"砍"合作社，我就放心了。我的话说得挖苦一些，没有别的意思，就是希望你们今后注意。但是，这次谈话后，邓子恢对于1956年发展合作社要在1955年65万个合作社的基础上翻一番，达到130万个仍然放心不下，经过反复考虑，于7月15日又向刘少奇反映，说130万不行，还是100万为好。刘少奇说："邓老，你们是专家，这个意见我们

---

① 中共中央文献研究室：《建国以来重要文献选编》第6册，中央文献出版社1993年版，第224页。

② 转引自中共中央文献研究室：《毛泽东传（1949—1976）》，中央文献出版社2003年版，第379页。

考虑。"毛泽东对邓子恢坚持己见甚为生气，对中央秘书长邓小平说："邓子恢的思想很顽固，要用大炮轰！"①

7月18日，毛泽东致信杜润生，要他将第三次全国农村工作会议的各项材料，如报告、各人发言和结论"送我一阅"。根据这些材料和邓子恢几次谈话的内容，他开始着手撰写《关于农业合作化问题》一文，准备"用大炮轰"邓子恢了。

为了讨论农业合作化问题，毛泽东和中共中央决定召开一次各省、市、自治区党委书记会议。会前，中共中央书记处召集农村工作部的负责人开会，邓小平传达了毛泽东的原话：看来像邓子恢这种思想，他自己转不过来，要用大炮轰，中央决定召开地委书记以上会议，各省市委书记和中央各部部长、副部长都参加。

7月31日，省、市、自治区党委书记会议在北京召开，毛泽东在会上做了《关于农业合作化问题》的报告。报告一开头，就对邓子恢等人的所谓"右倾"错误做了严厉批评，他说："在全国农村中，新的社会主义群众运动的高潮就要到来。我们的某些同志却像一个小脚女人，东摇西摆地在那里走路，老是埋怨旁人说：走快了，走快了。过多的评头品足，不适当的埋怨，无穷的忧虑，数不尽的清规和戒律，以为这是指导农村中社会主义群众运动的正确方针。""否，这不是正确的方针，这是错误的方针。"② 毛泽东在报告中认为，解决农业合作社问题，仍需要3个五年计划的时间，但必须加快农业合作化的速度。其主要理由是：社会主义工业化是不能离开农业合作化而孤立地去进行的；大多数农民有一种走社会主义道路的积极性；党是有能力领导全国人民进到社会主义社会的。后来，这个报告一直传达到了农村党支部，各地纷纷检查"右倾保守思想"，批判"小脚女人"，修改原订的农业合作社发展规划，对农业合作化运动作出重新部署，农业合作社于是迅猛发

---

① 中共中央文献研究室：《毛泽东传（1949—1976）》，中央文献出版社2003年版，第380—381页。

② 《毛泽东文集》第六卷，人民出版社1999年版，第418页。

展起来。

10月4日，扩大的中共七届六中全会在北京举行。这是一次进一步批判农业合作化运动中的"右倾机会主义思想"，重新规划农业合作化的发展速度的会议。会上，中央农村工作部的领导人邓子恢、廖鲁言、杜润生检讨自己的"右倾错误"。会议最后一天，毛泽东做了题为《农业合作化的一场辩论和当前的阶级斗争》的结论，将前一阶段与邓子恢等在合作化速度上的分歧，概括为13个问题，并逐一做了批驳。毛泽东在会议的结论中还对邓子恢和中央农村工作部做了点名的批评。

中共七届六中全会后，伴随着对"小脚女人"和右倾保守思想的批判，农业合作化运动的速度进一步加快。1956年4月30日，《人民日报》向全世界宣布：中国农村基本上实现了初级农业合作化。到这时，全国农业生产合作社共有100.8万个，入社农户10668万户，占全国农户总数的90%。其中，除湖南、四川、云南3省入社农户在总农户数的70%以上不到80%以外，其余的省、市都在80%以上，并且有15个省、市达到了90%以上。与1954年相比，农业生产合作社增加了3倍，入社农户增加了4倍。在农业合作化运动大发展的同时，很多农业社进行了合并，由小社并成大社。到1956年3月底，农业社总数比1955年底减少了81.6万个，但入社的农户增加了3122万户，平均每社由40户增加到98户，其中初级社平均50户。

全国基本实现初级形式的农业合作化后，高级社的发展也异常迅速，1956年上半年，北京、天津、上海3市，河北、山西、辽宁、吉林、黑龙江、河南、广西、青海等省，已经实现农业的高级合作化，加入高级社的农户占各省、市总农户的90%—95%。其他各省也有大部或一部分地区实现了高级合作化。1956年12月，全国高级社发展到54万个，入社农户占总农户的87.8%。加入初、高级社的农户占总农户的96.3%。

4. 资本主义工商业的社会主义改造

在开展大规模农业合作化运动的同时，对资本主义工商业的社会主义改造也在如火如荼地进行。

为了总结中国共产党对资本主义工商业实行利用和限制政策的经验，1953年三四月间，中共中央统一战线工作部部长李维汉率领调查组到武汉、上海、南京、无锡等地调查。5月27日，调查组向中共中央报送了关于《资本主义工业中的公私关系问题》的调查报告。报告阐明了国家资本主义的地位和作用。指出：国家资本主义是我们利用和限制资本主义的主要形式；是将私营工业逐步纳入国家计划轨道的主要形式；是资本主义工业逐步向社会主义过渡的主要形式。报告还说：随着私营工厂的国家资本主义的改造，其中的资产阶级分子就获得逐步进行思想改造的物质基础，因而有可能逐步改造为国营工业的管理或技术干部。

中共中央非常重视这个报告。6月15日和6月29日，两次举行政治局扩大会议，讨论资本主义工商业的社会主义改造问题，从指导思想上确定了对资本主义工商业实行利用、限制、改造的方针，明确了国家资本主义的形式是改造资本主义工业的必由之路。在此之前，对待资产阶级的政策主要是利用和限制，到这时，发展成为利用、限制、改造，而且重点是改造，这里的改造包括对企业的改造和对资本家个人的改造，即将私营企业改造成为社会主义的全民所有制企业，将资本家改造成为自食其力的社会主义劳动者。

从实践上看，国家资本主义的形式，在1953年以前，重点放在了工业中的委托加工、计划订货、统购包销和商业中的委托经销代销等初级的国家资本主义的形式上。

不过从总的情况看，私营工业接受加工、订货、包销等国家资本主义的形式是一年年增多，到1952年，已占整个私营工业总产值的56%。

单个企业的公私合营在 1949 年全国解放时就出现了。个别企业的公私合营有这样几种情况：第一种情况是没收官僚资本和敌伪财产形成公私合营企业。1951 年 1 月 5 日，政务院发布《企业中公股公产处理办法》，规定企业中的国民党政府及其经济、金融机关的股份和财产，前敌国政府及侨民在企业的股份和财产，战犯、汉奸、官僚资本家在企业的股份和财产，均作为企业的公股，这样的企业经过清理后，就变成公私合营了。例如，著名的南洋兄弟烟草公司，在全民族抗战初期与宋子文订立合同，向宋出售股份的一半，解放后，宋的股份作为官僚资本没收成为公股，因此 1951 年该公司就实现了公私合营，由公方派人担任董事长，私方派人任副董事长，总经理则由私方担任，副总经理又由公方派人担任。又如秦皇岛的耀华玻璃厂，是 20 世纪 20 年代由著名实业家周学熙引进比利时的先进技术、设备和资本创立的中外合资企业。1936 年日本收购了比方的股份，企业由中比合资变成了中日合资。抗日战争胜利后该厂被国民党政府接收，变成了官商合办企业。1948 年秦皇岛解放后，人民政府没收了官股，企业实现了公私合营。

第二种情况是国家扶持和由于资本家经营发生困难而要求实现公私合营。例如，抗日战争时期成立的宝鸡申新纺织公司，是解放前西北地区最大的民族资本企业，但在解放时企业陷入了资金枯竭、管理混乱、偷盗盛行的状态，造成严重亏损，到 1951 年已到了无法维持的局面，强烈要求政府想办法挽救企业。鉴于这种情况，人民政府投资 1380 万元（当时核定该企业的资产为 1130 万元），并派出了 200 多名干部，其中包括 40 余名县委、地委一级的干部，该企业也就变成了公私合营企业。

第三种情况是，解放初期，一些私营企业资金困难，人民政府向其提供贷款和原料，但这些企业一贷再贷而经营仍然困难，政府的贷款无法收回，就只好将贷款转作投资将企业实行公私合营。例如，武汉第一纱厂，解放时一部分股东外逃，工厂停工。解放后，人民政府先后贷款 45000 元，原棉 3 万担，企业恢复了生产，但由于管理不善，到 1951

年又亏损达76万元，已到了无法维持的地步。为此，政府除将原贷款、贷物作为投资外，又投入了100万元，该厂实现了公私合营。

第四种情况，就是"五反"运动中揭发出不少资本家有偷税漏税行为，国家将资本家应补交的税款和罚款，当做向该企业的投资，使原有的私营企业变成了公私合营企业。

在1953年之前，个别的企业的公私合营数量并不是很多。到1952年年底，全国共有1012家，占全部公私合营、私营企业的0.7%，总产值13.7亿元，占11.5%。

从1954年到1955年年底，是单个企业公私合营发展阶段。1954年1月30日，中共中央批准中央人民政府政务院财经委员会《关于有步骤地将十个工人以上的资本主义工业基本上改造为公私合营的意见》，明确了关于扩展公私合营工业的工作方针，是"巩固阵地，重点扩张，作出榜样，加强准备"。并计划将其中的651家较大的资本主义工业企业，纳入公私合营。实际上，这一年，公私合营了近800户较大的私营工业企业。到1954年年底，全国公私合营工业户数达1764户，同全国的私营工业比较，虽然合营户数不到1%，产值却占33%，职工占23%。

个别企业公私合营后，企业的利润在分配上采取"四马分肥"的方式，即合营后企业的利润分为国家所得税、企业公积金、职工福利费、资方红利四部分，资方红利大体只占四分之一。具体比例是这样的：所得税34.5%，企业公积金30%，职工福利基金15%，资方红利20.5%。公私合营后企业利润的大部分归了国家和工人，基本上是为国计民生服务的。

1955年夏季以后，农业社会主义改造的迅猛发展，对资本主义工商业的改造有很大影响。一方面，占全国人口绝大多数的农民将走入社会主义，搞社会主义是大势所趋；另一方面，随着农业合作化的实现和统购统销政策的落实，私人资本主义企业无法从农村直接购买生产原料，而中国当时的私营企业，大多从事轻纺及粮食加工，从市场上买不到棉花和粮食，也就不得不接受社会主义改造。

1955 年 11 月 16 日至 24 日，根据毛泽东的提议，中共中央召开资本主义工商业改造问题工作会议。毛泽东在最后一天参加会议并讲话。他说，帝国主义眼前还不敢发动战争，我们要趁着这个机会，加快社会主义改造，加快我国的发展。这次会议讨论并通过了《中共中央关于资本主义工商业改造问题的决议（草案）》，确定把对私营工商业的社会主义改造，从单个企业的公私合营推进到全行业公私合营阶段，实行定息制度。

所谓全行业的公私合营，就是将同一种性质的若干私营企业进行合并改组。工业企业的公私合营，一种办法是合并，将小厂合并到大厂里，或者几个小厂合并成一个大厂；另一种办法是淘汰，那些设备很落后的小厂就不要了，将工人、职员安插到大厂、先进厂去。例如，北京市将全市 11 家私营机制面粉厂组建成北京市公私合营面粉厂。商业、交通运输业和其他服务性行业，则将同类企业组建专业性的公私合营公司。全行业公私合营后，对于资本家和资方代理人，则由政府全部包下来，根据其特长安排适当的工作。当时，将个别企业的公私合营叫做"吃苹果"，将全行业的公私合营称为"吃葡萄"，前者是一个个地吃，后者是一串串地吃。

全行业公私合营后，在企业利润的分配上，则不再实行"四马分肥"，而是采取定息的办法。也就通过核定私营企业的资产，将其总资产额按照当时银行的利率，每年付给一定的利息。比如，某私营企业的总资产为 100 万元，当年银行的年利率为 5%，也就国家每年付给这家企业的股东 5 万的利息，付息的时间为 10 年。

全行业的公私合营后，企业的生产资料由原来单个公私合营企业的公私共有，转归国家支配。资本家丧失了"三权"：即对生产资料的支配权、管理权、人事调配权。资本家虽然还对生产资料有所有权，但已不能买卖，只是在一定时期内起领取定息凭证的作用。这时企业基本上属于社会主义性质的了。

1955年年底和1956年年初，各地敲锣打鼓，掀起资本主义工商业改造高潮。到1955年12月上旬为止，仅据上海、天津、北京、武汉、广州、重庆等城市和江苏、浙江、安徽3省的不完全统计，私营工业中约有30多个行业，约2000多个工厂，私营零售商业中约有10多个行业，3000多家商店，已经政府批准实行了全行业公私合营。

进入1956年1月后，首都北京各个区日夜锣鼓喧天，爆竹声接连不断；各大街上的私营厂、店，到处张灯结彩，庆祝公私合营的游行队伍一队接着一队。仅1月10日这一天，全市就有17963户私营工商业走上了全行业公私合营的道路。1956年1月15日，北京天安门广场举行集会，在郊区农民代表报告实现农业合作化的喜讯之后，工商界代表乐松生在天安门城楼向毛泽东报告了首都已实现全行业公私合营的喜讯。

继北京之后，全国各大城市和50多个中等城市，于1月底全部实现了全行业的公私合营。在这一年的第一季度末，除西藏等少数民族地区外，全国各地基本上实现了全行业的公私合营。

为什么会在如此短的时间里完成了对资本主义工商业的社会主义改造？

第一，经过抗美援朝、土地改革、镇压反革命等一系列的政治运动，以及总路线公布后广泛深入的社会主义前途的宣传教育，人们的政治觉悟普遍提高，"跟共产党走，走社会主义道路"已是大势所趋，人心所向。特别是经过"五反"运动后，人民政府和工人阶级已完全有可能控制资本主义工商业的局面，资本家实际上已丧失了控制企业的权力，这是能够顺利实现公私合营的一个重要条件。

第二，随着第一个五年计划的实施，社会主义国营经济进一步壮大，社会主义经济与资本主义经济相比已占决定性的优势地位，为对资本主义工商业的社会主义改造奠定了坚实的物质基础。与此相反，资本主义经济的力量则在削弱。1954年以来，私营工商业的利润大大下降，在生产方面也遇到了很多的困难，实际上离开国家已很难生存下来了，只有接受社会主义改造一条道路了。

第三，1955 年我国农业合作化运动进入高潮，到 1955 年年底，有不少省市已实现初级形式的合作化。与此同时，统购统销政策在全社会实行，粮食、棉花、油料及其他重要的农产品的收购均被纳入了统购统销的范围，这就进一步割断了私人资本主义与农村的联系，它再也不能从农村收购到原料，其产品也不可能直接销售到农村，资产阶级已失去了存在和发展的基础，不得不接受改造。

第四，从资产阶级本身来看，在民主革命时期他们曾有与共产党合作的历史，解放后，又经过国家资本主义的实践，受到了社会主义前途的教育，政治觉悟有了进一步的提高，他们中越来越多的人认识到在中国只能走社会主义道路，只能接受改造。当时，党和政府采取了多种措施做资本家的思想工作，例如，通过做资本家子女、家属的工作，使他们懂得劳动光荣的道理，并通过他们做资本家的工作。更主要的是，绝大多数的民族资本家是爱国的，他们从短短几年中国的变化中认识到共产党的力量，认识到只有共产党中国才能强大起来。

当然，还有一个原因，就是对资本主义工商业通过和平赎买的政策，有偿而不是无偿地将其转变为国营企业。这在社会主义各国中是从未有过的举措。尽管付给资本家的定息并不是很高，但年 5% 的定息，已大大超过了一般私营企业的股息红利。对于资方人员，也是采取"包下来"的政策，进行了全面的人事安排。据 1957 年的统计，全国拿定息的 70 万私方人员和 10 万资本家代理人，全部安排了工作。据几个大城市的调查，安排直接参加生产经营的占 40%—65%，安排为管理人员的为 35%—40%。对于部分资产阶级上层分子，由于他们在工商界具有较大的代表性，国家还安排了他们政治职务。据 1957 年年底的统计，他们中被安排为全国人大代表的 70 人，全国政协委员 65 人，担任部长、副部长 7 人，大专院校校长 2 人，副省长 7 人，北京、上海和天津三大城市的副市长 4 人及正副局长 24 人，正副厅长 35 人，中国最大的民族资本家荣毅仁先生就担任了上海市副市长。

对于手工业的合作化，在过渡时期总路线提出以后，也是采取积极领导、稳步前进的方针。组织形式是由手工业生产合作小组、手工业供销合作社到手工业生产合作社，步骤是从供销入手，由小到大，由低到高，逐步实行社会主义改造。农业合作化的猛烈发展，也影响了手工业的合作化速度。中共中央在1955年年底提出要求：在两年内基本完成手工业合作化。实际上，由于改变了过去按行业分期、分批、分片改造的办法，采取手工业全业一起合作化的办法，到1956年年底，参加合作社的手工业人员已占全体手工业人员的91.7%。

1956年9月，在中国共产党第八次全国代表大会上，刘少奇代表中共中央正式宣布："改变生产资料私有制为社会主义公有制这个极其复杂和困难的历史任务，现在在我国已经基本上完成了。我国社会主义和资本主义谁战胜谁的问题，现在已经解决了。"① 这就意味着，从1953年过渡时期总路线提出算起，仅用了3年的时间，就完成了从新民主主义向社会主义的转变。到这时，中国的社会主义经济制度基本建立。

社会主义改造尽管也有一些不足，如农业合作化运动初级社向高级社转变太快，农业社建立的同时没有解决分配上的平均主义问题等；资本主义工商业改造中改造要求过急、工作过粗、改变过快、形式过于简单划一等。但在这样复杂、困难、深刻的社会变革中，没有引起社会震荡，经济不但没有下降反而有了很大增长，这不能不说是一个伟大的创造和了不起的奇迹。

---

① 《刘少奇选集》下卷，人民出版社1985年版，第218—219页。

八、"大跃进"造成的困局与应对

社会主义改造完成后，中国共产党领导人民开始探索社会主义建设道路。由于社会主义建设经验不足和急于求成，1958 年轻率地发动了"大跃进"运动，结果欲速则不达，造成国民经济比例的严重失调。1959 年上半年，曾对"大跃进"运动中的"左"倾错误有所纠正，但 1959 年七八月间的庐山会议中断了纠"左"的进程，并且启动新一轮的"大跃进"，使国民经济遇到极其严重的困难。为了摆脱困境，1960 年年底，中共中央决定对国民经济实行"调整、巩固、充实、提高"的八字方针，随后制定了"农业六十条"，关、停、并、转了一大批企业，精简了大量的城镇人口。到 1962 年，国民经济调整初见成效，共和国从严重的经济困难中走了出来。

1."大跃进"运动的简要经过

1956 年社会主义改造的基本完成，意味着先进的社会主义制度在中国基本确立。然而，中国原本是一个经济文化十分落后的国家，经过新中国成立以来全国人民的共同奋斗，经济建设和各项事业取得了巨大成就，但经济落后的面貌还没有根本性的改变，生产力水平还很低下，这使人们产生了强烈的赶超意识。1956 年 9 月，毛泽东在中共八大预备会上的讲话中风趣地说："你有那么多人，你有那么一块大地方，资源那么丰富，又听说搞了社会主义，据说是有优越性，结果你搞了五六十年还不能超过美国，你像个什么样子呢？那就要从地球上开除你的球籍！"① 因此，要使社会主义应有的优越性充分发挥出来，就必须快速发展社会主义的生产力，在经济建设上取得比资本主义更快的发展速度。

中国原本是一个经济文化十分落后的国家，虽然新中国成立之后各项建设事业取得了巨大的成绩，与旧中国一穷二白的情况相比取得了巨大的进步，但与发达资本主义国家相比，甚至与苏联东欧一些社会主义国家相比，生产力水平与人民生活水平仍有很大的差距。毫无疑问，社会主义应当比资本主义的生产力水平更高，更具有现代化，但生产力水平的提高毕竟需要一个过程。随着社会主义制度的建立，我国出现了先进的社会制度与落后的社会生产力之间的强烈反差，当时人们还没有意识到社会主义建设的长期性与艰巨性，也没有意识到我国建立的社会主义还仅仅处在初级阶段。很显然，要使社会制度与生产力水平相适当，就应当快速发展生产力，因此，在当时的领导人看来，按部就班搞建设不行，四平八稳地发展太慢，必须打破常规，实现生产力发展的高速发展。

当年，我国建立的是高度集中的计划经济体制。这种体制有利于调集国家资源，集中力量办大事，也有利于优先发展重工业，特别是与国家安全密切相关的军事工业。但与这种体制相关联的便是物资供应的短缺。由于实行严格的计划经济管理，生产单位所需要的物资供应由上级调拨，这样需求总会大于供应；计划经济从理论上讲可以避免生产的无序与浪费，但任何周密的计划也不可能包罗万象，必然会导致某些产品的短缺。同时，在计划经济条件下，企业并不是真正独立的生产经营单位，无须自负盈亏，致使企业的预算约束软化，这必然造成企业扩张冲动和投资饥渴，盲目追求高速度和扩大企业规模，在这种情况下，容易产生急躁冒进情绪与生产计划上的高指标。可以说，这是"大跃进"的体制原因。

---

① 《毛泽东文集》第七卷，人民出版社 1999 年版，第 89 页。

1957 年 9 月，扩大的中共八届三中全会在北京召开。这次会议对后来发动"大跃进"产生了重要影响。会议听取和讨论了邓小平关于整风运动的报告、陈云关于改进国家行政管理体制问题和关于农业增产问题的报告、周恩来关于劳动工资和劳保福利问题的报告，并基本通过了《1956 年到 1967 年全国农业发展纲要（修正草案）》（简称"农业发展纲要四十条"）以及其他几个有关的规定或草案。

会议最后一天，毛泽东作了《做革命的促进派》讲话。这个讲话除了对前一阶段的反右派运动进行总结外，第一次对 1956 年的反冒进作了措辞较为严厉的批评，认为反冒进扫掉了多、快、好、省的口号，扫掉了"农业发展纲要四十条"，扫掉了促进委员会，对这几项东西要恢复。讲话还提出了一些对后来"大跃进"产生了重要影响的社会发展目标，如中国要变成世界第一个高产的国家，争取用半个世纪搞到亩产两千斤；用三个五年计划或者更多一点的时间，钢产量达到两千万吨；要使中国变成四无国：一无老鼠，二无麻雀，三无苍蝇，四无蚊子；等等。

10 月 26 日，中共中央发出《关于组织全民讨论"1956 年到 1967 年全国农业发展纲要（修正草案）"的通知》，要求就农业发展纲要四十条"在全民中进行一次讨论，即在农村、工厂、机关、学校、部队和街道居民中展开一次大辩论，目的在认识方向，坚定信心，人人努力，改造中国"。在这种气氛下，全国农村迅速兴起大规模的农田水利建设和积肥运动，一些地方开始提出某些不切实际的高指标。通过发动群众实现经济社会超常规发展的"大跃进"运动，其序幕在农村率先拉开。

1957 年 11 月，毛泽东到莫斯科参加十月革命胜利 40 周年庆典及各国共产党和工人党代表会议。在莫斯科期间，苏联领导人赫鲁晓夫曾告诉毛泽东，在以后的 15 年中，苏联在主要工业产品总产量和人均产量方面，将赶上并超过美国。受此影响，在各国共产党工人党莫斯科会议上，毛泽东表示：苏联 15 年后可以超过美国，中国将用 15 年在主要产品方面赶上或超过英国。

自从 15 年赶超英国的目标提出来后，毛泽东认为，目前党内的右倾保守思想还没有克服，仍存在与多快好省相对立的少慢差费问题，而这个问题之所以出现，又是受了此前反冒进的影响。于是，他力图通过批评反冒进，使主张反冒进的人转变思想，统一党内对建设规模和速度问题的认识。1958 年 1 月、3 月和 4 月，中共中央在南宁、成都和武汉相继召开工作会议，批评反冒进都是毛泽东讲话的主要内容，并且措辞一次比一次严重。与此同时，各种报刊也纷纷发表文章，指责反冒进"给当时正在蓬勃发展的群众高潮泼了一瓢冷水"，强调社会主义建设的新高潮已经到来，"应当接受以往的经验教训，采取正确的态度和正确的方法"①。在对反冒进一片指责声中，许多地方提出要用 5 年、6 年、7 年的时间去完成原定 12 年的全国农业发展纲要（修正草案）提出的指标，地方工业在今后 5 年内要实现几倍的增长，各行各业都提出自己的"跃进"计划，以高指标为重要特征的"大跃进"在全国城乡被发动起来。

1958 年 5 月，中共八大二次会议召开。这次会议正式通过了"鼓足干劲，力争上游，多快好省地建设社会主义"的总路线。这条总路线反映了人们迅速改变中国经济文化落后面貌的强烈愿望，但忽视了客观经济规律，在实际工作中，"多"和"快"很快就成了总路线的核心，由于一味求"快"，总路线变成高速度的代名词。随着这次大会的召开，"大跃进"浪潮席卷全国。

毫无疑问，每个爱国的中国人都希望自己的国家早点强大起来。在"大跃进"过程中，全国人民以迅速改变中国贫穷落后面貌的信心和决心，发挥出了前所未有的干劲。当时，人们将钢铁产量作为衡量一个国家工业化程度甚至发展水平的主要依据，"大跃进"的重要目标是"超英赶美"，也就是要在较短的时期内主要工业产品特别是钢铁的产量赶

---

① 《打破旧的平衡，建立新的平衡》，《人民日报》1958 年 2 月 28 日。

上和超过英美等发达资本主义国家。一开始还提出 15 年赶上英国，随着"大跃进"发动并进入高潮，赶超英国的时间一再被缩短，这年 6 月提出要在两年内实现赶超英国的目标，于是提出"以钢为纲"的口号。1958 年 8 月，中共中央政治局在北戴河召开扩大会议，正式决定 1958 年钢产量要达到 1100 万吨，对外宣布是比 1957 年的 535 万吨翻一番实现 1070 万吨。可是，在北戴河会议召开时，全国只生产了 450 万吨钢，尚有 600 多万吨的任务没有完成。显然，这是正规的钢铁企业按常规进行生产所无法实现的，因此，北戴河会议明确提出要来一个大炼钢铁的群众运动。1958 年 10 月，全国参加"小、土、群"（即小型、土法冶炼、群众运动）炼钢铁的劳动力达到 6000 万人，12 月更增加到 9000 多万人。

1958 年 12 月 21 日，新华社正式宣布："据冶金工业部 12 月 19 日为止的统计，今年全国已经生产钢 1073 万吨，比 1957 年的钢产量 535 万吨增加了一倍挂零。"[①] 1070 万吨钢的任务虽然勉强完成，但付出了巨大的代价。为了全力保钢，当时提出的口号是"停车让路，首先为钢"，时称"钢铁元帅升帐"，要求各部门、各地方必须将钢铁生产放在首位，打乱了正常的生产、工作秩序。同时，其他部门也因为给"钢铁元帅""停车让路"，致使工农业比例、工业与交通运输业的比例、工业内部各部门间的比例严重失调。在"大炼钢铁"的群众运动中，不但造成了巨大的浪费，也对生态环境造成了很大的破坏。特别是农村大量青壮年劳动力被抽调去从事钢铁生产，农业生产的劳动力严重不足，不但许多本已成熟的庄稼未能及时收回，造成丰产不丰收，而且许多地方冬小麦未能及时下种，成为 1959 年粮食产量大幅度下降的重要原因。

在农业生产上，"大跃进"最初表现为开展大规模的农田水利建

---

① 《一年之间钢产加番，在世界钢铁史上写下辉煌的一章》，《人民日报》1958 年 12 月 22 日。

设、深翻土地、农具改革、合理密植等，虽然取得了一定的成效，但也出现了严重的形式主义和瞎指挥与强迫命令，深翻土地以为翻得越深越好，合理密植变成种子越下越多。随后则表现为大放各种高产"卫星"，出现了亩产数千斤的小麦，亩产几万斤甚至十几万斤的水稻，导致浮夸风盛行。由于高指标和浮夸风的影响，中央想当然地认为我国的生产力已经有了惊人的发展，要求有更高形式的生产关系与之适应。北戴河会议通过了《中共中央关于在农村建立人民公社问题的决议》，决定在农村大办人民公社，并且明确提出要利用人民公社的形式探索出一条过渡到共产主义的有效途径。于是，在未做认真试验、未做广泛调查研究的情况下，全国农村一哄而起，将农业生产合作社合并成"一大二公"的人民公社，并在分配上实行所谓供给制加工资制的分配方式，在生活上建立公共食堂。北戴河会议后仅一个月的时间，全国农村就基本实现了人民公社化，导致"一平（平均主义）二调（无偿调拨）"的"共产风"盛行，严重挫伤了农民的积极性。

北戴河会议后，对于"大跃进"和人民公社化运动中出现的"共产风"、浮夸风等问题，毛泽东已经有所觉察。1958 年 11 月 2 日至 10日，中共中央在郑州召开有中央和地方部分领导人参加的会议（即第一次郑州会议），由此开始了半年多的纠"左"工作。会议开始后，毛泽东多次找与会的省委书记谈话，做高级干部的"降温"工作。他提醒说，苏联搞了 40 年社会主义，还没有宣布进入共产主义，中国才搞几年社会主义，不要那么急急忙忙地宣布过渡。11 月 21 日至 27 日，中共中央政治局在武昌召开扩大会议。毛泽东在会上指出，破除迷信，不能把科学当作迷信破除。凡是迷信，一定要破除；凡是真理，一定要保护。必须老老实实，不要弄虚作假，要压缩一些过高的生产指标。

1958 年 11 月 28 日至 12 月 10 日，中共八届六中全会在武昌召开，全会通过了《关于人民公社若干问题的决议》，强调农业社变为人民公社，不等于已经把农村中的集体所有制变成了全民所有制，要在全国农村实现全民所有制，还需要一个相当长的时间；由集体所有制变为全民所有制，并不等于社会主义变成共产主义。由社会主义变为共产主义，比集体所有制变为全民所有制，需要经过更长的时间。随后，各地普遍开展整顿人民公社的工作，遏制了急急忙忙向全民所有制过渡、向共产主义过渡的势头。

1959 年 2 月 27 日至 3 月 5 日，中共中央政治局在郑州再次召开扩大会议（即第二次郑州会议），并形成了《郑州会议记录》。毛泽东指出，人民公社目前存在一个相当严重的矛盾，这主要是目前我们跟农民的关系在一些事情上存在一种相当紧张的状态，突出的现象是 1958 年农业大丰收以后，主要农产品收购任务完不成，普遍发生瞒产私分。提醒广大干部要懂得价值法则、等价交换，努力克服和纠正"共产风"问题。这次会议确定了整顿和建设人民公社、遏制"共产风"的基本政策：统一领导，队为基础；分级管理，权力下放；三级核算，各计盈亏；分配计划，由社决定；适当积累，合理调剂；物资劳动，等价交换；按劳分配，承认差别。明确规定生产队（或管理区）是人民公社的基本核算单位，取消一县一社的体制。

1959 年第二季度，"大跃进"造成的国民经济比例失调的严重后果进一步暴露出来。一方面是农业生产情况很不好，夏收粮食、油料大幅度减产，蔬菜、肉类等副食品短缺。另一方面是钢铁产量上不去，1959 年前 4 个月按计划应该生产钢 600 万吨，实际只完成 336 万吨。其他工业部门特别是轻工业被挤占，日用品生产下降，许多商品库存减少，造成供应紧张。1959 年 5 月中旬，中共中央和毛泽东根据陈云的建议，将 1959 年的钢产量指标由 1800 万吨降低为 1300 万吨。同时，调整了农村政策，决定恢复社员的自留地，允许社员饲养家畜家禽，鼓励社员充分利用屋旁、路旁的零星闲散土地种庄稼和树木。

经过几个月纠"左"，刹住了急于向全民所有制和共产主义过渡的势头，"共产风"得到初步遏制，许多混乱不清的政策问题得到明确；工业领域一些过高的指标降了下来，取消商品生产和商品交换的做法被中止，形势正在向好的方面转化。但是，由于当时"大跃进"和人民公社化运动存在的问题还没有完全暴露出来，第一次郑州会议后的纠

"左"，总体上是在 1958 年以来关于"大跃进"和人民公社的"左"的指导思想的大框架内进行的，因而"左"的错误还没有得到彻底纠正。

为了进一步总结经验教训，1959 年 7 月，中共中央政治局在庐山召开扩大会议。会议过程中，政治局委员彭德怀为会议未能彻底解决前一阶段中存在的问题而忧虑，给毛泽东写了一封信，在肯定 1958 年成绩的基础上，指出了"大跃进"以来工作中的严重问题及其原因。彭德怀的出发点是好的，内容实事求是，做法也符合组织原则。但这封信却引起了毛泽东的不满，进而决定召开中共八届八中全会，开展"反右倾"，错误地将彭德怀、黄克诚（中央书记处书记、解放军总参谋长）、张闻天（中央政治局候补委员、外交部副部长）、周小舟（中共湖南省委第一书记）打成"反党集团"，并决定在全党范围内开展"反右倾"斗争。庐山会议在政治上使党从中央到基层的民主集中制遭到严重损害，经济上打断了纠正"左"倾错误的进程，使错误延续了更长的时间。

庐山会议的主题原本是纠"左"，但后来发生了"反右倾"的逆转。如果彭德怀不写那封信，庐山会议是否能完成纠"左"，"大跃进"的错误能否纠正？历史的发展有其必然性也有其偶然性，但偶然性是必然性的反映。如果没有彭德怀那封信，庐山会议或许不会发生如此强烈的逆转。但应该看到的是，庐山会议之前及这次会议前期的纠"左"是有限度的，只是纠正一些具体工作中"左"的做法，而且纠"左"的目的是为了更好地"跃进"，并没有完成指导思想上的纠"左"，更不可能意识到"大跃进"与计划经济体制之间的必然联系。即使彭德怀没有写那封信，经济上的"大跃进"也不会停止。正因为"左"的指导思想没有从根本上得到改变。因此，当纠"左"纠到一定程度，即超越毛泽东可能允许的范围时，就会提出反右的问题，从这个角度来看，庐山会议出现这样的结局又具有其必然性。

当时，干部群众中出现了一些对"大跃进"和人民公社不满的声音。毛泽东却认为，"大跃进"和人民公社是了不起的发明，是实现"超英赶美"的有效途径，与取得的成绩相比，缺点和不足是"一个指头"的问题，成绩是主要的，是"九个指头"，具体错误可以纠正，但对"大跃进"、人民公社和社会主义建设总路线这"三面红旗"不能否定，而彭德怀对"大跃进"的评价，已大大超过了他所允许的"一个指头"的限度。

庐山会议之后，又开始新一轮的"大跃进"。如果说，1958 年的"大跃进"是为了"超英赶美"，那么，庐山会议的新一轮"大跃进"则是为了回击所谓"右倾机会主义者"的进攻，以此证明"大跃进"和人民公社的正确性。结果，不但使庐山会议前的纠"左"努力付诸东流，而且使以高指标、浮夸风、"共产风"和瞎指挥为主要标志的"左"倾错误再度泛滥起来。由于"大跃进"和人民公社化运动中的"左"倾错误，加之遭受比较严重的自然灾害，从 1959 年起，我国粮食产量连年下降，国民经济比例严重失调，人民生活水平也大幅度降低。

2. 国民经济面临的严重困难

1958 年至 1960 年的两度"大跃进"，其主观愿望无疑在于迅速改变我国贫穷落后面貌，以比较快的经济发展速度赶上并超过主要的发达资本主义国家，在两种社会制度的对比中显示出社会主义的优势，把我国建成一个强大的社会主义国家，并尽早实现人类美好的共产主义理想。但是，由于它在强调人的主观能动性的同时，忽视和违背了客观规律，采取群众运动的方式向自然界开战，在明知不可能的情况下，不能实事求是地面对现实，硬着头皮去完成毫无意义的高指标。结果，欲速则不达，给我国经济社会发展带来了严重的后果。

1960 年的"大跃进"实际上带有很大的赌气性质，因为"右倾机会主义分子""非难人民公社，非难大办钢铁，非难大跃进，企图动摇总路线，散布悲观情绪"。[①] 因此，有必要用事实证明总路线是正确的，

---

① 中共中央文献研究室：《建国以来重要文献选编》第 12 册，中央文献出版社 1997 年版，第 497 页。

"大跃进"是可以实现的，人民公社是有无限优越性的。于是，不顾国民经济已经遇到严重困难的客观事实，再次提出超越生产能力的高指标，发动新一轮的"大跃进"。如果说，1958 年的"大跃进"，是人民群众带着迅速建设一个强大的新中国的美好愿望而自觉自愿地投入到运动中的话，那么，1960 年的"大跃进"，则在很大程度上是在"反右倾"的政治压力之下展开的。以高指标为特征的"大跃进"，实际上是以钢为中心的重工业的片面冒进。某一工业部门在一定时期一定条件下，有一个比较高的发展速度也是有可能的。但这种高速度，一则不可能持久，二则是要以牺牲其他部门经济的发展为代价，而后者又直接影响到前者，其结果只会是由单兵冒进变成全军受挫、全面受困。

要实现高指标，但在当时生产力水平和科学技术条件下，就只能是一方面新建和扩建企业，另一方面直接加大现有企业的生产任务。这两方面都必须大规模增加劳动力。1958 年和 1960 年两度"大跃进"的后果之一，就是职工人数和城镇人口猛增，3 年时间全国职工人数翻了一番。职工人数的增加，工资水平也相对增加，使国家支出也就迅速增加，但财政收入却没有相应增加，出现严重的财政赤字，为此只能靠多发票子来弥补。到 1961 年，全国市场货币量比 1957 年增加了一倍，但同期的工农业总产值却只增加了 14.7%，市场货币流通大大超过了商品流通的正常需要。社会购买力同商品可供应量的差额，1960 年高达 74.8 亿元。虽然当时职工的工资水平很低，但由于职工人数增多，工资总额还是大幅度上涨，市场上过多的货币没有相应的物资供应来实现回笼，导致物价上涨。以 1957 年物价总指数为 100 计，1958 年指数为 100.2，1959 年为 100.8，1960 年为 104.5，1961 年为 122.0。物价上涨，必然导致人民生活水平降低。

职工队伍的急剧膨胀，就相应减少了用于农业生产的劳动力，影响农业生产。1957 年全国用于农业生产第一线的劳动力约为 1.53 亿人，1960 年减少到 1.35 亿人，"大跃进"以后的 3 年间共减少了 1800 万人，这必然影响农业生产特别是粮食生产。可同期职工人数和城市人口的大幅度增长，使城镇商品粮的供应大量增加。

然而，当时的农村形势也极不乐观。1959 年至 1961 年，我国农业连年遭受大面积的自然灾害。所谓"三年暂时困难"固然主要是"人祸"造成的，但也不能排除天灾的因素。中国是一个各种自然灾害频发的国家，几乎年年都会发生自然灾害，只是受灾的面积和程度有所区别而已。在 1958 年至 1962 年的 5 年中，1958 年、1959 年和 1962 年属于比较正常的年份，但受灾面积均超过了总播种面积的 20%。1960 年的受灾面积为总播种面积的 35.5%。1961 年的受灾面积更是达到了总播种面积的 37.4%。1960 年和 1961 年全国受灾面积均超过总播种面积的 35%，其中成灾面积分别为总播种面积的 18.78% 和 21.97%，这是 1949 年以来受灾面积和成灾面积最大的两年。应当说 1959 年至 1961 年连续 3 年遭受较大面积的自然灾害，是造成这几年粮食总产量下降的一个重要原因。

正如刘少奇在调整国民经济的过程中一再所说的，这几年的严重困难是"三分天灾，七分人祸"。造成国民经济出现严重困难的原因，主要还是工作中的失误，造成国民经济比例的严重失调，从而严重地影响到人民生活。在工业与农业的比例关系上，由于"大办工业"，从中央到人民公社一级上马大批的工矿企业，大量的农村青壮年劳动力被抽调去从事钢铁或其他工业生产，农业生产连年下降；在工业内部，由于搞"以钢为纲"，把大量资金、物质、人员用在钢铁生产上，特别是采取群众运动的方式"大炼钢铁"，其他行业都必须为钢铁生产"停车让路"，不但使与之相配套的一些重工业部门不堪重负，而且还严重冲击和挤占了轻工业。同时，由于"大跃进"、人民公社化运动以来"共产风"、浮夸风、生产瞎指挥风、强迫命令风和干部特殊化风盛行，以及分配上的平均主义，严重挫伤了农民生产积极性。人民公社化以来，粮食和其他主要农产品产量连年下降。1958 年，全国粮食产量为 4000 亿斤；1959 年为 3400 亿斤，1960 年为 2875 亿斤。棉花产量：1958 年 196.9 万吨，1959 年 170.9 万吨，1960 年为 106.3 万吨。1960 年油料作物 3405 万担，比 1957 年的 7542 万担减少一半以上；生猪年底存栏数 8227 万头，比 1957 年的 14590 万头减少 44%。这些农牧业产品的产量，大都退到了 1951 年的水平，油料作物的产量还不及 1951 年的一半。

为了保证城镇居民的最低商品粮供应，不得不加大对农民粮食的征购量，实行高征购。1958 年到 1960 年的 3 年间，每年粮食征购量都在 1000 亿斤以上。这 3 年粮食征购量及与粮食总产量的比重分别是：1958 年征购 1175 亿斤，占 29.4%；1959 年 1348 亿斤，占 39.7%；1960 年 1021 亿斤，占 35.6%。过高的粮食征购量，是以降低农民口粮为代价的。为了保证城镇居民的最低粮食需要，不得不从农民口中挤出粮食。按人口平均计算，全国农村拥有粮食消费量，1957 年为 409 斤，1959 年为 366 斤，1960 年为 264 斤。过低的口粮，加之没有自留地和家庭副业来弥补口粮的不足，农民又要在公共食堂吃"大锅饭"，致使农村发生较大面积的饥荒。据河北省 3.5 万多个生产队 1960 年 4 月的统计，每个社员每天平均吃粮水平达到 1 斤（以 16 两为 1 斤，下同）以上的有 7759 个队，占 21.7%，12 两以上 1 斤以下的有 21292 个队，占 59.6%；半斤以上 12 两以下的有 5316 个队，占 14.9%；不到半斤的有 1346 个队，占 3.8%；最少的只吃 3.4 两。

尽管中国农民作出了如此大的牺牲，但并没有换来城市居民生活的改善。相反，1958 年以后，城市居民的生活水平也连年下降，粮食供应日益紧张。1960 年全国粮食产量为 2870 亿斤，比上年减少 530 万斤，减少 15.6%，虽然征购量高达 35.6%，但当年销售却大于库存 620 万吨，国家库存粮食比 1957 年减少了 1180 万吨，按人均每年需要粮食 250 公斤计算，这年国家大约差 2400 万人的粮食。1960 年以后，交通沿线的国家粮食库存越挖越空。1960 年 6 月上旬，中共粮食部党组向中共中央报告说，京、津、沪和辽宁的大工业城市的粮食库存非常薄弱。北京只够销 7 天，天津只够销 10 天，上海已经没有库存，只能靠外贸部门的出口大米过日子，辽宁 10 个主要城市只够销八九天。1960

年 9 月底全国 82 个大中城市的库存粮食，比上年同期减少了近一半，还不到正常库存的 1/3。

1960 年，城市居民的消费水平比 1959 年下降了 13.6%；人均主要食品消费量与上年相比，粮食下降了 12.3%；食油由 4.5 斤下降到 3.7 斤，下降 18%；猪肉由 6 斤下降到 3.1 斤，下降了 48%。供应情况较好的北京，1960 年 4 月 15 日，猪、牛羊肉全部库存只有 361 万斤，看起来这个数字不小，但北京当时有 400 多万人口，库存还不到人均 1 斤。到 1961 年，情况更为严重，1 月至 4 月北京实际购进肉食 783 万斤，比 1960 年同期下降了 58.4%，4 月末的库存 150 万斤，与 1960 年同期下降了 62.9%，已无法保证市民每人每月 4 两肉的供应，发给居民的肉票无法兑现。由于后续货源无望，从 1961 年 6 月至 1962 年 2 月，北京不得不停发居民肉票。1961 年，全国八大城市的猪羊牛肉消费水平是：重庆每人每年 5 斤为最高，上海 3.6 斤，北京、武汉 2 斤，天津、广州 1.7 斤，西安 1.3 斤，沈阳 0.6 斤。鸡蛋：天津、广州、沈阳基本无货供应，武汉最高每人每年半斤，其他城市每人每年不足半斤。

由于片面地"以钢为钢"优先发展重工业，不但工农业比例严重失调，工业各部门间的比例失调也很严重。由于轻工业要为"钢铁元帅"停车让路，加之农业为轻工业提供的原料减少，致使 1960 年棉纱、棉布、卷烟、糖的产量都要低于 1958 年，其他轻工业产品产量也都不同程度地下降，造成市场商品极度匮乏。以沈阳市为例，1960 年同 1956 年相比，20 种主副食品的个人消费水平，有 15 种下降。1960 年 3 月供应居民的副食品只剩下"七大件"：3 两油，1 斤咸白菜，15 块豆腐，1 斤酱油，半斤酱，2 两醋和食盐。在用的方面，据沈阳市的调查，5 户居民中有 1 户缺铁锅，7 户中有 1 户缺苇席，有的居民没有锅就用面盆烧饭。当时，严重供应不足的日用品有铁锅、灯泡、饭碗、菜刀、笼屉、各种瓦盆、铝锅、饭勺、剪刀、锁、镜子、电池、自行车零件、水桶、木梳、苇席、橡皮、扫把等几十种。

1960 年前后严重困难局面出现后，以前一向为人们所称道的社会风气也大受影响,社会上偷盗抢劫现象明显增多,青少年犯罪大幅度上升,新中国成立后基本绝迹的暗娼土妓也在一些大中城市重新出现,社会治安明显不如"大跃进"之前。

3. 为克服严重困难采取的措施

要使国民经济摆脱困境,就必须下大力气进行调整。1960 年 9 月 30 日,中共中央批转了国家计委党组《关于 1961 年国民经济计划控制数字的报告》。该报告强调必须更好地贯彻执行"两条腿走路"的方针,把农业放在首要地位,使各项生产、建设事业在发展中得到调整、巩固、充实和提高,争取国民经济在更加牢固的基础上更好地继续"跃进"。这个报告第一次完整地提出了"调整、巩固、充实、提高"八个字(即"八字方针"),并将之作为调整国民经济的重要指导思想。

1960 年 12 月 24 日至 1961 年 1 月 13 日,中共中央在北京召开工作会议,主要讨论 1961 年的国民经济计划,同时总结各地农村人民公社整风整社试点的经验。

1961 年 1 月 13 日,毛泽东在中央工作会议上发表讲话。他在讲话中说,现在看起来,社会主义建设不要那么急。十分急了办不成,越急就越办不好,不如缓一点,波浪式向前发展。他强调:"不要图虚名而招实祸。我们要做巩固工作,提高产品质量,增加品种、规格,提高管理水平,提高劳动生产率。"[1] 毛泽东的这个讲话可以说是对"大跃进"运动教训的深刻总结,这不论在当时还是在现在都是有指导意义的。他还强调要大兴调查研究之风,要把 1961 年搞成调查研究之年、实事求是之年。随后,他亲自组织了 3 个调查组,分别前往浙江、湖南、广东 3 省农村调研。

中央工作会议结束的第二天,中共八届九中全会又在北京召开。八

---

[1] 《毛泽东文集》第八卷,人民出版社 1999 年版,第 237 页。

届九中全会批准对国民经济实行"八字方针",并且指出:"1961 年应当适当地缩小基本建设的规模,调整发展的速度,在已有的胜利的基础上,采取巩固、充实和提高的方针。这就是说,应当努力提高产品的质量,增加产品的品种,加强生产中的薄弱环节,继续开展群众性的技术革新运动,节约原材料,降低成本,提高劳动生产率。"① 从这时起,连续 3 年的"大跃进"终于刹车,国民经济由此进入调整期。

"大跃进"运动是在农业领域率先发动的,1959 年起国民经济的严重困难,最突出的表现却又是农业歉收、粮食短缺。因此,在调整国民经济的过程中,农业的恢复和发展就显得更为迫切。

1960 年 10 月,中共中央决定在农村开展整风整社运动,以克服群众反映强烈的"共产风"等问题。1960 年秋天,受中共中央委托,周恩来主持起草了《中共中央关于农村人民公社当前政策问题的紧急指示信》(简称"十二条")。这年 11 月 3 日,毛泽东对"十二条"作了几处重要修改。当天,中共中央用电报将"十二条"发给了生产大队、生产队党总支和党支部以上各级党的组织。"十二条"的主要内容是:三级所有,队为基础,是现阶段人民公社的基本制度,必须加强生产队的基本所有制,坚持生产小队的小部分所有制;坚决反对和彻底纠正"一平二调"的错误;允许社员经营少量的自留地和小规模的家庭副业;坚持各尽所能、按劳分配的原则;有领导有计划地恢复农村集市,活跃农村经济;等等。这是庐山会议以来在农村政策上一个历史性的文件,它标志着农业领域的纠"左"已迈开了实际步伐。

1961 年 3 月,中共中央决定在广州和北京分别召开工作会议,研究农村人民公社问题。不久,毛泽东和中共中央又决定将这两个会议合并在广州召开。这次中央工作会议经过认真的讨论,制订并通过了《农村人民公社工作条例(草案)》(简称"农业六十条")。"农业六十

---

① 中共中央文献研究室:《建国以来重要文献选编》第 14 册,中央文献出版社 1997 年版,第 85 页。

条"将人民公社的组织规定为公社、大队、生产队三级,减少了公社的管理层次,同时明确了公社、大队、生产队的责、权、利;强调自留地长期归社员使用,自留地的农产品,不算在集体分配的产量和口粮以内,国家不征公粮,不计统购;等等。

在广州会议结束的时候,中共中央就认真进行调查研究问题致信各中央局,各省、市、自治区党委,要求党的高中级干部联系最近几年工作中的经验教训,认真学习毛泽东的《关于调查工作》(即《反对本本主义》)一文。信中指出,最近几年农业、工业方面的具体工作中发生的缺点和错误,主要是放松了调查研究工作。中共中央要求从现在起,县以上的党委领导人员,首先是第一书记,要将调查工作作为首要任务,并订出制度,造成风气。只要坚持调查研究、实事求是的作风,目前所遇到的问题就一定能够顺利地解决,各方面的工作就一定能够得到迅速的进步。

广州中央工作会议之后,从党的领袖到省、地、县各级领导机关的干部,纷纷走出机关,深入农村,宣传"农业六十条",解决贯彻"农业六十条"时遇到的问题,全党上下大兴调查研究之风。

在这次全党大调查中,中央领导同志起了很好的表率作用。广州会议一结束,刘少奇就深入湖南农村,先后在宁乡、长沙的几个生产队,就公共食堂、供给制、社员住房、山林等问题进行了历时44天的调查,其中30天时间住在农村,有时甚至是住在生产队的猪场里。4月底5月初,周恩来到了河北邯郸,重点对武安县的伯延公社进行调查。与此同时,朱德前往河南、四川、陕西、河北等省进行调查,陈云到了当年组织农民运动的上海青浦县进行调查,邓小平和彭真率5个调查组在北京郊区的顺义、怀柔作了为期1个月的调查。

在中共中央的带领下,各中央局,各省、地、县的党委也纷纷组织调查组,深入本地农村了解"农业六十条"的贯彻情况。在调查研究的基础上,1961年5月21日至6月12日,中共中央在北京召开工作会议。会议的一项重要成果,是对"农业六十条"中关于公共食堂和供给制的内容作了重大修改，实际上是取消了这两项规定，同时对生产大队的山林、社员的房屋和干部纪律作出了明确规定，最后形成了"农业六十条"修正草案，下发各地贯彻执行。

在集中力量调整农村经济政策的同时，城乡手工业和商业政策问题也开始着手解决。1961年6月19日，中共中央发出《关于城乡手工业若干政策问题的规定（试行草案）》（简称"手工业三十五条"）和《关于改进商业工作的若干规定（试行草案）》（简称"商业四十条"）。"手工业三十五条"指出，整个社会主义阶段的手工业，集体所有制是主要的，个体所有制是社会主义经济的必要补充和助手，全民所有制只能是部分的，过多过早地过渡于生产反而不利。"商业四十条"指出除了国营企业、供销合作社商业，农村集市贸易也是必要补充。这两个文件的制定和实行，停止了"大跃进"以来取消农村集市贸易和小商小贩，以及将集体性质的手工业和商业向全民所有制过渡的错误。

为了扭转工业交通和基本建设方面的被动局面，1961年8月23日至9月16日，中共中央在江西庐山召开工作会议，讨论工业、粮食、财贸及教育问题，通过了《中共中央关于当前工业问题的指示》，强调在今后3年内，执行"八字方针"必须以调整为中心，下最大决心把工业生产和基本建设的指标，降到确实可靠、留有余地的水平上。会议还通过了《国营工业企业工作条例（草案）》（简称"工业七十条"），提出了国营企业管理的一些指导原则，并作了具体规定，不仅恢复了被"大跃进"运动否定、打乱的工业企业规章制度和正常秩序，还建立了一些"大跃进"运动之前未曾有的制度（例如厂长领导下的总会计师负责企业财务管理的有关规定），使工业企业的管理在调整中向规范和健全的方向迈进了一步。1962年第一季度，第一批试点的中央和地方工业企业近3000个，都不同程度地调整了企业内部关系，改善了管理工作。

为了统一全党尤其是中高级干部的认识，进一步总结经验教训，动员全党更坚决地执行调整方针，彻底战胜面临的经济困难，中共中央决定 1962 年 1 月召开一次有县级以上主要负责人，以及一些重要厂矿、部队负责干部参加的扩大的中央工作会议。因为与会者共达 7118 人，史称七千人大会。

1 月 11 日至 28 日是七千人大会第一阶段，讨论和修改刘少奇代表中共中央提出的书面报告草稿。经过与会者反复讨论和修改，最后形成《在扩大的中央工作会议上的报告》的定稿，作为大会的正式文件。报告在列举几年来社会主义建设的成就之后，指出工作中发生的缺点和错误，主要是：指标过高，基本战线过长，使国民经济比例严重失调；人民公社工作中犯了"共产风"和平均主义的错误；权力下放过多，分散主义倾向严重；由于高估产和建设速度过快过急，造成城市供应紧张和农业生产困难。上述缺点和错误所产生的结果，给经济生活造成了很大的损失。1 月 27 日，刘少奇在会上发表长篇讲话，对书面报告作补充说明。刘少奇认为，几年来不仅没有进，反而退了很多，出现了一个大的马鞍形，应该承认事实就是这样。成绩和错误，从全国来讲，恐怕是七个指头和三个指头的关系，有的地方，缺点错误还不止三个指头。关于造成经济困难的原因，刘少奇借用湖南农民的话说是"三分天灾，七分人祸"。对于工作中发生错误的原因，刘少奇指出：一方面是经验还很不够，另一方面是不少领导同志骄傲自满，违反实事求是和群众路线的作风，不同程度地削弱了民主集中制原则。

1 月 29 日至 2 月 7 日是七千人大会的第二阶段，开展积极的批评与自我批评。1 月 30 日，毛泽东在会上集中讲了民主集中制问题，强调不论党内党外都要有充分的民主生活，让群众讲话。有了错误，一定要作自我批评，让人批评。毛泽东作自我批评说："凡是中央犯的错误，直接的归我负责，间接的我也有份，因为我是中央主席。""第一个负责的应当是我。"① 毛泽东关于民主集中制的讲话，实际上成为七千人大会的主调。邓小平、周恩来分别代表中央书记处和国务院作了自

---

① 《毛泽东文集》第八卷，人民出版社 1999 年版，第 296 页。

我批评。邓小平强调要恢复中国共产党的优良传统，除加强调查研究、实事求是、联系群众、及时纠正错误外，必须健全党的生活，包括坚持民主集中制。周恩来对几年来工作的缺点错误进行了分析，指出不切实际地规定跃进的进度，使人们只注意"多""快"，不注意"好""省"；只注意数量，不注意品种、质量；只要高速度，不重视比例；只顾主观需要，不顾客观可能性；只顾当前要求，没有长远打算，结果是欲速则不达。这些自我批评，带动了会议的批评与自我批评的开展，在分组讨论中，各大组对省委、中央局、中央国家机关及其负责人几年来的工作，提出了许多批评；一些被批评者也坦诚接受，并作自我批评。

七千人大会对 1958 年以来的经验教训作了深入的总结，客观地分析了当时所面临的形势，开展了批评与自我批评，强调要健全民主集中制，恢复和发展党的优良传统，使党的中高级干部进一步认识到了国民经济调整的必要性，在一定程度上解放了思想，这就为 1962 年国民经济调整的顺利进行奠定了思想基础。

1962 年 2 月 21 日，刘少奇在北京中南海西楼会议室主持召开中共中央政治局常委扩大会议，史称"西楼会议"。会议认为，必须确定一个恢复时期，对国民经济进行全面的大幅度的调整。刘少奇提出，现在带有非常时期的性质，要用非常的办法，把调整经济的措施贯彻下去。陈云在会上对当前的经济形势及克服困难的办法发表了系统的意见，得到刘少奇等的赞同。

1962 年 5 月 7 日至 11 日，中共中央在北京召开工作会议（简称五月会议）。会议的中心议题是讨论西楼会议以来形成的文件，落实调整国民经济计划的部署，重点讨论中央财经小组提出的《关于讨论 1962 年调整计划的报告（草案）》。这个报告全面、深入地分析了国民经济形势，认为国民经济存在着粮食供应紧张、职工人数大大超过目前经济水平等 8 个方面的重要情况，需要对整个国民经济进行大幅度的调整，下最大决心，坚决拆掉那些用不着的架子，收掉那些用不着的摊子，进一步精简职工，首先维持简单再生产，然后实现扩大再生产。会议在对形势作深入分析和统一认识的基础上，对大幅度调整经济作出四项重要决策：一是进一步缩小基本建设规模，二是降低重工业产品的指标，三是对现有的企业实行"关、停、并、转"，四是大幅度精简职工和城镇人口。

经过七千人大会、西楼会议和五月会议，进一步统一了全党的思想认识，坚定了对国民经济进行大调整的决心，推动了国民经济调整的进行。随后，基本建设项目被大批下马，对没有生产任务或者任务严重不足的企业，采取关、停、并、转。特别是大刀阔斧地进行精简职工的工作。全国职工人数，在1961年1月到1963年6月两年半的时间里，共减少了1887万人，总数从1960年年底的5043.8万人，下降为3183万人。从1961年1月至1963年6月，全国城镇人口共计减少了2600万人。周恩来当时说，下去这么多人，等于一个中等国家搬家，这是史无前例的。

在经济领域进行调整的同时，还开展了政治关系和知识分子政策的调整。毛泽东在1961年6月12日中央工作会议上的讲话中指出，1959年的"反右倾"犯了扩大化的错误，不应该把"反右倾"斗争搞到群众中去，提出要对几年来批判和处分错了的干部、党员甄别平反。根据毛泽东的指示精神，开展了由农村到各界的甄别平反工作。1962年4月，中共中央发出《关于加速进行党员、干部甄别工作的通知》，指出："凡是在拔白旗、反右倾、整风整社、民主革命补课运动中批判和处分完全错了和基本错了的党员、干部，应当采取简便的办法，认真地、迅速地加以甄别平反。"① 到1962年8月，全国有600多万党员、干部和受到错误处理的群众得到平反。毛泽东在1959年8月就提出给右派分子分期分批摘掉帽子。这一工作随后开始分批进行，到1962年，

---

① 中共中央文献研究室：《建国以来重要文献选编》第15册，中央文献出版社1997年版，第361页。

大部分被划为右派分子的人都摘掉了帽子,在一定程度上使这部分人的政治处境和工作、生活安排有所改善。

1962 年 3 月,在广州同时举行全国科学工作会议与全国话剧、歌剧和儿童剧创作座谈会。会议期间,周恩来发表了《论知识分子问题》的讲话,实质上恢复了 1956 年知识分子问题会议上对我国知识分子阶级状况所作的基本估计。陈毅在讲话中宣布给广大知识分子"脱帽加冕",即脱"资产阶级知识分子"之帽,加"劳动人民知识分子"之冕。3 月 27 日,周恩来在二届全国人大三次会议政府工作报告中又重申:我国的知识分子的状况,已经同解放初期有了很大的不同。知识分子中的绝大多数,都积极地为社会主义服务,接受中国共产党的领导,并且愿意继续进行自我改造。毫无疑问,他们是属于劳动人民的知识分子。

1961 年 7 月和 9 月,中共中央下发了《关于自然科学研究机构当前工作的十四条意见(草案)》(简称"科学十四条")和《教育部直属高等学校暂行工作条例(草案)》(简称"高教六十条")。1962 年 4 月,中共中央又批准印发了《关于当前文学艺术工作若干问题的意见(草案)》(简称"文艺八条")。这些条例明确规定了科学研究机构、高等学校和文艺部门的根本任务和中心工作。上述科学、教育、文艺条例,实际上都是围绕这样两个问题:如何处理好党同知识分子的关系;科学与文艺工作中如何贯彻"百花齐放、百家争鸣"的方针。这些条例的颁布,使党与知识分子的紧张关系得到了缓和。

由于下决心调整国民经济,并采取了一系列切实可行的措施,1962 年国民经济开始好转。这年粮食总产量达到 3200 亿斤,比 1961 年的 2950 亿斤增产 250 亿斤,增产 8.5%;生猪存栏数达到 9997.2 万头,比 1961 年增加 2245.2 万头,增加 32.4%;羊的存栏数由 1961 年的 12386.9 万头,增加到 13464.6 万头,增加 8.7%;其他经济作物也有了一定的发展,全国已有四分之一的县农业总产值恢复到和超过了 1957 年的水平。1962 年国家财政收支平衡,结余 8.3 亿元,结束了 4

年连续赤字的状况。城乡人民生活也开始略有上升，1962 年全国城乡居民每人平均粮食（贸易粮）消费量为 330 斤，其中，城镇居民 368斤，农村居民 322 斤，分别比 1961 年增加 12 斤、8 斤和 14 斤；全国城乡居民每人平均猪肉消费 4.4 斤，其中城镇居民 7.6 斤，农村居民 3.8斤，分别比 1961 年增加 1.6 斤、4 斤和 1 斤。这些数据虽然在今天看来微不足道，但在当时却有着特别重要的意义，它意味着中国经济已渡过最困难的时期，开始走向复苏和好转，新中国终于从"三年暂时困难"的阴影中走了出来。

九、改革开放共识是如何凝聚的

1978 年中共十一届三中全会之后，改革开放成为时代的最强音，也成为当代中国最显著的特征。十一届三中全会召开之时，离"文化大革命"结束只有两年多一点的时间，那么，在如此短的时间里，改革开放为什么能够迅速成为全党全国共识，这种共识又是如何形成的？

1. 对历史的反思促成探寻新路

众所周知，从 1957 年至十一届三中全会前的 20 多年间，接连不断的运动成为中国政治生活常态，也成为国人日常生活的重要组成部分。仅全国性的运动来说，就先后有 1957 年的反右派斗争，1958 年的"大跃进"和人民公社化运动，1959 年庐山会议的"反右倾"运动，1963 年开始的全国城乡的社会主义教育即"四清"运动，至于 1966 年至 1976 年的"文化大革命"更是一场大运动，而且每个大运动中又套有各种小运动。可以说除了 1961 年和 1962 年因为调整国民经济，政治运动相对较少外，其余的年份几乎每年都有运动。这其中，既有矛头对向党外的运动，也有矛头对向党内的运动。

每次政治运动总有一批人受到批判或者冲击。比如说，1957 年的反右派斗争，不但使一大批知识分子被错划为右派分子，使他们遭受不公正的待遇，而且对整个知识界作出了资产阶级知识分子的政治判断，严重地挫伤了广大知识分子的积极性。1959 年庐山会议全党范围的

"反右倾"，使党内数百万各级干部被当作右倾机会主义分子遭到错误批判甚至组织处理。在1963年至1965年的社会主义教育运动中，不但许多已经得到改造地主富农分子重新成为批判与斗争对象，而且作出"三分之一的政权不掌握在我们手里"的判断，使一大批基层干部受到不公正待遇。至于在十年"文化大革命"中，没有受到运动波及的人很少，过去斗争批判对象（如所谓地富反坏"四类分子"，如果加上右派就被称为"五类分子"）再度被批斗，就是过去作为各类运动领导者的大批干部，也被当作"走社会主义道路的当权派"被打倒或"靠边站"。即使是普遍的工人农民和机关干部，也是把大量的时间和精力用于参加运动，甚至要么被卷入造反的一方成为造反派，要么因为不赞成造反而成为保皇派。其结果，最初因提倡"造反有理"，保皇派成为造反派冲击的对象；后来在清理阶级队伍时，又有相当多的造反派被冷落甚至成为所谓"五一六分子"。可以说，在"文化大革命"那个特殊的年代，干部群众中没受运动冲击的人很少，批判斗争别人的人后来又成为别人批判斗争的对象并不罕见。

这一连串的政治运动，至少出现了两个严重后果，一是伤人太多，几乎没有多少人成为各类运动真正的幸运儿；二是这种反复折腾使人们把时间与精力使用到政治斗争上，而生产和工作没有受到应有的重视，导致经济发展滞后，人民生活长期得不到改善。但是，坏事也可变成好事。粉碎"四人帮"宣告"文化大革命"结束之后，社会逐渐走向安定，在经历多年的政治运动之后，人们对那些无休无止的政治运动不但已经非常厌倦，而且也促使人们反思：这样的运动能真正解决资本主义与社会主义两条道路谁战胜谁的问题吗？能实现中国的繁荣富强吗？过去的老办法还行得通吗？过去的老路还能继续走吗？等等。这种反思的结果，使人们意识到必须找到新办法，找到新道路。正因为如此，使人们产生了迅速改变现状的强烈欲望，尤其是促使广大干部和知识分子对过去的做法进行反思，开始意识到中国出路只能是改革。正如邓小平在十一届三中全会前的中央工作会议上所说："如果现在再不实行改革，我们的现代化事业和社会主义事业就会被葬送。"①

还应该看到的是，在"文化大革命"中，许多的老干部不是被打倒就是"靠边站"，后来又有相当多的人被下放"五七干校"或遣送农村劳动改造，这客观上使他们对中国社会底层有了真切的了解，感受到中国社会底层的穷和普通老百姓的苦。他们当年带领群众搞革命本来就是为了让老百姓过上好日子，但革命胜利后这么多年，老百姓却还没有过上他们希望的那种生活，这也使他们产生了必须改变中国社会现状的强烈的使命担当。

邓小平是人们公认的中国改革开放的总设计师。从中共八大开始，他就成为中共第一代中央领导集体的重要成员，几乎参与八大以来到"文化大革命"前所有重大决策。因为在一些问题上与毛泽东认识有所不同，在"文化大革命"中两次被打倒。第一次是"文革"爆发之初，被诬称为"刘邓资产阶级司令部"的第二号人物；第二次是粉碎"四人帮"之前，被诬称为"党内那个不肯改悔的走资派"。从1966年至1977年第二次复出前的十多年里，除了1973年至1975年3年外，邓小平不是被监管监禁，就是被发配参加劳动，远离了权力中心，没有繁杂的日常事务，这也使他有足够的时间反思中国的过去，思考中国的未来。特别是他在被遣送到江西新建县的几年时间里，除了在县拖拉机修造厂劳动、看书，邓小平更多的是思考。他女儿回忆说："在江西的这一段时间里，父亲有一个习惯，每天黄昏落日之前，总是十分规律地围着我们那个小小的院子散步。他沉思不语，步伐很快，就这样一圈一圈地走着。日复一日、月复一月、年复一年，那红色的砂石地上，已然被他踏出了一条白色的小路。""我想，就在这一步一步之中，他的思想、他的信念、他的意志，随着前进的每一步而更加明确，更加坚定起来。这些思想的蕴育成熟，是否已为日后更加激烈的斗争做好了最充分的准

---

① 《邓小平文选》第二卷，人民出版社1994年版，第150页。

备呢？"①

我们现在自然无法知晓邓小平当时想了些什么，但作为一个勇于担当的革命者，一个有强烈使命感的共产党人，他一定在思考中国应该有怎样的未来并如何去实现。他后来也说："'文化大革命'中我被打倒两次。这种经历并不都是坏事，使我有机会冷静地总结经验。因为有了那段经历，我们才有可能提出现行的一系列政策，特别是提出怎样建设社会主义的问题。要解决这个问题，就要弄清楚什么是社会主义以及社会主义的主要任务是什么。社会主义一定要体现出优越于资本主义。如果还没有达到这一点，就要朝这个方向努力。努力的标志就是发展生产力和提高改善人民生活的速度。贫穷不是社会主义，更不是共产主义"。② 如何发展生产力和提高改善人民生活的速度？必须寻找新路，办法唯有改革。

"文化大革命"结束后，人心思变，许多人都觉得老路不能再走了，思想的禁锢逐渐被解除，思想闸门逐步被打开，这也为 1978 年关于"实践是检验真理的唯一标准"的大讨论能够开展奠定了社会基础。这场大讨论并不在于讨论一个哲学问题，而是如何看待我们过去的历史、过去走过的道路。质疑和反对"两个凡是"本身就是解放思想的表现，而真理标准问题讨论的结果，不但使更多的人认识到"两个凡是"的错误，而且进一步解放了人们的思想。没有思想的解放就不会有后来的改革开放。

对于这个问题，邓小平有着十分深刻的论述，认为"'文化大革命'是一场灾难，但也是一个很好的反面教员，教育了我们，也教育了全体中国人民。"③ 1986 年 9 月 2 日，邓小平接受美国哥伦比亚广播

---

① 毛毛：《在江西的日子里》，《人民日报》1984 年 8 月 22 日。

② 中共中央文献研究室：《邓小平年谱（1975—1997）》下，中央文献出版社 2004 年版，第 1158 页。

③ 中共中央文献研究室：《邓小平年谱（1975—1997）》下，中央文献出版社 2004 年版，第 1048 页。

公司"六十分钟"节目记者迈克·华莱士的电视采访，在谈到"文化大革命"时又说："那件事，看起来是坏事，但归根到底也是好事，促使人们思考，促使人们认识我们的弊端在哪里。为什么我们能在七十年代末和八十年代提出了现行的一系列政策，就是总结了'文化大革命'的经验和教训。"① 1987 年 4 月 26 日，他在会见捷克斯洛伐克总理卢博米尔·什特劳加尔时，再次指出："我们现在的方针政策，就是对"文化大革命"进行总结的结果。最根本的一条经验教训，就是要弄清什么叫社会主义和共产主义，怎样搞社会主义。"② 他还说："中国不仅领导层支持改革，而且全国人民上上下下都要求改革。这要归功于'文化大革命'。'文化大革命'变成了全国人民的大课堂。中国有'文化大革命'和没有'文化大革命'不同，所以我们不能只讲'文化大革命'的阴暗面，它也有些作用，这种作用就是教育我们要改革开放。"③因此，"文化大革命"作为一场旷日持久的政治运动，"不是也不可能是任何意义上的革命或社会进步"④，从这个角度必须加以否定，但"文化大革命"提供了反面教训，"没有'文化大革命'的教训，就不可能制定十一届三中全会以来的思想、政治、组织路线和一系列政策"⑤。

2. 客观现实促使思谋变革

由于帝国主义的长期侵略和封建主义的统治，加之接连不断的战

---

① 中共中央文献研究室：《邓小平年谱（1975—1997）》下，中央文献出版社 2004 年版，第 1133 页。

② 中共中央文献研究室：《邓小平年谱（1975—1997）》下，中央文献出版社 2004 年版，第 1182 页。

③ 中共中央文献研究室：《邓小平年谱（1975—1997）》下，中央文献出版社 2004 年版，第 1242 页。

④ 《关于建国以来党的若干历史问题的决议》，《人民日报》1981 年 7 月 1 日。

⑤ 中共中央文献研究室：《邓小平年谱（1975—1997）》下，中央文献出版社 2004 年版，第 1244 页。

争，新中国成立时中国经济可以说百孔千疮。1949年中国的发电量只有43.1亿度，粗钢15.8万吨，生铁24.6万吨，煤炭3243万吨，原油12.1万吨，天然气0.07亿立方米，化肥0.6万吨，机床0.16万台。那时的中国，虽然国土面积、人口上是一个大国，但在经济上是一个小国、弱国。新中国成立后，迅速医治了长年战争的创伤，在苏联的援助下开始了工业化建设的进程，但是贫穷落后的面貌不是短时间就可以改变的。1954年毛泽东曾在一次讲话中既风趣又不无忧虑地说："现在我们能造什么？能造桌子椅子，能造茶碗茶壶，能种粮食，还能磨成面粉，还能造纸，但是，一辆汽车、一架飞机、一辆坦克、一辆拖拉机都不能造。"① 可以说，新中国是在一穷二白的基础上展开各项建设事业。

1949年新中国成立之后，国家的面貌发生了巨大的变化，不但建立全新的社会主义制度，而且形成比较完整的国民经济体系和工业体系，汽车、飞机、坦克、轮船、拖拉机等都能自己造了。到1978年，我国原煤产量6.18亿吨，水泥6524万吨，原油1.0405亿吨，天然气137.3亿立方米，发电量2031亿度，生铁3479万吨，成品钢材2208万吨，汽车12.54万辆，拖拉机11.35万辆，可以说主要工业产品的产量与新中国成立之时相比，是成几十倍的增加，不少工业部门从无到有地建立起来。不但如此，我国的国防工业取得长足发展，已经能够生产各类常规武器，而且"两弹一星"研制成功，进一步提高了中国的大国地位。如果说，1949年新中国成立使中国人从此站起来了的话，那么，完整的工业体系的建立，"两弹一星"的研制成功，国防实力的大幅度提升，使中国人不但进一步站了起来了而且站稳了。

但是，在当时特定的历史条件下，国家不得不确立优先发展重工业特别是国防工业的方针。新中国成立时，帝国主义国家对新中国采取敌视政策，在经济上封锁、在军事上遏制，美国先后挑起朝鲜战争、越南战争，把战火烧到中国的国境线边。20世纪60年代中苏关系破裂后，

---

① 《毛泽东文集》第六卷，人民出版社1999年版，第329页。

苏联又在中苏、中蒙边界陈兵百万，使中国面临非常严重的战争危险。如果不加快重工业特别是国防工业的发展，就难以确保国家安全。要发展工业特别是重工业，需要大量的资金投入，在国家经济基础十分薄弱的情况下，只能是通过压缩消费开支，因而在积累与消费的关系上只能重积累轻消费。按当年价格计算，1952 年积累率为 21.4%，1957 年为 27.9%，到 1978 年为 36.5%。在工农业关系方面，重工业轻农业，虽然也一再讲农业是国民经济的基础，但始终通过工农业产品价格的"剪刀差"为工业化积累资金。在工业内部重工业与轻工业的关系上，重重工业轻轻工业，重工业发展较快，而与人民生活密切相关的轻工业发展较缓慢。1949 年的工农业总产值为 466 亿元，其中农业总产值为 326 亿元，工业总产值为 140 亿元，在工业总产值中，轻工业 103 亿元，重工业 37 亿元，是标准的农业国。到 1978 年，按照 1952 年的不变价格计算，工农业总产值为 5690 亿元，其中农业总产值 1459 亿元，工业总产值 4231 亿元，其中轻工业总产值 1806 亿元，重工业总产值 2425 亿元。因此，1949 年以来，虽然工业有了很大的发展，甚至有不少工业产品的产量已经位居世界前例，但人民生活改善有限。

1978 年全国农民年平均纯收入 134 元，职工年平均工资 614 元，每人每年猪肉 16.3 斤，棉布化纤布 24.1 尺，平均每人储蓄存款余额 22 元，每百人拥有自行车 7.7 辆，城市每万人拥有公共车辆 3.3 部，每百人拥有电视机 0.3 台，每百人拥有收音机 7.8 台。[①] 全国城乡人民生活水平普遍不高，在农村表现得尤其明显。在安徽全省 28 万个生产队中，只有 10% 的生产队能维持温饱；67% 的队人均年收入低于 60 元，25% 的队在 40 元以下。1977 年 6 月任中共安徽省委第一书记的万里后来回忆说："我这个长期在城市工作的干部，虽然不能说对农村的贫困毫无所闻，但是到农村一具体接触，还是非常受刺激。原来农民的生活水平这么低啊，吃不饱，穿不暖，住的房子不像个房子的样子。淮北、皖东

---

① 国家统计局：《中国统计年鉴 1981》，中国统计出版社 1982 年版，第 423 页。

有些穷村，门、窗都是泥土坯的，连桌子、凳子也是泥土坯的，找不到一件木器家具，真是家徒四壁呀。我真没料到，解放几十年了，不少农村还这么穷！我不能不问自己，这是什么原因？这能算是社会主义吗？人民公社到底有什么问题？为什么农民的积极性都没有啦？当然，人民公社是上了宪法的，我也不能乱说，但我心里已经认定，看来从安徽的实际情况出发，最重要的是怎么调动农民的积极性；否则连肚子也吃不饱，一切无从谈起。"①

这种情况自然不只存在于安徽一地。据当年《人民日报》的公开报道，1978年吉林梨树县人均收入60元以下的生产队有300个，其中一部分生产队人均收入不足30元。② 1977年年底，辽宁凤城全县有20%生产队每人平均收入不到50元。③ 即便到了改革开放后的1980年，"全国农村中还有相当一部分地区，人均收入不到四十元，人民生活相当困苦。"④ 在1978年11月召开的中央工作会议上，来自西北地区的一位领导干部发言说："西北黄土高原，人口2400万，粮食亩产平均只有170斤，有的地方只收三五十斤，口粮在300斤以下的有45个县，人均年收入在50元以下的有69个县"，"宁夏西海固地区解放以来人口增长2倍，粮食增长不到1倍，连简单再生产也有问题"⑤。

城镇居民的生活情况与农民相比要好一些，所以当时农民都希望自己能农转非，即由农业人口转为非农业人口，俗称"吃国家粮"。农民之所以希望"吃国家粮"，是因为1953年建立粮食统购统销制度之后，对城镇居民的口粮及主要的副食品实行定量供应，而且有了城镇户口就意味着可以去当工人、当干部，也就会脱离十分辛苦收益低下的农业生产而有了相对收入较高且稳定的工作，即端上了"铁饭碗"。实际上，

---

① 《万里谈农村改革是怎么搞起来的》，《百年潮》1998年第3期。
② 《梨树县300个穷队初步改变面貌》，《人民日报》1980年9月23日。
③ 《凤城县根据山区特点安排生产》，《人民日报》1949年4月20日。
④ 《依靠集体致富大有希望》，《人民日报》1980年7月31日。
⑤ 张湛彬：《大转折的日日夜夜》上卷，中国经济出版社1998年版，第388—389页。

当时城镇居民的生活水平也不高。由于物质短缺，城镇居民的主要生活用品基本上是凭证供应且供应量小，例如，四川城镇居民每人每月粮食供应量仅为 19—21 斤①，为全国最低，但其他地方也高不了多少。北京作为首都居民物质供应相对较好，1978 年，城镇居民人均消费植物油 3.6 公斤，猪肉 15.97 公斤，牛羊肉 2 公斤，禽类 1.01 公斤，蛋类4.25 公斤，鱼虾 4.7 公斤。② 这在全国来说，已经是相当不错的了。当年，城镇居民不但收入低，而且住房极为紧张。1978 年，全国城镇居民人均住房建筑面积仅为 6.7 平方米，人均居住面积 4.4 平方米。据对 182 个城市的调查，有缺房户 689 万户，占 35.8%。131 万户长期住在仓库、走廊、车间、教室、办公室、地下室，甚至还有住厕所的。居住面积不足两平米的，有 86 万户。三代同堂、父母同成人子女同室、两户以上职工同屋的，有 189 万户。住在破烂危险、条件恶劣的简陋房子里的，还有上百万户。"要求解决住房问题的呼声极为强烈，不断发生群众结队上访，联名请愿，聚众抢房，甚至下跪求房的现象。"③

对于人民生活处于这样低水平的情况，邓小平、陈云等老一辈革命家可谓忧心忡忡。1978 年 9 月 16 日，邓小平在长春听取中共吉林省委的汇报时说：如果在一个很长的历史时期内，社会主义国家生产力发展的速度比资本主义慢，那就没有优越性，这是最大的政治，这是社会主义和资本主义谁战胜谁的问题。生产力总是需要发展的。"外国人议论中国人究竟能够忍耐多久，我们要注意这个话。我们要想一想，我们给人民究竟做了多少事情呢？我们一定要根据现在的有利条件加速发展生产力，使人民的物质生活好一些，使人民的文化生

---

① 中国经济体制改革研究会：《与改革同行——体改战线亲历者回忆》，社会科学文献出版社 2013 年版，第 17 页。

② 北京市城市社会经济调查队：《北京市城市人民生活和物价史料》，北京市统计局 1989 年编印，第 34—35 页。

③ 《关于城市住宅建设的意见》，《经济研究参考资料》1979 年第 76 期。

活、精神面貌好一些。"① 第二天，他在听取沈阳军区和中共辽宁省委负责人汇报时又说："马克思主义认为，归根到底要发展生产力。我们太穷了，太落后了，老实说对不起人民。我们现在必须发展生产力，改善人民生活条件。"② 在 1978 年 11 月的中央工作会议上，陈云也说："建国快 30 年了，现在还有要饭的。老是不解决这个问题，农民就会造反。支部书记会带队进城要饭。"③ 那么，怎样才能对得起人民，如何不让农民造反？只能是改弦更张，思谋改革。

3. 走出国门深感自身的落后

"文化大革命"期间，虽然对内搞以阶级斗争为纲，开展接二连三的政治运动，但在对外关系上果断地进行了国际战略的调整，改变了一段时间四面受敌的局面，这为十一届三中全会之后全方位的改革开放创造了一个有利的国际环境。

新中国成立之初，由于当时的冷战格局和以美国为首的西方国家对新中国加以敌视和封锁，因此，试图执行一条完全中立的外交路线，同时与苏美平行的发展关系显然是不可能的，我国只得采取"一边倒"的外交政策，即倒向以苏联为首的社会主义阵营，重点发展苏联和东欧社会主义国家的外交关系和经济关系。如果不实行"一边倒"，那就只能就完全自我封闭，回到闭关锁国状态。正是由于采取"一边倒"，新中国获得了苏联的物资帮助和科学技术支持，也开始了"一五"计划时期一系列大型项目的开工建设。

苏共二十大赫鲁晓夫否定斯大林之后，中苏两党在如何评价斯大林

---

① 中共中央文献研究室：《邓小平年谱（1975—1997）》上，中央文献出版社 2004 年版，第 380 页。

② 中共中央文献研究室：《邓小平年谱（1975—1997）》上，中央文献出版社 2004 年版，第 381 页。

③ 中共中央文献研究室：《陈云年谱》下卷，中央文献出版社 2000 年版，第 229 页。

的问题上出现了意见分歧，但随后由于波匈事件的发生，苏共有求于中共，两国关系一时走得较近。1958 年由于赫鲁晓夫在两国关系上搞大国沙文主义，要求在中国建长波电台和中苏建立共同舰队，这将严重影响中国的主权而遭到中国领导人的拒绝，尽管这两件事后来不了了之，但给中苏关系的发展留下了阴影。这时，苏联的对外战略发生调整，赫鲁晓夫竭力与美国拉关系，并且认为资本主义国家有和平过渡到社会主义的可能。因此，如何看待战争与革命等重大问题，中苏两党出现了严重的分歧，而这些分歧出现后，赫鲁晓夫竟然采取撤走苏联在华专家、撕毁两国已签证的科学技术合同等做法，企图以此胁迫中国就范。这一系列的事件进一步恶化了两国关系，随后，中苏两党在意识形态领域发生大论战，两党两国关系最终破裂，两国转向全面敌对，中国北部安全遭到严重威胁。

长期以来，由于意识形态等原因，中美之间处于对立状态，美国还支持台湾的蒋介石集团一直叫嚣"反攻大陆"。20 世纪 60 年代初期，中苏交恶，中美对抗，与西面的印度关系又处于僵持状态，这就使得中国在一定程度上处于腹背受敌的境地。这种局面如果不加以改变，对于中国的和平与发展是不利的。面对这种局面，中国的对外政策有所调整，发展了同法国等资本主义国家的关系。到了 20 世纪 60 年代中后期，也就是"文化大革命"进入高潮的时候，苏联领导人的霸权主义严重影响到美国的国家利益和国际战略，而美国又陷入了越南战争的泥潭，出于国家战略的考虑，美国认为有必要打中国牌，希望改善与中国的关系。毛泽东、周恩来等中国领导人敏锐地看到国际政治格局的变化，果断作出了与美国改善关系的重大战略决策，后来美国总统尼克松访华，中美关系得以缓和，为十一届三中全会后两国正式建立外交关系奠定了基础。中美关系的改善带动中国与其他发达资本主义国家关系的发展，1972 年中日实现邦交正常化。到"文化大革命"结束的时候，中国与除美国之外的主要发达国家都建立了外交关系。

粉碎"四人帮"后，人们纷纷感觉到中国发展被耽误的时间太多，有一种只争朝夕的心情，希望能够加快发展，而要发展自己就离不开对外部世界的了解和资金、设备的引进。因此，1977 年和 1978 年，随着国内局势的稳定，一时形成一股出国潮。例如，1977 年年初，一机部部长项南对美国的农业机械化进行考察。1977 年 9 月，冶金部副部长叶志强带一批专家到日本考察，催生了引进成套设备建设宝钢的重大项目。1977 年 12 月底，国家经委主任袁宝华、对外贸易部部长李强率领代表团赴英、法进行企业管理的考察。此外，国家轻工部、地质部、农业部、兵器工业部、石油部等也都组团出国（出境）考察。1978 年之后，出国（出境）考察的人更多、层级也更高。1978 年上半年由中共中央直接派出的考察团，就有以李一氓为团长的党的工作者访问团对南斯拉夫和罗马尼亚的访问；以上海市委书记林乎加为团长的赴日经济代表团；以国家计委副主任段云为团长的港澳经济贸易代表团；以国务院副总理谷牧为团长的赴西欧五国（法国、瑞士、比利时、丹麦、西德）代表团。仅 1978 年，就有 12 位副总理、副委员长以上领导人先后 20次访问了 51 个国家。作为中共中央主要领导人，华国锋也于这一年访问了朝鲜、伊朗、南斯拉夫和罗马尼亚。

这些访问团、考察团最初还是为引进西方国家的设备，后来逐渐地认识到光引进设备不够，还必须学习发达国家的管理经验。更重要的是，通过对这些国家的考察访问，使广大高中级干部意识到中国与发达资本主义国家甚至与东欧社会主义国家间经济上的差距，而如何缩小这种差距就成了他们不得不思考的重要问题。

这些代表团出国考察最为深刻的印象，一是发达资本主义国家现代化程度很高，经济发展很快。赴日经济代表团在写给中共中央的报告中说：日本高速增长主要在 20 世纪 60 年代，10 年间国民生产总值增长了 3.6 倍，平均每年增长 36%。日本成为一个经济大国，其"窍门"有三条：一是大胆引进新技术，把世界上的先进东西拿到自己手上；二是充分利用国外资金；三是大力发展教育和科学研究。该报告还指出：日本采取"拿来主义"实现后来居上，因此中国在技术上也应采取

"拿来主义"①。访欧代表团报告说：西德一个年产 5000 万吨褐煤的露天煤矿只用 2000 名工人，而中国生产相同数量的煤需要 16 万名工人；法国马赛索尔梅尔钢厂年产 350 万吨钢只需 7000 名工人，而中国武钢年产钢 230 万吨，却需要 67000 名工人；法国农业人口仅占全国人口的 10.6%，生产的粮食除了供国内消费外，还有 40% 的谷物出口，丹麦农业劳动生产率更高，农业人口仅占总人口的 6.7%，但生产的粮食、牛奶、猪肉、牛肉可供三个丹麦全国人口的需要。访欧代表团在报告中认为，中国与发达国家相比大体上落后 20 年，从人口平均的生产水平讲，差距就更大。②

二是这些国家贫富悬殊并非过去想象的那么严重，普通劳动者的生活也有较大的改善。赴西欧五国代表团发现，西欧工人的工资都相当高，城市人均住房达 20 至 30 平方米，农民的生活水平同工人相差无几，公害也得到很好地治理，社会保持稳定。③ 1978 年 11 月，时任中国社会科学院副院长的邓力群以顾问的身份随国家经委代表团访问日本，回来之后他在社科院党组学习会上汇报访日情况时说：1955 年至 1976 年间，日本工人实际收入增长 2.1 倍，扣除物价因素，年均实际收入增长 6%。除工资外，企业每年分红两次，每次分红增发 1 至 3 个月的工资，还有其他福利补助。普通工人家庭一般有四五十平方米的住宅，全国平均每两户多有 1 辆汽车，95% 以上的人家有电视机、电冰箱、洗衣机、电唱机、吸尘器、电器炊具等耐用消费品，包括农民在内都穿毛料子，服装式样多。商店经营商品 50 多万种，而北京著名的王府井百货大楼仅有 2.2 万种，"相比之下，实在觉得我们很寒伧"④。

---

① 房维中：《在风浪中前进：中国发展与改革编年纪事（1977—1989）》1977—1978 年卷（未刊稿），第 107 页。

② 房维中：《在风浪中前进：中国发展与改革编年纪事（1977—1989）》1977—1978 年卷（未刊稿），第 121—122 页。

③ 杨波：《开放前夕的一次重要出访》，《百年潮》2002 年第 2 期。

④ 《日本经济情况——邓力群 1979 年 1 月 19 日在社科院党组学习会上的汇报》，《经济研究参考资料》1979 年第 45 期。

这些出访者看到的情况表明，这些年资本主义国家的经济与科技发展迅速，中国与发达国家的差距不是缩小而是在扩大，他们由此产生了必须加快中国发展的紧迫感。那么，如何加快？就是要利用国外的资金、设备、技术和管理经验，必须打开国门，实行对外开放。同时，还要改革自身制约发展的体制机制。有亲历者回忆说："打倒'四人帮'以后，从中央到地方的各级领导干部，都在深刻反思历史的教训，这是一个总的背景。当时，外国究竟是怎么样？我们并不十分清楚。大家都有一种困惑，为什么我们的经济搞得这么差？我们的体制究竟出了什么问题？我们知道一点儿信息，日本、德国被战争打垮了，但他们为什么能在经济上崛起呢？走出去看过以后，使我们大开眼界！可以说，这一次出国考察，对我们这一代人来说，真是印象深刻啊！使我们看到了中国与世界的差距。"① 1978 年 9 月 12 日，邓小平在访问朝鲜同金日成会谈时说："我们一定要以国际上先进的技术作为我们搞现代化的出发点。最近我们的同志出去看了一下，越看越感到我们落后。什么叫现代化？五十年代一个样，六十年代不一样了，七十年代就更不一样了。"②

更为重要的是，邓小平也在 1978 年的下半年频繁出访。邓小平早年曾在法国勤工俭学的经历，在法国的工厂当过工人，对资本主义国家的工业发展有直接的感性认识。1974 年 4 月，为出席联合国大会特别会议他去了美国，并在途中两次在巴黎作短暂停留，是党的第一代中央领导集体成员中唯一去过美国的领导人。今天我们很难了解 1974 年邓小平的美国和法国之行给他留下什么的印象，在当时的政治环境下他也不便把自己所看到的这两个国家的观感表达出来，但恐怕美法这些年在经济和科技领域的发展不可能不给他留下深刻印象。1978 年，邓小平除了年初访问了缅甸和尼泊尔之外，这年 9 月他访问了朝鲜，10 月

---

① 参见中国经济体制改革研究会编：《与改革同行——体改战线亲历者回忆》，社会科学文献出版社 2013 年版。

② 中共中央文献研究室：《邓小平年谱（1975—1997）》上，中央文献出版社 2004 年版，第 372 页。

下旬访问了日本，11 月访问了泰国、马来西亚和新加坡。1979 年年初，又出访美国。在访问日本期间，邓小平参观了日产汽车公司、君津钢铁厂、松下电器产业公司等现代化企业，还乘坐了新干线"光—81 号"超特快列车，在火车上当日本记者问及乘坐新干线的观感时，邓小平说："就感觉到快，有催人跑的意思，我们现在正合适坐这样的车。"① 这使邓小平对什么是现代化有了更切身感受。

1977 年邓小平复出之后，讲得最多的一个话题，就是中国与发达国家的差距问题。1977 年 5 月 24 日，他在同王震、邓力群谈话时说："要承认落后，承认落后就有希望了。现在看来，同发达国家相比，我们的科学技术和教育整整落后了二十年。"② 1978 年 3 月 30 日，他在国务院会议上说："什么叫社会主义，社会主义总是要表现它的优越性嘛。它比资本主义好在哪里？每个人平均六百几十斤粮食，好多人饭都不够吃，二十八年只搞了二千三百万吨钢，能叫社会主义优越性吗？干社会主义，要有具体体现，生产要真正发展起来，相应的全国人民的生活水平能够逐步提高，这才能表现社会主义制度的优越性。"③ 同一天，他在会见阿卜迪卡西姆·萨拉德·哈桑为团长的索马里新闻代表团时又说："国际上都说我们是一个大国，苏联甚至说我们是超级大国。我们的大，只表现在两个方面，一是地方大，一是人口多。按生产和科学水平来说，我们同你们一样，只能算是一个小国。"④ 同年 3 月 18 日，在全国科学大会开幕式的讲话中，邓小平更是明确指出："我们现在的生产技术水平是什么状况？几亿人口搞饭吃，粮食问题还没有真正过关。我们钢铁工业的劳动生产率只有国外先进水平的几十分之一。新兴工业

---

① 中共中央文献研究室：《邓小平年谱（1975—1997）》上，中央文献出版社 2004 年版，第 413 页。

② 《邓小平文选》第二卷，人民出版社 1994 年版，第 40 页。

③ 中共中央文献研究室：《邓小平年谱（1975—1997）》上，中央文献出版社 2004 年版，第 277 页。

④ 中共中央文献研究室：《邓小平年谱（1975—1997）》上，中央文献出版社 2004 年版，第 279 页

的差距就更大了。在这方面不用说落后一二十年，即使落后八年十年，甚至三年五年，都是很大的差距。"①

这段时间，邓小平这方面的论述很多。10月10日，他在会见德意志联邦共和国新闻代表团时，特别强调，中国在历史上对世界有过贡献，但是长期停滞，发展很慢。现在是向世界先进国家学习的时候了。"由于受林彪、'四人帮'的干扰，我们国家的发展耽误了十年。六十年代前期我们同国际上科学技术水平有差距，但不很大，而这十几年来，世界有了突飞猛进的发展，差距就拉得很大了。同发达国家相比较，经济上的差距不止是十年了，可能是二十年、三十年，有的方面甚至可能是五十年。"② 要知道，过去在内部宣传中总说资本主义一天天烂下去，处于腐朽没落的状态，邓小平不论是在接见外宾还是在全国科学大会这种公开场合中，如此坦率地承认自己的落后，是需要相当的勇气的，从他身上不难体现出什么叫实事求是。

如何缩短这种差距？办法只能是改革开放。1978年9月，邓小平在视察东北和天津等地时，反复谈到中国必须改革。他说："从总的状况来说，我们国家的体制，包括机构体制等，基本上是从苏联来的，人浮于事，机构重叠，官僚主义发展。文化大革命以前就这样。办一件事，人多了，转圈子。有好多体制问题要重新考虑。总的说来，我们的体制不适应现代化，上层建筑不适应新的要求。"③ 知耻而后勇。承认落后不是甘于落后，认识到差距是为了缩短差距。这年7月10日，邓小平在会见弗兰克·普雷斯率领的美国科技代表团时说："四人帮"把对外开放说成是崇洋媚外，吹嘘自己长得很漂亮，怕丢丑。"我们这么

---

① 《邓小平文选》第二卷，人民出版社1994年版，第90页。
② 中共中央文献研究室：《邓小平年谱（1975—1997）》上，中央文献出版社2004年版，第399页。
③ 中共中央文献研究室：《邓小平年谱（1975—1997）》上，中央文献出版社2004年版，第376页。

落后，面孔本来就不漂亮，你吹嘘干什么。"① 同年 10 月，在出访日本时又说，本来长得很丑，为什么要装美人呢？苏联就吃这样的亏，自以为什么都是自己的好，其实农业、技术都很落后，结果是自己骗自己。敢于承认落后，不是甘于落后，而是要努力改变落后状态，这就必须对内改革对外开放。

4. 改革逐渐成为人们的共识

改革开放作为一项伟大决策，是中共十一届三中全会作出的，改革开放历史的书写也是以这次全会的召开为起点的，因为这次会议在改革开放史、中国发展史上有着标志性的意义。但是，改革开放决不是突如其来的，是历史发展的必然结果。当时间的指针指向 1978 年的时候，改革与开放逐渐成为一个热词。

1978 年 3 月 24 日，华国锋在全国科学大会的讲话中就提出："对于我们来说，社会主义和四个现代化是不可分割的。只有坚持社会主义革命，在上层建筑和生产关系领域继续改革同生产力发展不相适应的那些部分，才能不断促进四个现代化的发展。② 在这年 7 月 12 日全国财贸学大庆学大寨会议上的讲话中，华国锋又说："我们的社会主义的政治制度和经济制度，从根本上说，比资本主义制度优越得多，这是毫无疑问的。但是，我们的上层建筑和生产关系的许多方面还不完善，我们的政治制度和经济制度的许多环节还有缺陷，这些同实现四个现代化的要求是不相适应的，是束缚生产力，阻碍生产力的发展的。管理水平低，归根到底就是一个这样性质的问题。我们坚持无产阶级专政下的继续革命，就要有勇气正视和揭露我们的具体政策、规章制度、工作方法、思想观念中那些同实现四个现代化的要求不相适应的东西，有魄力

---

① 中共中央文献研究室：《邓小平年谱（1975—1997）》上，中央文献出版社 2004 年版，第 340 页。

② 华国锋：《在全国科学大会上的讲话》，《人民日报》1978 年 3 月 26 日。

去坚决而又妥善地改革上层建筑和生产关系中同生产力发展不相适应的部分。"① 这年9月，华国锋在国庆29周年招待会的祝酒词中，更是明确提出："我们要思想再解放一点，胆子再大一点。办法再多一点，步子再快一点，充分发挥社会主义制度的优越性，坚持自力更生的方针，学习和利用国外先进经验，大大加快我国社会主义建设的速度。"② 自然，华国锋所说的改革与十一届三中会后实施的改革并不完全相同，但至少说明，尽管华国锋曾一度接受过"两个凡是"的主张，但也意识到中国非改革不可。

对于1978年的中国高层来说，改革成为共同的话语。1978年7月6日至9月9日，李先念主持召开国务院务虚会。在会议最后的总结讲话中，他指出：实现四个现代化，是一场伟大革命。这场革命既要大幅度地改变目前落后的生产力，也就必然要多方面地改变生产关系，改变上层建筑，改变工农企业的管理方式和国家对工农企业的管理方式，改变人们的活动方式和思想方式。这场革命"不下于我们党过去领导的任何革命。某些方面还要超过"。因此，"要改革一切不适应生产力的生产关系，改革一切不适应经济基础的上层建筑"。过去20多年中，已经不止一次改革经济体制，并取得了许多成效。但是在企业管理体制方面，往往从行政权力的转移着眼多，往往在放了收、收了放的老套中循环，因而难以符合经济发展的要求。"为了适应四个现代化的需要，我们将改革计划体制、财政体制、物资体制、企业管理体制和内外贸易体制，建立起现代化的经济组织、科研组织、教育组织及有关管理制度。我们现在要进行的这次改革，一定要同时兼顾中央部门、地方和企业的积极性，一定要考虑大企业和大专业公司的经济利益和发展前途，努力用现代化的管理方法来管理现代化的经济，使我们的管理水平尽可

---

① 华国锋：《在全国财贸学大庆学大寨会议上的讲话》，《人民日报》1978年7月12日。

② 《华主席在国庆二十九周年招待会上的祝酒词》，《人民日报》1978年10月1日。

能适应工农业高速度发展的需要。""实现四个现代化，必须坚持独立自主、自力更生的原则，但自力更生绝不是闭关自守。为了大大加快我们掌握世界先进技术的速度，必须积极从国外引进先进技术和设备。这比关起门来样样靠自己从头摸索，要快不知多少倍。"① 李先念的这番话，把中国为什么必须改革开放说得十分清楚了。这年9月底，中共中央转发了李先念的这个总结讲话。

同年9月，国务院召开全国计划会议。这次会议明确提出：经济战线必须实行三个转变：从上到下，都要把注意力转到生产斗争和技术革命上来；从那种不计经济效果、不讲工作效率的官僚主义的管理制度和管理方法，转到按照经济规律办事，把民主和集中很好地结合起来的科学管理的轨道上来；从那种不同资本主义国家进行经济技术交流的闭关自守或半闭关自守状态，转到积极地引进国外先进技术，利用国外资金，大胆地进入国际市场。② 实现这三个方面转变，实际上就是要进行经济体制的改革。

这时，媒体关于改革开放的声音也大起来了。1978年9月16日，《人民日报》刊发《不可夜郎自大》一文，旗帜鲜明地指出："夜郎自大式的盲目骄傲自满，执拗的一点论，同小生产的习惯势力的影响也是分不开的。有些同志至今还在用小生产的眼光、习惯和方法看待和组织社会主义的大生产。在这些同志头脑中，没有或者极少有现代化的观念，他们对已经沿用了几十年、成百年甚至上千年的'老一套'生产方法习以为常，对小生产的经营思想和经营方式习以为常，不思改革。"③

10月6日，《人民日报》发表胡乔木在国务院务虚会发言的基础上整

① 《李先念年谱》第五卷，中央文献出版社2011年版，第654—655页；《李先念文选》，人民出版社1989年版，第331—332页。
② 《当代中国的经济管理》编辑部编：《中华人民共和国经济管理大事记》，中国经济出版社1986年版，第319页。
③ 雷克：《切不可夜郎自大》，《人民日报》1978年9月16日。

顿理出来的长文《按照经济规律办事，加快实现四个现代化》，对"为什么资本主义国家的经济管理方法有值得我们学习的地方"作了明确解答，强调"坚持自力更生不但不排斥学习外国先进事物"，只有把社会主义制度的优越性同发达的资本主义国家的先进科学技术和先进管理经验结合起来，把外国经验中一切有用的东西和我们自己的具体情况、成功经验结合起来，我们才能够迅速提高按照客观经济规律办事的能力，才能够加快实现四个现代化的步伐。文章同时提出："必须按经济规律办事，大大提高我们的经济管理水平。""为了扩大经济组织和经济手段的作用，需要进行一系列的经济改组和经济改革，解决一系列具体问题。"

同年11月9日，《人民日报》发表《思想再解放一点》的特约评论，强调正确地认识过去所学的"苏联经验"，也是解放思想的一个重要问题。新中国成立之初曾提出向苏联学习的口号，在社会主义建设的不少方面借鉴了苏联的做法。在还缺乏经验的情况下，这样做是必要的，曾起过积极的作用。但是，当时苏联关于经济建设、企业管理的那套东西，也不是没有弊病的。因而在学的过程中，也出现过盲目照搬的教条主义倾向。中国现在的管理体制，特别是工业的管理制度，不少就是20世纪50年代从苏联搬过来的，实践证明其中很多做法是妨碍生产力发展的。而有不少同志却习以为常，看不到其中的问题，不懂得必须对苏联经验进行具体分析，根据中国的情况大胆实行改革。

这一时期，对于必须实行对内改革对外开放说得最多最透彻的自然是邓小平。1978年2月1日，他在听取中共四川省委的汇报时就指出："有些问题是共同的。农村和城市都有个政策问题。我在广东听说，有些地方养三只鸭子就是社会主义，养五只鸭子就是资本主义，怪得很！农民一点回旋余地没有，怎么能行？农村政策、城市政策，中央要清理，各地也要清理一下，零碎地解决不行，要统一考虑。"① 不是零碎

---

① 中共中央文献研究室：《邓小平年谱（1975—1997）》上，中央文献出版社2004年版，第261—262页。

地解决问题，而是"要统一考虑"，实际上就要在体制机制上作大的调整。

同年10月11日，在中华全国总工会第九次全国代表大会的祝词中，邓小平强调："现在党中央、国务院要求加快实现四个现代化的步伐，并且为此而提出了一系列政策和组织措施。中央指出：这是一场根本改变我国经济和技术落后面貌，进一步巩固无产阶级专政的伟大革命。这场革命既要大幅度地改变目前落后的生产力，就必然要多方面地改变生产关系，改变上层建筑，改变工农业企业的管理方式和国家对工农业企业的管理方式，使之适应于现代化大经济的需要。为了提高经济发展速度，就必须大大加强企业的专业化，大大提高全体职工的技术水平并且认真实行培训和考核，大大加强企业的经济核算，大大提高劳动生产率和资金利润率。因此，各个经济战线不仅需要进行技术上的重大改革，而且需要进行制度上、组织上的重大改革。进行这些改革，是全国人民的长远利益所在，否则，我们不能摆脱目前生产技术和生产管理的落后状态。"①

在这年12月的中共中央工作会议上，邓小平在闭幕式的讲话更是对于改革的必要性和重大意义作了系统论述。他指出：不打破思想僵化，不大大解放干部和群众的思想，四个现代化就没有希望。他着重讲到经济体制改革（即发挥经济民主）的问题，指出：现在我国的经济管理体制权力过于集中，应该有计划地大胆下放，否则不利于充分发挥国家、地方、企业和劳动者个人四个方面的积极性，也不利于实行现代化的经济管理和提高劳动生产率。应该让地方和企业、生产队有更多的经营管理的自主权。而当前最迫切的是扩大厂矿企业和生产队的自主权，使每一个工厂和生产队能够千方百计地发挥主动创造精神。"现在，我们的经济管理工作，机构臃肿，层次重叠，手续繁杂，效率极低。政治的空谈往往淹没一切。这并不是哪一些同志的责任，责任在于

---

① 《邓小平文选》第二卷，人民出版社1994年版，第135—136页。

我们过去没有及时提出改革。"在讲话中，邓小平还提出了一个极为重要的观点，即"要允许一部分地区、一部分企业、一部分工人农民，由于辛勤努力成绩大而收入先多一些，生活先好起来"①。他认为，一部分人生活先好起来，就必然产生极大的示范力量，影响左邻右舍，带动其他地区、其他单位的人们向他们学习。这样，就会使整个国民经济不断地波浪式地向前发展，使全国各族人民都能比较快地富裕起来。

随后召开的中共十一届三中全会作出了改革开放的重大决策，明确提出"正确改革同生产力迅速发展不相适应的生产关系和上层建筑"。全会通过的公报强调："现在，我们实现了安定团结的政治局面，恢复和坚持了长时期行之有效的各项经济政策，又根据新的历史条件和实践经验，采取一系列新的重大的经济措施，对经济管理体制和经营管理方法着手认真的改革，在自力更生的基础上积极发展同世界各国平等互利的经济合作，努力采用世界先进技术和先进设备，并大力加强实现现代化所必需的科学和教育工作。因此，我国经济建设必将重新高速度地、稳定地向前发展，这是毫无疑义的。"② 以这次全会的召开为标志，中国改革开放的大幕由此拉开。

---

① 《邓小平文选》第二卷，人民出版社 1994 年版，第 150、152 页。
② 《中国共产党第十一届中央委员会第三次全体会议公报》，《人民日报》1978 年 12 月 24 日。

十、包产到户从非法到
合法的历程

党的十一届三中全会以来的中国历史，其实就是一部改革开放史。中国的改革又是率先在农村取得突破的，其标志性的事件就是包产到户的合法化。包产到户的推行，使亿万农民获得了前所未有的自主权，可以说，这是他们在经历土改翻身后的第二次解放，从而极大地推动了中国农村生产力的发展，也为整个新时期的改革开放奠定了深厚的群众基础。

1. 调动农民生产积极性成为当务之急

持续 10 年的"文化大革命"不仅没有给中国带来繁荣与进步，反而严重迟滞了中国的发展。就农村政策而言，由于"左"倾思想的影响，农村的经济体制长期僵化，许多问题日积月累日益严重起来。例如，由于人民公社实行"三级所有、队为基础"，生产大队、生产队与公社是行政上的上下级关系，公社可用各种名义在本社内部刮"一平二调"的"共产风"，生产队的自主权长期得不到保障；包产到户长期被视同为分田单干甚至是走资本主义道路而被禁止，在分配上平均主义严重；社员的自留地和家庭副业被视做"资本主义尾巴"而遭到严格控制，甚至一家能喂养多少家禽、自留地里只能种什么农作物都有严格的规定；国家对农产品实行严格的统购派购制度，农村集市贸易被严格监管，商品流通严重受阻；等等。因此，在相当长的时间里，农业生产长期处于徘徊状态，农民生活也始终没有实质性的改善。

1976年10月粉碎"四人帮"后，当时全国上下对于发展国民经济产生了强烈的愿望。但是，由于长期的"左"倾教条思想的束缚，思想的解放需要一个过程，于是一时间出现了这样一种局面：一方面从上到下都感到必须快速发展经济，把生产搞上去；另一方面又沿用原来的老一套（阶级斗争思维、群众运动方式）去开展各项工作。这种情况表现在农业领域，就是强化"农业学大寨"运动。1976年12月，中共中央先在北京、继而在大寨召开规模甚大（五千人参加）的全国"农业学大寨"会议，党和国家的领导人几乎全都出席。会议虽然提出了一系列的宏伟目标，如要求1980年全国有三分之一的县建成大寨县，基本上实现全国农业机械化等，可实现这些目标的主要手段却是强调要"坚持以阶级斗争为纲"。

农业学大寨运动其实在"文化大革命"前就已经开展，并且起到了积极作用。然而"文化大革命"开始之后，大寨不断被政治化，由原来自力更生、艰苦奋斗的典型，逐渐演化为阶级斗争的典型，大寨的经验被简单化为阶级斗争的经验，而这种阶级斗争又是人为制造出来的，甚至是虚构的。历史证明，搞阶级斗争不可能改变农村落后面貌，而且广大农民在经历接二连三的各类以阶级斗争为主题的运动后，对阶级斗争已经十分厌倦和反感，因而这样的学大寨运动也就失去了其积极意义，更无法解决农村最根本的发展问题。所以"文化大革命"结束后的最初一段时间，农业学大寨运动虽然仍在进行，但人们开始意识到，仅靠学大寨的办法，无法调动农民的生产积极性，也无法实现人们所期待的农业生产大发展，于是开始寻找新的办法。就在这个时候，两个调查报告引起了中共中央的高度重视。

1977年冬，中共湖南省湘潭地委召开县委书记会议，研究在粉碎"四人帮"后如何坚持"抓纲治国"方针、加快社会主义建设步伐、高速发展农业生产的问题。中共湘乡县委在会上汇报了工作设想，认为近年来湘乡农业生产连续徘徊，社员人均纯收入逐年减少，其中一个重要的原因，是由于"四人帮"的干扰，农村政策混乱，农民负担加重，挫伤了农民的积极性。因此，县委打算在全县范围内开展一次落实党的农村政策，减轻农民不合理负担的工作，以解决农民积极性问题。湘乡县委的这个设想得到了湘潭地委的肯定，并决定以湘乡为试点，在全地区开展落实党的农村政策，减轻农民负担的工作。

1978 年 2 月，湘乡县委召开常委会议，传达地委召开的县委书记会议精神，专题研究减轻农民负担问题，决定从调查研究入手开展这项工作。会后，县委的 13 名常委除 3 人留守机关外，其余 10 人各带一个工作组，分别到各公社进行调查研究。与此同时，湘潭地委书记也带了 4 个工作组来到湘乡，进行蹲点和调查。①

经过地、县工作组 1 个多月的调查，了解到农民负担过重主要表现在以下几个方面。

一是有的单位无偿地平调生产队的劳动力、资金和物料，大搞非生产性建设。1974 年以来，县级机关行政单位建了 23 栋楼房，建筑面积共有 32115 平方米，花钱 179.15 万元。在此期间，各区（当时湖南在县与公社之间设区，作为县的派出机构）、公社也建了 31 栋房子，最大的一栋花钱 11 万元。

二是有些单位和社队铺张浪费、吃喝成风，有的干部违法乱纪，贪污盗窃，任意侵吞挥霍社员的劳动成果。有些地方开现场会，搞评比检查，组织对口比赛，接待上面客人都讲吃喝。有的单位以协作之名请客送礼，大吃大喝。县铁厂 1977 年开支的招待费就有 3700 元。

三是非生产人员、非生产性用工、非生产性开支大量增加，各种摊派名目繁多，干部劳动少、补贴高，农民不合理负担加重。该县太平公社 1976 年公社、大队非生产性人员 362 人，平均每个大队 28 人，占总劳动力的 10.2%，比 1973 年以前增加了 80%。从 1971 年以来，这个公

---

① 中共湘乡市委党史联络组：《中共湘乡地方史》，中共党史出版社 2004 年版，第 264 页。

社从各大队抽调了 56 人到公社机关和企业事业单位担任管理人员和业务人员，等于国家原定编制人员的 2.3 倍。大队和生产队干部、临时工作队、社队企业管理人员和赤脚医生、民办教师等各种人员的补贴工，占非生产性用工总数的一半。这个公社的各种各样的摊派也多，公社建中学，按人按田从生产队摊派钱 14900 元、粮 13400 斤。公社办广播站，无钱买器材，两次向各队摊派 9650 元。公社买电影机，也摊派了 1500 元。公社买拖拉机，按每亩出 1.5 元，又摊派 16590 元。此外，还摊派畜牧管理费、机械管理费、水库管理费、社队企业管理费、合作医疗管理费等项费用 19000 元。全公社各种摊派费共达 61642 元，平均每户负担 21.9 元（这年全国农民人均收入仅 63.2 元）。

此外，国家各级有关部门在兴办农村文教、卫生、交通等事业中，也把大量费用转嫁给生产队负担；有的干部、职工长期拖欠生产队的钱款，造成社员分配不能兑现；发展社队企业，调用生产队的劳动力多，付给的报酬少；农田基本建设战线过长，过多地调用了社队的劳动力和资金；一些工业部门以农业为基础的思想扎根不牢，有的支农产品价格高，质量差，缺两短秤，等等。由于上述种种情况，形成了"上下左右向生产队伸手，四面八方挖生产队墙脚"的局面，结果使不少农民辛辛苦苦劳动一年，"一个工价 8 分钱，决算倒欠口粮钱"。

这次农民负担调查给湘乡县委以很大的震动，县委再次召开常委会议，决定将减轻农民负担作为落实农村政策的一项重要任务，并制定了具体的方案与措施，如进行了年终分配大复查，大力压缩非生产人员，统筹安排资金，对各行各业各个部门进行以农业为基础的教育等。

1978 年 4 月，国家农林部政策研究室有关人员来湘乡调查，湘乡县委减轻农民负担的做法引起了调研人员的重视，并要求湘乡县委立即就此写一份调查报告上报。随后，湘乡县委组织人员写出一份题为《认真落实党的农村政策，努力减轻农民负担》的长篇报告，经中共湖南省委上报中共中央。这个报告引起了中共中央主席华国锋的重视，认为湘乡的经验值得推广。

1978 年 6 月 23 日，中共中央正式批转了湘乡县委的报告，并作了长达 2500 余字的指示。中共中央在指示中说：湘乡县委提出的问题，是一个在全国相当多的地方普遍存在的严重问题，各地都应该参照湘乡的经验，认真把这个问题解决好。

7 月 5 日，《人民日报》发表题为《落实党的政策，减轻农民负担》的社论，要求各地都应该参照湘乡的经验，深入调查研究，根据当地的情况，认真解决好农民负担问题。社论强调，解决农民不合理负担的问题，是一个关系到巩固人民公社集体经济的问题，是一个关系到加强工农联盟的问题，也是一个真想农业高速度还是假想农业高速度的问题。各级党委要千百倍地增强政策观念和群众观念。特别是各省、自治区、直辖市党委，都要下去亲自查一查农民的负担问题，想一想应该怎么办？各地区、各部门，特别是中央和国家机关各部委，都要认真地检查一下是不是真正地支援了农业，是不是真正地为农民办了好事，是不是真正地执行了以农业为基础的方针？只要各级党委重视起来了，采取有力措施把农民不合理负担的问题解决好了，农民的社会主义积极性就会迅速迸发出来，农业的高速度发展就大有希望，新时期总任务的实现就有了更可靠的保证。

陕西省旬邑县的职田公社，曾是陕西省的"学大寨的先进典型"，旬邑县也由此在陕西颇有名声。但是，职田公社和旬邑县的工作实际上存在很多问题，广大群众对少数干部强迫命令、违法乱纪的行为早有意见，并多次向上级反映。然而，这些意见不但未被有关部门采纳，反而给提意见的群众扣上"拔红旗""反先进"的大帽子，使问题发展得越来越严重。

1978 年 6 月，旬邑群众向中共中央领导人写信，反映该县少数干部强迫命令、违法乱纪的问题。华国锋看到人民来信后十分重视，并作出"把那里的问题解决好"的批示，要求中共陕西省委对此展开调查。陕西省委接到批示后，立即组织力量，对群众来信反映的问题进行了调查。调查结果表明，人民来信中反映的问题大部分属实，有些还比信中反映的更为严重。随后，陕西省委将调查结果和处理意见向中共中央作了报告。

调查报告说，旬邑县工作中存在的问题确实是严重的，主要是干部作风粗暴，违法乱纪，打骂群众，乱扣乱罚成风。县、社、队的干部动手打骂群众。职田公社原有的 10 名正副书记、主任中，就有 6 名打过人，原底公社党委副书记兼庄里大队支部书记李某，从 1974 年到 1977 年 4 年内打了 30 多人，他曾把上工迟到的社员集合起来用皮带抽打，一次就打了 20 多人。有的社员说，一听李书记叫，不管春夏秋冬，先把棉袄披上，准备挨鞭子。少数干部在整治群众时花样繁多，甚至施用种种刑罚。许多公社一度组织的所谓"民兵小分队"，把群众当敌人，随意采取专政手段，以及用许多侮辱人格的恶劣做法对待群众。尤其是近年来，这个县由于干部作风粗暴、违法乱纪，造成有的群众自杀死亡，有的被逼疯打残。

此外，该县还动辄对社员扣粮罚款，而且名目繁多，如完不成生产定额，完不成生猪交售和饲养任务，完不成鲜蛋交售任务，交不上马铃薯种子，有病不能出勤，妇女不上避孕环等都要扣粮罚款。由于自然灾害的影响，加上干部强迫命令、违法乱纪和生产指挥不当，这个县从 1975 年起粮食产量连年下降，群众生活十分困难。1978 年春季以来，国家已给了返销粮 480 万斤。

根据调查了解的情况，为了解决少数干部强迫命令、违法乱纪问题，陕西省委对旬邑县少数干部强迫命令、违法乱纪的问题向全省发了通报，并作出了《关于坚决落实中央负责同志批示，认真整顿和改进干部作风的决定》，要求各级党委对照旬邑的问题，认真进行检查，发现问题及时处理，坚决纠正强迫命令、违法乱纪的歪风，教育提高干部，大力恢复和发扬党的优良传统和作风。并向旬邑县派出了工作组，责令犯了错误的干部向群众赔礼道歉，对乱扣乱罚社员的钱物认真清理、退赔。组织了专门班子，由领导干部带领，深入社队，对打骂残害群众后果严重的 21 个案子，查清落实，选择典型，公开处理。①

---

① 《发扬党的优良传统，转变干部作风》，《人民日报》1978 年 8 月 3 日。

7月13日，中共中央转发了陕西省委《关于旬邑县少数干部强迫命令、违法乱纪问题的调查报告》，并加了分量很重的批示。批示说，旬邑县的一些干部违法乱纪的情况和造成的后果是严重的。全国凡是有类似情况的地方和单位，都要采取严肃认真的态度，切实解决好这方面的问题，大力恢复和发扬党的优良传统。

其实，当年农民负担重、干部作风粗暴导致的干群关系紧张，从根本上讲是农村人民公社体制造成的，要解决这些问题需要从根本上进行体制调整，变革人民公社政社合一、三级所有队为基础的体制，让农民成为生产经营的主体，进行农村经济体制的改革。自然，当时刚刚从"文化大革命"中走出来，思想的解放需要一个过程，但中共中央在不到两个月的时间里，连续批转了两个具有典型意义的调查报告，在全国产生了重大影响，对当时减轻农民负担、改进干部作风起到了积极作用。特别是中共中央在两个典型调查的批示中都强调，各级干部必须深入农村开展调查研究，各级党委也随之组织了各种调查组就此开展调查。虽然这些调查的重点是如何减轻农民负担和转变干部作风，但在调查研究的过程中，各级干部对农村的现状有了更多的了解，对农村的落后情况有了更深的感触，这对各级党委下决心调整农村政策起到了直接的推动作用。

2. 包产到户第一步——包产到组

当代中国的改革是以农村改革为开端的，其特征就是实行包产到户、包干到户的家庭联产承包责任制。而包产到户政策的萌生到推广，安徽又具有典型意义。安徽之所以能率先进行农村改革，又与当时中共安徽省委进行了深入的农村调查密不可分。

安徽是个农业大省，又是深受"左"倾错误危害的重灾区。当时，安徽农村的问题很严重，农民生活特别困难。为了加强安徽的工作，1977年6月，中共中央改组了原安徽省委，任命万里为安徽省委第一书记。

万里虽然出生于农村，但新中国成立后长期在中央机关和北京市工作。为了熟悉农村情况，他到任后，没有立即作指示提口号，而是先下去看农业、看农民，用三四个月的时间把全省大部分地区都跑到了。万里下去调查时，轻车简从，一般是一部小车，三两个人，事先不打招呼，说走就走，随时可停，直接到村到户，他认为这样才可以了解到真实情况。这一调查，结果使他"越看越听越问心情越沉重，越认定非另找出路不可"①。

为了进一步了解安徽农村的情况，寻求解决之策，万里要求省委分管农业的书记王光宇，准备一份系统反映全省农村经济和农民生活情况以及解决意见的书面材料，然后向省委作全面汇报。王光宇将这项工作委托给省农委政策研究室主任周曰礼主持，并由各地市农委协同。不久，周曰礼拿出一个较为系统的材料，内容包括安徽农村落后的生产力水平状况、农民生活艰难情况、人民公社体制的种种弊端、农业学大寨运动出现的问题、农民生产积极性严重低落，等等。8月下旬，万里与省委其他几位负责人听取了周曰礼的汇报。

据周曰礼回忆："汇报的内容，是从生产上的大呼隆、分配上的大锅饭、瞎指挥，大搞形式主义、浮夸风、农民负担重以及农业学大寨、农业机械化等方面的内容，列举大量触目惊心的事实，揭露'四人帮'在农村推行极左政策把人的思想搞乱了，把理论和政策搞乱了，把人民公社经营管理搞乱了，把人的积极性搞完了，给农村造成了灾难性后果，安徽成了重灾区，农村经济面临崩溃的边缘。十年动乱期间，全省的粮食总产量一直徘徊在200亿斤左右，农民人均年纯收入一直徘徊在60元上下，由于价格的因素，农民实际生活水平比'文革'前下降了30%。""全省有28万多个生产队，人均年收入100元以上的只占10%；60%的队只有60元左右；40元以下的约占25%；还有5%的队，约300

---

① 《万里谈农村改革是怎么搞起来的》，《百年潮》1998年第3期。

万人左右，常年处在饥饿线上挣扎。从上面这些数字可以看出，除10%的队可以维持温饱外，其余90%的队成为'三靠队'，即生产靠贷款、吃粮靠返销、生活靠救济。根据各地匡算，大约有30%的队，即使把全部资产，包括土地、耕牛、农具、房屋全部变卖了，也还不清国家的贷款和扶持款。这些生产队名义上有一块集体经济的招牌，实际上是个一无所有的空壳，连简单再生产都不能维持。"①

周曰礼的汇报使万里受到了深深的震撼，他感到"经济上的拨乱反正比政治上的拨乱反正更艰巨，不搞好经济上的拨乱反正，政治上的拨乱反正也搞不好"。万里当即表示，自己要拿出80%的时间和精力研究和解决农村问题，并要求王光宇一定要认真指导、帮助省农委进一步搞好调查，会同各地市农村工作部门集体研究，代省委起草一个解决农村问题的文件草稿。②

10月下旬，这份文件的草稿写出来了。随后，万里和省委其他负责人先后到肥东县解集公社青春大队、长丰县吴山公社四里墩大队等地，分别召开大队干部、生产队干部和社员座谈会，征求基层干部和群众的意见。在反复调查研究的基础上，安徽省委于1977年11月召开各地、市、县委和省直各部门主要负责人参加的全省农村工作会议，经过与会人员的反复讨论，形成了《关于目前农村经济政策几个问题的规定》。因为这个文件主要有六个方面的内容，故称省委"六条"。

安徽省委"六条"的主要内容是：搞好人民公社的经营管理工作，允许生产队根据农活建立不同的生产责任制，可以组织作业组，只需个别人完成的农活也可以责任到人；减轻生产队和社员负担，农田基本建设要坚持自有、互利原则，不能采取平调办法，严格控制调用生产队的劳动力，任何单位不得无偿调拨生产队的财物、土地和发动社员投资捐款；分配要兑现，大力开展多种经营，尽可能使社员在正常年景下从生

---

① 周曰礼：《农村伟大变革的序幕——安徽省委"六条"出台前后》，《农民日报》2008年11月22日。

② 王光宇：《我所亲历的安徽农村改革》，《中共党史研究》2008年第5期。

产中逐年增加个人收入；粮食分配要兼顾国家、集体和社员个人利益，绝对不许征购过头粮；尊重生产队的自主权，生产队在保证完成国家计划的前提下，有权因地制宜、因时制宜安排生产，领导机关不能瞎指挥；允许和鼓励社员经营正当的家庭副业，社员自留地和家庭副业的产品，在完成国家派购任务后，可以拿到市场上出售。

安徽省委的"六条"政策，实际上并没有超过1962年的《农村人民公社工作条例（修正草案）》（即"农业六十条"）的规定，不过是对其中关于生产队自主权规定的强调与重申，但由于农村多年受"左"倾错误的干扰，"农业六十条"的许多规定在农村并没有坚持下来，故而这六条政策一经宣传贯彻，立即得到了安徽农民的欢迎，用《人民日报》报道中的话说："社员出勤之踊跃，劳动工效之高，人们情绪之饱满，都是前几年所没有的。"①

1978年安徽出现了百年不遇的大旱灾，全省大部分地区10个月没有下过透雨，许多河水断流，水库干涸。全省共造成6000多万亩农田受灾，4000多万人口的地区缺乏生活用水。秋天种麦之时，各级号召农民采用打井、深挖沟塘取水抗旱，同时采用干地、干土、干下种的"三干法"种麦，农民觉得这样会把种子白白浪费掉了而不愿下种，于是出现了大片耕地抛荒。针对这种情况，王光宇向万里建议：现在全省耕地大面积抛荒，与其这样，不如借给农民个人耕种，充分发挥各自的潜力，尽量多种一些秋季作物以渡过灾荒。万里经过慎重考虑后表示可以一试。随后，万里主持召开省委常委会专门讨论，决定采取"借地度荒"的办法：凡集体无法耕种的土地，可以借给社员种麦、种油菜，每人借3分地，并鼓励农民开荒多种，谁种谁收谁有，国家不征粮，不分配统购任务。②"借地度荒"的口子一开，安徽一些地方实际上突破了借地3分的规定，搞起了包产到户。

---

① 《一份省委文件的诞生》，《人民日报》1978年2月3日。
② 王光宇：《我所亲历的安徽农村改革》，《中共党史研究》2008年第5期。

在安徽全省在抗旱救灾的过程中，滁县地区发现了 3 个生产搞得比较好的典型。一是来安县烟陈公社杨渡大队的魏郢生产队，偷偷地搞起了"定产到组、以产计工"的管理办法，也就是包产到组，当年粮食产量增长了 30%。二是天长县的新街公社，在棉花即将枯死的情况下，决定将棉花包产到户，超产奖励，减产赔偿，结果调动了群众的积极性，大旱之年棉花增产 89.6%。三是来安县的广大公社实行干部岗位责任制，年终按各项生产指标实行奖罚，公社全面增产。

中共滁县地委书记王郁昭利用到合肥开会的机会，将这三个典型向万里作了汇报，万里当即指示滁县地委将这三个典型写成详细的调查报告上报省委。随后，滁县地委写成了《灾年创高产，一年大变样——魏郢生产队实行定产到组、以产计工的调查》《实行产量责任制，灾年棉花大增产——新街公社棉花生产实行定额管理、超产奖励的调查》《解决农村干部干与不干、干好干坏一个样的一个好办法——来安县广大公社对干部实行奖惩制度的调查》3 份调查报告。万里看了这几个调查报告后，指示滁县地委可以在全地区进行包产到组的试点。根据万里的指示，滁县地委决定由各县各自选择一个大队或公社进行包产到组的试点，结果许多没有定为试点单位的地方在得知这个消息后，也自发地搞起了包产到组。到 1979 年 3 月，滁县地区实行包产到组的生产队已超过半数。

就在安徽的部分地方实行包产到组之际，四川也开始推行包产到组。1977 年秋，中共广汉县委书记常光南在西高公社做调查，发现这个公社有一个生产队实行分组作业、定产到组、超产奖励的办法后，粮食连年增产，社员生产积极性很高。随后，常光南在有公社党委书记参加的县委扩大会议上，详细地介绍了这个生产队实行定产到组生产责任制的做法。由于定产到组与包产到组实际上没有区别，而包产到组曾多次被作为"右倾"倒退遭受批判，对于这一做法能否推广，广汉县委不敢擅自决定，就此请示中共四川省委。当时，分管农业的省委书记杨万选回答说，可以搞试点。于是，广汉县委决定以金鱼公社作为试点单位，进行"分组作业，定产定工，联产计酬"的试验，取得了良好的效果。当年金鱼公社的 116 个生产队，队队增产，公社的粮食产量比上年增长 22.5%，大大高于全县平均增产比例。①

广汉金鱼公社包产到组的做法，引起了中共四川省委的重视。1978年 10 月初，中共温江地委在大邑县召开有各县委书记参加的播种早春作物现场会，省委主要负责人也前来参加了会议，并在会议进行前听取了常光南关于金鱼公社包产到作业组的情况汇报，对责任到组的做法表示肯定，认为从方向道路上讲没有问题，想搞的可以推广，多搞。随后，省委书记杨万选带一个调查组到金鱼公社进行实地调查，整整调研了一个星期，最后形成了题为《分组作业定产定工超产奖励——金鱼公社建立生产责任制的情况》的调查报告，于 10 月 27 日刊发在四川省委办公厅的《工作简报》上，同时加了编者按。按语说：金鱼公社建立明确的生产责任制和奖励制的经验，是运用经济方法管理经济，具体体现按劳分配、多劳多得，使社员的劳动同自己的物质利益紧密结合起来，充分调动了社员群众的积极性，看来，这种办法是可行的。各地、县委可以选择有条件的社队，参照金鱼公社的办法，进行试点，摸索经验，不要一哄而起，以免出现混乱现象。随后，包产到组在四川全省逐步推开。

3. 从"不许"到"不要"的悄然变化

1978 年 11 月，中共中央在北京召开工作会议，为即将召开的十一届三中全会做准备。会议原定的一个重要议题，是讨论和修改会前形成的《中共中央关于加快农业发展若干问题的决定（草案）》和《农村人民公社工作条例（试行草案）》（即新"农业六十条"）两个文件的草稿，进一步贯彻落实以农业为基础的方针。但会议一开始，一批老同志

---

① 杨超等主编：《当代四川简史》，当代中国出版社 1997 年版，第 233 页。

纷纷提出当时党内外普遍关心的一些重大问题，主张彻底纠正"文化大革命"的错误，并为一些历史冤假错案平反，这就使这次工作会议和随后召开的十一届三中全会突破了原定的只讨论经济问题的议题，成为全局性的拨乱反正和开创新局面的会议。

对于《农村人民公社工作条例（修正草案）》（即"农业六十条"）的修正，早在 1970 年 4 月毛泽东就提出过，后来调查了一下没有下文。1972 年 3 月，华国锋主持修改过一次，但只改了一半。1975 年 5 月和 1976 年又作了两次修改，但也没有什么结果。1977 年 10 月，根据华国锋指示，中共中央组织有关人员再次进行"农业六十条"的修改工作。经过一年多的修改，形成了《农村人民公社工作条例（试行草案）》（简称新"农业六十条"）。

在中共十一届三中全会上，《农村人民公社工作条例（试行草案）》并没有经过详细讨论就被原则通过，与《中共中央关于加快农业发展若干问题的决定（草案）》一起发给各省、市、自治区讨论和试行。与 1962 年 9 月中共八届十中全会通过的"农业六十条"修正草案相比，新"农业六十条"内容的变化，一是强化了阶级斗争的内容，如规定："高举毛泽东思想的伟大旗帜，坚持阶级斗争、生产斗争、科学实验一起抓"；"进行阶级教育和革命传统教育，向农民群众不断地灌输社会主义思想，批评资本主义倾向，提倡集体利益和个人利益相结合的原则"；"打击一小撮阶级敌人的破坏活动，打击资本主义势力的进攻，保卫社会主义公有制"。二是大大减少了关于社员家庭副业的内容。新"农业六十条"去掉了原"农业六十条"中有关的"人民公社应当允许和鼓励社员利用剩余时间，发展家庭副业"等语。对于自留地和自留山，也删去了"长期不变"等词；增加了关于"集市贸易"的规定，但强调"对集市贸易要加强管理，坚决打击投机倒把分子"。三是增加了一些新的内容，如在"干部"一章中强化了干部作风的内容，强调干部不能假公济私、"走后门"、多吃多占、贪污私分；等等。

很显然，新的"农业六十条"还没有从以阶级斗争为纲的思维中解放出来。但是，新"农业六十条"一方面规定"不许包产到户，不许分田单干"，另一方面又提出要"加强劳动组织，建立严格的生产责任制"，"要根据生产的需要，建立小组的或个人的岗位责任制，实行定人员、定任务、定质量、定报酬、定奖励的制度"，"可以在生产队统一核算和分配的前提下，包工到作业，联系产量计算报酬，实行超产奖励"。这些关于建立严格的生产责任制的规定，对于后来的包产到户客观上起了催生作用。中国农民充分发挥自己的聪明才智，以建立生产责任制、"包工作业"的名义，先是把包工包到组，然后又不断地把组划小，最后直接包工包产到户。这其中包括现在人们所熟悉的安徽凤阳县梨园公社小岗生产队秘密进行的包产到户。

除了农民自发搞起的包产到户外，个别地方开始有组织地尝试包产到户。1979年2月，中共安徽省委组织工作队，深入到肥西县的山南公社，向社员宣读十一届三中全会通过的《中共中央关于加快农业发展若干问题的决议（草案）》和新"农业六十条"。在讨论这两个文件时，山南公社的干部社员最感兴趣的是生产责任制的问题，并且强烈要求实行包产到户。不仅劳动力强的社员对于包产到户积极拥护，就连劳动力弱的，甚至五保户，也认为包产到户的办法好。对于这一情况，工作组负责人立即向万里作了汇报。万里认为，群众的意见应该重视，乃决定专门召开省委常委会议讨论包产到户的问题。结果是安徽省委决定在山南公社进行包产到户的试点。

早在1961年，安徽全省曾推行过名曰"责任田"的包产到户，1962年年初七千人大会后，"责任田"被当作分田单干被强行纠正，但安徽农民却对此一直念念不忘。他们深知，只有包产到户才能解决自己的吃饭问题。安徽省委在山南公社试点搞包产到户的消息传开后，肥西全县各生产队纷纷仿效，在1个月的时间内，全县有40%的生产队搞起了包产到户。山南公社和肥西县的包产到户又直接推动了全省包产到户的推行，包产到户顿时有蔓延安徽全境之势。

然而，包产到户毕竟是刚刚通过的新"农业六十条"明文禁止的，

对于这样重大的问题，安徽省委决定向中共中央汇报。1979 年 3 月 4
日，安徽省委向中共中央报告了安徽推行责任制的情况，其中讲道：
"关于责任制的问题，我们认为，只要不改变所有制的性质，不改变核
算单位，可以允许有多种多样的形式，三包一奖到组可以普遍地搞……
少数边远落后、生产长期上不去的地方，已经自发搞了包产到户岗位责
任制的，我们也宣布暂时维持不变，以免造成不必要的波动，由于为数
不多，允许作为试验，看一年，以便从中总结经验教训。"①

　　思想的解放和认识的提高，对每个人来说是有先有后的。当包产到
户重新在农村出现的时候，有的人依旧用过去两条道路斗争的观点去看
待，认为包产到户是对集体经济的瓦解，破坏了社会主义公有制，是倒
退和走回头路。就连分组作业或包产到作业组的办法，一些人也一时转
不过弯来。

　　1979 年 3 月 15 日，《人民日报》在头版显著位置发表了一封署名
张浩的读者来信——《"三级所有，队为基础"应该稳定》。信中说，
最近，河南洛阳地区的不少县社，已经、正在或将要搞"包产到组"，
听社员说，这是第一步，下一步还要分田到户，包产到户。如果从便利
管理，加强责任心着眼，划分作业组是可以的，但轻易地从"队为基
础"退回去，搞分田到组、包产到组，也是脱离群众、不得人心的；
会搞乱"三级所有，队为基础"的体制，给生产造成危害，对搞农业
机械化也是不利的。

　　《人民日报》为这封读者来信特地加了编者按，指出：为贯彻按劳
分配原则，搞好劳动计酬工作，可以在生产队统一核算、统一分配和统
一使用劳动力的前提下，包工到作业组，联系产量计算报酬，实行超产
奖励。但这里讲的包工到组，主要是指田间管理，同"分田到组""包
产到组"完全是两回事。人民公社现在要继续稳定地实行"三级所有，

---

　　① 周曰礼：《回顾安徽的农村改革》，《中共党史资料》第 68 辑，中共党史出版社
1998 年版，第 55 页。

队为基础"的制度，不能在条件不具备的情况下，匆匆忙忙地搞基本核算单位的过渡；更不能从"队为基础"退回去，搞"分田到组""包产到户"。

《人民日报》发表这篇读者来信的时候，万里正在滁县地区的几个县进行农村调查。对此他明确表示：究竟什么意见符合人民的根本利益和长远利益，要靠实践来检验。绝不能读一封读者来信和编者按就打退堂鼓。他强调：已经实行的各种责任制一律不动。只要今年大丰收，增了产，社会财富多了，群众生活改善了，各种责任制的办法明年可以干，后年还可以干，可以一直干下去。凡是能增产，对国家贡献多，集体经济壮大，群众收入增加，生活得到改善，就是好办法。政策可不要变来变去，农民就怕政策多变，看准了就定下来，就干。这次我走了 6 个县，从群众看，对包产到组、包产到户的办法都是拥护的。① 同年 5 月，万里又到肥西县的山南公社做调查。有农民问他："包产到户允许我们搞多长时间？"万里回答说："你们愿意搞多久就搞多久，什么时候不增产了就不搞。"②

包产到户虽然为农民所拥护，但它在生产形式上表现为农民个体劳动，与长期形成的农业集体化农民必须集体劳动的观念相左，而且集体的土地为农民一家一户经营，也容易给人一种包产到户就是分田单干的错觉。因此，要在这个问题上突破传统观念，自然需要有一个人们逐渐理解的过程。

1979 年 3 月 12 日至 24 日，国家农委邀请广东、湖南、四川、江苏、安徽、河北、吉林 7 省农村工作部门和安徽全椒、广东博罗、四川广汉 3 个县委的负责人，在北京召开当前农村工作座谈会。会上，围绕包产到户的问题展开了激烈的讨论，有人认为包产到户虽然还承认集体对生产资料的所有权，承认集体统一核算和统一分配的必要性，但在本

---

① 《万里文选》，人民出版社 1995 年版，第 123、125 页。
② 王光宇：《我所亲历的安徽农村改革》，《中共党史研究》2008 年第 5 期。

质上与分田单干没有什么区别。安徽等地的与会者则认为，包产到户只要坚持生产资料公有制和按劳分配，它与分田单干就有本质的不同。

这次座谈会并没有在包产到户问题上形成共识。会后报送给中共中央的《座谈纪要》说："把主要作物的全部农活由个人承担，产量多少也完全由个人负责"的包产到户，"失去了集体劳动和统一经营的好处"，"本质上和分田单干没有多少差别，所以是一种倒退"，强调人民公社的三级所有、队为基础的体制必须稳定。《座谈纪要》还提出："除特殊情况经县委批准者以外，都不许包产到户，不许划小核算单位，一律不许分田单干。"但是，《座谈纪要》又明确表示："喂养家禽、管理鱼塘、经营小宗作物等农活，实行个人岗位责任制，并且规定产量（产值），实行超产奖励，是统一经营下的专业化生产，不是对统一经营的否定，应当允许。深山、偏僻山区的孤门独户，实行包产到户，也应当允许。"①

1979年9月，中共十一届四中全会通过了《中共中央关于加快农业发展若干问题的决定》。这次全会通过的决定与十一届三中全会原则通过的决定草案相比，最耐人寻味的是将草案中的"不许包产到户，不许分田单干"改为这样一段话："不许分田单干。除某些副业生产的特殊需要和边远山区、交通不便的单家独户外，也不要包产到户。"从强制性的"不许"到规劝性的"不要"，表明中共中央对待包产到户的态度已出现了明显的松动。据农业部人民公社管理局统计，1980年1月，全国有84.7%的生产队实行了各种形式的生产责任制，其中实行定额包工责任制的占生产队总数的55.7%，实行各种联产承包责任制的占29%，而实行包产到户、包干到户等家庭联产承包责任制的为1.1%。②

其实，当时实行包产到户的生产队的实际数目远不止如此。新华社

① 黄道霞等主编：《建国以来农业合作化史料汇编》，中共党史出版社1992年版，第919页。

② 朱荣等主编：《当代中国的农业》，当代中国出版社1992年版，第310页。

从各省分社了解到的情况是：实行包产到户的生产队，安徽有 23%，其中肥西、凤阳、来安、定远、芜湖、宣城等县较多，有的县占 80% 以上；广东有 10%，其中惠阳地区较多，大约占生产队总数的 35%；内蒙古的 53 个县、旗的 47849 个生产队中，实行包产到户的有 13894 个，占 29%。河南实行包产到户的生产队也有 10% 左右。此外，贵州、云南、甘肃、山东、河北及其他一些省区，也有的生产队在搞包产到户。没有搞包产到户或搞得很少的是北京、天津、上海三市郊区，东北三省和湖北、湖南等省。①

4. 邓小平肯定包产到户效果很好

1980 年 1 月 11 日至 2 月 2 日，国家农委在北京召开全国农村人民公社经营管理会议。会上，安徽代表作了《联系产量责任制的强大生命力》的发言，介绍了安徽建立各种联系产量责任制的情况及其效果，并且强调在生产队统一领导下的包产到户，因为它没有改变所有制性质和按劳分配原则，不能同分田单干混为一谈。这个发言引起了与会者激烈的争论。有人认为，联系产量责任制是半社会主义的，包产到户实际上是分田单干，与社会主义沾不上边，是资本主义性质的，更有人给包产到户戴上违反中央文件和宪法规定的大帽子。

1 月 31 日，会议向华国锋、邓小平、李先念等中央领导人汇报情况。华国锋在讲话中强调，责任制和包产到户单干不要混同起来，已经搞了包产到户的要认真总结经验，提高群众觉悟，逐步引导他们组织起来。邓小平则表示，对于包产到户这样的大问题，事先没有通气，思想毫无准备，不好回答。

实践的发展改变着人们的认识。随着包产到户在越来越多的地方被推广，领导层及有关农业和农村工作主管部门，对包产到户的态度也在

---

① 吴象：《中国农村改革实录》，浙江人民出版社 2001 年版，第 150—151 页。

逐渐发生变化。这年3月6日，国家农委印发了《全国农村人民公社经营管理座谈会纪要》，除了重申《中共中央关于加快农业发展若干问题的决定》中对于包产到户的规定外，还表示："至于极少数集体经济长期办得很不好、群众生活很困难，自发包产到户的，应当热情帮助搞好生产，积极引导他们努力保持、并且逐渐增加统一经营的因素，不要硬性扭转，与群众对立，搞得既没有社会主义积极性，也没有个体积极性，生产反而下降。更不可搞批判斗争。"①

1980年4月，主张包产到户的万里从安徽调任国务院副总理，表明中央高层对包产到户的某种认同。但是，此时党内对包产到户问题的认识还没有统一，就在万里到北京赴任的时候，国家农委主办的《农村工作通讯》这年第2期和第3期上，分别发表了《分田单干必须纠正》《包产到户是否坚持了公有制和按劳分配》两文，对包产到户进行了公开的责难，批评包产到户并没有坚持公有制和按劳分配，实际上倒退到单干。其他一些报刊也刊发文章对包产到户进行批判。3月20日，山东《大众日报》发表《包产到户不是责任制》的文章，认为包产到户同集体经营、分工协作的责任制有本质上的区别，包产到户有滑向单干道路上去的危险。8月14日，《湖南日报》也公开发表《大田生产不宜包产到户》的文章，指出大田包产到户如果领导不好，生产队很难搞统一核算和分配，容易变成变相单干，成为个体经济，这就违背了坚持走社会主义道路的原则。

还有一些地方则是明令纠正包产到户或不准包产到户。1979年12月，中共陕西省委就渭南地委报送的《关于个别地方发生"口粮田"的情况报告》作出批复，认为分给社员"口粮田"（按：所谓口粮田，就是从集体耕地中划出一部分由社员自己耕种代替口粮分配，是包产到户的一种变通），势必形成社员热衷于经营"口粮田"而影响大田生

---

① 中共中央党史研究室等：《中国新时期农村的变革》中央卷（上），中共党史出版社1998年版，第86页。

产，不利于巩固集体经济。安徽在万里调离后，也引发了包产到户的大争论，安徽省委个别人给包产到户扣上了"经济主义""机会主义""工团福利主义"等大帽子，指责包产到户是倒退，是"迁就农民落后意识"。一些地方还不顾群众反对，强行纠正包产到户，有的县委负责人还宣布，谁搞包产到户就以破坏生产论处，要加以逮捕。刚刚萌生的包产到户面临再次夭折的危险。

就在这个时候，几个月前对包产到户"不好回答"的邓小平，在经过深思熟虑后，作出了肯定的回答。1980 年 4 月 2 日，邓小平找胡耀邦、万里、姚依林、邓力群谈长期规划问题。邓小平让姚依林（时任中共中央书记处书记、国务院副总理兼国家计划委员会主任）先讲。姚说：工业、农业都要甩掉一些包袱。拿农业来说，甘肃、内蒙古、贵州、云南这些省份，中央调给他们很多粮食，这是国家的很大负担。对这些地区可不可以改革，在这些地区政策上搞得宽一些，（不如）索性实行包产到户之类的办法。让他们多想办法，减轻国家背得很重的包袱。

邓小平接过话头说：对地广人稀、经济落后、生活穷困的地区，像贵州、云南、西北的甘肃等省份中的这类地区，我赞成政策要放宽，使它们真正做到因地制宜，发展自己的特点。西北就是要走发展畜牧业的道路，种草造林，不仅要发展现有的牧场，还要建设新牧场。农村要鼓励种树，要发展多种副业，发展渔业、养殖业。政策要放宽，要使每家每户都自己想办法，多找门路，增加生产，增加收入。有的可包给组，有的可包给个人，这个不用怕，这不会影响我们制度的社会主义性质。在这个问题上要解放思想，不要怕。在这些地区要靠政策，整个农业近几年也要靠政策。政策为农民欢迎了，即使没有多少农业投资，只要群众的积极性发挥了，各种形式的经济、副业发展了，农业增产的潜力大得很，发展余地大得很。①

---

① 中共中央文献研究室：《邓小平年谱（1975—1997）》，中央文献出版社 2004 年版，第 616 页。

5月31日，邓小平同胡乔木、邓力群谈话。他说：农村政策放宽以后，一些适宜搞包产到户的地方搞了包产到户，效果很好，变化很快。安徽肥西县绝大多数生产队搞了包产到户，增产幅度很大。"凤阳花鼓"中唱的那个凤阳县，绝大多数生产队搞了大包干，也是一年翻身，改变面貌。有的同志担心，这样搞会不会影响集体经济。我看这种担心是不必要的。我们总的方向是发展集体经济。实行包产到户的地方，经济的主体现在也还是生产队。可以肯定，只要生产发展了，农村的社会分工和商品经济发展了，低水平的集体化就会发展到高水平的集体化，集体经济不巩固的也会巩固起来。① 邓小平的这两次谈话，把能不能搞包产到户的门打开了。

同年7月，在此前（2月）的中共十一届五中全会上当选为中央政治局常委、中央委员会总书记（当时中共中央设有主席）的胡耀邦，在全国宣传工作会议上指出："中央不反对搞包产到户。""我们不把包产到户同单干混为一谈，即使是单干，也不能把它同资本主义等同起来，不要一提到单干就认为是走资本主义道路。说单干就等于走资本主义道路，这在理论上是错误的。在我国目前条件下，单干户，也就是个体所有制的农民，已不同于旧社会的小农经济，它同社会主义的公有制是密切联系着的，它本身没有剥削，在一般情况下，不会发展到资本主义，不要自己吓自己。"②

为了进一步了解干部、群众在农业生产责任制方面的创造和意见，1980年春夏之交，中央一些领导同志分别到了云南、青海、宁夏、陕西、内蒙古、黑龙江、吉林、辽宁等省和北京郊区农村，进行调查研究。中共中央和国务院还委托国家农委组织100多位农村工作者和经济界、理论界人士，分赴10个省、自治区的农村，进行了两个月的典型

---

① 中共中央文献研究室：《邓小平年谱（1945—1997）》，中央文献出版社2004年版，第641页。

② 吴象：《胡耀邦和万里在农村改革中》，《炎黄春秋》2001年第7期。

调查。①

与此同时，许多理论工作者和实际工作者，也深入农村进行调研，并撰写出一批有分量的调研报告，对包产到户起到了积极的推动作用。

1980年4月9日，《人民日报》发表特约记者吴象和记者张广友的调查报告《联系产量责任制好处很多》，高度评价了联系产量的责任制（即包产到户）。其中说，安徽凤阳县历史上以"十年倒有九年荒"闻名，1979年70%的生产队实行了"大包干"式的联系产量责任制，全年总产比历史最高水平增19.9%，调出的粮食超过1953年以来26年调出量的总和。该县的江山公社，年年吃返销粮，年年人口外流，近8年来换过三任公社书记。第一任书记刚到任，看到这里土地多，潜力大，满怀信心地说："江山如此多娇。"干了一年，感到没法搞好，要求调走了。第二任书记吸取教训，埋头苦干，生产还是上不去。群众说："公社书记累断了腰，江山还是穷面貌。"1978年冬，县委又派来第三任书记，他看到灾情严重，开始信心不足，实行联系产量责任制后，粮、油成倍增长，一举甩掉了落后帽子，他兴高采烈地说："实行大包干，产量翻一番，再干三五年，请看新江山。"这并不是个别公社的情况，许多地方都可以看到类似的例子。这就使联系产量责任制具有了不可抗拒的吸引力。

这年8月，中共安徽省委从省直机关抽调人员组成调查组，分赴全省8个县对包产到户进行调查。调查表明："凡是实行包产到户的地方，都在经济和思想、文化领域发生了深刻变化。包产到户对加快发展农业、活跃农村经济、改变人们的精神面貌、改进干部作风搞好干群关系等方面，起到了巨大作用。"肥西县的山南区，1979年年底全区所有的生产队都实行了包产到户，全年粮食总产量达到了11530万斤，比1978年增产2753万斤，比历史最高的1976年增加453万斤；全区人均分配收入110元，比最高水平的1976年增加37.6元。凤阳县梨园公社

---

① 《时刻想着八亿农民——中南海纪事》，《人民日报》1981年5月20日。

小岗生产队，1979 年搞起包产到户，收获粮食 132300 多斤，比往年增加三四倍，还收了 32000 多斤芝麻和花生，向国家交售粮食 3 万斤，油料作物 2.5 万斤，肥猪 35 头，第一次还贷 800 元，人均口粮达到 800 多斤。包产到户后，社员可以自由支配时间，乃想方设法搞家庭副业，家畜家禽饲养量明显增多，许多人的副业收入达到了一两千元。调查组认为，包产到户之所以能促进生产的发展，最基本的一条就在于"把生产成果同社员个人的经济利益最直接、最紧密地联系起来，超产奖励，减产要赔，生产队给了他们必要的自主权，社员群众多年来被束缚的思想和手脚松开了，迸发出了长期被压抑的智慧和力量，用最大努力，千方百计地增产增收，改善生活"。①

1980 年 9 月，中共中央召开各省、市、自治区党委书记座谈会，讨论加强和完善农业生产责任制问题。会议开始时，只有少数人赞成包产到户。会上，国家农委副主任杜润生作了《对进一步加强和完善生产责任制几个问题的说明》的发言，着重讲了如何处理包产到户的问题，强调"要区别包产到户和单干，单干和资本主义"，认为包产到户虽然成了独户经营，自负盈亏，但它仍然通过承包与集体相联系，成为集体经济的组成部分，与过去的单干有所不同，因此也应算做是社会主义社会的一种经营形式，即一种责任形式。杜润生在发言中还指出，对于中西部地区的穷队来说，第一位的问题是解决温饱。解决温饱当然不限于包产到户一种方法，但包产到户有利于调动群众的积极性，有利于突破集体经济办不好，群众不积极，群众不积极，集体经济也办不好的恶性循环，不失为较好的选择。包产到户虽然有一些副作用，但只要有领导地搞，就可以最大限度地避免。②

经过讨论，与会者对于包产到户的问题基本上达成了共识，认为包产到户至少在贫困地区是必要的。会议最后形成了《关于进一步加强

---

① 参见中共安徽政策研究室：《关于包产到户情况的调查报告》（1980 年 8 月），中国农村发展问题研究组：《包产到户资料选》二，1981 年 4 月编印。

② 《杜润生改革论集》，中国发展出版社 2008 年版，第 6—7 页。

和完善农业生产责任制的几个问题》的座谈纪要。座谈纪要强调："凡有利于鼓励生产者最大限度地关心集体生产，有利于增加生产，增加收入，增加商品的责任制形式，都是好的和可行的，都应加以支持，而不可拘泥于一种模式，搞'一刀切'。""在那些边远山区和贫困落后的地区，长期'吃粮靠返销，生产靠贷款，生活靠救济'的生产队，群众对集体丧失信心，因而要求包产到户，应当支持群众的要求，可以包产到户，也可以包干到户，并在一个较长的时间内保持稳定。"① 中共中央随即印发了这个文件（即1980年第75号文件），并要求"结合当地具体情况贯彻执行"。

75号文件对于"边远山区和贫困落后地区"可以搞包产到户的规定，承认了包产到户的合法性，对包产到户是一个巨大的推动。在当时的中国农村，绝大多数地区都可以说是"贫困落后地区"，有了这样一条政策，农民就可以放心地搞包产到户了。随后，包产到户发展很快。据1981年6月底的统计，当时实行各种联产承包责任制的生产队达377.7万个，占生产队总数的64.2%。其中包产到户的生产队166.9万个，占生产队总数的28.2%。

为了巩固农村改革的成果，给广大农民吃一颗包产到户、包干到户政策不会改变的"定心丸"，中共中央决定出台一个具有指导意义的相关文件。1981年7月31日，在刚刚结束的中共十一届六中全会上当选为中共中央主席的胡耀邦，写信给国务院副总理兼国家农委主任万里，提出要再产生个农业问题指示。8月4日，胡耀邦同农委副主任杜润生谈话，布置文件起草工作，特别提出文件要写政策放宽问题。据此，国家农委组织人员作了调查研究，听取意见并起草了文件。

这年10月，中共中央、国务院召开全国农村工作会议，专题讨论文件草稿。胡耀邦在接见与会代表时明确指出："包产到户并未动摇农

---

① 中共中央文献研究室、国务院发展研究中心：《新时期农业和农村工作重要文献选编》，中央文献出版社1992年版，第59、60—61页。

村集体经济，把包产到户说成是分田单干是不正确的。责任制用了
'包'字本身，就说明不是单干。我国坚持土地公有制是长期不变的，
建立生产责任制也是长期不变的。"①

万里也在会上作了讲话。万里说，我国农村，经过三年来的拨乱反
正，特别是各种形式的生产责任制的落实，现在出现了很多新的情况、
新的问题，需要我们认真地分析、研究、总结。在这个基础上，引导农
民进一步解放思想，创造新的经验，使现在朝气蓬勃的势头进一步地巩
固，向新的阶段发展。万里又说，现在，有相当一部分的干部和农民，
思想解放，讲究实事求是，冲破了原来的一些框框，做出了许多过去想
不到的和不敢想的事情。农民有了自主权，就想出了很多解决问题的办
法，创造了各种形式的生产责任制，照顾到国家、集体、个人三者的利
益，生产者的责、权、利紧密联系，达到因地制宜、因时制宜、因人制
宜。万里同时认为，有一些人脑筋是很顽固的，对是否支持群众的首创
精神这个问题还没有完全解决。有的同志可能一时跟不上，但只要肯承
认事实，终究会转变过来的。在这次搞文件的过程中，以至在今后农业
的指导上，还有个继续解放思想、实事求是的问题，有个承认群众的创
造和正确总结社会实践经验的问题。②

这次农村工作会议开了十几天，会议的气氛很活跃，与会人员带来
了各地农村改革的新情况、新经验和新问题，人们对以包产到户、包干
到户（包产到户与包干到户的区别在于：包产到户是先按估产进行包
产，等实际产量出来后，用实际产量除去包产，两者之余额，上缴国
家、集体后，剩下的都是承包人的；包干到户是不算细账，交了国家和
集体的，都是承包者自己的）为特征的家庭联产承包责任制有了新的
认识。经过反复讨论和修改，在国家农委起草的文件草稿基础上形成了
《全国农村工作会议纪要》。12月21日。中共中央政治局讨论通过了该

① 中国社会科学院老专家协会编：《我在现场——亲历改革开放30年》，社会科学
文献出版社2008年版，第91页。
② 《万里文选》，人民出版社1995年版，第183—185页。

文件，并根据杜润生的建议，文件在 1982 年元旦发表，作为这年的第一号文件。胡耀邦在签发这个文件时表示，农村工作方面，每年搞一个战略性文件，下次还要排一号。

1982 年"一号文件"最重要的内容，就是中共中央以文件形式，第一次正式肯定家庭联产承包责任制，从而结束了自包产到户出现以来，这种责任制形式到底姓"社"还是姓"资"的争论。文件明确指出："目前实行的各种责任制，包括小段包工定额计酬，专业承包联产计酬，联产到劳，包产到户、到组，包干到户、到组，等等，都是社会主义集体经济的生产责任制。不论采取什么形式，只要群众不要求改变，就不要变动。"针对一些人将包产到户、包干到户误解为"土地还家"、平分集体财产、分田单干等，文件做了必要的说明，指出："包干到户这种形式，在一些生产队实行以后，经营方式起了变化，基本上变为分户经营、自负盈亏；但是，它是建立在土地公有基础上的，农户和集体保持承包关系，由集体统一管理和使用土地、大型农机具和水利设施，接受国家的计划指导，有一定的公共提留，统一安排烈军属、五保户、困难户的生活，有的还在统一规划下进行农业基本建设。所以它不同于合作化以前的小私有的个体经济，而是社会主义农业经济的组成部分；随着生产力的发展，它将会逐步发展成更为完善的集体经济。"①

中共中央 1982 年"一号文件"对包产到户、包干到户是社会主义集体经济的界定，彻底解决了人们对包产到户、包干到户的后顾之忧，促进了"双包"制在全国的广泛推行。

家庭联产承包责任制极大地解放了农村生产力，也坚定了中央高层坚持这一改革的决心。在 1982 年 9 月召开的中共十二大上，胡耀邦在代表中共中央所作的政治报告中强调："近几年在农村建立的多种形式的生产责任制，进一步解放了生产力，必须长期坚持下去，只能在总结

① 中共中央文献研究室、国务院发展研究中心：《新时期农业和农村工作重要文献选编》，中央文献出版社 1992 年版，第 59、116—117 页。

群众实践经验的基础上逐步加以完善，绝不能违背群众的意愿轻率变动，更不能走回头路。"①

1982年11月，中共中央召开农村工作会议，参加会议的有各省、自治区、直辖市党委分管农业的书记和宣传部部长。会议先讨论农村思想政治工作，然后讨论农村政策和生产问题。会后起草了文件，经中共中央政治局讨论通过，定名为《当前农村经济政策的若干问题》，于1983年1月2日下发，即农村改革的第二个中央"一号文件"。文件的主要内容是两个方面。

一是对农村实行包产到户、包干到户责任制作了高度评价。文件指出："党的十一届三中全会以来，我国农村发生了许多重大变化。其中，影响最深远的是，普遍实行了多种形式的农业生产责任制，而联产承包制又越来越成为主要形式。联产承包制采取了统一经营与分散经营相结合的原则，使集体优越性和个人积极性同时得到发挥。这一制度的进一步完善和发展，必将使农业社会主义合作化的具体道路更加符合我国的实际。这是在党的领导下我国农民的伟大创造，是马克思主义农业合作化理论在我国实践中的新发展。"② 正如有研究者所言："在理论上对于农民群众的实践作如此高度的评价，在共产党的历史上，在中共中央的文献中，可以说是从来还没有过的。"③

二是回答了农村实行大包干之后，如何看待农村出现的业户、个体工商户、长途贩运户以及少量的个体工商户开始私人雇工等问题，提出要促进"两个转化"，做到"三个一点"。文件明确指出："联产承包责任制和各项农村政策的推行，打破了我国农业生产长期停滞不前的局面，促进农业从自给半自给经济向着较大规模的商品生产转化，从传统

———————

① 胡耀邦：《全面开创社会主义现代化建设的新局面》，《人民日报》1992年9月8日。

② 中共中央文献研究室、国务院发展研究中心：《新时期农业和农村工作重要文献选编》，中央文献出版社1992年版，第59、165页。

③ 中国社会科学院老专家协会编：《我在现场——亲历改革开放30年》，社会科学文献出版社2008年版，第93页。

农业向着现代农业转化。这种趋势，预示着我国农村经济的振兴将更快到来。"在这种情况下，"党和政府的各个部门，各级领导干部，都应力求做到：思想更解放一点，改革更大胆一点，工作更扎实一点，满腔热情地、积极主动地为人民服务，为基层服务，为生产服务"。①

中共中央 1982 年和 1983 年的两个"一号文件"，彻底打破了在包产到户问题上的禁区，到 1983 年 2 月，全国农村实行联产承包责任制的生产队，已占生产队总数的 92%。其中，家庭式的联产承包制（主要是包干到户）已发展到 78.7%。从此，以包产到户、包干到户为主要特征的家庭联产承包责任制，成为我国农村的主要经营方式。它的推行，突破了我国农村原来的"三级所有、队为基础"模式，解放和发展了农村生产力，探索出了一条我国农村改革发展的新路。

---

① 中共中央文献研究室、国务院发展研究中心：《新时期农业和农村工作重要文献选编》，中央文献出版社 1992 年版，第 59、165 页。

十一、社会主义初级阶段
理论的由来

人们曾经从宏观上把共产主义分为两个阶段，即社会主义社会与共产主义社会，前者是共产主义的第一阶段或初级阶段，后者则是其高级阶段。而对社会主义是否还要分阶段，如果要分怎么分？并没有引起人们的重视。中共十一届三中全会之后，伴随改革开放的深入，中国共产党人对什么是社会主义、如何建设社会主义的认识也在不断深化，形成了社会主义初级阶段理论，明确提出中国正处于并将长期处于社会主义初级阶段。社会主义初级阶段理论的提出，是对马克思主义社会发展理论的重大贡献。

1. 建成社会主义的时间问题

在一个较长的时间里，人们并没有意识到建成社会主义需要一个很长的历史过程。从 1953 年起，我国开始了大规模的社会主义改造，以此来完成由新民主主义向社会主义的转变。随着社会主义制度在中国即将建立，毛泽东等领导人也开始考虑中国社会主义的建成时间问题，认为大约 50 年左右即可把中国建成一个伟大的社会主义国家。

1954 年 6 月 14 日，毛泽东在中央人民政府第三十次会议上作中华人民共和国宪法草案的讲话时指出："我们的总目标，是为建设一个伟大的社会主义国家而奋斗。我们是一个六亿人口的大国，要实现社会主义工业化，要实现农业的社会主义化、机械化，要建成一个伟大的社会主义国家，究竟需要多少时间？现在不讲死，大概是三个五年计划，即十五年左右，可以打下一个基础。到那时，是不是就很伟大了呢？不一定。我看，我们要建成一个伟大的社会主义国家，大概经过五十年即十个五年计划，就差不多了，就像个样子了，就同现在大不一样了。"①1955年3月21日，在中国共产党全国代表会议作开幕词时，毛泽东又说："在我们这样一个大国里面，情况是复杂的，国民经济原来又很落后，要建成社会主义社会，并不是轻而易举的事。我们可能经过三个五年计划建成社会主义社会，但要建成为一个强大的高度社会主义工业化的国家，就需要有几十年的艰苦努力，比如说，要有五十年的时间，即本世纪的整个下半世纪。"② 在同年10月，在扩大的中共七届六中全会上，当有人问到将来的趋势如何时，毛泽东回答说，趋势就是大约在三个五年计划的时期内，基本上完成社会主义工业化和对农业、手工业、资本主义工商业的社会主义改造。大约在50到75年的时间内，就是十个五年计划到十五个五年计划的时间内，可能建成一个强大的社会主义国家。这里所说的"一个强大的社会主义国家"究竟是怎样的国家，毛泽东并没有具体的说明，大概也就是进入共产主义社会的开始。所以，在社会主义改造完成前后，对于建成社会主义的时间，党内的判断是大致50年，而建成社会主义实际上就意味着可以开始向高级阶级的共产主义过渡了。

按照1953年提出的过渡时期总路线，完成农业、手工业和资本主义工商业的社会主义改造，大致需要15年左右的时间。但是从1955年夏季开始，通过对农业合作化运动中所谓"小脚女人"即右倾保守思想的批判，各地农业合作化的速度明显加快，到1956年年初，全国农村基本完成了初级形式的农业合作化，并由此带动了手工业和资本主义工商业社会主义改造速度的加快。到1956年9月中共八大召开之时，

---

① 《毛泽东文集》第六卷，人民出版社1999年版，第329页。
② 《毛泽东文集》第六卷，人民出版社1999年版，第390页。

社会主义改造已基本完成，比原定的时间大大提前。因此，中共八大宣布："改变生产资料私有制为社会主义公有制这个极其复杂和困难的历史任务，现在在我国已经基本上完成了。我国社会主义和资本主义谁战胜谁的问题，现在已经解决了。"① 社会主义制度已经在中国基本建立。

社会主义改造的提前完成，又使毛泽东认为，既然通过克服右倾保守思想可以加快社会主义改造的速度，那么，工业、农业、文教等各项事业只要克服了右倾保守思想，建设速度同样可以加快。于是，从1955年年底开始，毛泽东就提出了多、快、好、省建设社会主义的问题，而其中关键是"多"与"快"。各地各部门克服右倾保守思想的结果，是导致1956年上半年经济建设中一度出现急躁冒进的倾向。为此，具体负责经济工作的周恩来、陈云等领导人不得不反冒进，并且提出既反右倾保守又反冒进的经济建设方针，并且得到了中共八大的认可。但是，毛泽东对于反冒进当时是持保留态度的，只是由于领导层多数人主张反冒进，他没有明确表示反对意见。到了1957年秋，经过几个月的反右派斗争，毛泽东认为政治与思想文化领域的社会主义革命已经取得重大胜利，有必要将工作重心转移到社会主义建设上来，而且必须加快社会主义建设的速度，尽快将我国建成一个强大的社会主义国家，这样才能从根本上巩固社会主义制度。而要加快社会主义建设速度，办法就是应继续克服右倾保守思想，1956年的反冒进不但没有鼓起干部群众社会主义建设之劲，反而为右派的进攻提供了口实，因而在1957年召开的扩大的中共八届三中全会上，毛泽东对反冒进提出了严厉批评。从这次会议起，在批判反冒进的声浪中，"大跃进"运动被一步步发动起来。

"大跃进"运动最显著的特点是提出了许多实际上无法完成的高指标，并由此导致各项工作中出现严重的虚报浮夸即所谓的"放卫星"，

① 刘少奇：《中国共产党中央委员会向第八次全国代表大会的政治报告》，《人民日报》1956年9月7日。

而高指标的提出和浮夸之风的形成，又致使人们产生一种错觉，社会主义建设的速度也大大加快，不但可以迅速的"超英赶美"，而且有可能先于苏联进入共产主义，因此有必要从现在起就考虑向共产主义社会过渡的形式问题。因为经典作家在他们的著作中，曾设想未来共产主义社会的基层单位是公社，因此在"大跃进"进入高潮之后，中共中央又决定在农村建立人民公社，以此作为向共产主义过渡的基本形式。1958年8月，中共中央政治局在北戴河召开扩大会议，通过了《中共中央关于在农村建立人民公社问题的决议》，明确提出："在目前形势下，建立农林牧副渔全面发展、工农商学兵互相结合的人民公社，是指导农民加速社会主义建设，提前建成社会主义并逐步过渡到共产主义所必须采取的基本方针。"该决议最后满怀信心地说："现阶段我们的任务是建设社会主义。建立人民公社首先是为了加快社会主义建设的速度，而建设社会主义是为了过渡到共产主义积极地作好准备。看来，共产主义在我国的实现，已经不是什么遥远将来的事情了，我们应该积极地运用人民公社的形式，摸索出一条过渡到共产主义的具体途径。"① 这里所说"不是什么遥远将来的事情"，当时会议确定的大致时间也就3个5年即15年的时间。这次会议之后，全国农村迅速实现了人民公社化。建立人民公社的过程中，有的地方还开始向共产主义过渡的试点，甚至提出三五年内就要过渡到共产主义。

有意思的是，在人民公社化运动的热潮中，《人民日报》在一篇题为《高举人民公社的红旗前进》的社论中，第一次出现了"社会主义初级阶段"的说法。社论说："无论如何，目前的人民公社运动并不要求一律立即把集体所有制转变为全民所有制，更不表示它已经由各尽所能、按劳取酬的社会主义初级阶段转变为各尽所能、各取所需的社会主义高级阶段即共产主义阶段。某些个别的人民公社可能走得比较远些，

---

① 《中共中央关于在农村建立人民公社问题的决议》，《人民日报》1958年9月10日。

但是一般说来，农村由集体所有制转到全民所有制将是经过三四年以至五六年才会完成的过程。然后再经过多少年，社会产品极大地丰富了，全体人民的共产主义的思想觉悟和道德品质都极大地提高了，全民教育普及并且提高了，社会主义时期还不得不保存的旧社会遗留下来的工农差别、城乡差别、脑力劳动与体力劳动的差别，都逐步地消失了，反映这些差别的不平等的资产阶级法权的残余，也逐步地消失了，国家职能只是为了对付外部敌人的侵略，对内已经不起作用了，在这种时候，我国社会才会进入各尽所能、各取所需的共产主义时代。"① 自然，这里所以说的"社会主义初级阶段"，是与社会主义的高级阶段即共产主义相对应的，与我们今天所讲的社会主义初级阶段的语意并不相同。

"大跃进"和人民公社化运动的发动与开展，表明当时人们对社会主义建设的长期性与艰巨性还缺乏深刻的认识，造成了极其严重的后果，导致 1959 年起连续 3 年国民经济出现严重的困难，结果是欲速则不达，从 1961 年起不得不对国民经济进行伤筋动骨的调整。经历过"大跃进"和人民公社化运动的挫折之后，人们开始意识到建成社会主义并不是一蹴而就的事情，需要长期的艰苦努力。

1959 年年底至 1960 年年初，毛泽东在谈到苏联《政治经济学教科书》时提出："在我们这样的国家，完成社会主义建设是一个艰巨任务，建成社会主义不要讲得过早了。"② 他还说："苏联的工农业劳动生产率，现在还没有超过美国，我们则差得更远。人口虽多，但是劳动生产率远远比不上人家，还要继续紧张地努力若干年，分几个阶段，把我们的国家搞强大起来，使我们的人民进步起来。"③ 毛泽东在关于苏联《政治经济学教科书》的谈话中，还首次提出社会主义发展阶段论，指出："社会主义这个阶段，又可分为两个阶段，第一个阶段是不发达的社会主义，第二个阶段是比较发达的社会主义。后一阶段可能比前一阶

---

① 《高举人民公社的红旗前进》，《人民日报》1958 年 9 月 3 日。
② 《毛泽东文集》第八卷，人民出版社 1999 年版，第 116 页。
③ 《毛泽东文集》第八卷，人民出版社 1999 年版，第 124 页。

段需要更长的时间。"① 应当说，把社会主义社会划分成不发达的和发达的两个阶段，是毛泽东在读《政治经济学教科书》的谈话中一个很重要的创见。毛泽东这一论断的提出，说明他在向共产主义过渡问题上与1958年相比，已经冷静多了。"不发达的社会主义"这一概念，也为后来"社会主义初级阶段"命题的提出提供了有益的启示。

随后，毛泽东更是进一步明确提出建成社会主义需要100年时间。1960年5月，英国元帅蒙哥马利访问中国。蒙哥马利对毛泽东说："我有一个有趣的问题想问下主席，五十年以后中国命运怎么样？那时中国会是世界上最强大的国家了。"蒙哥马利的意思是到时中国会不会侵略别人，毛泽东明确回答说："外国是外国人住的地方，别人不能去，没有权利也没有理由硬挤进去。如果去，就要被赶走，这是历史教训。五十年以后，中国的命运还是九百六十万平方公里。"② 毛泽东还对蒙哥马利说，中国强大起来需要50年到100年。第二年10月5日，他在与来访的尼泊尔国王马亨德拉和王后谈话时，又讲到这个问题。他说："我们的国家还是个穷国，要搞得好一些至少要几十年。蒙哥马利元帅说需要五十年时间。我说至少要五十年到一百年，一个世纪不算长，欧洲、美洲花了几个世纪才到今天的程度，我们用一个世纪超过就算好了。"③

在1962年1月召开的扩大的中央工作会议即著名的七千人大会上，毛泽东再次讲到了这个问题，并且指出，欧洲的一些国家经过300多年，资本主义的生产力有了现在这个样子。社会主义和资本主义比较，有许多优越性，中国经济的发展会比资本主义国家快得多。"可是，中国的人口多、底子薄，经济落后，要使生产力很大地发展起来，要赶上和超过世界上最先进的资本主义国家，没有一百多年的时间，我看是不

① 《毛泽东文集》第八卷，人民出版社1999年版，第116页。
② 中共中央文献研究室：《毛泽东年谱（1949—1976）》第四卷，中央文献出版社2013年版，第402—403页。
③ 《毛泽东外交文选》，中央文献出版社、世界知识出版社1994年版，第480页。

行的。也许只要几十年，例如有些人所设想的五十年，就能做到。果然这样，谢天谢地，岂不甚好。但是我劝同志们宁肯把困难想得多一点，因而把时间设想得长一点。三百几十年建设了强大的资本主义经济，在我国，五十年内外到一百年内外，建设起强大的社会主义经济，那又有什么不好呢？"① 这说明，这时党内已经意识到建成社会主义需要一个比较长的历史过程。

在 1964 年年底至 1965 年年初的三届全国人大一次会议上，周恩来在政府工作报告中提出要在不太长的历史时期内，把我国建设成为一个具有现代农业、现代工业、现代国防和现代科学技术的社会主义强国，赶上和超过世界先进水平。可是，随后不久，"文化大革命"爆发，于是全国上下忙于搞阶级斗争，主要精力自然没有用在搞社会主义建设上了。

2."社会主义初级阶段"命题的提出

1978 年开展的真理标准讨论，极大地解放了人们的思想，也促使人们对中国社会主义建设的历史进行深刻的反思，于是学术界开始讨论中国所处的社会发展阶段问题。1979 年 3 月，有学者在《经济学动态》上发表《试论社会主义社会的发展阶段》一文，提出从资本主义社会到共产主义社会要分阶段，一个是资本主义到社会主义的过渡阶段，这个过渡阶段又分为两个时期，第一时期是从无产阶级革命胜利到生产资料的社会主义改造完成。这个时期的特点是还存在多种经济成分，相应地存在多个阶级。生产资料所有制的社会主义改造完成以后，就进入另一个时期，即不发达的社会主义；然后进入发达的社会主义，最后才进入到共产主义阶段。文章认为，不发达的社会主义社会的特点是存在着公有制的两种形式，还有商品生产和商品交换，还有资本主义的残余或

---

① 《毛泽东文集》第八卷，人民出版社 1999 年版，第 301—302 页。

因素，小生产者还占有相当地位，小生产者的习惯势力和心理仍然泛滥，生产力还没有大发展，产品也未能较大丰富。因此，向社会主义的过渡时期还没有结束。作者强调，"我们的社会就是这样的不发达的社会主义社会"。

同年5月，同一学者与人合作在《经济研究》上发表《无产阶级取得政权后的社会发展阶段》一文，重申上文的基本观点。文章一方面强调在中国无产阶级不但取得了政权，建立了无产阶级专政，而且基本上完成了生产资料所有制的社会主义改造，共产党领导下的广大群众有决心实现向社会主义的过渡，因此说中国是社会主义国家是完全可以的。作者同时又认为还不能说中国已经建立了马克思、列宁所设想的共产主义社会的第一阶段（社会主义社会），因为中国还存在资本主义、甚至封建主义的残余，小生产还占相当的地位，小生产的习惯势力和心理还泛滥着。这说明中国还处在不发达的社会主义社会，还处在社会主义的过渡时期，不能认为中国的经济制度已经是发达的或者完全的社会主义。

应该说，这时学术界就我国社会现阶段的性质已经展开了讨论，已有不少人认为中国社会仍处于不发达的社会主义阶段。1979年3月，杨娴等人在《经济科学》上发表的《关于社会主义社会发展阶段问题》，认为根据几十年来的社会主义革命和建设的实践，可以把社会主义划分为不发达与发达两个阶段。同年8月，程恩在《黑龙江大学学报（哲学社会科学版）》上发表《我国现阶段是不发达的社会主义社会》一文，一方面认为"我国现阶段的社会性质是社会主义的"，同时又强调"我国当前的情况表明，它属于不发达的社会主义社会"。这种不发达的社会主义社会有这样几个主要特征：（一）相对于社会主义制度所应具备的物质技术而言，生产力水平还比较低；（二）人民群众的物质和文化生活水平还比较低，只能满足最低限度的要求；（三）小生产自发势力仍然存在；（四）在旧的经济和文化的痕迹中，封建主义的传统势力还比较顽固。作者同时认为"发达的社会主义与不发达的社

会主义，不是社会性质上的差别，而是生产力发展水平和社会生产结构
上的差别"。

随后，有学者提出了"初级阶段的社会主义"或"社会主义的初
级阶段"这样的表述。1980 年 1 月，吴建国在《学术月刊》发表《关
于研究我国目前社会发展阶段的方法论》一文，认为社会主义社会最
本质的属性，就是生产资料的公有制，以及与此相应的个人消费品的按
劳分配。一种社会制度一旦具有了上述规定，就可以算是进入社会主义
了。"社会主义自身的发展，在经济比较落后的国家历史地分出了两个
阶段"，即"不完善、不成熟阶段或者叫做初级阶段和完善的、成熟的
阶段或者叫做高级阶段"。初级阶段的社会主义"包括经济基础和上层
建筑的各个方面都具有不完善性，有待于不断实行变革"。文章提出，
社会主义社会可分为"不完善的、不成熟的社会主义，或者叫做社会
主义的初级阶段"，"完善的、成熟的社会主义，或者叫做社会主义的
高级阶段"，较早地提出了社会主义初级阶段的概念。

这时，中央高层也开始考虑社会主义的阶段性问题。1979 年恰逢
新中国成立 30 周年，这年 9 月底，在庆祝新中国成立 30 年的大会上，
叶剑英代表中共中央发表的讲话中，第一次较为系统地对新中国成立以
来的经验教训作了总结，并且提出："社会主义制度是人类历史上崭新
的社会制度，它同世界上的任何其他事物一样，有它发生和发展的过
程。同已经有了三四百年历史的资本主义制度相比，社会主义制度还处
在幼年时期。⋯⋯在我国实现现代化，必然要有一个由初级到高级的过
程，但是世界先进国家已经做到而我国同样需要做的事情，我们一定也
能够做到，这是毫无疑义的。"[1] 这里的"幼年时期"已经蕴含初级阶
段的意思了。

1981 年 6 月，中共十一届六中全会通过了《关于建国以来党的若

---

[1] 叶剑英：《在庆祝中华人民共和国成立三十周年大会上的讲话》，《人民日报》
1979 年 9 月 30 日。

干历史问题的决议》，第一次在中共中央的正式文献中提出中国的社会主义还处在"初级的阶段"。其中说："尽管我们的社会主义制度还是处于初级的阶段，但是毫无疑问，我国已经建立了社会主义制度，进入了社会主义社会，任何否认这个基本事实的观点都是错误的。"① 值得注意的是，《决议》中虽然承认我国的社会主义制度还处在初级的阶段，认为"我们的社会主义制度由比较不完善到比较完善，必然要经历一个长久的过程"，但它所强调的是我国已是社会主义社会，批评那种否认中国尚未进入社会主义或者向社会主义过渡的观点。之所以如此，是因为当时党内有负责理论工作的领导干部，不认可前文提及的有学者提出的中国还处在不发达的社会主义社会，还处在向社会主义的过渡时期的观点。尽管如此，在此之后，"社会主义初级阶段"这样的表述逐渐多了起来。例如，1982 年 5 月，《经济科学》杂志发表了题为《试论社会主义初级阶段的就业问题》的文章，文中多次使用"社会主义初级阶段"的表述。

虽然《关于建国以来党的若干历史问题的决议》提出了我国仍处于社会主义"初级的阶段"的判断，但对于如何看待我国社会所处的发展阶段，当时人们的认识并不完全一致。这种不一致在 1982 年 9 月召开的中共十二大的报告中便能看得出来。报告在论述社会主义精神文明问题时，尽管承认"我国的社会主义社会现在还处在初级发展阶段，物质文明还不发达"，但接下来的文字并不是对为何还处在初级阶段展开论述，而是强调在建设物质文明的同时，建立起高度的社会主义精神文明和建设精神文明的重要性。不但如此，报告还用一段很长的文字论述社会主义与共产主义的关系，认为尽管共产主义作为社会制度在我国得到完全的实现，还需要经过若干代人的长时期的努力奋斗，但是，共产主义首先是一种运动，早在中国共产党成立和领导进行新民主主义革命的时候就开始了。现在这个运动在我国已经发展到建立起作为共产主

---

① 《关于建国以来党的若干历史问题的决议》，《人民日报》1981 年 7 月 1 日。

义社会初级阶段的社会主义社会，共产主义的思想和共产主义的实践早已存在于我们的现实生活中，那种认为"共产主义是渺茫的幻想""共产主义没有经过实践检验"的观点，是完全错误的。①

作为改革开放总设计师的邓小平，党的十一届三中全会以来一直在思考一个重大问题，这就是什么是社会主义、怎样建设社会主义，他认为这是一个必须回答而且必须回答好的问题。1980 年 4 月 12 日，他在会见赞比亚总统卡翁达说，新中国建立 30 年来，不论农业方面、工业方面，还是其他方面，都建立了社会主义的初步基础，但是一个根本的问题是耽误了时间，生产力的发展太慢。因此，"不解放思想不行，甚至于包括什么叫社会主义这个问题也要解放思想。经济长期处于停滞状态总不能叫社会主义，人民生活长期停止在很低的水平总不能叫社会主义。"②

1984 年 6 月 30 日，邓小平在会见前来参加第二次中日民间人士会议的日本委员会代表时又说：马克思主义必须是同中国实际相结合的马克思主义，社会主义必须是切合中国实际的有中国特色的社会主义。"什么叫社会主义，什么叫马克思主义？我们过去对这个问题的认识不是完全清醒的。马克思主义最注重发展生产力。我们讲社会主义是共产主义的初级阶段，共产主义的高级阶段要实行各尽所能、按需分配，这就要求社会生产力高度发展，社会物质财富极大丰富。所以社会主义阶段的最根本任务就是发展生产力，社会主义的优越性归根到底要体现在它的生产力比资本主义发展得更快一些、更高一些，并且在发展生产力的基础上不断改善人民的物质文化生活。如果说我们建国以后有缺点，那就是对发展生产力有某种忽略。社会主义要消灭贫穷。贫穷不是社会主义，更不是共产主义。"③

---

① 胡耀邦：《全面开创社会主义现代化建设的新局面——在中国共产党第十二次全国代表大会上的报告》，《人民日报》1982 年 9 月 8 日。
② 《邓小平文选》第二卷，人民出版社 1994 年版，第 312 页。
③ 《邓小平文选》第三卷，人民出版社 1993 年版，第 63—64 页。

1985 年 4 月 15 日，邓小平在会见坦桑尼亚副总统阿里·哈桑·姆维尼时再次指出："我们建立的社会主义制度是个好制度，必须坚持。现在我们搞经济改革，仍然要坚持社会主义道路，坚持共产主义的远大理想，年轻一代尤其要懂得这一点。但问题是什么是社会主义，如何建设社会主义。我们的经验教训有许多条，最重要的一条，就是要搞清楚这个问题。"社会主义"是一个很长的历史阶段"，社会主义的首要任务是发展生产力，逐步提高人民的物质和文化生活水平。贫穷不是社会主义，社会主义要消灭贫穷。不发展生产力，不提高人民的生活水平，不能说是符合社会主义要求的。①

随着改革开放的深化，在邓小平所倡导的要搞清什么是社会主义的总题目下，人们对我国所处的社会主义阶段的认识也日渐清晰，报刊上关于社会主义初级阶段的表述逐渐增多。1986 年 6 月，《陈云文选》第三卷出版并在全国发行，中共中央书记处研究室《陈云文选》编辑组在《人民日报》发表介绍该书的文章，就直接使用了"社会主义的初级阶段"的说法。文章说，从俄国十月革命开始，到中国革命胜利为止，所有走上社会主义道路的国家，除个别国家外，经济都很不发达或不够发达，社会生产力水平都不高，劳动生产率大大低于发达的资本主义国家。要在经济落后的条件下完成社会主义建设，实现向共产主义过渡，从已有的实践经验来看，确实需要一整个历史时期。只有在这个历史时期内，社会生产力得到高度的发展以后，才有可能向共产主义过渡。因此，"在社会主义这个历史时期中，社会经济的发展，还将从低级到高级，经历若干个历史阶段。我国目前社会经济文化的实际状况，表明我们还只是处在建设社会主义的初级阶段。我们搞建设，搞改革，都要考虑这个事实。"②

1986 年 9 月，中共十二届六中全会通过《中共中央关于社会主义

① 《邓小平文选》第三卷，人民出版社 1993 年版，第 116 页。
② 《坚持实事求是原则是一切事业的成功之道》，《人民日报》1986 年 6 月 16 日。

精神文明建设指导方针的决议》，其中把我国还处在社会主义初级阶段作为树立和发展社会主义道德风尚的重要依据。决议为此指出："道德是经济基础的反映，而不是脱离历史发展的抽象观念。我国还处在社会主义的初级阶段，不但必须实行按劳分配，发展社会主义的商品经济和竞争，而且在相当长历史时期内，还要在公有制为主体的前提下发展多种经济成分，在共同富裕的目标下鼓励一部分人先富裕起来。在这样的历史条件下，全民范围的道德建设，就应当肯定由此而来的人们在分配方面的合理差别，同时鼓励人们发扬国家利益、集体利益、个人利益相结合的社会主义集体主义精神，发扬顾全大局、诚实守信、互助友爱和扶贫济困的精神。"① 这是中共中央文献中第一次将我国还处在社会主义初级阶段这个论断，作为我国社会主义建设的基本依据。

中共十二届六中全会之后，"社会主义初级阶段"开始被人们广泛使用。同年 11 月下旬，全国人大常委会在京委员和全国人大各专门委员会委员学习、讨论《中共中央关于社会主义精神文明建设指导方针的决议》。时任全国人大常委会委员长的彭真在讲话中指出："作为社会制度，马克思是把共产主义分为初级和高级两个阶段的，即社会主义阶段和共产主义阶段。即使他说的那个初级阶段，也是建立在社会生产力的发展水平已经相当高的基础上的社会主义，我们还没有达到那个程度。正如决议说的，'我国还处在社会主义的初级阶段'，即共产主义的初级阶段的初级阶段。它的含意是很清楚的。"②

从这时起，理论界、学术界对社会主义初级阶段的讨论逐渐多起来。例如，有学者认为，要把社会主义初级阶段与高级阶段严格地区分开来。社会主义社会是一个相当长的历史阶段，是一个由初级阶段逐步向高级阶段发展的历史过程。在社会主义社会的初级阶段，它的经济形态、政治形态、文化形态，以至社会生活的各个方面都既有占主导地位

---

① 《中共中央关于社会主义精神文明建设指导方针的决议》，《人民日报》1986 年 9 月 29 日。

② 《彭真阐述理想、民主和法制》，《人民日报》1986 年 11 月 27 日。

的社会主义因素，又不可避免地带有刚脱胎出来的那个社会的痕迹，即各种非社会主义因素。看不到这个特定的历史条件，不把社会主义的初级阶段与高级阶段加以区别，在现阶段想把社会主义社会的各个方面都搞得纯而又纯，这不仅是不切实际的，而且也是有害的。不但如此，还应把中国社会主义的初级阶段与其他国家社会主义的初级阶段严格地区分开来。正在建设的是具有中国特色的社会主义，而不是一般意义上的社会主义。我国不光存在着一般意义上的"旧社会痕迹"，而且还具有封建思想影响深，以及小生产者意识根深蒂固等特点。①

还有学者提出：社会主义初级阶段的含义一般来说，任何一国的社会主义社会都要经历若干阶段，其中的第一阶段都可以叫做初级阶段。但是，各国在建立社会主义制度时，由于经济文化有不同的发展水平，因而生产资料公有化的程度和形式，经济结构、社会结构和政治结构等各个方面必然是极不相同的。这就决定了它们不会经历同样的发展阶段。我国的社会主义初级阶段，其含义不仅仅是指一般所说的发展顺序上的第一阶段，而主要是指在我国这样一个经济文化不发达的国家，社会主义社会成熟程度上的一个特殊的发展阶段。社会主义初级阶段的概念，一方面反映了社会主义的一般本质，说明我国已经进入社会主义社会，而不是停留在过渡时期。另一方面又反映了现阶段我国社会主义社会的特殊性，说明我国的社会主义社会成熟程度还很低。② 亦有学者明确提出：我国正处在社会主义初级阶段这个论断的基本含义，一是我国社会已经是社会主义社会，我们必须坚持走社会主义道路；二是我国的社会主义还处在初级阶段，各项工作必须从这个实际出发，不能超越阶段。③

---

① 俞吾金：《略论精神文明建设的历史条件》，《人民日报》1986 年 12 月 26 日。
② 薛汉伟：《对我国社会主义初级阶段的几点看法》，《人民日报》1987 年 7 月 24 日。
③ 何家成：《怎样认识社会主义初级阶段与对外开放——理论工作者、有关专家书面答广大干部群众问》，《人民日报》1987 年 9 月 2 日。

3. 十三大与社会主义阶段理论

1987 年秋，中国共产党召开第十三次全国代表大会。召开十三大一项重要的准备工作是起草中央委员会的政治报告。邓小平一再强调，十三大的报告要把十一届三中全会以来进行改革的性质讲清楚，阐明我国的改革是巩固和完善社会主义，而不是搞资本主义，这样就可以把全党和全国人民的认识统一起来，更加勇敢地更加大胆地投入改革。他还强调，加快和深化改革，尤其是把政治体制改革提上议程，应该是十三大的主题和基调。

1987 年 2 月，邓小平同几位中央负责人谈话，在谈到十三大报告起草时，明确提出："十三大报告要在理论上阐述什么是社会主义，讲清楚我们的改革是不是社会主义。要申明'四个坚持'的必要，反对资产阶级自由化的必要，改革开放的必要，在理论上讲得更加明白。十三大报告应该是一篇好的著作。"① 同年 3 月 8 日，在接见坦桑尼亚总统姆维尼时，针对一些人对反对资产阶级自由化的误解，邓小平指出："今年下半年，我们要召开党的十三大，大家看了十三大结果就会清楚。总的讲，我们有四个不变：坚持四项基本原则不变，一心一意搞四个现代化建设不变，对外开放政策不变，进行经济体制改革和政治体制改革的方针不变。"②

这年 2 月底至 3 月中旬，十三大报告起草小组对报告的思想、结构和主要内容进行了多次广泛深入的集体讨论。在此基础上，提出了起草十三大报告的设想。3 月 21 日，起草小组负责人就十三大报告的起草问题给邓小平写了一封信。

信中说："大家都认为，这个文件关系重大，一定要写好，要把三

---

① 《邓小平文选》第三卷，人民出版社 1993 年版，第 203 页。
② 《邓小平文选》第三卷，人民出版社 1993 年版，第 211 页。

中全会以来我们建设有中国特色的社会主义路线写清楚，写出分量来。"信中提出了报告框架的初步设想："报告主要写七个部分。一、讲三中全会以来，包括十二大以来，我国出现了哪些历史性的变化。二、讲三中全会以来的路线，是从我国国情出发的马克思主义的路线。着重指出我国正处在社会主义的初级阶段，这是我们所以必须采取现在这样的方针政策而不能采取别的方针政策的基本根据。三、由此而来的经济建设的发展战略。四、由此而来的发展社会主义商品经济的任务，和我国经济体制改革的方向。五、由此而来的建设社会主义民主政治的任务，和我国政治体制改革的原则。六、由此而来的加强和改善党的领导的任务，包括执政党的领导体制、党内民主和对党的领导人的监督、党的干部、党的风气。七、由此而来的在理论和思想指导上避免'左'右两种倾向的必要性，着重阐明三中全会以来路线的两个基本点是坚持四项基本原则和坚持改革开放搞活，指出在新的实践中必须进行创造性的理论探索。"

信中提出："全篇拟以社会主义初级阶段作为立论的根据。这里所说的'社会主义初级阶段'，不是一般地泛指无产阶级取得政权以后的初级阶段，而是特指由中国的历史条件和社会条件所决定的、必须经历而不能逾越的初级阶段。中国进入社会主义，不是脱胎于资本主义，而是脱胎于半殖民地半封建社会，由此产生了生产力、生产关系、上层建筑的一系列特点。中国又是一个发展中的大国，不仅与发达国家不同，而且与其他许多发展中国家不同。这就决定了中国的社会主义建设不能照搬其他国家的模式，必须从自己的国情出发，走自己的路。确认中国处于社会主义初级阶段，一是明确指出我们是社会主义，不能倒回去搞资本主义，全盘西化是害国害民的；二是明确指出我们是初级阶段的社会主义，只能循序渐进，不能急于求成，也不能'急于求纯'，必须允许以公有制为主体的多种经济成分长期存在，必须允许以按劳分配为主体的多种分配原则长期存在，必须致力于发展社会主义商品经济，促进社会主义统一市场的形成和发育，正确处理计划调节和市场调节的关系。同时，进行政治体制改革，建设社会主义民主政治，也必须在我们党的领导下有秩序地逐步地展开。看来，以社会主义的初级阶段立论，有可能把必须避免左右两种倾向这个大问题说清楚，也有可能把我们改革的性质和根据说清楚。如能这样，对统一党内外认识很有好处，对国外理解我们政策的长期稳定性也很有好处。"信中还说："'初级阶段'这个提法，在党的文件中已三次出现（历史问题决议、十二大报告、精神文明决议），但都没有发挥。如您同意，报告的起草工作就准备循着这个思路加以展开，预计五月初可拿出一个粗线条的稿子来，推敲到七月，再在北戴河提请中央审议。"①

3月25日，邓小平作出批示："这个设计好。"② 之所以作这个批示，是因为邓小平对我国的社会主义所处的阶段问题，已有深刻的思考和相同的看法。1987年4月26日，邓小平在会见捷克斯洛伐克总理什特劳加尔时讲道："搞社会主义，一定要使生产力发达，贫穷不是社会主义。我们坚持社会主义，要建设对资本主义具有优越性的社会主义，首先必须摆脱贫穷。现在虽说我们也在搞社会主义，但事实上不够格。只有到了下世纪中叶，达到了中等发达国家的水平，才能说真的搞了社会主义，才能理直气壮地说社会主义优于资本主义。现在我们正在向这个路上走。"③ 尽管邓小平这里没有使用初级阶段这样的表述，但实际上蕴含有中国的社会主义还处在初级阶段这样的意思。同年8月29日，他在会见意大利共产党领导人时更是明确提出："我们党的十三大要阐述中国社会主义是处在一个什么阶段，就是处在初级阶段，是初级阶段的社会主义。社会主义本身是共产主义的初级阶段，而我们中国又处在社会主义的初级阶段，就是不发达的阶段。一切都要从这个实际出发，

---

① 中共中央文献研究室：《十二大以来重要文献选编》，中央文献出版社1988年版，第1038—1039页。

② 中共中央文献研究室：《邓小平年谱（1975—1997）》下，中央文献出版社2004年版，第1173页。

③ 《邓小平文选》第三卷，人民出版社1993年版，第225页。

根据这个实际来制订规划。"① 邓小平的这一论述，对社会主义初级阶段论的正式形成，起到了一锤定音的作用。

1987 年 10 月，中共十三大召开。这次大会最突出的贡献，就是系统地阐述关于社会主义初级阶段的理论。十三大报告强调：正确认识我国社会现在所处的历史阶段，是建设有中国特色的社会主义的首要问题，是我们制定和执行正确的路线和政策的根本依据。我国正处在社会主义的初级阶段。这个论断，包括两层含义。第一，我国社会已经是社会主义社会。我们必须坚持而不能离开社会主义。第二，我国的社会主义社会还处在初级阶段。必须从这个实际出发，而不能超越这个阶段。也正因为我们的社会主义是脱胎于半殖民地半封建社会，生产力水平远远落后于发达的资本主义国家，这就决定了我们必须经历一个很长的初级阶段，去实现别的许多国家在资本主义条件下实现的工业化和生产的商品化、社会化、现代化。

十三大同时指出，我国社会主义的初级阶段，不是泛指任何国家进入社会主义都会经历的起始阶段，而是特指我国在生产力落后、商品经济不发达条件下建设社会主义必然要经历的特定阶段。我国从生产资料私有制的社会主义改造基本完成，到社会主义现代化的基本实现，至少需要上百年时间，都属于社会主义初级阶段。这个阶段，既不同于社会主义经济基础尚未奠定的过渡时期，又不同于已经实现社会主义现代化的阶段。总起来说，我国社会主义初级阶段，是逐步摆脱贫穷、摆脱落后的阶段；是由农业人口占多数的手工劳动为基础的农业国，逐步变为非农产业人口占多数的现代化的工业国的阶段；是由自然经济半自然经济占很大比重，变为商品经济高度发达的阶段；是通过改革和探索，建立和发展充满活力的社会主义经济、政治、文化体制的阶段；是全民奋起，艰苦创业，实现中华民族伟大复兴的阶段。② 经过中共十三大，我

---

① 《邓小平文选》第三卷，人民出版社 1993 年版，第 252 页。
② 《沿着有中国特色的社会主义道路前进——在中国共产党第十三次全国代表大会上的报告》，《人民日报》1987 年 11 月 4 日。

国正处于并将长期处于社会主义初级阶段，成为全党和全国人民的共识。

只有正确认识基本国情，才能制订出正确的政治路线和方针政策。根据社会主义初级阶段的理论，十三大制订了党在社会主义初级阶段的基本路线：领导和团结全国各族人民，以经济建设为中心，坚持四项基本原则，坚持改革开放，自力更生，艰苦创业，为把我国建设成为富强、民主、文明的社会主义现代化国家而奋斗。

邓小平对十三大的报告给予很高的评价。他说："我们党的十三大报告是集体创作"，"党的十三大的特点，一个是阐述了中国社会主义初级阶段的理论，在这个理论指导下，坚定地贯彻党的十一届三中全会以来的路线、方针和政策；另一个是更新了中央领导班子，保证我们的改革开放政策能够连续贯彻下去，并且加快步伐。"① 邓小平在 1989 年前后一再强调："改革开放政策不变，几十年不变，一直要讲到底。要继续贯彻执行十一届三中全会以来的路线、方针、政策，连语言都不变。十三大政治报告是经过党的代表大会通过的，一个字都不能动。"② 社会主义初级阶段理论，是中国特色社会主义理论的重要组成部分，它表明中国共产党人对社会主义的认识在原有基础上有了新的提升。

---

① 《邓小平文选》第三卷，人民出版社 1993 年版，第 258 页。
② 《邓小平文选》第三卷，人民出版社 1993 年版，第 296 页。

十二、社会主义市场经济
体制目标的确立

在相当长的时间里，社会主义与计划经济、资本主义与市场经济紧密相联，公有制、按劳分配和计划经济被看作是社会主义最基本的特征。在改革开放的过程中，中国突破了社会主义只能是计划经济的传统模式，成功地建立起社会主义市场经济体制。社会主义市场经济体制目标的确定过程，既是思想解放的过程，也是改革深化的过程。

1. 计划经济体制建立之初的探索

在改革开放前，市场经济这个名词也时常出现于报刊之中，但所指的是市场的经济活动情况。例如，1952年7月24日的《人民日报》在一篇题为《上海私营企业生产和交易额比"五反"前增加》的报道中说："在上海市'五反'运动刚刚开始的时候，由于国营企业加工、定货、收购、贷款暂时停止；一部分不法工商业家以逃避资金、停厂关店抗拒'五反'，加上当时适逢淡季，因此市场经济曾经出现了暂时的呆滞现象。"很显然，报道中所说的市场经济与改革开放后形成的市场经济完全不是一回事。新中国成立后不久就开始编制第一个五年计划，国民经济即逐步纳入计划管理，逐步形成了高度集中的计划经济体制。

计划经济体制的优势是可以集中力量办大事，但它的弊端也十分明显。比如经济决策权集中于党委和政府，生产单位没有自主权。这个问题，在计划经济建立之初就已表现出来。1956年12月6日，《人民日报》就发表文章提出要让企业有一定的自治权，以发挥企业的积极性和克服官僚主义。文章说，由于企业自治权过小，中央主管机关集权过多、过细，企业的许多事情都要请示中央有关部门，即使是很小的事情，哪怕是盖一个厕所或买一台打字机也不例外，结果造成很多单位派人来北京找各部委办事，仅第一机械工业部各企业派到北京来办事的人，每天有一千人以上，几乎每个企业都派有专人常驻北京。企业来部里办事的人一般到北京后，最少要住上一两个星期，最多的达 10 个月。第一机械工业部（不包括局、院）每月收、发的公文达 3 万件以上，仅第一机械部第二机器工业管理局 1956 年的统计报表就重达 8 吨。①这样的问题在计划经济时代始终没有改变，企业生产什么、生产多少、产品的价格高低都由政府部门决定。又比如不尊重价值规律，无视市场在资源配置中的作用，企业之间不发生直接的经济往来。当时，沈阳电缆厂和沈阳冶炼厂都是沈阳的铁西区，两家只隔着一条马路，但前者属于国家机械部，后者属于国家冶金部，电缆厂的生产需要用铜，对面的冶金厂本身就生产铜，但电缆厂不能从冶炼厂直接买，而必须到南方去拉铜，每年光成本就多出几百万，因为这两家企业归属于不同的部委。

对于计划经济体制的弊端，应该说从这个体制建立起不久就有所发现。中共八大之后，毛泽东就曾提出既消灭资本主义又搞点资本主义的观点。这年 11 月 30 日，中国民主建国会负责人黄炎培在写给毛泽东信中说，全行业公私合营后，大部分工商业者的表现是好的，少数人消极，"白天社会主义，夜里资本主义"，还出现了"地下工厂""地下商场"等。12 月 7 日，毛泽东约请黄炎培和全国工商联负责人陈叔通等谈话，就此问题发表了自己的意见。②他说，"地下工厂"之所以能发展起来，是因为社会有需要，"要使它成为地上，合法化"。"最好开私

① 高尚全：《企业要有一定的自治权》，《人民日报》1956 年 12 月 6 日。
② 中国社会科学院、中央档案馆编：《1953—1957 中华人民共和国经济档案资料选编（综合卷）》，中国物价出版社 2000 年版，第 786 页。

营工厂，同地上的作对。还可以开夫妻店，请工也可以。""只要社会需要，地下工厂还可以增加。可以开私营大厂，订个协议，十年、二十年不没收。华侨投资的，二十年、一百年不要没收。可以开投资公司，还本付息。可以搞国营，也可以搞私营。"毛泽东把这个思路概括为："可以消灭了资本主义，又搞资本主义。"他还将这一做法称之为"新经济政策。"①

随后，刘少奇也提出可以有少量的资本主义经济作为社会主义经济的补充。1956 年 12 月 17 日，他在同中共中央工业交通工作部负责人座谈时说："有些资本主义或小生产者，有什么不好呢？这对人民有利，是社会主义经济的补充。"② 12 月 29 日，刘少奇在一届全国人大常委会第五十二次会议上又说："我们国家有百分之九十几的社会主义，有百分之几的资本主义，我看也不怕，它是社会主义经济的一个补充嘛！""有这么一点资本主义，一条是它可以作为社会主义经济的补充，另一条是它可以在某些方面同社会主义经济作比较"。刘少奇同时又认为，"关于这个问题，现在要通过什么决议，颁布什么法律，还为时过早，需要积累经验，还要看趋势"。③ 5 月 7 日，刘少奇在听取中央党校学员开展整风运动情况时，进一步提出社会主义经济的多样性和灵活性问题，认为苏联只有社会主义经济的计划性，只讲究计划经济，搞得呆板，而"我们一定要比资本主义经济搞得更多样，更灵活"，否则"还有什么社会主义的优越性呢？"他要求研究如何使人民的经济生活丰富多彩，更方便、更灵活的问题。④

与此同时，周恩来亦提出了类似的观点。他在 1957 年 4 月的国务院全体会议上提出："主流是社会主义，小的给些自由，这样可以帮助

① 《毛泽东文集》第七卷，人民出版社 1999 年版，第 170 页。
② 《刘少奇论工人运动》，中央文献出版社 1988 年版，第 437 页。
③ 《刘少奇论新中国经济建设》，中央文献出版社 1993 年版，第 326—327、333 页。
④ 《刘少奇论党的建设》，中央文献出版社 1991 年版，第 679、680 页。

社会主义的发展。工业、农业、手工业都可以采取这个办法。""大概工、农、商、学、兵除了兵以外，每一行都可以来一点自由，搞一点私营的。文化也可以搞一点私营的。这样才好百家争鸣嘛！在社会主义建设中，搞一点私营的，活一点有好处。""一切东西都靠国家生产不行，各方面都应该有百分之几的自由活动，太死了不行。不仅商业方面如此，工业方面也可以如此。资本主义复活不了。"①

这时，理论工作者也展开了对经济体制问题的研究。著名经济学家孙冶方在 1956 年到 1957 年间，曾写了《把计划和统计放在价值规律的基础上》《从"总产值"谈起》等文章，提出只有把计划放在价值规律的基础上，才能使计划成为现实的计划，才能充分发挥计划的效能，认为社会主义大生产不能靠主观意志，必须以价值规律为依据，在计划和统计上多注意劳动量消耗的计算，促进生产力的发展。

应当指出的是，1956 年到 1957 年上半年在经济体制的改革上出现一些思想火花，甚至提出也可以搞些"新经济政策"，并不等于说要突破苏联式的计划经济模式。在当时的历史条件下，计划经济被视为社会主义的本质属性，人们还不可能看到市场应该在资源配置中起决定作用。

在随后的"大跃进"运动中，曾强调要发挥中央和地方两个积极性，要大力发展地方工业，由于受高指标的影响，导致地方工业无序发展，国民经济比例出现严重失调。在 1958 年年底至 1959 年上半的纠"左"中，毛泽东曾提出要重视价值规律的作用，认为价值规律是一所大学校，强调"商品生产不能与资本主义混为一谈。为什么怕商品生产？无非是怕资本主义。现在是国家同人民公社做生意，早已排除资本主义，怕商品生产做什么？不要怕，我看要大大发展商品生产"。② 但是，当时他强调要重视价值规律、发展商品生产的用意，在于纠正人民

---

① 《周恩来经济文选》，中央文献出版社 1993 年版，第 350—351 页。
② 《毛泽东文集》第七卷，人民出版社 1999 年版，第 437—438、439 页。

公社化运动中出现的"一平二调"的"共产风"问题，不能随意搞无偿调拨，而不是对计划经济体制提出异议。

1959年庐山会议后，由于全党"反右倾"，开展新一轮"大跃进"，再次强调要大力发展地方工业，大搞所谓的"小（型）土（土法上马）群（群众运动）"，导致国民经济比例失调的情况更加严重。在农村加快进行基本核算单位从生产队到生产大队过渡，再次大刮"共产风"，大办公共食堂，取消恢复不久的社员自留地和家庭副业，严重挫伤了广大农民的积极性，因而从1961年起不得不下力气调整国民经济。在调整国民经济过程中，又认为国民经济之所以发生比例失调，与地方领导人存在分散主义有很大关系，于是提出反对分散主义的问题，1962年1月召开的七千人大会的主题原本就是反对分散主义的。很显然，分散主义的存在会影响到国家计划的贯彻落实，反对分散主义必然要求加强集中统一和计划工作，因而在"大跃进"运动后计划经济体制被进一步强化。

计划经济的长处在于国家能够配置资源开展重点建设。在实行计划经济的过程中，我国在不长的时间里形成一个比较完整的国民经济体系，特别是建立了较完整的重工业体系，建成一大批的骨干企业和铁路干线，为中国工业化奠定了重要的物质基础。但是，由于重积累轻消费，实行低工资政策，许多人一二十年没有涨过工资，致使人民生活长期没有实质性的改善。同时，当年工业的发展是牺牲农业发展为代价的，从1953年起，对主要农产品通过统购统销的方式，保证了工业所需要的农产品原材料的供应，也保证了城镇居民粮油与主要副食品的基本消费，而且通过工农业产品价格"剪刀差"的方式为工业化积累了资金，但其后果是导致农业生产长期得不到实际性的发展，农民生活也没有根本性的改变。由于过分强调重工业的作用，又导致与人民生活密切相关的轻工业得不到相应的发展，许多商品严重短缺，不得不采取凭票证供应的方式。

由于受"大跃进"造成的国民经济比例失调的影响，1959年至

1961 年我国连续 3 年国民经济遭受严重困难，各类物资供应极其短缺，只得进一步强化票证供应。1962 年 1 月，国家商业部制定了城乡供应分组参考目录，将供应城市的商品为定量计划供应、特需计划供应、凭购货券计划供应、平价敞开供应和少数特定商品高价供应 5 类，其中定量计划供应的商品共 17 类，即粮食，食油，食盐，大宗蔬菜（粗菜），肉类，鱼类（包括鱼、虾、蟹、贝），食糖（包括糖果），糕点（包括饼干），棉布及针织品，民用线及木纱团，絮棉，鞋子，卷烟，肥皂、香皂、洗衣粉，火柴，煤炭，煤油；凭购货券供应的商品共 41 种，即绸缎及其制品，呢绒及其制品，毛线及其编织品（包括开司米及其编织品），毛毯，棉毯，丝绵，尼龙袜子及尼龙内衣，丝袜及丝内衣，不收布票的雨衣，手帕，手套，皮带、帆布腰带，各种帽子，油布，皮毛服装，帆布包、旅行袋、行李袋，缝纫机，钟，手表，铝锅，铝制杂件，搪瓷面盆，搪瓷口杯，搪瓷杂件，铁、竹制水瓶、暖水袋，剪刀，雨伞，席子，各种箱子（包括皮箱、帆布箱、人造革箱、樟木箱），各种土副特产品，一部分中西补养药品（如葡萄糖、鱼肝油、补汁及中药补养药品等），干菜，干鲜果，酒类（不包括名酒），各种罐头，三级以上茶叶，名牌酱油、醋，味精，咖啡、可可（带糖），定量和特需供应以外的其他副食品；平价敞开供应的产品有 14 种，即国药（包括部分补养药品），西药及医疗器械（包括一部分补养药品），文教用具，儿童玩具，化妆品，图书，报纸杂志，工艺美术品，木器家具，日杂用品，炊事用具，其他日用品（包括一部分小百货、小五金及一部分高档商品），冷饮，平价饮食业；少数特定高价敞开供应的商品包括高价糖果，高价糕点，高价针织品，高价饮食业。

　　经过调整国民经济，情况出现好转，因而凭票供应的商品种类有所减少，但商品短缺的情况始终没有解决，重要的商品仍只得进行计划收购与计划供应，票证始终是计划经济年代人民生活中不可或缺的重要内容。

2. 计划经济为主市场调剂为辅

在"文化大革命"期间，由于强调无产阶级与资产阶级两个阶级、两条道路斗争的严重性、必要性，商品与市场被看成是产生资本主义的"温床"。当时，"四人帮"在商品生产和商品交换问题上曾有不少怪论。张春桥说："只要有这两种所有制，商品生产，货币交换，按劳分配就是不可避免的。""城乡资本主义因素的发展，新资产阶级分子的出现，也就是不可避免的。"① 姚文元说："巩固、扩大、强化资产阶级法权及其所带来的那一部分不平等，那就必然会产生两极分化的现象"，"资本主义的商品交换原则就会侵入到政治生活以至党内生活，瓦解社会主义计划经济，就会产生把商品和货币转化为资本和把劳动力当作商品的资本主义剥削行为。"② 由于"四人帮"这一套歪理怪论的影响，"文化大革命"中，曾在经济调整时期一度有所放开的自由市场重新关闭，许多小商品的生产与流通亦被看作是"资本主义尾巴"而被取缔，计划经济被进一步地强化。

粉碎"四人帮"后，随着拨乱反正的逐渐展开，理论界、学术界开始活跃，在批判"四人帮"谬论的同时，对一些重大理论问题进行正本清源，商品生产和商品交换的重要性重新为人们所认识。1977 年 12 月 21 日，《人民日报》发表《斥"四人帮"对社会主义商品制度的污蔑》一文，对"四人帮"提出的社会主义商品制度，"必然会孵化出资本主义和资产阶级"的几点"理由"，逐一作了批驳，并指出，我国现行的商品制度，是社会主义经济制度的一个重要组成部分，应该努力发展社会主义商品生产，使它适应社会主义经济全面发展的需要。

1978 年 5 月 22 日，《人民日报》上又发表《驳斥"四人帮"诋毁

① 张春桥：《论对资产阶级的全面专政》，《人民日报》1975 年 4 月 1 日。
② 姚文元：《论林彪反党集团的社会基础》，《人民日报》1975 年 3 月 1 日。

社会主义商品生产的反动谬论》。文章指出，社会主义制度中的商品生产问题，是一个重大的理论问题，又是一个重大的政策问题。"四人帮"鼓吹资本主义和新资产阶级分子是从社会主义商品生产中产生，抹杀社会主义商品生产和资本主义商品生产、小商品生产的本质区别，这种论点是根本站不住脚的。我国社会主义的商品生产和商品流通，同国家建设和人民生活的需要相比，还发展得很不够。我国的商品粮只占粮食总产量的近五分之一，人民公社各种产品的总产值中，商品产值占的比重还很小，国营经济作为商品提供给农村的农业机械和其他产品，还远远不能适应农业机械化和现代化的要求。日用工业品也还远远不能满足人民的需求。我国对外贸易进出口总额，在世界贸易总额中所占的比重也很小。因此，必须理直气壮地发展社会主义的商品生产和商品流通。

在 1978 年 12 月召开的中央工作会议上，邓小平着重讲了发扬经济民主的问题，指出：现在我国的经济管理体制权力过于集中，应该有计划地大胆下放，否则不利于充分发挥国家、地方、企业和劳动者个人四个方面的积极性，也不利于实行现代化的经济管理和提高劳动生产率。应该让地方和企业、生产队有更多的经营管理的自主权。当前最迫切的是扩大厂矿企业和生产队的自主权，使每一个工厂和生产队能够千方百计地发挥主动创造精神。[1] 随后召开的中共十一届三中全会，给生产单位以更多的自主权是会议的一个重要议题。会议强调，现在我国经济管理体制的一个严重缺点是权力过于集中，应该有领导地大胆下放，让地方和工农业企业在国家统一计划的指导下有更多的经营管理自主权；应该坚决实行按经济规律办事，重视价值规律的作用；人民公社、生产大队和生产队的所有权和自主权必须受到国家法律的切实保护；社员自留地、家庭副业和集市贸易是社会主义经济的必要补充部分，任何人不得乱加干涉。

---

[1] 《邓小平文选》第二卷，人民出版社 1994 年版，第 145 页。

与此同时，经济学界开始对市场经济问题展开讨论，提出了"社会主义的市场经济""社会主义市场经济"这样的表述。例如：《财经问题研究》1979 年第 1 期上刊发了《略谈市场经济中的几个问题》一文，提出资本主义经济学者通常把资本主义经济称之为市场经济，实际上将资本主义经济与市场经济完全混同起来，他们不懂资本主义经济是市场经济，而市场经济并不都是资本主义经济；他们将市场经济与计划经济完全割裂开来，他们不懂得社会主义制度下存在的市场经济，同时社会主义经济又是计划经济，二者是完全可以融合在一起的，而计划经济与市场经济的融合，只有公有制的条件下才有可能。作者强调，市场经济是一个历史范畴，在历史发展的各个阶段上，总与各个历史阶段的经济条件结合在一起的。奴隶社会和封建社会的市场经济，体现了小私有者之间的生产关系；资本主义的市场经济，体现了资本主义的生产关系；而社会主义的市场经济，体现了社会主义的生产关系。社会主义经济作为一个商品经济，当然也是一个市场经济，它与计划经济是不相冲突的，而且二者在客观上就是水乳交融相互联系在一起的。正是计划经济与市场经济的这种水乳交融的状况，才构成了社会主义经济的基本特征，成为社会主义市场经济与其他社会形态的市场经济相区别的重要特征。①

同年《经济研究》第 6 期也刊登了《关于社会主义市场经济的几个问题》一文。文章认为，计划经济是社会主义经济的基本特征，但还要重视和尊重价值规律，发挥市场经济的作用。在社会主义条件下之所以还存在市场经济，一是虽然商品基本部分是公有制企业和生产单位提供的，但由于现在生产力水平还比较低、生产的社会化程度还不高，社会产品还不丰富，这就要求受价值规律的调节而进行生产和交换的那种市场经济也能够发展，扩大商品交换的范围；二是目前多种所有制并在，在不同所有制经济之间和同一所有制不同生产单位相互之间进行交

---

① 何士珺：《略谈市场经济中的几个问题》，《财经问题研究》1979 年第 1 期。

接活动，除了传统意义上的统一市场外，应该有多种购销形式，多条流通渠道，这就需要市场经济作为补充；三是在经济管理上，计划不可能包罗万象，编制计划时对于社会需要的预测其准确性也是相对的，因而计算不周密或临时因素造成的不平衡会经常发生，这就需要市场经济加以补充。判断市场经济的性质，应主要依据产生这种市场经济的所有制性质，在生产资料公有制占绝对优势的情况下形成的市场经济，其主要部分应该是社会主义性质的，而不是资本主义性质。①

很显然，当时学术界所讨论的市场经济与中共十四大后所确立的社会主义市场经济体制所讲的市场经济，性质是不同的，他们更多的是强调要更好地发挥市场的作用，但他们认为社会主义与市场经济并不矛盾，而是可以有机融合的，并明确提出了"社会主义市场经济"这样的概念，还是很有意义的。

这时，计划与市场的关系问题，也引起了一些地方领导人的重视。1979 年 3 月，当时中共四川省委的主要领导人与成都地区的部分经济理论工作者进行座谈，并围绕计划经济和市场经济能不能结合，怎样结合，能不能在计划经济指导下允许有一定限度的市场经济等问题展开讨论。结论是：计划经济和市场经济这两个概念不是绝对对立的，是可以结合的。社会主义计划经济是社会主义制度优越性所在，是必须坚持的。但是，经验证明，搞包罗万象的计划根本做不到。弄得不好，还容易把整个经济搞死了，束缚生产力的发展，限制生产单位和生产者积极性的发挥。因此，在计划经济指导下，有一定范围的市场经济作为补充，是很必要的。现在一个很大的问题是，生产和销售脱节，企业生产不能与市场需要结合，不能随着市场需要的变化而变化，从而出现一些产品质量差，花色品种少；有些产品一方面库存积压，另一方面市场脱销。因此，解决计划经济和市场经济结合的问题，在某种意义上说，比

---

① 顾纪瑞：《关于社会主义市场经济的几个问题》，《经济研究》1979 年第 6 期。

解决企业权利问题更为重要。①

　　实践的发展也促使高层更加重视市场的作用。1978年12月2日，邓小平同胡耀邦、胡乔木、于光远等商谈在中央工作会议闭幕会上的讲话稿问题，在谈话时邓小平就主张发挥市场的作用，提出"不要怕乱，市场不会乱，承认市场的一定调节"。1979年3月8日，陈云写了《计划与市场问题》提纲，明确指出现在的计划太死，包括的东西太多，结果必能出现缺乏市场自动调节的部分，而计划又时常脱节，计划机构忙于日常调度。他提出整个社会主义时期必须有两种经济，即计划经济部分和市场调节部分，前者是基本的主要的，后者是从属的次要的，但又是必需的。在今后经济的调整和体制的改革中，不一定计划经济部分愈增加，市场经济部分所占绝对数额就愈缩小，可能是都相应地增加。② 后来陈云把这一思想概括为"计划经济为主，市场调节为辅"。在陈云写提纲前，曾与李先念交换过意见。李先念在2月22日同银行负责人谈话时说："我同陈云同志谈过，他同意，在计划经济前提下，搞点市场经济作为补充。计划经济和市场经济相结合，以计划经济为主；市场经济是个补充，不是小补充，是大补充。"③ 这是党的领导人第一次提到"计划经济和市场经济相结合"的问题，开始突破了社会主义只能是计划经济的传统观念。

　　这年8月底，时任国务院副总理的余秋里会见由铃木幸夫率领的日本新闻机构经济问题社论委员访华团，在回答日本新闻界朋友提出的有关中国国民经济发展方面的一些问题时，余秋里说，我国经济调整的关键是调整工农业的比例关系。农业的调整关系到工业的各个方面，将引起经济领域里的一个大的转变。"我们国家那么大，依靠一年一度的计划办一年的事，是不可能完全办好的。我们要按经济规律办事，把计划

① 《经济理论研究要解放思想面向实际》，《人民日报》1979年3月13日。
② 《陈云文选》第三卷，人民出版社1995年版，第245—246页。
③ 《李先念年谱》第六卷，中央文献出版社2011年版，第13页。

经济和市场经济结合起来。"① 这说明，计划经济与市场经济相结合的问题已成为高层的共识。

1979 年 11 月，邓小平会见美国不列颠百科全书出版公司副总裁弗兰克·吉布尼和加拿大麦吉尔大学东亚研究所主任林达光等人。在谈话中，邓小平明确提出社会主义也可以搞市场经济的思想。邓小平指出："说市场经济只存在于资本主义社会，只有资本主义的市场经济，这肯定是不正确的。社会主义为什么不可以搞市场经济，这个不能说是资本主义。我们是计划经济为主，也结合市场经济，但这是社会主义的市场经济。虽然方法上基本上和资本主义社会的相似，但也有不同，是全民所有制之间的关系，当然也有同集体所有制之间的关系，也有同外国资本主义的关系，但是归根到底是社会主义的，是社会主义社会的。市场经济不能说只是资本主义的。市场经济，在封建社会时期就有了萌芽。社会主义也可以搞市场经济。同样地，学习资本主义国家的某些好东西，包括经营管理方法，也不等于实行资本主义。这是社会主义利用这种方法来发展社会生产力，把这当作方法，不会影响整个社会主义，不会重新回到资本主义。"② 当时，人们将市场经济与市场调节是经常混用的，邓小平这里所说的社会主义也可以搞市场经济，实际上是强调要发挥好市场调节的作用之意，不等于说邓小平这时就已有了建立社会主义市场经济体制作为经济体制改革的目标模式的思想。

中共十一届三中全会前后，人们对于我国原有的经济体制统得过死缺乏活力的问题有了较深刻的认识，加快经济体制改革的任务提上议事日程，问题在于体制朝什么方向改。1980 年 9 月，刚刚成立的国务院经济体制改革办公室由著名经济学家薛暮桥起草了《关于经济体制改革的初步意见》，明确提出："我国现阶段的社会主义经济，是生产资料公有制占优势、多种经济成分并存的商品经济"，应当"在坚持生产

---

① 《余秋里会见日本新闻界朋友》，《人民日报》1979 年 8 月 30 日。
② 《邓小平文选》第三卷，人民出版社 1993 年版，第 236 页。

资料公有制占优势的条件下，按照发展商品经济和促进社会化大生产的要求，自觉地运用价值规律，把单一的计划调节，改为在计划指导下充分发挥市场调节的作用。"但由于当时党内对这个问题看法不一致，这个意见并没有形成正式文件。①

虽然十一届三中全会后市场的作用日益受到重视，强调在经济工作中要实行计划调节与市场调节相结合，以计划调节为主，充分重视市场调节的作用，但重视市场的作用并等于经济体制改革的方向就是要建立市场经济，人们的认识不可以一下走得那么远。1981年2月10日，《人民日报》发表题为《论我国经济体制的改革》的署名文章，对两年来我国正在进行的经济体制改革进行总结，认为我国经济体制改革的目标就是：把由国家高度集权的决策体系，改变为由国家、经济单位和广大劳动者多层次的决策体系；把单一的计划调节体系，改革为计划调节和市场调节相结合的调节体系；把主要依靠行政组织、行政办法管理经济的体系，改变为主要依靠经济组织、经济办法，并辅之以必要的行政办法管理经济的体系；把拒不承认经济单位有相对的物质利益的体系，改变为真正兼顾国家、集体和个人物质利益的体系。②

1981年6月，中共十一届六中全会通过了《关于建国以来党的若干历史问题的决议》。在谈及我国经济体制改革的目标方向时，决议强调："社会主义生产关系的变革和完善必须适应于生产力的状况，有利于生产的发展。国营经济和集体经济是我国基本的经济形式，一定范围的劳动者个体经济是公有制经济的必要补充。必须实行适合于各种经济成分的具体管理制度和分配制度。必须在公有制基础上实行计划经济，同时发挥市场调节的辅助作用。要大力发展社会主义的商品生产和商品交换。"③

---

① 谢明干：《〈关于经济体制改革的决定〉诞生前后》，《百年潮》2009年第12期。
② 任涛：《论我国经济体制的改革》，《人民日报》1981年2月10日。
③ 《关于建国以来党的若干历史问题的决议》，《人民日报》1981年7月1日。

这年 12 月下旬，在中共中央召开的全国各省、市、自治区党委第一书记座谈会上，陈云针对包产到户以后出现的新情况，提出"农业经济是国民经济重要的一部分。农业经济也必须以计划经济为主，市场调节为辅"，并对实行各种生产责任制后农业可以不要计划的观点提出批评。① 1982 年 1 月 25 日，陈云约请国家计委几位负责人就加强计划经济工作问题进行座谈，明确表示必须"坚持以计划经济为主，市场经济为辅"。陈云说，我们国家是计划经济，工业要以计划经济为主；农业实行生产责任制以后，仍然要以计划经济为主。我们办企业更要加强计划性，要讲究产品有没有销路，原料从哪里来，经营怎样搞。现在我们有些地方不那么讲究这些问题。②

在这种背景之下，同年 9 月召开的中共十二大的政治报告在论述我国经济体制改革相关问题时重申："我国在公有制基础上实行计划经济。有计划的生产和流通，是我国国民经济的主体。同时，允许对于部分产品的生产和流通不作计划，由市场来调节，也就是说，根据不同时期的具体情况，由国家统一计划划出一定的范围，由价值规律自发地起调节作用。这一部分是有计划生产和流通的补充，是从属的、次要的，但又是必需的、有益的。国家通过经济计划的综合平衡和市场调节的辅助作用，保证国民经济按比例地协调发展。这几年我们对经济体制实行了一些改革，扩大了企业在计划管理方面的权限，注意发挥市场调节的作用，方向是正确的，收效也很明显。但是，由于有些改革措施不配套，相应的管理工作没有跟上，因而削弱和妨害国家统一计划的现象有所滋长。这是不利于国民经济正常发展的。今后，要继续注意发挥市场调节的作用，但决不能忽视和放松国家计划的统一领导。"并且强调"正确贯彻计划经济为主、市场调节为辅的原则，是经济体制改革中的

---

① 《陈云文选》第三卷，人民出版社 1995 年版，第 305 页。
② 《陈云同志约请国家计委负责人座谈加强计划经济问题，坚持计划经济为主市场经济为辅》，《人民日报》1982 年 1 月 26 日。

一个根本性问题"①。

3. 发展社会主义商品经济

中共十一届三中全会之后，我国的经济体制改革尽管在目标模式上还不那么清晰，但改革的实践在大大推进。在农村，实行包产到户后，农民得到了极大的解放，这种解放不单是获得了土地的经营权，而且农民在完成承包任务之后有权安排自己的生产经营活动，甚至于将原来的所谓家庭副业变成家庭主业，产生了各式各样的专业户。当这些专业户发展到一定规模之后，他们要进行扩大再生产，光靠自己家庭的人手已经不够，必须雇工，而雇工意味有可能出现剥削。那么，允不允许雇工，允许雇可雇多少人？

"文化大革命"期间，为解决大量城镇青年的就业问题，当时采取知识青年上山下乡接受贫下中农再教育这种逆城市化的办法，从短期内缓解了城市的就业压力，但从1979年起不但停止了知识青年上山下乡，并且已下乡的上千万知识青年开始大规模地返城，加上城市本身每年新增加的几百万劳动力，因而一时间就业形势十分严峻。过去，城市劳动力就业基本上采取的是国家包下来统一安排的办法，现在显然无法继续采取这种办法，于是只得采取广开门路、自谋职业的办法，这样一来，城镇出现大批的个体户。到1980年年底，从事个体商业的已达40万人。有些个体户发展到一定的规模，为了再发展也需要雇工，也同样面临雇工是否合规合法的问题。

改革发展中遇到的这些现实问题，需要人们作出回答，并明确具体的政策界限。1981年10月17日，中共中央、国务院作出《关于广开门路，搞活经济，解决城镇就业问题的若干决定》，强调"实行多种经

---

① 《全面开创社会主义现代化建设的新局面——在中国共产党第十二次全国代表大会上的报告》，《人民日报》1982年9月8日。

济形式和多种经营方式长期并存，是我党的一项战略决策，决不是一种权宜之计"，并且在政策上开了小口子，提出"对个体工商户，应当允许经营者请两个以内的帮手；有特殊技艺的可以带五个以内的学徒"，即就是说雇工不能超过 7 人。① 之所以规定不超过 7 个人而不是 8 个人或 10 个人，是当时有人从马克思的《资本论》中找到论据，个体企业只有拥有的雇工不超过 8 个人，就仍然以本人的劳动作为主要生活来源，因而保持劳动者的身份。其实，不管农村专业户和城镇个体工商户雇工是否超过 7 人，他们的生产经营活动都根本无法纳入国家计划之中。

包产到户后，农村的劳动力出现了富余，因此，一些紧邻城镇的农村利用国家仍处于短缺经济的机会，大力发展社队企业（后来改称乡镇企业），一时间社队企业如雨后春笋般迅速发展起来，到 1980 年 9 月，全国（除西藏外）共有社队企业 148 万多个。90%以上的公社、80%以上的大队，都办有各种加工业、采矿业、交通运输业、建筑业、服务性行业，全国农村从事社队企业的专业劳动力将近 3000 万人，占农村总劳动力的 9.4%，1979 年全国社队企业总收入达 490 多亿元，占人民公社三级经济总收入的三分之一。② 1979 年 7 月，国务院作出《关于发展社队企业若干问题的规定（试行草案)》，规定社队企业完成全部生产计划所需要的二、三类物资和劳保用品可以向有关部门申请供应，也可以由社队企业及其管理部门自行采购，社队企业的产品国家不统一调拨的，由社队企业管理部门组织销售，或由社队企业自行销售。社队企业的生产经营很难纳入国家计划，基本上是原材料"自行采购"，产品"自行销售"，形成了事实上的商品经济即市场经济。

与此同时，城市的经济体制改革也已启动，国营企业开始了以承包制为主要内容的改革，企业的生产经营自主权扩大，企业在完成计划规

---

① 中共中央文献研究室：《三中全会以来重要文献选编》下，人民出版社 1982 年版，第 986 页。

② 《全国社队企业上半年又获新发展》，《人民日报》1980 年 9 月 22 日。

定的生产经营任务后生产出的产品，也会通过市场销售给消费者，市场的范围进一步扩大。随着经济特区的建立，中外合资经营企业、中外合作经营企业、外商独资企业即"三资企业"开始出现，这些企业的生产经营也难以纳入国家计划，经济特区的经济活动实际上一开始就是按照市场经济运行的。因此，改革开放使中国的经济结构已经发生重大变化，许多实践问题需要从理论上加以回答，也需要党和政府出台明确的政策。

改革实践中出现的一系列新问题，引起了邓小平和其他中央领导人的高度关注。1982年10月14日，邓小平同国家计委负责人谈话时，特地说了这样一段话："社会主义同资本主义比较，它的优越性就在于能做到全国一盘棋，集中力量，保证重点。缺点在于市场运用得不好，经济搞得不活。计划与市场的关系问题如何解决？解决得好，对经济的发展就很有利，解决不好，就会糟。"① 在这里，邓小平虽然没有对计划与市场表达出倾向性的意见，但表示了他对这个问题十分关切，也希望经济部门和理论工作者能够解决好这个问题。

中共十一届三中全会以来，农村的经济体制改革取得了较大进展，农村的面貌也发生了很大变化。相对而言，城市的经济体制改革进展要慢一些。因此，进入1984年，中共中央决定加快以城市经济体制改革为中心的整个经济体制改革的步伐，并决定在这年10月召开中共十二届三中全会，专题研究经济体制改革问题，并通过关于经济体制改革的决定。中共中央十分重视决定的起草工作，专门成立了文件起草小组。当时具体负责决定起草的国务院主要领导人"基本观点是，社会主义经济是计划经济，又是商品经济，要把二者结合起来，充分发挥市场调节的作用"②。

为了在社会主义商品经济问题上获得共识，在文件起草过程中，当

① 《邓小平文选》第三卷，人民出版社1993年版，第16—17页。
② 谢明干：《〈关于经济体制改革的决定〉诞生前后》，《百年潮》2009年第12期。

时的国务院总理先让时任中国社会科学院院长的马洪组织人员写了一个题为《关于社会主义有计划的商品经济的再思考》的研究报告，并将这个报告送给一些党内老同志征求意见，老同志们没有提出反对意见。于是，又组织起草小组就《中共中央关于经济体制改革的决定》中是否写入"商品经济"进行多次讨论。

9月9日，当时的国务院主要领导人就计划经济体制问题给胡耀邦、邓小平、陈云、李先念写信，信中提出：（一）中国实行计划经济，不是市场经济；（二）自发地盲目地通过市场进行调节的生产和交换，只限于小商品、三类农副产品和服务修理行业，它们在整个国民经济中起辅助作用。（三）计划经济不等于指令性计划为主。指令性计划和指导性计划都是计划经济的具体形式。我国幅员辽阔，现代化手段不发达，交通不便，信息不灵，编制包罗万象的指令性计划，不仅不可能，而且有害。在当前和今后相当长的时期内，我们的方针应该是逐步缩小指令性计划，扩大指导性计划。（四）指导性计划主要用经济手段调节，指令性计划也必须考虑经济规律特别是价值规律的作用。社会主义经济是以公有制为基础的有计划的商品经济。计划要通过价值规律来实现，要运用价值规律为计划服务。"计划第一，价值规律第二"这一表述并不确切，今后不宜继续沿用。应该如实地把两者统一起来，而不要把它们割裂开来或对立起来。①

对于信中提出的问题，邓小平表示赞成。陈云在复信中表示这些"都是当前我国经济工作面临的重要问题，也是对这几年城市经济体制改革经验的总结，完全同意"②。李先念在复信中表示"我都同意"，并提出把这些问题解决好了，将大力促进社会生产力的发展，"我国的计划

---

① 中共中央文献研究室：《十二大以来重要文献选编》中，人民出版社1986年版，第535页。
② 中共中央文献研究室：《陈云年谱（增订本）》下卷，中央文献出版社2015年版，第411页。

经济，更要自觉学会正确运用价值规律，很需要把价格体系改革好"①。

1984 年 10 月，中共十二届三中全会通过了《中共中央关于经济体制改革的决定》，明确"建立自觉运行价值规律的计划体制，发展社会主义商品经济"。决定指出：改革计划体制，首先要突破把计划经济同商品经济对立起来的传统观念，明确认识社会主义计划经济必须自觉依据和运用价值规律，是在公有制基础上的有计划的商品经济。商品经济的充分发展，是社会经济发展的不可逾越的阶段，是实现我国经济现代化的必要条件。只有充分发展商品经济，才能把经济真正搞活，促使各个企业提高效率，灵活经营，灵敏地适应复杂多变的社会需求，而这是单纯依靠行政手段和指令性计划所不能做到的。同时还应该看到，即使是社会主义的商品经济，它的广泛发展也会产生某种盲目性，必须有计划的指导、调节和行政的管理，这在社会主义条件下是能够做到的。因此，实行计划经济同运用价值规律、发展商品经济，不是互相排斥的，而是统一的，把它们对立起来是错误的。在商品经济和价值规律问题上，社会主义经济同资本主义经济的区别不在于商品经济是否存在和价值规律是否发挥作用，而在于所有制不同，在于剥削阶级是否存在，在于劳动人民是否当家做主，在于为什么样的生产目的服务，在于能否在全社会的规模上自觉地运用价值规律，还在于商品关系的范围不同。在我国社会主义条件下，劳动力不是商品，土地、矿山、银行、铁路等一切国有的企业和资源也都不是商品。②

这个决定得到了邓小平的充分肯定。十二届三中全会闭幕后的第二天，他在中央顾问委员会全体会议上讲话中说："我的印象是写出了一个政治经济学的初稿，是马克思主义基本原理和中国社会主义实践相结合的政治经济学，我是这么个评价。这两天国内外对这个决定反应很强烈，都说是有历史意义的。这个文件，我没有写一个字，没有改一个

---

① 《李先念年谱》第六卷，中央文献出版社 2011 年版，第 267 页。
② 《中共中央关于经济体制改革的决定》，《人民日报》1984 年 10 月 21 日。

字，但确实很好。"又说："这次经济体制改革的文件好，就是解释了什么是社会主义，有些是我们老祖宗没有说过的话，有些新话。我看讲清楚了，过去我们不可能写出这样的文件，没有前几年的实践不可能写出这样的文件。写出来，也很不容易通过，会被看作'异端'。我们用自己的实践回答了新情况下出现的一些新问题。""中央委员会、中央顾问委员会、中央纪律检查委员会三个委员会的同志都赞成这个文件，看到了现在发布这个纲领性文件的必要性和重要性。这是个好文件。"①对一个文件作如此高的评价，可见邓小平对这个决定的高度认可。

在这之后，邓小平对计划经济与市场经济的关系有了进一步的思考。1985 年 10 月 23 日，邓小平在会见由美国时代公司组织的企业家代表团时，当客人问到市场经济与社会主义制度之间是否存在矛盾时，邓小平说，社会主义和市场经济之间不存在根本矛盾。问题是用什么方法才能更有力地发展社会生产力。我们过去一直搞计划经济，但多年的实践证明，在某种意义上说，只搞计划经济会束缚生产力的发展。把计划经济和市场经济结合起来，就更能解放生产力，加速经济发展。邓小平强调，要坚持社会主义制度，最根本的是要发展社会生产力，这个问题长期以来我们并没有解决好。社会主义优越性最终要体现在生产力能够更好地发展上。多年的经验表明，要发展生产力，靠过去的经济体制不能解决问题。所以，我们吸收资本主义中一些有用的方法来发展生产力。现在看得很清楚，实行对外开放政策，搞计划经济和市场经济相结合，进行一系列的体制改革，这个路子是对的。② 对于这次谈话，新华社当天就作了报道。第二天，《人民日报》在报道时更是使用了这样的标题"只有改革才能导致中国的发达，把计划经济与市场经济结合起来就能进一步解放生产力"。社会主义市场经济体制能得以确立，与邓小平的大力推动密不可分。

---

① 《邓小平文选》第三卷，人民出版社 1993 年版，第 83、91 页。
② 《邓小平文选》第三卷，人民出版社 1993 年版，第 148—149 页。

其实，社会主义商品经济与社会主义市场经济并没有本质性的区分。从这之后，"社会主义市场体系"或"社会主义市场经济体系"开始被人们所使用。1985 年 12 月，中国经济体制改革研究会和福建省社会科学院在厦门联合召开经济体制改革理论讨论会，与会者围绕经济体制改革实践中提出的问题，着重讨论了社会主义市场体系与市场机制问题，认为形成统一完整的社会主义市场体系和健全市场机制，不仅是微观经济进一步搞活的前提，而且也为宏观经济的控制、调节创造条件，提供手段。所以它是今后一个时期经济体制改革的一个关键任务。关于商品经济与市场经济这两个概念问题，有与会者认为，二者的区别在于：前者是从比较抽象、更为本质的意义上讲的，后者则是较为具体、更加接近现象的说法。商品经济是市场经济的本质规定，市场经济是商品经济的现象形态。除了这两种层次上的不同外，很难对两者作出经济关系的性质的区分。与会者认为，为了发展社会主义商品经济，深入进行经济体制改革，实现经济体制模式的转换，当前迫切需要建立和完善社会主义市场体系。缺乏这种体系，价格就难以反映价值规律和供求规律的要求，各种经济关系就难以理顺。①

改革开放之后，浙江温州的小作坊式的家庭工业和与之相关联的小商品市场发展很快。到 1986 年，温州的家庭工业在全部工业总产值中占到 60%，大多数家庭经营都雇有帮工或学徒。温州地区有大小 400 多个民间市场，包括著名的十大商品产销基地，初步形成包括生产资料市场、资金市场等在内的地区性民间市场体系，形成了所谓的"温州模式"。随着温州经济的发展，在农民整体大幅度增加收入的同时，贫富差距开始拉大。这一模式出现后，围绕着温州经济是不是"私有化""市场化"了，温州农村是不是趋于"两极分化"，即温州商品经济的所谓"成分"问题，引起广泛的关注和激烈的争论。为此，1986 年 11

①　《社会主义市场体系与市场机制——关于经济体制改革的一次理论讨论会》，《人民日报》1986 年 1 月 13 日。

月，著名经济学家林子力在《人民日报》上发表长文，认为商品经济是市场经济的本质规定，市场经济是商品经济的现象形态。资本主义市场经济从本质上说也就是资本主义商品经济，"社会主义商品经济如果要从现象上去讲，那也就是社会主义市场经济。"文章还说，温州的实践说明，没有市场体系及其机制，就不可能有企业素质、经营者和一般劳动者素质的提高，不可能有当前温州的劳动效率、周转速度和经济效益。市场关系的发展还使人们的观念发生变化。今天的温州人少有依赖性，而具有较强的独立观念；他们不再躺在国家身上，而是习惯于市场的变动，勇于自己承担风险；在那里，收入上互相攀比，而不看各自的劳动效果如何的情况已经少见。这些，都是适应于社会主义商品经济的发展的。[①] 事实上，作为中共中央机关报的《人民日报》发表这样的长文，本身就是一种导向。

由于长期以来计划经济被当作社会主义的本质属性之一，而市场经济成为资本主义经济的代名词，尽管社会主义商品经济与社会主义市场经济并无本质区别，但要让更多的人认可社会主义市场经济还需要一个过程。因此，1987年10月召开的中共十三大在论述经济体制改革问题时，仍强调社会主义经济是公有制基础上的有计划的商品经济，并认为这一概括"是对马克思主义的重大发展，是我国经济体制改革的基本理论依据"。

党的十三大报告同时强调：社会主义有计划商品经济的体制，应该是计划与市场内在统一的体制。在这个问题上，需要明确几个基本观念：第一，社会主义商品经济同资本主义商品经济的本质区别，在于所有制基础不同。社会主义商品经济的发展离不开市场的发育和完善，利用市场调节决不等于搞资本主义。第二，必须把计划工作建立在商品交换和价值规律的基础上。不能把计划调节和指令性计划等同起来。应当通过国家和企业之间、企业与企业之间按照等价交换原则签订定货合同

① 林子力：《温州商品经济的"成分"问题》，《人民日报》1986年11月21日。

等多种办法，逐步缩小指令性计划的范围。国家对企业的管理应逐步转向以间接管理为主。第三，计划和市场的作用范围都是覆盖全社会的。新的经济运行机制，总体上来说应当是"国家调节市场，市场引导企业"的机制。国家运用经济手段、法律手段和必要的行政手段，调节市场供求关系，创造适宜的经济和社会环境，以此引导企业正确地进行经营决策。实现这个目标是一个渐进过程，必须为此积极创造条件。[1]

与十二届三中全会关于"社会主义计划经济是在公有制基础上的有计划的商品经济"相比，十三大使用的是"社会主义有计划商品经济的体制"的表述是一个进步，"它把一个科学论断具体化为一个有形的体制"。[2]

在这之后，一些经济学家明确提出，社会主义商品经济就是市场经济，他们认为，商品经济和市场经济是两个既互相联系又有区别的概念。社会主义经济是一种商品经济，又是一种市场经济。无论从历史上还是从理论上说，商品经济都是较之市场经济更为广泛的概念。市场经济必然是商品经济，但商品经济未必就是市场经济。所谓商品经济，就是各种财富都可以买卖的经济。所谓市场经济，是一个高度社会化的商品经济概念。在市场经济中，市场是社会资源的基本配置者。我国经济体制改革的实质，是用以市场机制为基础的资源配置方式取代以行政命令为主的资源配置方式。要通过改革建立的社会主义商品经济，不是别种类型的商品经济，而是采用有宏观管理的市场配置方式的商品经济。在这个意义上也可叫做社会主义的市场经济。[3]

---

① 《沿着有中国特色的社会主义道路前进——在中国共产党第十三次全国代表大会上的报告》，《人民日报》1987年11月4日。

② 于光远：《在对社会主义再认识的过程中》，《人民日报》1988年1月22日。

③ 吴敬琏、胡季：《社会主义商品经济也是一种市场经济》，《人民日报》1988年7月15日。

4. 建立社会主义市场经济体制

由于众所周知的原因，1989 年春夏曾发生了一场政治风波。这场风波的发生与资产阶级自由化自然有密切的关系，因而风波之后对资产阶级自由化开展批判与肃清也是必要的。但如何正确处理好改革开放与反对资产阶级自由化的关系，并不是一件很容易的事情。应该说，经过10 多年的改革开放，中国面貌发生了巨大变化，因而明确反对改革开放的人少之又少，但如何改革开放，改革什么开放什么，改到什么程度开放到什么程度，不同的人难免有不同的认识和理解。当时一些人认为经济体制改革主张取消计划经济，实现市场化，建立市场经济体系，就是资产阶级自由化的表现。甚至认为搞市场经济就是取消公有制，就是要否定共产党的领导，否定社会主义制度，搞资本主义。还有人提出，坚持商品经济的社会主义方向，一要坚持公有制经济为主体；二要坚持计划经济和市场调节相结合，利用市场机制，但不能搞"市场经济"。

在中国的经济体制改革走向何方的关键时刻，邓小平以政治家特有的胆识表明了自己的立场。1989 年 5 月 31 日，在政治风波还没有平息之时，邓小平在同李鹏、姚依林谈话时就强调：改革开放政策不变，几十年不变，一直要讲到底。要继续贯彻执行十一届三中全会以来的路线、方针、政策，连语言都不变。[①] 6 月 9 日他在中南海怀仁堂接见首都戒严部队军以上干部时又说："改革开放这个基本点错了没有？没有错。没有改革开放，怎么会有今天？这十年人民生活水平有较大提高，应该说我们上了一个台阶，尽管出现了通货膨胀等问题，但十年改革开放的成绩要充分估计够。""总结过去十年，我们的一些基本提法，从发展战略到方针政策，包括改革开放，都是对的。要说不够，就是改革

---

① 《邓小平文选》第三卷，人民出版社 1993 年版，第 296 页。

开放得还不够。"① 在邓小平看来，这场政治风波不是改革开放造成的，改革开放的大政方针不能变。

在 1989 年政治风波前后一段时间，我国经济遇到了很大的困难。从国内来看，由于价格闯关没有成功，一度出现比较严重的通货膨胀，不得不继续开展治理整顿，即治理经济环境、整顿经济秩序；从国外来看，以美国为首的西方国家以政治风波为借口对我国进行所谓的制裁。在这种情况下，如何推进改革开放，特别是使中国经济不出现大的滑坡，是邓小平极为关心的问题。1990 年 3 月 3 日，他在和几位中央领导同志的谈话中强调：综观全局，不管怎么变化，都要真正扎扎实实地抓好这十年建设，不要耽搁。现在特别要注意经济发展速度滑坡的问题，"我担心滑坡。世界上一些国家发生问题，从根本上说，都是因为经济上不去。如果经济发展老是停留在低速度，生活水平就很难提高。人民现在为什么拥护我们？就是这十年有发展，发展很明显。假设我们有五年不发展，或者是低速度发展，这不只是经济问题，实际上是个政治问题。"②

由于各种因素的影响，1990 年中国经济增幅曾下滑至 3.8%，成为改革开放以来增幅最低的一年，邓小平所担心的经济出现滑坡还是发生了。中国经济如何发展？邓小平认为还得发挥市场经济的作用。1990 年 12 月 24 日，他同江泽民、杨尚昆、李鹏谈话时强调："我们必须从理论上搞懂，资本主义与社会主义的区分不在于是计划还是市场这样的问题。社会主义也有市场经济，资本主义也有计划控制。不要以为搞点市场经济就是资本主义道路，没有那么回事。计划和市场都得要。不搞市场，连世界上的信息都不知道，是自甘落后。"③ 他还提出不要怕冒一点风险，中国已经有了承担风险的能力，因为有了改革开放打下的基础，而且改革开放越前进，承担和抵抗风险的能力就

① 《邓小平文选》第三卷，人民出版社 1993 年版，第 306、307 页。
② 《邓小平文选》第三卷，人民出版社 1993 年版，第 354 页。
③ 《邓小平文选》第三卷，人民出版社 1993 年版，第 364 页。

越强。

1991 年 2 月 6 日，在上海过春节的邓小平视察上海大众汽车公司。陪同视察的中共上海市委书记朱镕基汇报说，还有不少人认为合资企业不是民族工业，害怕它的发展。对此，邓小平明确指出：说"三资"企业不是民族经济，害怕它的发展，这不好嘛！发展经济，不开放是很难搞起来的。世界各国的经济发展都要搞开放，西方国家在资金和技术上就是互相融合、交流的。他还说："改革开放还要讲，我们的党还要讲几十年。会有不同意见，但那也是出于好意，一是不习惯，二是怕，怕出问题。光我一个人说话还不够，我们党要说话，要说几十年。当然，太着急也不行，要用事实来证明。当时提出农村实行家庭联产承包，有许多人不同意，家庭承包还算社会主义吗？嘴里不说，心里想不通，行动上就拖，有的顶了两年，我们等待。不要以为，一说计划经济就是社会主义，一说市场经济就是资本主义，不是那么回事，两者都是手段，市场也可以为社会主义服务。"①

根据邓小平在上海谈话的精神，中共上海市委机关报《解放日报》以"皇甫平"的名义，连发 4 篇评论员文章。其中，3 月 2 日发表的《改革开放要有新思路》一文，将邓小平关于市场经济的基本思想透露了出来。文章说，研究新情况、探索新思路，关键在于要进一步解放思想。解放思想决不是一劳永逸的。就计划与市场的关系而言，有些人总是习惯于把计划经济等同于社会主义经济，把市场经济等同于资本主义，认为在市场调节背后必然隐藏着资本主义的幽灵。随着改革的进一步深化，越来越多的人开始懂得：计划和市场只是资源配置的两种手段和形式，而不是划分社会主义与资本主义的标志。资本主义有计划，社会主义有市场。这种科学认识的获得，正是在社会主义商品经济问题上又一次重大的思想解放。在改革深化、开放扩大的新形势下，要防止陷

---

① 中共中央文献研究室：《邓小平年谱（1975—1997）》下，中央文献出版社 2004 年版，第 1326 页。

入某种"新的思想僵滞"。不能把发展社会主义商品经济和社会主义市场，同资本主义简单等同起来。一讲市场调节就以为是资本主义；不能把利用外资同自力更生对立起来，在利用外资问题上，谨小慎微，顾虑重重；不能把深化改革同治理整顿对立起来，对有些已经被实践证明是正确的、行之有效的改革，不敢坚持和完善，甚至动摇、走回头路；不能把持续稳定发展经济、不急于求成同紧迫感对立起来，工作松懈，可以办的事情也不去办。总之，进一步解放思想，是保证我们完成第二步战略目标的必要条件。①

或许因为不知道《解放日报》所透露出的是邓小平的思想，"皇甫平"的文章竟引来了批评之声。3月15日，北京一家大报发表了《发展商品经济不可否定计划经济》一文，其中说："有些人总是自觉或不自觉地把发展商品经济同实行计划经济对立起来。他们对市场经济似乎有着一种特殊的偏好，极力主张按照市场经济原则改革我国的经济管理体制，对计划经济则任意加以否定。在他们看来，好像只有市场经济才适合于社会化大生产发展的要求，才能够调动生产者的积极性，才能够按照市场需要组织生产，实现资源的最佳配置和合理使用，而这一切在计划经济中却做不到。""市场经济原则很难真正做到资源的合理配置和有效利用。我国40年社会主义经济建设取得举世瞩目的成就，充分说明了在我国实行计划经济的巨大优越性。"

如何看待计划与市场，是关系到我国的经济体制改革朝着什么方向前进的大问题。这年7月1日，在庆祝中国共产党成立70周年大会上，江泽民在讲话中特地讲到了这个问题，他指出："社会主义商品经济以公有制为基础，资本主义商品经济以私有制为基础，两者存在本质区别。计划与市场，作为调节经济的手段，是建立在社会化大生产基础上的商品经济发展所客观需要的，因此在一定范围内运用这些手段，不是

①　皇甫平：《改革开放要有新思路》，《解放日报》1991年3月2日。

区别社会主义经济和资本主义经济的标志。"① 从而代表中共中央表明了在这个问题上的态度。

在经过深入的思考之后，邓小平决定以一种特殊的方式推进中国改革开放的继续进行。1992 年 1 月 18 日至 2 月 21 日，他前往武昌、深圳、珠海、上海等地视察，并一路发表重要讲话，这就是著名的南方谈话。对于计划与市场的关系，谈话指出："计划多一点还是市场多一点，不是社会主义与资本主义的本质区别。计划经济不等于社会主义，资本主义也有计划；市场经济不等于资本主义，社会主义也有市场。计划和市场都是经济手段。"② 南方谈话关于计划与市场的内容并不很多，基本上是邓小平对于过去这个问题的重申，但谁都明白，已是 88 岁高龄的他用这样的方式发表谈话，就是要给后人一个政治交代，他希望用这样的方式结束在改革开放上的裹足不前，把他开创的改革开放和中国特色社会主义事业不断推向前进。中共中央对南方谈话高度重视，这年 2 月 28 日，中共中央将南方谈话的要点作为 1992 年第二号文件下发，并要求尽快逐级传达到全体党员干部。南方谈话之后，中国大陆迅速掀起了改革开放的新一轮热潮。

南方谈话是中国共产党人改革开放再出发的宣言书，极大地解放了人民的思想。这年 3 月 9 日和 10 日，江泽民主持召开中央政治局全体会议。会议认为邓小平南方谈话不仅对当前的改革和建设、对开好党的十四大，具有十分重要的指导作用，而且对整个社会主义现代化建设事业具有重大而深远的意义。4 月 30 日，江泽民主持召开中央政治局常委会议，提出十四大在计划与市场的关系上要前进一步，这是关系改革开放和现代化建设全局的一个重大问题。5 月 28 日，中央政治局常委会议决定在中共十四大上要对计划与市场的关系作出新的论述。随后，江泽民征求经济学家刘国光的意见，说他个人倾向于使用"社会主义

---

① 江泽民：《在庆祝中国共产党成立七十周年大会上的讲话》，《人民日报》1991年 7 月 2 日。

② 《邓小平文选》第三卷，人民出版社 1993 年版，第 373 页。

市场经济"的提法,刘国光对此表示赞成,但又说如果不提"有计划",这方面容易被人忽略,而"有计划"对于社会主义经济是非常重要的。江泽民说:"有计划的商品经济也就是有计划的市场经济。社会主义经济从一开始就是有计划的,这在人们头脑里和认识上一直是很清楚的,不会因为提法上不出现'有计划'三个字就发生了是不是取消了计划性的疑问。"①

6月9日,江泽民在中共中央党校省部级干部进修班上作《深刻领会和全面落实邓小平同志的重要谈话精神,把经济建设和改革开放搞得更快更好》的讲话。这个讲话谈了9个重大问题,其中第四个问题关于加快经济体制改革,核心内容就是关于计划与市场的关系。讲话中,江泽民列举了在学习邓小平南方谈话后理论界对计划和市场、建立新经济体制问题认识上的一些新提法:一是建立计划与市场相结合的社会主义商品经济体制,二是建立社会主义有计划的市场经济体制,三是建立社会主义的市场经济体制。他说,上述这几种提法,究竟哪一种更切合我国的经济实际,更易于为大多数人所接受,更有利于促进经济建设的发展,还可以继续研究,眼下不必忙于做出定论。但他又提出,在十四大报告中总得最后确定一种大多数人都赞同的有关经济体制的比较科学的提法,以利于进一步统一全党的认识和行动,以利于加快我国社会主义的新经济体制的建立。江泽民表示:"我个人的看法,比较倾向于使用'社会主义市场经济体制'这个提法。有计划的商品经济,也就是有计划的市场经济。"②

"社会主义市场经济体制"的提法得到了邓小平的肯定。6月12日,邓小平在与江泽民谈话时表示,他赞成使用"社会主义市场经济体制"这个提法,并且说:"实际上我们是在这样做,深圳就是社会主义市场经济。不搞市场经济,没有竞争,没有比较,连科学技术都发展

---

① 魏礼群主编:《改革开放三十年见证与回顾》,言实出版社 2008 年版,第 74 页。
② 《江泽民文选》第一卷,人民出版社 2006 年版,第 201—202 页。

不起来。产品总是落后，也影响到消费，影响到对外贸易和出口。"邓小平还提出江泽民在党校的讲话可以先发内部文件，反映好的话，就可以讲。这样十四大也就有了一个主题了。① 随后，中共中央先后征求各省、自治区、直辖市党委和中共中央及国务院各部门的意见，"社会主义市场经济体制"这一提法得到高度认可。

1992 年 10 月，中共十四大召开。十四大报告强调指出，我国经济体制改革的目标是建立社会主义市场经济体制。报告说，我国经济体制改革确定什么样的目标模式，是关系整个社会主义现代化建设全局的一个重大问题。这个问题的核心，是正确认识和处理计划与市场的关系。传统的观念认为，市场经济是资本主义特有的东西，计划经济才是社会主义经济的基本特征。十一届三中全会以来，随着改革的深入，逐步摆脱这个观念，形成新的认识，对推动改革和发展起了重要作用。改革开放 10 多年来，市场范围逐步扩大，大多数商品的价格已经放开，计划直接管理的领域显著缩小，市场对经济活动调节的作用大大增强。实践表明，市场作用发挥比较充分的地方，经济活力就比较强，发展态势也比较好。我国经济要优化结构，提高效益，加快发展，参与国际竞争，就必须继续强化市场机制的作用。

十四大报告强调，社会主义市场经济体制是同社会主义基本制度结合在一起的。在所有制结构上，以公有制包括全民所有制和集体所有制经济为主体，个体经济、私营经济、外资经济为补充，多种经济成分长期共同发展，不同经济成分还可以自愿实行多种形式的联合经营。国有企业、集体企业和其他企业都进入市场，通过平等竞争发挥国有企业的主导作用。在分配制度上，以按劳分配为主体，其他分配方式为补充，兼顾效率与公平。运用包括市场在内的各种调节手段，既鼓励先进，促进效率，合理拉开收入差距，又防止两极分化，逐步实现共同富

---

① 中共中央文献研究室：《邓小平年谱（1975—1997）》下，中央文献出版社 2004 年版，第 1347—1348 页。

裕。在宏观调控上，我们社会主义国家能够把人民的当前利益与长远利益、局部利益与整体利益结合起来，更好地发挥计划和市场两种手段的长处。

十四大关于社会主义市场经济体制的这些论述表明，将社会主义市场经济体制确立为我国经济体制改革的目标，已成为全党的共识。

1993 年 11 月，中共十四届三中全会通过《中共中央关于建立社会主义市场经济体制若干问题的决定》（以下简称《决定》），把十四大提出的经济体制改革的目标和基本原则加以具体化，构建了社会主义市场经济体制的基本框架。《决定》强调，社会主义市场经济体制是同社会主义基本制度结合在一起的。建立社会主义市场经济体制，就是要使市场在国家宏观调控下对资源配置起基础性作用。为实现这个目标，必须坚持以公有制为主体、多种经济成分共同发展的方针，进一步转换国有企业经营机制，建立适应市场经济要求，产权清晰、权责明确、政企分开、管理科学的现代企业制度；建立全国统一开放的市场体系，实现城乡市场紧密结合，国内市场与国际市场相互衔接，促进资源的优化配置；转变政府管理经济的职能，建立以间接手段为主的完善的宏观调控体系，保证国民经济的健康运行；建立以按劳分配为主体，效率优先、兼顾公平的收入分配制度，鼓励一部分地区一部分人先富起来，走共同富裕的道路；建立多层次的社会保障制度，为城乡居民提供同我国国情相适应的社会保障，促进经济发展和社会稳定。这些主要环节是相互联系和相互制约的有机整体，构成社会主义市场经济体制的基本框架。必须围绕这些主要环节，建立相应的法律体系，采取切实措施，积极而有步骤地全面推进改革，促进社会生产力的发展。[①]《决定》的通过，表明建立社会主义市场经济体制的目标已经具体化。

---

① 中共中央文献研究室：《十四大以来重要文献选编》（上），人民出版社 1996 年版，第 520—521 页。

十三、从"小康之家"到
全面建成小康社会

　　1976 年粉碎"四人帮"之后，实现四个现代化成为亿万人民的共同心声，"实现四化，振兴中华"成为那个时代激动人心的口号，中共十一大明确提出要在 20 世纪内实现四个现代化。但实践证明，在如此短的时间里要实现这个目标是不现实的。正因为如此，邓小平提出了"中国式的现代化"的概念，并且将"中国式的现代化"具体化为小康，在反复调研深入思考的基础上，形成了小康社会的理论，并提出分"三步走"实现社会主义现代化的战略思想。到 2000 年，我国基本进入小康社会，在此基础上，2002 年的中共十六大确立了到 2020 年即建党一百周年时全面建设小康社会的宏伟目标，2012 年中共十八大首次正式提出到 2020 年全面建成小康社会。从小康之家到全面建成小康社会，反映出中国共产党人对现代化建设的认识日益深刻。

1. 四个现代化目标的提出

　　把中国建设成为一个社会主义现代化强国，是中国共产党在全国执政不久就确立的奋斗目标。1954 年 9 月，在第一届全国人民代表大会第一次会议上，周恩来在《政府工作报告》中就提出："我国的经济原来是很落后的；如果我们不建设起强大的现代化的工业、现代化的农业、现代化的交通运输业和现代化的国防，我们就不能摆脱落后和贫困，我们的革命就不能达到目的。"① 第一次提出了"四个现代化"这个概念。1956 年 9 月，中共八大召开，大会通过的《中国共产党章程》在总纲中强调："中国共产党的任务，就是有计划地发展国民经济，尽可能迅速地实现国家工业化，有系统、有步骤地进行国民经济的技术改造，使中国具有强大的现代化的工业、现代化的农业、现代化的交通运输业和现代化的国防。"②

在这之后，现代化的内涵有所变化。1957 年 2 月 27 日，毛泽东在其著名的《关于正确处理人民内部矛盾的问题》的讲话中，明确提出要"将我国建设成为一个具有现代工业、现代农业、现代科学文化的社会主义国家"③。同年 3 月 12 日，在中国共产党全国宣传工作会议上的讲话中，毛泽东又说："我们一定会建设一个具有现代工业、现代农业和现代科学文化的社会主义国家。"④ 1959 年 12 月到 1960 年 2 月，毛泽东在读苏联《政治经济学教科书》时对现代化的内容有所调整，增加了国防现代化，他说："建设社会主义，原来要求是工业现代化，农业现代化，科学文化现代化，现在要加上国防现代化。"⑤ 1960 年 2 月中旬，周恩来在读苏联《政治经济学教科书》时，将"科学文化现代化"改称为"科学技术现代化"。

1958 年的"大跃进"运动曾是把我国加快建成社会主义现代化强国的一次尝试。"大跃进"提出的奋斗目标是"超英赶美"，很显然，英美当时代表资本主义国家现代化的水平，实现"超英赶美"的目标就是使中国的现代化程度超过英美。在 1958 年 2 月召开的一届全国人大五次会议上，"'奋发向前，把我国建成一个社会主义现代化强国'、'鼓足干劲，掀起生产建设的大跃进'，已经成了所有发言者的共同语

---

① 周恩来：《政府工作报告》，《人民日报》1954 年 9 月 24 日。
② 《中国共产党章程》，《人民日报》1956 年 9 月 27 日。
③ 《毛泽东文集》第七卷，人民出版社 1999 年版，第 207 页。
④ 《毛泽东文集》第七卷，人民出版社 1999 年版，第 268 页。
⑤ 《毛泽东文集》第八卷，人民出版社 1999 年版，第 116 页。

言。"① "大跃进"运动反映了全党和全国人民迅速改变我国贫穷落后面貌、把我国建设成为一个社会主义现代化国家的强烈愿望，但由于违背客观规律，一度导致国民经济出现严重困难，从而不得不进行国民经济的调整。

经过努力，到 1962 年国民经济情况得以好转，党的领导人开始重提实现四个现代化的问题。1963 年 1 月 26 日，刘少奇在接见部分著名科学家时，明确表示："我们国家的进步，我们国家的农业现代化、工业现代化、国防现代化、科学技术现代化，都要依靠全国人民的努力，依靠科学家的努力，尤其需要老科学家的带头。只要大家努力，我们的国家一定会进步得很快。"② 3 天后，周恩来在上海市科学技术工作会议上也说："我国过去的科学基础很差。我们要实现农业现代化、工业现代化、国防现代化和科学技术现代化，把我们祖国建设成为一个社会主义强国，关键在于实现科学技术的现代化。"③

1964 年 12 月 21 日，根据毛泽东的提议，周恩来在第三届全国人大一次会议上宣布，调整国民经济的任务已经基本完成，今后发展国民经济的主要任务，"就是要在不太长的历史时期内，把我国建设成为一个具有现代农业、现代工业、现代国防和现代科学技术的社会主义强国，赶上和超过世界先进水平。""为了实现这个伟大的历史任务，从第三个五年计划开始，我国的国民经济发展，可以按两步来考虑：第一步，建立一个独立的比较完整的工业体系和国民经济体系；第二步，全面实现农业、工业、国防和科学技术的现代化，使我国经济走在世界的前列。"④ 在这里，周恩来并没有提出实现农业、工业、国防和科学技术这四个现代化的具体时间，但他同时又说："中国大革命家、我们的先辈孙中山先生在本世纪初期就说过，中国将出现一个大跃进。他的这

---

① 《政治思想工作是一切工作的统帅》，《人民日报》1958 年 2 月 7 日。
② 《刘少奇邓小平等同志接见著名科学家》，《人民日报》1963 年 1 月 27 日。
③ 《周恩来选集》下卷，人民出版社 1984 年版，第 412 页。
④ 《周恩来选集》下卷，人民出版社 1984 年版，第 439 页。

种预见，必将在几十年的时间内实现。"① 这段话是毛泽东在修改报告稿时特地加上去的。可见，尽管他们没有明确提出实现这四个现代化的时间表，但其意思还是很清楚的，就是要用几十年的时间把中国建成一个现代化强国。

然而，从 1966 年起，中国就陷入了"文化大革命"的动乱之中。在"文化大革命"中，虽然也提出要"抓革命、促生产"，但全党和全国人民的主要精力用在"抓革命"上，没有做到用"革命"去"促生产"，事实上这种所谓的"革命"也促进不了生产，只能影响生产，导致国民经济长期停滞不前。尽管如此，四个现代化的目标并没有放弃。在 1975 年 1 月召开的第四届全国人大一次会议上，周恩来在政府工作报告中重申了分两步走、全面实现四个现代化的战略目标。报告说："遵照毛主席的指示，三届人大的政府工作报告曾经提出，从第三个五年计划开始，我国国民经济的发展，可以按两步来设想：第一步，用十五年时间，即在一九八〇年以前，建成一个独立的比较完整的工业体系和国民经济体系；第二步，在本世纪内，全面实现农业、工业、国防和科学技术的现代化，使我国国民经济走在世界的前列。"② 从而明确提出在 20 世纪内要实现四个现代化。

四届人大一次会议之后，由于周恩来病重，邓小平主持中共中央、国务院的日常工作，在周恩来的支持下，邓小平领导了 1975 年的全面整顿工作。其实，整顿在某种程度上也就是改革。邓小平希望通过整顿结束"文化大革命"形成的混乱局面，加快经济社会的发展，以便使中国早日实现四个现代化的目标。1975 年 9 月 15 日，他在全国农业学大寨会议开幕式上的讲话中指出："周总理在四届人大讲了毛主席提出的发展国民经济的任务，就是到本世纪末，全面实现农业、工业、国防和科学技术的现代化，使我国国民经济走在世界的前列。从明年起，二

---

① 《周恩来选集》下卷，人民出版社 1984 年版，第 441 页。
② 《周恩来选集》下卷，人民出版社 1984 年版，第 479 页。

十五年，我们赌了咒，发了誓，要干这么一件伟大的工作，这真正够得上是雄心壮志。"① 可是，当时的特殊环境使邓小平的"雄心壮志"无法施展。此后不久，他领导的整顿被指责为"右倾翻案"，他本人也再次被错误打倒，全面整顿也被迫中断。这时，"四个现代化"的口号还在提，但"反击右倾翻案风"的做法实际上与实现四个现代化是背道而驰的。

2."中国式的四个现代化"

1976 年 10 月粉碎"四人帮"之后，经历"文化大革命"长达 10 年的动乱的人们，对那种劳而无益的政治斗争、政治运动已经很厌倦，人心思定，盼望国家能够早一点富强，人民的生活能够早一点改善，于是，实现四个现代化就成了当时社会最大的公约数，早日实现四个现代化就成为人们共同的呼声。

由于过去一连串的政治运动把我国的现代化建设耽误太久，因此，粉碎"四人帮"后上上下下都产生了要把浪费的时间夺回来的愿望，同时在实现四个现代化这一问题上也曾一度出现了急于求成的倾向。1978 年 3 月，五届全国人大一次会议召开。这次会议不但重申"在本世纪内全面实现四个现代化，使我国国民经济走在世界前列"，而且明确提出到 20 世纪末，我国农业主要产品的单位面积产量要达到或者超过世界先进水平，工业主要产品产量要分别接近、赶上和超过最发达的资本主义国家。农业生产要最大限度地实现机械化、电气化、水利化，工业生产的主要部分自动化，交通运输大量高速化，大幅度提高劳动生产率。要广泛应用现代科学技术成果，大量采用新型材料和新能源，实现主要产品和生产工艺的现代化，各项经济技术指标分别接近、赶上和

① 中共中央文献研究室：《邓小平年谱（1975—1997）》上，中央文献出版社 2004年版，第 98 页。

超过世界先进水平。

五届全国人大一次会议还提出：未来 10 年要建立稳固的农业基础，农业主要作业机械化水平达到 85% 以上，按农业人口达到一人一亩旱涝保收、高产稳产农田，农林牧副渔都达到较高水平。建立产品丰富多彩、物美价廉的轻工业，按人口平均的轻工业品产量有较大增长。建立发达的重工业，冶金、燃料、动力、机械等原有工业在新的技术基础上进一步发展，钢铁、原煤、原油、发电量等产品产量进入世界前列，石油化工、电子等新兴工业发展成为比较发达的工业。建立适应工农业发展需要的交通运输网和邮电通讯网，基本实现机车的电气化、内燃化，公路和内河运输、远洋和航空运输都有较大发展。到 1985 年，粮食产量达到 8000 亿斤，钢产量 6000 万吨。今后 8 年，我国农业总产值每年要增长百分之四到五，工业总产值每年要增长 10% 以上；我国主要工业产品新增加的产量都将大大超过过去 28 年增加的产量；国家财政收入和基本建设投资，都相当于过去 28 年的总和。这次人大会后还提出，今后 8 年，国家计划新建和续建 120 个大型项目，其中有 10 大钢铁基地，9 大有色金属基地，8 大煤炭基地，10 大油气田，30 个大电站，6 条铁路新干线和 5 个重点港口。这 120 个项目建成后，加上原有的工业基础，全国可以形成 14 个实力比较雄厚、布局比较合理的工业基地。①

无须说，五届全国人大一次会议提出的这些目标让人们十分振奋，但根据当时的国力，在如此短的时间里要实现这些目标显然是难以做到的。1977 年和 1978 年这两年，先后有一大批各级领导干部访问和考察西方发达资本主义国家，他们走出国门之后深感中国与发达国家之间的差距。1978 年 10 月 10 日，邓小平在会见德意志联邦共和国新闻代表团时承认，由于受林彪、"四人帮"的干扰，中国同发达国家相比，"经济上的差距不止是十年了，可能是二十年、三十年，有的方面甚至

① 华国锋：《团结起来，为建设社会主义的现代化强国而奋斗》，《人民日报》1978 年 3 月 7 日。

可能是五十年。到本世纪末还有二十二年，二十二年以后，世界是什么面貌？包括你们在内的发达国家，在七十年代的基础上再向前发展二十二年，将是什么面貌？我们的四个现代化，要在本世纪末达到你们现在的水平已不容易，要达到你们二十二年后的水平就更难了。"① 这段时间邓小平自己也频繁出访，尤其是 1978 年 10 月出访了日本，1979 年 1 月访问了美国。在访问期间，他与日美经济界企业界人士有过广泛的接触，而且多次参观考察两国的现代化企业，更加感受到我国在生产力方面与世界现代化的差距，开始意识到中国要在 20 世纪内实现西方国家那样的现代化是不现实的，中国的现代化必须分步骤分阶段进行，要有自己的发展路径。

在深入思考的基础上，邓小平提出了"中国式的四个现代化"这个新命题。1979 年 3 月 21 日，邓小平在会见英中文化协会执行委员会代表团时指出："我们定的目标是在本世纪末实现四个现代化。我们的概念与西方不同，我姑且用个新说法，叫做中国式的四个现代化。现在我们的技术水平还是你们五十年代的水平。如果本世纪末能达到你们七十年代的水平，那就很了不起。就是达到这个水平，也还要做许多努力。由于缺乏经验，实现四个现代化可能比想像的还要困难些。"② 3 月 23 日，他在中央政治局会议的讲话中又说："我同外国人谈话，用了一个新名词：中国式的现代化。到本世纪末，我们大概只能达到发达国家七十年代的水平，人均收入不可能很高。"③

与此同时，陈云也在思考我国现代化建设的速度问题。陈云在这次政治局会议的讲话中强调，讲实事求是，先要把"实事"搞清楚。我国 9 亿多人口，80% 是农民，革命胜利 30 年，人民生活有改善，但还

---

① 《邓小平文选》第二卷，人民出版社 1994 年版，第 132 页。
② 中共中央文献研究室：《邓小平年谱（1975—1997）》上，中央文献出版社 2004 年版，第 496 页。
③ 中共中央文献研究室：《邓小平年谱（1975—1997）》上，中央文献出版社 2004 年版，第 497 页。

有要饭的。不估计到这种情况，整个经济搞不好。现在社办工业、小城镇工业很多，原因就是要就业，要提高生活。其中也有盲目性。"一方面我们还很穷，另一方面要经过二十年，即在本世纪末实现四个现代化。这是一个矛盾。人口多，要提高生活水平不容易；搞现代化用人少，就业难。我们只能在这种矛盾中搞四化。这个现实的情况，是制定建设蓝图的出发点。"①

在这之后，邓小平多次谈到"中国式现代化"的问题。1979 年 3 月 30 日，邓小平在党的理论工作务虚会上提出，当前以及今后相当长一个历史时期的主要任务就是搞现代化建设。能否实现四个现代化，决定着国家的命运、民族的命运。社会主义现代化建设是当前最大的政治。现在搞建设，也要适合中国情况，走出一条中国式的现代化道路。要使中国实现四个现代化，至少有两个重要特点是必须看到的：一个是底子薄，中国仍是世界上很贫穷的国家之一，科学技术水平总体上看要比世界先进国家落后二三十年，而且还经过两起两落，特别是"文化大革命"10 年对国民经济造成大破坏，造成的后果很严重。第二条是人口多，耕地少，全国人口中农民多达 9 亿，占 80%，国土面积虽然广大，但耕地很少。因此，中国式的现代化，必须从中国的特点出发。② 同年 4 月 17 日，他在会见美国芝加哥大学历史系教授、全美华人协会副会长何炳棣时又指出："当前我们调整经济计划，主要是想把我国经济发展搞得稳一点、快一点。我们要搞中国式的四个现代化。"③ 从这之后，"中国式的现代化"开始为人们所使用，并出现在媒体的报道中。

3. 小康之家：20 世纪末人均一千美元

"中国式的现代化"这个概念提出之后，这种现代化究竟是怎样的

---

① 《陈云文选》第三卷，人民出版社 1995 年版，第 248、250 页。
② 《邓小平文选》第三卷，人民出版社 1993 年版，第 163—164 页。
③ 中共中央文献研究室：《邓小平年谱（1975—1997）》上，中央文献出版社 2004 年版，第 506 页。

现代化，就成为人们关切的问题。1979 年 7 月，邓小平第一次提出了人均一千美元这个标准。7 月 28 日，他在青岛听取中共山东省委负责人汇报，在谈到如何发挥社会主义制度的优越性时强调要搞富的社会主义，而不是搞穷的社会主义，"如果我们人均收入达到一千美元，就很不错，可以吃得好，穿得好，用得好，还可以增加外援。"① 这里的人均收入一千美元，相当于后来所说的人均国民生产总值一千美元。

同年 10 月 3 日至 10 日，中共中央召开各省、市、自治区党委第一书记座谈会，专门讨论国民经济方针的落实问题。邓小平在 10 月 4 日的讲话中指出："所谓政治，就是四个现代化。我们开了大口，本世纪末实现四个现代化。后来改了个口，叫中国式的现代化，就是把标准放低一点。特别是国民生产总值，按人口平均来说不会很高。据澳大利亚的一个统计材料说，一九七七年，美国的国民生产总值按人口平均为八千七百多美元，占世界第五位。第一位是科威特，一万一千多美元。第二位是瑞士，一万美元。第三位是瑞典，九千四百多美元。第四位是挪威，八千八百多美元。我们到本世纪末国民生产总值能不能达到人均上千美元？前一时期我讲了一个意见，等到人均达到一千美元的时候，我们的日子可能就比较好过了，就能花多一点力量来援助第三世界的穷国。现在我们力量不行。"现在看来，人均国民生产总值一千美元不算高，但当时中国刚刚从"文化大革命"中走出来，经济基础十分薄弱，要达到这个目标也并非易事。所以邓小平又说："现在我们的国民生产总值人均大概不到三百美元，要提高两三倍不容易。我们还是要艰苦奋斗。就是降低原来的设想，完成低的目标，也得很好地抓紧工作，要全力以赴，抓得很细，很具体，很有效。四个现代化这个目标，讲空话是达不到的。这是各级党委的中心工作。"② "我们定下了一个雄心壮志，

---

① 中共中央文献研究室：《邓小平年谱（1975—1997）》上，中央文献出版社 2004 年版，第 539 页。

② 《邓小平文选》第二卷，人民出版社 1994 年版，第 194—195 页。

定下了一个奋斗目标，就要去实现，不能讲空话。"①

到这时，邓小平所说的"中国式的现代化"目标已经比较具体了，从经济指标上就是到 20 世纪末人均国民生产总值达到一千美元。应该说从 20 世纪五六十年代提出实现四个现代化的目标以来，现代化究竟是什么标准并不是很清楚，显得很笼统很模糊，邓小平经过反复比较与认真思考，提出到 20 世纪末人均国民生产总值一千美元这个明确目标，也体现了他的务实精神。

虽然"中国式的现代化"邓小平将其初步目标确定为一千美元，也就是这个现代化的标准不高，是低水平的现代化。但是，这个表述仍然不够通俗易懂，这究竟是什么样的一种现代化普通群众也不是很了解。老一辈革命家有一种特殊的本事，就是善于将深奥的理论用群众喜闻乐见的语言表达出来。1979 年 12 月 6 日，邓小平会见日本首相大平正芳。在回答大平首相关于中国将来会是什么样的情况，整个现代化的蓝图是如何构思的问题时，他在略加思索后，首次提出了"小康"的概念，指出："我们要实现的四个现代化，是中国式的四个现代化。我们的四个现代化的概念，不是像你们那样的现代化的概念，而是'小康之家'。到本世纪末，中国的四个现代化即使达到了某种目标，我们的国民生产总值人均水平也还是很低的。要达到第三世界中比较富裕一点的国家的水平，比如国民生产总值人均一千美元，也还得付出很大的努力。就算达到那样的水平，同西方来比，也还是落后的。所以，我只能说，中国到那时也还是一个小康的状态。"②

对于"小康"这个概念，邓小平后来多次说，他是在大平正芳的启发下提出的，但不是随口所说，而是他思考的结果。1980 年 11 月 6 日，在中共中央召开的干部会议上，邓小平说："我们对于艰苦创业，要有清醒的认识。中国这样的底子，人口这样多，耕地这样少，劳动生

---

① 《邓小平文选》第二卷，人民出版社 1994 年版，第 196 页。

② 《邓小平文选》第二卷，人民出版社 1994 年版，第 237 页。

产率、财政收支、外贸进出口都不可能一下子大幅度提高，国民收入的增长速度不可能很快。所以，我在跟外国人谈话的时候就说，我们的四个现代化是中国式的。前不久一位外宾同我会谈，他问，你们那个四个现代化究竟意味着什么？我跟他讲，到本世纪末，争取国民生产总值每人平均达到一千美元，算个小康水平。这个回答当然不准确，但也不是随意说的。现在我们只有二百几十美元，如果达到一千美元，就要增加三倍。新加坡、香港都是三千多。我们达到那样的水平不容易，因为地广人多，条件很不一样。但是应该说，如果我们的国民生产总值真正达到每人平均一千美元，那我们的日子比他们要好过得多，比他们两千美元的还要好过。因为我们这里没有剥削阶级，没有剥削制度，国民总收入完全用之于整个社会，相当大一部分直接分配给人民。他们那里贫富悬殊很大，大多数财富是在资本家手上。"①

自此之后，小康和如何实现小康，就成了邓小平与外宾谈话谈得最多的话题之一。1979 年 12 月 29 日，他在会见韩瑞生率领的新加坡政府代表团时说："中国人口太多，每个人增加一元钱的收入，就要十亿元。最近日本首相大平正芳访问中国的时候，他就向我提了个问题：你们的目标究竟有多大？我说所谓四个现代化，只能搞个'小康之家'，比如说国民生产总值人均一千美元。虽然是'小康之家'，肯定日子比较好过，社会存在的问题能比较顺利地解决。即使我们总的经济指标超过所有国家，人均收入仍不会很大。总之，既要有雄心壮志，也要脚踏实地。也许目标放低一点好，可以超过它。"② 1980 年 5 月 12 日，他在会见英国前首相、工党领袖詹姆斯·卡拉汉时又说："我们是讲实际、从实际出发的。我们头脑里开始想的同我们在摸索中遇到的实际情况有差距，比如，我们的雄心壮志是实现四个现代化，而且要在本世纪末实现，经过摸索，肯定了一点，我们的四个现代化，不同于包括你们英国

---

① 《邓小平文选》第二卷，人民出版社 1994 年版，第 259 页。

② 中共中央文献研究室：《邓小平年谱（1975—1997）》上，中央文献出版社 2004 年版，第 586 页。

在内的发达国家的现代化，中国人口太多，要达到你们那样的现代化，人均年收入五千至七千美元，不现实。所以，我们提出的现代化是中国式的现代化。日本大平首相同我谈话时，我说中国平均每人年收入达到一千美元，变成'小康之家'，这就是我们的目标。"①

虽然人均国民生产总值一千美元不算高，但在邓小平看来，要实现这个目标不容易。为此，他多次提到这个问题。这年5月30日，他在会见爱尔兰前总理约翰·林奇时说："我们现在人均国民生产总值是二百五十美元，是世界上很穷的国家之一。要在二十年时间内增加三倍，很不容易。"② 同年6月5日，他在会见克拉克·托马斯为团长的美国和加拿大社论撰写人访华团时又说：中国实现四个现代化的任务非常艰巨，是一件不容易的事情。因为中国是一个人口众多的国家，如果每个人增加一美元的收入，就需要10亿美元。要正视这个现实，所以四个现代化的目标不能定得太高，定得太高了办不到。

从1980年6月底开始，邓小平前往陕西、四川、湖北、河南等地考察，2000年能否实现小康，达到人均一千美元，他想听听地方领导人的意见。7月22日，在乘专列从湖北十堰市前往郑州的途中，邓小平对中共河南省委负责人说："这次出来到几个省看看，最感兴趣的是两个问题，一个是如何实现农村奔小康，达到人均一千美元，一个是选拔青年干部。对如何实现小康，我作了一些调查，让江苏、广东、山东、湖北、东北三省等省份，一个省一个省算账。我对这件事最感兴趣。八亿人口能够达到小康水平，这就是一件很了不起的事情。"③ 他还要求河南算算小康的账，因为河南地处中原，算账的数字是"中原标准""中州标准"，在全国有一定的代表性。

---

① 中共中央文献研究室：《邓小平年谱（1975—1997）》上，中央文献出版社2004年版，第531—532页。

② 中共中央文献研究室：《邓小平年谱（1975—1997）》上，中央文献出版社2004年版，第640页。

③ 中共中央文献研究室：《邓小平年谱（1975—1997）》上，中央文献出版社2004年版，第659页。

1980 年 8 月 31 日至 9 月 11 日，五届全国人大三次会议召开，2000 年能否人均达到一千美元成为代表热议的话题。与会代表认为，到 2000 年我国按人口平均的国民生产总值，要达到一千美元，那时，中国将是一个"小康的社会"。这个目标提得好，明确，实际，既能标志生产建设发展的水平，又能反映人民生活提高的水平。这个标准，是每个干部、群众看得见、摸得着的，是同他们的切身利害联系在一起的，很容易化作人民群众自觉的行动，有很大的鼓舞作用。以一千美元作为小康的标准便于同其他国家作比较，这也是一种激励和督促。据有关部门的统计和折算，1979 年全国按人口平均国民生产总值为 253 美元。要在今后 20 年内达到每人平均 1000 美元，就要在这个基础上再增加 3 倍。这个目标能否实现？代表们的回答是：困难不小，办法不少，希望很大。

在这次人代会上，一些地方算账的结果是：湖北省 1979 年国民生产总值 184 亿元，折算成美元（当时人民币与美元的兑换是 1.55：1），全省人均 258 美元。如果今后 20 年工农业产值每年递增率保持过去 30 年平均的 7.7%，人口的自然增长率控制在 11‰以内，到 2000 年全省按人口平均的国民生产总值就能达到 1050 美元。四川省是人口大省，1979 年全省按人口平均的国民生产总值为 200 美元，低于全国的平均数，到 2000 年可达到 820 多美元，然后再奋斗两三年实现一千美元的目标。浙江省 1979 年人均 268 美元，比全国平均数略高，全省可以在 2000 年或提前一点时间实现一千美元的目标。黑龙江省按人口平均的国民生产总值，1979 年人均国民生产总值是 366 美元，1995 年就可达到一千美元的目标。[①]

当时，由于粉碎"四人帮"后人们急于迅速改变我国落后面貌，提出国民经济发展要实现新的跃进，一时出现不顾国民经济按比例发展和违背价值规律、盲目追求高速度的倾向。这次全国人大会议后，新组

[①] 《二〇〇〇年和一〇〇〇美元》，《人民日报》1980 年 9 月 7 日。

成的国务院领导班子发现经济形势比预计的要严重，农业和能源减产，财政收入赤字增加，物价上涨，决定加大力度调整国民经济。鉴于这种情况，邓小平开始对小康的目标要求有所调整，提出到 2000 年人均国民生产总值翻两番，达到 800 至 1000 美元。1980 年 10 月 15 日，在中国人民解放军总参谋部召开的防卫作战研究班全体会议上，邓小平在讲到国防建设和经济建设的关系时，第一次明确提出："现在我们搞四个现代化，提的目标就是争取二十年翻两番。到本世纪末人均国民生产总值达到八百至一千美元，进入小康社会。"① 10 月 25 日，他在同胡乔木、邓力群谈话时强调，年度计划、五年计划、十年规划，中心和着重点不要多考虑指标，而要把人民生活逐年有所改善放在优先的地位，一定要使人民得到实惠，得到看得见的物质利益，从切身经验中感到社会主义制度的确值得爱。经济工作要接受过去的教训，再也不要打肿脸充胖子，一定要搞扎实。②

1980 年 12 月 16 日至 25 日，中共中央召开工作会议，会议主要讨论经济形势和经济调整问题，总结了 30 多年经济建设的经验教训，对经济工作中的"左"倾错误作了比较彻底的清理，确定在经济上实行进一步调整，政治上实行进一步安定的方针。10 月 20 日，中共中央政治局常委会听取各小组召集人汇报情况，有人提出在本世纪末实现四个现代化，人均国民生产总值一千美元的目标是否不要讲了。对于这个问题，邓小平的态度很明确。他说："我说一千美元，是说达到小康，不可能达到西方那样的水平，一千美元达不到，七八百美元也可以，不能要求太高。""本世纪末成为小康之家，日子好过一些可以提，实现四个现代化的口号，不能丢，至于时间、要求、标准，不要讲死了。"③ 在中央工作会议

---

① 中共中央文献研究室：《邓小平年谱（1975—1997）》上，中央文献出版社 2004 年版，第 681 页。

② 中共中央文献研究室：《邓小平年谱（1975—1997）》上，中央文献出版社 2004 年版，第 681 页。

③ 转引自蒋永清：《中共十二大前邓小平思考"小康之家"现代化目标的心路历程》，《邓小平研究》2017 年第 4 期。

的总结讲话中，邓小平指出："只要全国团结一致的、有秩序有步骤地前进，我们是能够有信心经过二十年的时间，使我国现代化经济建设的发展达到小康水平，然后继续前进，逐步达到更高程度的现代化。"①

在这之后，邓小平对于小康的指标，主要着眼于人均国民生产总值翻两番，而这时中国的人均国民生产总值才 200 多美元，翻两番也就是800 到 1000 美元。因此，邓小平将 2000 年要实现的小康指标设定为人均 800 至 1000 美元。1981 年 4 月 14 日，他在会见以古井喜实为团长的日中友好议员联盟访华团时说，中国式的现代化的概念，就是在本世纪末中国肯定不能达到日本、欧洲、美国和第三世界中有些发达国家的水平，只能达到一个小康社会，日子可以过。"设想十年翻一番，两个十年翻两番，就是达到人均国民生产总值一千美元。经过这一时期的摸索，看来达到一千美元也不容易，比如说八百、九百，就算八百，也算是一个小康生活了。"邓小平还说："特别是前一个时期，我们的脑子有点热，对自己的估计不很切合实际，大的项目搞得太多，基本建设战线太长，结果就出现问题了。尽管出现了这样的问题，我们的目标没有放弃，只是我们吸取和总结了经验教训，更加量力而行了。"②

在邓小平看来，中国式的现代化，首先是实现小康社会目标的现代化，到 2000 年时人均国民生产总值达到 800 至 1000 美元，而要接近西方发达国家的现代化水平，还得再花三五十年甚至更长一段时间。从这时起，邓小平对中国现代化实现的时间有了明晰的路线图。

1981 年 9 月 4 日，在会见美国最高法院首席大法官沃伦·伯格等人时，邓小平说："八十年代我们有了一个新的开始，到本世纪末，就有一个小康社会出现。但要达到美国的水平恐怕要花一个世纪。"③

---

① 《邓小平文选》第二卷，人民出版社 1994 年版，第 356 页。
② 中共中央文献研究室：《邓小平年谱（1975—1997）》下，中央文献出版社 2004年版，第 732 页。
③ 中共中央文献研究室：《邓小平年谱（1975—1997）》下，中央文献出版社 2004年版，第 767 页。

5天后，在会见竹入义胜为团长的日本公明党第十次访华代表团时，邓小平说，实现四个现代化是相当大的目标，要相当长的时间。本世纪末也只能搞一个小康社会，要达到西方比较发达国家的水平，至少还要再加上三十年到五十年的时间，恐怕要到二十一世纪末。①

11月17日，邓小平会见美国财政部部长唐纳德·里甘，在谈到中国实现四个现代化的进程时，邓小平说："我们冷静地考虑了这个问题。根据现在的情况，到本世纪末，可以实现一个'小康之家'的现代化。我们不能主观地求快。一九七八年我们设想可以搞快一点，但我们想错了。因为中国底子薄，人口太多。所以，我们紧接着总结了经验，提出搞中国式的现代化。中国式的现代化，不能同西方比。""现在我们经过摸索、计算和研究各种条件，包括国际合作的条件，争取人均达到一千美元，最低达到八百美元。在这个基础上，在下个世纪再花三十年到五十年时间，接近西方的水平。我们就是这么一个设想。"②

邓小平关于小康社会的论述为全党所接受。1982年9月召开的中共十二大，正式将在2000年实现小康，作为中国共产党在20世纪最后十几年经济建设总的奋斗目标。十二大政治报告强调："从一九八一年到本世纪末的二十年，我国经济建设总的奋斗目标是，在不断提高经济效益的前提下，力争使全国工农业的年总产值翻两番，即由一九八〇年的七千一百亿元增加到二〇〇〇年的二万八千亿元左右。实现了这个目标，我国国民收入总额和主要工农业产品的产量将居于世界前列，整个国民经济的现代化过程将取得重大进展，城乡人民的收入将成倍增长，人民的物质文化生活可以达到小康水平。"③

---

① 中共中央文献研究室：《邓小平年谱（1975—1997）》下，中央文献出版社2004年版，第769—770页。

② 中共中央文献研究室：《邓小平年谱（1975—1997）》下，中央文献出版社2004年版，第785页。

③ 胡耀邦：《全面开创社会主义现代化建设的新局面——在中国共产党第十二次全国代表大会上的报告》，《人民日报》1982年9月8日。

4."三步走"发展战略的形成

中共十二大正式确定了到 2000 年工农业年总产值翻两番的目标，但这个目标能否实现是邓小平十分关心的问题。十二大刚刚闭幕，邓小平就找国家计委副主任宋平谈话，提出到 2000 年工农业总产值翻两番靠不靠得住的问题。邓小平说："十二大说靠得住。相信是靠得住的。但究竟靠不靠得住，还要看今后的工作。"①

1983 年 2 月，邓小平前往中国经济相对发达的江苏、浙江考察，能否翻两番是他这次江浙之行十分关心的问题。在苏州同中共江苏省委负责人和苏州地委负责人座谈时，邓小平一连问了地方负责人很多的问题：到 2000 年，江苏能不能实现翻两番？苏州有没有信心，有没有可能？人均收入八百美元，达到这样的水平，社会上是一个什么面貌？发展前景是什么样子？当得知苏州已有不少社、队人均超过了 800 美元，主要是社队企业凭借灵活的经营机制得到成长和发展时，邓小平表示市场经济很重要。随后在杭州，邓小平对中共浙江省委负责人说："这次，我在苏州看到的情况很好，农村盖新房子很多，市场物资丰富。现在苏州市人均工农业总产值已经到了或者接近八百美元的水平。到了人均工农业总产值达到八百美元，社会是个什么面貌呢？吃穿没有问题，用也基本上没有问题，文化有了很大发展，教师的待遇也不低。江苏从一九七七年到一九八二年的六年时间里，产值翻了一番，照此下去，到一九八八年前后可以达到翻两番的目标。"邓小平问浙江能不能实现这个目标？当听到浙江省委负责人表示翻两番不成问题时，又说：浙江能否多翻一点呢？像宁夏、甘肃翻两番就难了。② 邓小平认为，全国要实现翻两番的目标，光东部较发达地区实现翻两番不行，还要考虑西北欠

---

① 《邓小平文选》第三卷，人民出版社 1993 年版，第 16 页。
② 中共中央文献研究室：《邓小平年谱（1975—1997）》下，中央文献出版社 2004 年版，第 888 页。

发达地区翻两番的困难，东部地区应该发展更快一些。

这次江浙之行，增强了邓小平到 2000 年翻两番实现小康的信心。回到北京之后，他同几位中央领导人谈话时说："这次，我经江苏到浙江，再从浙江到上海，一路上看到情况很好，人们喜气洋洋，新房子盖得很多，市场物资丰富，干部信心很足。看来，四个现代化希望很大。到本世纪末实现翻两番，要有全盘的更具体的规划，各个省、自治区、直辖市也都要有自己的具体规划，做到心中有数。"① 他还以苏州为例，从六个方面说明人均工农业总产值接近八百美元后的社会面貌：第一，人民的吃穿用问题解决，基本生活有了保障；第二，住房问题解决，人均达到二十平方米，因为土地不足，向空中发展，小城镇和农村盖二三层楼房的已经不少；第三，就业问题解决，城镇基本上没有待业劳动者；第四，人不再外流，农村的人想往大城市跑的情况已经改变；第五，中小学教育普及，教育、文化、体育和其他公共福利事业有能力自己安排；第六，人们的精神面貌变化了，犯罪行为大大减少。这几方面也可以说是邓小平关于建成小康社会的具体标准。

同年 10 月，邓小平在中共中央顾问委员会第三次全体会议上的讲话中，满怀信心地说："现在看翻两番肯定能够实现。""翻两番意义重大，这意味着到本世纪末，年国民生产总值达到一万亿美元，从总量说，就居于世界前列了，这一万亿美元，反映到人民生活上，我们就叫小康水平。"②

到 1986 年，邓小平对第二个发展目标的表述有所变化，由"接近发达国家水平"改变为"达到中等发达国家水平"。这年 9 月 23 日，他在见第三世界科学院院长阿卜杜拉·萨拉姆时说："我们在本世纪末达到小康水平，就可以多尽些力了。到下个世纪中叶达到中等发达国家

---

① 《邓小平文选》第三卷，人民出版社 1993 年版，第 24 页。
② 《邓小平文选》第三卷，人民出版社 1993 年版，第 88 页。

水平后，我们就可以为第三世界国家作更多的贡献。"① 10 月 24 日，邓小平会见宇都宫德马率领的日中友好协会代表团，在谈到中国现代化发展战略目标时说："我们的生活水平同你们的差距太大了，我们下决心花七十年时间接近发达国家的水平。这是我们压倒一切的中心任务。最主要的工作就是搞经济建设，第一步摆脱贫困状态，实现小康。第二步再花三十年至五十年时间，再翻两番，达到人均国民生产总值四千美元。那时中国人口估计是十五亿，国民生产总值六万亿美元。那就意味着中国是中等发达国家，总的国家力量并不弱了。"②

1987 年 4 月，邓小平第一次提出了"三步走"的发展战略。他在会见西班牙工人社会党副总书记、政府副首相阿方索·格拉时说了这样一段话："我们原定的目标是，第一步在八十年代翻一番。以一九八〇年为基数，当时国民生产总值人均只有二百五十美元，翻一番，达到五百美元。第二步是到本世纪末再翻一番，人均达到一千美元。实现这个目标意味着我们进入小康社会，把贫困的中国变成小康的中国。那时国民生产总值超过一万亿美元，虽然人均数还很低，但是国家的力量有很大增加。我们制定的目标更重要的还是第三步，在下世纪用三十年到五十年再翻两番，大体上达到人均四千美元。做到这一步，中国就达到中等发达的水平。这是我们的雄心壮志。"③

邓小平提出的"三分步"战略得到了这年 10 月召开的中共十三大的肯定。十三大报告指出：党的十一届三中全会以后，我国经济建设的战略部署大体分三步走。第一步，实现国民生产总值比 1980 年翻一番，解决人民的温饱问题。这个任务已经基本实现。第二步，到本世纪末，使国民生产总值再增长一倍，人民生活达到小康水平。第三步，到下个

---

① 中共中央文献研究室：《邓小平年谱（1975—1997）》下，中央文献出版社 2004 年版，第 1140 页。

② 中共中央文献研究室：《邓小平年谱（1975—1997）》下，中央文献出版社 2004 年版，第 1148 页。

③ 中共中央文献研究室：《邓小平年谱（1975—1997）》下，中央文献出版社 2004 年版，第 1183 页。

世纪中叶，人均国民生产总值达到中等发达国家水平，人民生活比较富裕，基本实现现代化。然后，在这个基础上继续前进。现在，最重要的是走好第二步。实现了第二步任务，我国现代化建设将取得新的巨大进展：社会经济效益、劳动生产率和产品质量明显提高，国民生产总值和主要工农业产品产量大幅度增长，人均国民生产总值在世界上所占位次明显上升。工业主要领域在技术方面大体接近经济发达国家 70 年代或 80 年代初的水平，农业和其他产业部门的技术水平也将有较大提高。城镇和绝大部分农村普及初中教育，大城市基本普及高中和相当于高中的职业技术教育。人民群众将能过上比较殷实的小康生活。

中共十三大后，尽管曾出现 1988 年价格闯关失败和 1989 年春夏的政治风波，但建设小康社会仍取得重大进展。1989 年 9 月 29 日，江泽民在庆祝中华人民共和国成立 40 周年大会上宣布："全国人民的温饱问题基本解决，一部分居民生活开始向小康水平迈进。"① 1991 年，中共十三届七中全会通过了《中共中央关于制定国民经济和社会发展十年规划和"八五"计划的建议》，明确提出 1991 年至 2000 年，人民生活目前已经实现小康的少数地区，将进一步提高生活水平；温饱问题基本解决的多数地区，将普遍实现小康；现在尚未摆脱贫困的少数地区，将在温饱的基础上向小康前进。并对小康的标准作了新的阐释，指出："所谓小康水平，是指在温饱的基础上，生活质量进一步提高，达到丰衣足食。这个要求既包括物质生活的改善，也包括精神生活的充实；既包括居民个人消费水平的提高，也包括社会福利和劳动环境的改善。"②

5. 从全面建设到全面建成小康社会

1992 年 10 月，中共十四大召开。在这年年初邓小平发表的南方谈

---

① 《在庆祝中华人民共和国成立四十周年大会上江泽民总书记的讲话》，《人民日报》1989 年 9 月 29 日。

② 《中共中央关于制定国民经济和社会发展十年规划和"八五"计划的建议》，《人民日报》1991 年 1 月 29 日。

话精神的鼓舞下，这时中国的改革开放出现了一片热气腾腾的局面。因此，十四大决定，将原定国民生产总值平均每年增长 6% 调整为增长百分之八到九，到本世纪末我国国民经济整体素质和综合国力将迈上一个新的台阶。国民生产总值将超过原定比 1980 年翻两番的要求。主要工农业产品产量显著增加。产业结构和地区经济布局比较合理。科学技术和管理水平有较大提高，一批骨干企业接近或达到国际先进水平。人民生活由温饱进入小康。在 20 世纪 90 年代，实现达到小康水平的第二步发展目标。再经过 20 年的努力，到建党 100 周年的时候，将在各方面形成一整套更加成熟更加定型的制度。在这样的基础上，到下世纪中叶新中国成立 100 周年的时候，就能够达到第三步发展目标，基本实现社会主义现代化。

到 1995 年，原定 2000 年国民生产总值比 1980 年翻两番的目标提前实现，1997 年人均国民生产总值翻两番的目标也提前完成，分三步走中第二步战略目标的提前实现，表明中国已完成了由温饱到总体小康的历史性跨越。为此，1997 年 9 月召开的中共十五大，第一次提出"进入和建设小康社会"的问题，并对第三步战略目标作出具体部署。十五大强调："现在完全可以有把握地说，我们党在改革开放初期提出的本世纪末达到小康的目标，能够如期实现。在中国这样一个十多亿人口的国度里，进入和建设小康社会，是一件有伟大意义的事情。这将为国家长治久安打下新的基础，为更加有力地推进社会主义现代化创造新的起点。"①

按照人均国内生产总值、恩格尔系数、城镇人均可支配收入、农民人均纯收入等 16 项指标综合测算，1990 年我国的小康实现程度为 48%，而到 2000 年已跃升到 96%。因此，2000 年 10 月召开的中共十五届五中全会宣布：经过全党和全国各族人民的共同努力，现在我国

---

① 江泽民：《高举邓小平理论伟大旗帜，把建设有中国特色社会主义事业全面推向二十一世纪——在中国共产党第十五次全国代表大会上的报告》，《人民日报》1997 年 9 月 22 日。

的生产力水平迈上了一个大台阶，商品短缺状况基本结束，市场供求关系发生了重大变化；社会主义市场经济体制初步建立，市场机制在配置资源中日益明显地发挥基础性作用，经济发展的体制环境发生了重大变化；全方位对外开放格局基本形成，开放型经济迅速发展，对外经济关系发生了重大变化。我们已经胜利实现了现代化建设的前两步战略目标，经济和社会全面发展，人民生活总体上达到了小康水平。

在人民生活达到总体小康后，第三步战略目标如何具体部署，摆到了中共中央领导集体面前。2000年10月的中共十五届五中全会正式提出从新世纪开始，我国将进入全面建设小康社会，加快推进现代化的新的发展阶段。

2002年11月，中共十六大提出了全面建设小康社会的具体目标。大会强调："二十一世纪头二十年，对我国来说，是一个必须紧紧抓住并且可以大有作为的重要战略机遇期。""我们要在本世纪头二十年，集中力量，全面建设惠及十几亿人口的更高水平的小康社会，使经济更加发展、民主更加健全、科教更加进步、文化更加繁荣、社会更加和谐、人民生活更加殷实。这是实现现代化建设第三步战略目标必经的承上启下的发展阶段，也是完善社会主义市场经济体制和扩大对外开放的关键阶段。经过这个阶段的建设，再继续奋斗几十年，到本世纪中叶基本实现现代化，把我国建成富强民主文明的社会主义国家。"

这次大会提出的"全面建设小康社会"的具体目标是：

——在优化结构和提高效益的基础上，国内生产总值到2020年力争比2000年翻两番，综合国力和国际竞争力明显增强。基本实现工业化，建成完善的社会主义市场经济体制和更具活力、更加开放的经济体系。城镇人口的比重较大幅度提高，工农差别、城乡差别和地区差别扩大的趋势逐步扭转。社会保障体系比较健全，社会就业比较充分，家庭财产普遍增加，人民过上更加富足的生活。

——社会主义民主更加完善，社会主义法制更加完备，依法治国基本方略得到全面落实，人民的政治、经济和文化权益得到切实尊重和保障。基层民主更加健全，社会秩序良好，人民安居乐业。

——全民族的思想道德素质、科学文化素质和健康素质明显提高，形成比较完善的现代国民教育体系、科技和文化创新体系、全民健身和医疗卫生体系。人民享有接受良好教育的机会，基本普及高中阶段教育，消除文盲。形成全民学习、终身学习的学习型社会，促进人的全面发展。

——可持续发展能力不断增强，生态环境得到改善，资源利用效率显著提高，促进人与自然的和谐，推动整个社会走上生产发展、生活富裕、生态良好的文明发展道路。

中共十六大之后，国家统计局公布了全面小康的标准：（一）人均国内生产总值 2500 元（按 1980 年的价格和汇率计算，2500 元相当于 900 美元）；（二）城镇人均可支配收入 2400 元；（三）农民人均纯收入 1200 元；（四）城镇住房人均使用面积 12 平方米；（五）农村钢木结构住房人均使用面积 15 平方米；（六）人均蛋白质日摄入量 75 克；（七）城市每人拥有铺路面积 8 平方米；（八）农村通公路行政村比重 85%；（九）恩格尔系数 50%；（十）成人识字率 85%；（十一）人均预期寿命 70 岁；（十二）婴儿死亡率 3.1%；（十三）教育娱乐支出比重 11%；（十四）电视机普及率 100%；（十五）森林覆盖率 15%；（十六）农村初级卫生保健基本合格县比重 100%。①

2007 年 10 月召开的中共十七大，对实现全面建设小康社会奋斗目标提出了新要求：

——增强发展协调性，努力实现经济又好又快发展。转变发展方式取得重大进展，在优化结构、提高效益、降低消耗、保护环境的基础

---

① 《全面小康什么样——访国家统计局副局长贺铿》，《人民日报》2002 年 11 月 18 日。

上，实现人均国内生产总值到 2020 年比 2000 年翻两番。社会主义市场经济体制更加完善。自主创新能力显著提高，科技进步对经济增长的贡献率大幅上升，进入创新型国家行列。居民消费率稳步提高，形成消费、投资、出口协调拉动的增长格局。城乡、区域协调互动发展机制和主体功能区布局基本形成。社会主义新农村建设取得重大进展。城镇人口比重明显增加。

——扩大社会主义民主，更好保障人民权益和社会公平正义。公民政治参与有序扩大。依法治国基本方略深入落实，全社会法制观念进一步增强，法治政府建设取得新成效。基层民主制度更加完善。政府提供基本公共服务能力显著增强。

——加强文化建设，明显提高全民族文明素质。社会主义核心价值体系深入人心，良好思想道德风尚进一步弘扬。覆盖全社会的公共文化服务体系基本建立，文化产业占国民经济比重明显提高、国际竞争力显著增强，适应人民需要的文化产品更加丰富。

——加快发展社会事业，全面改善人民生活。现代国民教育体系更加完善，终身教育体系基本形成，全民受教育程度和创新人才培养水平明显提高。社会就业更加充分。覆盖城乡居民的社会保障体系基本建立，人人享有基本生活保障。合理有序的收入分配格局基本形成，中等收入者占多数，绝对贫困现象基本消除。人人享有基本医疗卫生服务。社会管理体系更加健全。

——建设生态文明，基本形成节约能源资源和保护生态环境的产业结构、增长方式、消费模式。循环经济形成较大规模，可再生能源比重显著上升。主要污染物排放得到有效控制，生态环境质量明显改善。生态文明观念在全社会牢固树立。

2012 年 11 月召开的中共十八大，在十六大、十七大确立的全面建设小康社会目标的基础上，提出了全面建成小康社会的新要求。

——经济持续健康发展。转变经济发展方式取得重大进展，在发展平衡性、协调性、可持续性明显增强的基础上，实现国内生产总值和城乡居民人均收入比 2010 年翻一番。

——人民民主不断扩大。民主制度更加完善，民主形式更加丰富，依法治国基本方略全面落实，法治政府基本建成，司法公信力不断提高，人权得到切实尊重和保障。

——文化软实力显著增强。社会主义核心价值体系深入人心，文化产业成为国民经济支柱性产业，社会主义文化强国建设基础更加坚实。

——人民生活水平全面提高。基本公共服务均等化总体实现，全民受教育程度和创新人才培养水平明显提高，就业更加充分，收入分配差距缩小，社会保障全民覆盖。

——资源节约型、环境友好型社会建设取得重大进展。

2017 年 10 月召开的中共十九大明确提出，要决胜全面建成小康社会，开启全面建设社会主义现代化国家新征程。十九大强调：解决人民温饱问题、人民生活总体上达到小康水平这两个目标已提前实现。在这个基础上，到建党一百年时建成经济更加发展、民主更加健全、科教更加进步、文化更加繁荣、社会更加和谐、人民生活更加殷实的小康社会。

经过新中国成立以来特别是改革开放以来 40 余年的不懈奋斗，我国的经济实力、科技实力、综合国力和人民生活水平跃上新的台阶，全面建成小康社会取得历史性成果。到 2020 年国内生产总值超过 100 万亿元，人均国内生产总值超过了 1 万美元，城镇化率超过了 60%，中等收入群体超过了 4 亿人，全国居民人均可支配收入 32189 元，城镇居民人均可支配收入 43834 元，农村居民人均可支配收入 17131 元。2020年，全国居民每百户家用汽车、移动电话、空调、排油烟机、热水器拥有量，分别为 37.1 辆、253.8 部、117.7 台、60.9 台和 90.4 台。当年邓小平提出小康社会目标时，这些对中国普通老百姓来说都是稀罕之物，如今早已进入寻常百姓家。2021 年 7 月 1 日，在庆祝中国共产党成立 100 周年大会上，习近平总书记代表党和人民庄严宣告，经过全党全国各族人民持续奋斗，我们实现了第一个百年奋斗目标，在中华大地上全面建成了小康社会，历史性地解决了绝对贫困问题，正在意气风发向着全面建成社会主义现代化强国的第二个百年奋斗目标迈进。这在我国社会主义现代化建设进程中具有里程碑意义，为我国进入发展新阶段、朝着建成富强民主文明和谐美丽的社会主义现代化强国宏伟目标进军奠定了坚实基础。

十四、中国特色社会主义
进入新时代

　　改革开放以来特别是党的十八以来取得的历史性成就，使中国社会发生了深刻的变化，这种变化积累到一定的程度就必然发生由量变到质变的转换，也必然要求中国共产党对自身及国家所处的历史方位进行重新审视。对此，十九大报告强调："经过长期努力，中国特色社会主义进入了新时代，这是我国发展新的历史方位。"这是一个十分重要的政治判断，表明中国特色社会主义进入了一个新的发展阶段，或者说新的历史起点。新的历史方位既是经济社会发生深刻变化的结果，同时关乎未来经济社会的发展走向。新的历史方位将是今后一段时间党和国家各项工作的总依据，这将对中国特色社会主义伟大事业产生广泛的影响。

1. 科学判断所处历史方位的重大意义

　　能否正确判断历史方位关乎党的事业的成败。历史方位与社会主要矛盾互相依存互相影响。因为只有认清了历史方位，才能准确地判断社会主要矛盾，并由此决定党的中心工作和重点任务。对历史方位和国内主要矛盾作出准确判断，党的事业就能顺利发展，反之，党的事业就会遭受挫折。

　　在十年土地革命战争的前期和中期，党内之所以一再出现"左"倾错误，一个重要的原因就是没有准确把握自己所处的历史方位，因而对国内主要矛盾的判断出现失误。1927 年 4 月蒋介石的南京政府建立后，中国的半殖民地半封建社会性质没有改变，这就决定了中国社会的主要矛盾，仍然是中华民族与帝国主义的矛盾、人民大众与封建主义的矛盾，革命的主要任务是反帝反封建，不能将民族资产阶级当作革命的对象，而应当作革命可争取的力量。但是，当时党的领导层却把民族资产阶级上层少数人对蒋介石的追随，看成了整个民族资产阶级都背叛了革命，认为南京政府是资产阶级性质的政权，因而提出"中间阶级是最危险的敌人"，从而孤立了自己。1931年九一八事变后，日本侵占了中国东北，中日民族矛盾上升为国内主要矛盾，而"左"倾教条主义者却继续提出"武装保卫苏联"的口号，理由是无产阶级有两个祖国，即阶级祖国和民族祖国，首先要保卫的是阶级祖国即苏联，这就严重脱离了人民群众。

遵义会议之后，中国共产党从"左"倾教条主义的束缚下解放出来，对自身所处的历史方位有了准确的判断，对基本国情逐渐有了深刻的认识，从主要矛盾由阶级矛盾让位于民族矛盾的客观实际出发，以"兄弟阋于墙而外御其侮"的真诚，向各党各派发出停止内战、一致对外的倡议，大力促成抗日民族统一战线的建立，推动了全民族抗战局面的形成，同时也大大提高了党在全国人民心目中的形象，赢得了全国人民的信任与尊重。

新中国成立后特别是1956年社会主义改造基本完成后，党所处的历史方位发生了重大变化，已由从一个领导人民为夺取全国政权而奋斗的党，成为一个领导人民掌握着全国政权并长期执政的党。在剥削阶级已经基本消灭的情况下，国内主要矛盾已不再是阶级矛盾，党的主要任务也不再是进行阶级斗争，而是开展经济建设、文化建设和社会建设，以满足人民群众日益增长的物质文化的需要。中国的社会主义制度建立在落后的农业国基础上，生产力水平很低，因此，党和国家工作的重心就应该是大力发展生产力，实现国家工业化。1956年9月中共八大对党所处的历史方位和社会主要矛盾作了正确的判断，大会通过的关于政治报告的决议强调：由于社会主义改造已经取得决定性的胜利，我国无产阶级同资产阶级之间的矛盾已经基本上解决，国内的主要矛盾，已经是人民对于建立先进的工业国的要求同落后的农业国的现实之间的矛盾，已经是人民对于经济文化迅速发展的需要同当前经济文化不能满足人民需要的状况之间的矛盾。党和全国人民当前的主要任务，就是要集中力量解决这个矛盾，把我国尽快地从落后的农业国变为先进的工业国。

十分遗憾的是，这个合乎实际的判断并没有坚持下来。随着 1957 年整风运动转变为反右派斗争，由于对一定范围的阶级斗争作出了过于严重的估计，对主要矛盾的判断发生了失真与失误。在 1957 年 9 月召开的中共八届三中全会上，毛泽东认为，"无产阶级和资产阶级的矛盾，社会主义道路和资本主义道路的矛盾，毫无疑问，这是当前我国社会的主要矛盾"[①]。这个表述得到了 1958 年 5 月召开的八大二次会议刘少奇代表中共中央所作的政治报告的认可。由于将无产阶级和资产阶级的矛盾、社会主义道路和资本主义道路的矛盾，当成社会的主要矛盾，导致党的工作重心转向阶级斗争。在资产阶级作为一个阶级被消灭之后，仍将无产阶级思想与资产阶级思想，作为矛盾对立的表现，并将知识分子当作资产阶级看待，这就必然要导致阶级斗争扩大化。特别是 20 世纪 60 年代初将农村出现的包产到户看作是走资本主义道路的分田单干，认为两个阶级、两条道路的斗争十分严峻，进而强调阶级斗争要年年讲、月月讲，随后在全国城乡开展以阶级斗争为主要内容的社会主义教育运动，最终导致"文化大革命"的发生。

1978 年的十一届三中全会对党所处的历史方位恢复到了党的八大所作的正确判断上来，果断地实现了党的工作重心的转移。1981 年的十一届六中全会通过的《关于建国以来党的若干历史问题的决议》，将国内主要矛盾表述为："在社会主义改造基本完成以后，我国所要解决

---

① 中共中央文献研究室：《建国以来重要文献选编》第 10 册，中央文献出版社 1994 年版，第 606 页。

的主要矛盾，是人民日益增长的物质文化需要同落后的社会生产之间的矛盾。党和国家工作的重点必须转移到以经济建设为中心的社会主义现代化建设上来，大大发展社会生产力，并在这个基础上逐步改善人民的物质文化生活。"① 正是因为正确判断了党所处的历史方位和国内的主要矛盾，十一届三中全会以来，我们党始终坚持经济建设这个中心，通过改革开放大力发展生产力，使经济保持了较高的增长速度，综合国力、社会生产力水平和人民生活水平得到了迅速提高，从而使中华民族实现了从站起来到富起来的历史性飞跃，为强起来奠定了重要的物质基础。

由此可见，只有准确判断党和国家所处的历史方位，并依据历史方位正确认识和处理社会主要矛盾，才能制定出切合实际的路线方针政策，领导和依靠广大人民群众完成党在每一个历史阶段的主要任务。

改革开放以来特别是党的十八大以来取得的历史性成就，使中国社会发生了深刻的变化，这种变化积累到一定的程度就必然发生由量变到质变的转换，也必然要求党对自身及国家所处的历史方位进行重新审视。中共十九大对历史方位作出的新判断，表明中国共产党对基本国情和执政规律的认识达到了一个新的阶段。新的历史方位既是经济社会发生深刻变化的结果，同时关乎未来经济社会发展走向。新的历史方位将是今后一段时间党和国家各项工作的总依据，这将对中国特色社会主义伟大事业产生广泛的影响。

2. 中国特色社会主义进入新时代的依据

中国特色社会主义始终是改革开放以来历史发展的主题与主线，但是党的十八大以来，中国特色社会主义出现了新的阶段性特征。这些新特征，是中国特色社会主义进入新时代的重要依据。

---

① 《关于建国以来党的若干历史问题的决议》，《人民日报》1981 年 7 月 1 日。

一是经济发展进入新常态。改革开放以来，我国经济始终保持了较高的发展速度，但本世纪第二个十年以来，经济发展出现了新的态势，其主要表现，（一）从高速增长转为中高速增长；（二）经济结构不断优化升级，第三产业消费需求逐步成为主体，城乡区域差距逐步缩小，居民收入占比上升，发展成果惠及更广大民众；（三）从要素驱动、投资驱动转向创新驱动。2014 年 5 月，习近平总书记在河南考察时强调，中国发展仍处于重要战略机遇期，要增强信心，从当前中国经济发展的阶段性特征出发，适应新常态，保持战略上的平常心态。在中国经济发展进入新常态的同时，世界经济发展进入转型期、科技发展酝酿新突破。在这样的背景下，以习近平同志为核心的党中央，强调要适应新常态、把握新常态、引领新常态，要坚持以新发展理念引领经济发展新常态，加快转变经济发展方式、调整经济发展结构、提高发展质量和效益，着力推进供给侧结构性改革，推动经济更有效率、更有质量、更加公平、更可持续地发展，加快形成崇尚创新、注重协调、倡导绿色、厚植开放、推进共享的机制和环境，不断壮大我国经济实力和综合国力。①

二是改革进入攻坚期和深水区。党的十一届三中全会以来，改革是中国经济发展、社会进步的源泉，"是决定当代中国命运的关键一招"。改革开放使中国面貌发生了深刻的变化，只有改革才能发展进步已成为全社会的共识。但是，随着改革开放的不断深化拓展，国内外环境都在发生极为广泛而深刻的变化，影响我国发展的一些深层次的问题显现出来，例如发展不平衡、不协调，科技创新能力不强，产业结构不合理，粗放型发展方式仍没有根本改变，地区、城乡发展差距和居民收入分配差距非但没有缩小反而有拉大的趋势。随着物质文化生活水平的提高，人民群众的期待和企盼也随之提高，而就业、教育、医疗、住房、社会

---

① 习近平：《在庆祝中国共产党成立 95 周年大会上的讲话》，《人民日报》2016 年 7 月 2 日。

保障、生态环境、食品药品安全、社会治安、执法司法等，与人民群众的需要相比仍有不小的差距。而要解决这些问题，关键在于进一步深化改革。这说明，我国发展进入新阶段，改革进入攻坚期和深水区，"必须以强烈的历史使命感，最大限度集中全党全社会智慧，最大限度调动一切积极因素，敢于啃硬骨头，敢于涉险滩，以更大决心冲破思想观念的束缚、突破利益固化的藩篱，通过全面深化改革推动中国特色社会主义制度自我完善和发展"①。为了促进经济社会的更持久更健康发展，就要求比以往更加注重"经济、政治、文化、社会、生态文明各领域改革和党的建设改革紧密联系、相互交融，任何一个领域的改革都会牵动其他领域，同时也需要其他领域改革密切配合"②。正因为如此，党的十八大以来，以习近平同志为核心的党中央作出了全面深化改革的战略部署，并且强调全面深化改革是关系党和国家事业发展全局的重大战略部署，不是某个领域某个方面的单项改革，表明我国的改革已经到了一个新的历史阶段。

三是历史发展进入重要的交汇期。把我国建成一个社会主义现代化强国，进而实现中华民族伟大复兴，始终是中国共产党人的使命追求。早在1956年中共八大就提出要"尽可能迅速地实现国家工业化，有系统、有步骤地进行国民经济的技术改造，使中国具有强大的现代化的工业、现代化的农业、现代化的交通运输业和现代化的国防"③。1964年12月，毛泽东又明确提出："我们必须打破常规，尽量采用先进技术，在一个不太长的历史时期内，把我国建设成为一个社会主义的现代化的强国。"④ 1982年的中共十二大提出，党在新时期的总任务是团结全国

---

① 《中共中央关于全面深化改革若干重大问题的决定》，《人民日报》2013年11月16日。

② 《中共中央关于全面深化改革若干重大问题的决定》，《人民日报》2013年11月16日。

③ 中共中央文献研究室：《建国以来重要文献选编》第9册，中央文献出版社1994年版，第315页。

④ 《毛泽东文集》第八卷，人民出版社1999年版，第341页。

各族人民，自力更生，艰苦奋斗，逐步实现工业、农业、国防和科学技术四个现代化，把我国建设成高度文明、高度民主的社会主义国家。为了使我国的现代化建设有更加清晰的目标与路线图，1987年4月，邓小平首次阐述了我国经济建设"三步走"的发展战略，并且得到这年召开的中共十三大的充分肯定。这"三步走"第一步，使国民工生产总值在1980年的基础上翻一番，解决人民的温饱问题；第二步，到20世纪末，使国民生产总值再增长一倍，人民生活达到小康水平；第三步，到21世纪中叶，人均国民生产总值达到中等发达国家水平，人民生活比较富裕，基本实现现代化。1997年中共十五大鉴于第二步战略目标即将实现，提出了"两个一百年"奋斗目标，即到建党一百年时，使国民经济更加发展，各项制度更加完善；到21世纪中叶新中国成立一百年时，基本实现现代化，建成富强民主文明的社会主义国家。中共十六大将第一个百年奋斗目标明确为到建党一百年时全面建成小康社会。党的十八大之后，全面建成小康社会的各项工作如期推进并将胜利完成，摆在全党和全国人民面前的任务，是在全面建成小康社会之后，努力推进第二个百年奋斗目标的实现，这就要求对全面建成小康社会后如何发展作出战略安排。从这个角度看，党的十八大之后，是全面实现第一个百年奋斗目标并开启实现第二个百年奋斗目标征程重要的历史交汇期，成为我国社会主义现代化建设历史上承前启后意义的节点，这也是中华民族复兴伟大征程上一个重要历史节点。

四是国际地位和国际环境发生重大改变。党的十一届三中全会以来，中国共产党对时代主题作出了科学的判断，强调时代主题已经由战争和革命转换为和平与发展，战争的危险虽然存在，但世界大战打不起来，必须利用好重要的战略机遇期，以加快我国发展。历史证明，这个判断是完全正确的。正是基于这样的判断，通过不断深化改革扩大开放，经济社会取得了巨大的发展，使我国成为世界第二大经济体，近年来中国对世界经济的贡献率超出30%。随着经济的发展和综合国力的增强，中国的国际地位和国际影响力也在不断提高，在国际舞台上中国的身影和中国的声音越来越具有影响力，中国正日益走近世界舞台中央。与此同时，随着国际地位和国际影响的提升，我国面临的国际环境也比以往更为复杂，"树大招风"效应日益显现，一些大国对于中国的发展呈现复杂心理，甚至不愿看到中国的强大，一些国家和国际势力对我们的阻遏、忧惧、施压有所增大。因此，必须充分认识国际局势和周边环境的新变化，对我国改革开放和社会主义现代化建设所产生的重大影响，充分利用好战略机遇期，以实现自己的战略目标。

面对中国特色社会主义事业出现的这些阶段性特征，党的十八大以来，党的理论创新实现了新飞跃，党的执政方式和执政方略有了重大创新，党推动发展的理念和方式有了重大转变。尤其需要强调的是，以习近平同志为核心的党中央以强烈的使命担当，"校正了党和国家事业前进的航向"①。正是基于这些变化，党的十九大作出了中国特色社会主义进入新时代的判断。中国特色社会主义进入新时代表明，在新中国成立以来特别是改革开放以来我国发展取得的重大成就的基础上，我国发展站到新的历史起点上，中国特色社会主义进入新的发展阶段。

3. 新时代是新时期的发展与提升

1949 年中华人民共和国的成立，标志着一个由中国共产党领导的、人民当家作主的新中国得以诞生，中国人民从此站起来了。通过进行大规模的社会主义改造，1956 年社会主义基本经济制度得以确立，中国由此进入社会主义时代。1978 年召开的十一届三中全会，实现了党和国家工作重点的转移，作出了改革开放的伟大决策，结束了 1976 年 10 月粉碎"四人帮"之后党和国家各项工作在徘徊中前进的局面，从而使新中国的历史进入了改革开放新时期。

经过多年的改革开放，我国的社会主义现代化建设取得了举世瞩目

①　王岐山：《开启新时代，踏上新征程》，《人民日报》2017 年 11 月 7 日。

的巨大成就，不但成功地解决了十几亿人的温饱问题，而且在本世纪初基本实现了小康，并将全面建成小康社会，国家的综合国力、社会生产力和人民生活与改革开放启动时相比，发生了翻天覆地的变化，国际地位和国际影响力也显著提高。正如十九大报告所强调的，改革开放以来，"我们党团结带领全国各族人民不懈奋斗，推动我国经济实力、科技实力、国防实力、综合国力进入世界前列，推动我国国际地位实现前所未有的提升，党的面貌、国家的面貌、人民的面貌、军队的面貌、中华民族的面貌发生前所未有的变化，中华民族正以崭新姿态屹立于世界的东方"①。这是十九大作出中国特色社会主义进入新时代判断的基本前提。

改革开放新时期与中国特色社会主义新时代，是新中国历史特别是中国特色社会主义历史上的重要发展阶段，二者之间既一脉相承又与时俱进，新时代是新时期的发展与提升。

改革开放新时期的开启之际，刚刚结束"文化大革命"不久，经济社会都面临许多的问题。如许多人的温饱还没有解决，消灭贫困在当时十分迫切且任务艰巨；由于长期的以阶级斗争为纲导致阶级斗争扩大化，致使冤假错案堆积如山；对外长期处于封闭半封闭状态，缺乏对外部世界的了解；等等。在当时的情况下不改革开放就没有出路，改革在某种程度上可以说是逼出来的。正因为如此，邓小平在指导创办深圳等经济特区时强调要"杀出一条血路来"，可见当时改革开放的紧迫性、艰巨性。而如今，由于新时期取得巨大成就，中国特色社会主义已经深入人心，改革开放成为人们的共识。这说明，当年新时期的开启具有某种被动性，是通过重大的历史转折才实现的，而新时代的到来则是新时期发展由量变到质变的结果，是成长和成熟的新时期。

新时期开启时，虽然改革十分紧迫，但改什么如何改则没有任何的

---

① 习近平：《决胜全面建成小康社会 夺取新时代中国特色社会主义的伟大胜利——在中国共产党第十九次全国代表大会上的报告》，《人民日报》2017 年 10 月 28 日。

先例和经验可资借鉴，只能是"摸着石头过河"，在探索中前进。而新时代在开启之时，改革开放已经积累了较为丰富的经验，对中国特色社会主义的基本规律有了初步的认识和掌握，因此，新时代改革在路径的选择上仍然需要"摸着石头过河"，但同时有必要也有条件进行顶层设计。

新时期开启之时，改变落后的社会生产力和迅速提高人民生活水平是当务之急，必须尽快地实现富起来的目标，加快经济发展并且有较快的发展速度；而新时代是在改革开放新时期已经富起来的基础上开启的，经济发展仍需要一定的速度，但发展的质量与效益更为重要，新时代要着力解决的是发展的不平衡与不充分问题，使已经富起来的中国强起来，将中国建设成为一个社会主义的现代化强国。

但是，不论是新时期还是新时代，主线与主题都是坚持和发展中国特色社会主义，改革开放都是其最鲜明的特征，发展都是党执政兴国的第一要务，目标都是为了实现社会主义现代化和中华民族的伟大复兴。自然，中国特色社会主义进入新时代这个判断是十九大正式提出来的，但新时代的到来并不是突如其来的，而是改革开放新时期发展到一定历史阶段自然而必然的结果。

党的十九大强调，中国特色社会主义进入新时代，意味着近代以来久经磨难的中华民族迎来了从站起来、富起来到强起来的伟大飞跃，迎来了实现中华民族伟大复兴的光明前景；意味着科学社会主义在 21 世纪的中国焕发出强大生机活力，在世界上高高举起了中国特色社会主义伟大旗帜；意味着中国特色社会主义道路、理论、制度、文化不断发展，拓展了发展中国家走向现代化的途径，给世界上那些既希望加快发展又希望保持自身独立性的国家和民族提供了全新选择，为解决人类问题贡献了中国智慧和中国方案。这就是说，中国特色社会主义进入新时代，必将对中国与世界都带来深远的影响。总之，"中国特色社会主义进入新时代，在中华人民共和国发展史上、中华民族发展史上具有重大意义，在世界社会主义发展史上、人类社会发展史上也具有重大意义"①。

党的十九大同时指出，中国社会主义新时代是继续夺取中国特色社会主义伟大胜利的时代，是决胜全面建成小康社会、进而全面建设社会主义现代化强国的时代，是逐步实现全体人民共同富裕的时代，是奋力实现中华民族伟大复兴中国梦的时代，是我国日益走近世界舞台中央、不断为人类作出更大贡献的时代。这"五个时代"，包括中国特色社会主义、现代化强国、共同富裕、民族复兴、世界舞台 5 个关键词，回答了新时代要走什么样的道路、要建设什么样的国家、要实现什么样的发展、要达到什么样的目标、要作出什么样的贡献等诸多重要问题，可以说是对新时代的历史定位。归根到底，中国特色社会主义新时代，就是要把我国建设成为社会主义现代化强国和实现中华民族伟大复兴的时代。

4. 正确认识与处理新时代的社会主要矛盾

社会主要矛盾的变化是判断历史方位的重要依据，而能否正确认识和处理社会主要矛盾又关乎党和国家事业的全局。党的十九大强调，中国特色社会主义进入新时代，我国社会主要矛盾已经转化为人民日益增长的美好生活需要和不平衡不充分的发展之间的矛盾。我国稳定解决了十几亿人的温饱问题，总体上实现小康，不久将全面建成小康社会，人民美好生活需要日益广泛，不仅对物质文化生活提出了更高要求，而且在民主、法治、公平、正义、安全、环境等方面的要求日益增长。同时，我国社会生产力水平总体上显著提高，社会生产能力在很多方面进入世界前列，更加突出的问题是发展不平衡不充分，这已经成为满足人民日益增长的美好生活需要的主要制约因素。

---

① 习近平：《决胜全面建成小康社会 夺取新时代中国特色社会主义的伟大胜利——在中国共产党第十九次全国代表大会上的报告》，《人民日报》2017 年 10 月 28 日。

1981 年十一届六中全会通过的《关于建国以来党的若干历史问题的决议》，将当时的国内主要矛盾表述为："在社会主义改造基本完成以后，我国所要解决的主要矛盾，是人民日益增长的物质文化需要同落后的社会生产之间的矛盾。"① 经过多年的改革开放，人民群众的物质文化生活有了根本性的改善。如果说改革开放新时期启动时，我国的生产力水平"落后"是其显著特征的话，经过这些年的努力，落后的状况有了根本性的改变，由绝对落后转变为相对落后。但是，随着物质文化生活水平的提高，人们的需求也开始发生新的变化，"我们的人民热爱生活，期盼有更好的教育、更稳定的工作、更满意的收入、更可靠的社会保障、更高水平的医疗卫生服务、更舒适的居住条件、更优美的环境，期盼着孩子们能成长得更好、工作得更好、生活得更好。"② 改革开放使人民群众的生活逐渐好起来的同时期盼也随之提高，从希望满足物质文化的需要转变为对美好生活的向往，而人民对美好生活的需求，不仅包括物质方面，而且还包括"非物质"的需求，如民主、法治、公平、正义、安全、环境等，而且各种需求更加多元化、多层次化、多样化、个性化。

今天，制约人民群众对美好生活需要的主要障碍，已不再是生产落后，而是发展的不平衡不充分。从经济总量上来看，我国已经是世界上第二大经济体，社会生产力水平总体上显著提高，社会生产能力在很多方面都进入了世界前列，但是还不能满足全体人民对不同产品质量结构的需求，特别是在就业、教育、医疗、居住、养老等民生领域，仍有不少短板。正如十九大报告所指出的：我们的工作还存在许多不足，也面临不少困难和挑战。主要是发展不平衡不充分的一些突出问题尚未解决，发展质量和效益还不高，创新能力不够强，实体经济水平有待提高，生态环境保护任重道远；民生领域还有不少短板，脱贫攻坚任务艰

---

① 《关于建国以来党的若干历史问题的决议》，《人民日报》1981 年 7 月 1 日。
② 《习近平谈治国理政》第一卷，外文出版社 2018 年版，第 4 页。

巨，城乡区域发展和收入分配差距依然较大，群众在就业、教育、医疗、居住、养老等方面面临不少难题；社会文明水平尚需提高；社会矛盾和问题交织叠加，全面依法治国任务依然繁重，国家治理体系和治理能力有待加强；意识形态领域斗争依然复杂，国家安全面临新情况；一些改革部署和重大政策措施需要进一步落实；党的建设方面还存在不少薄弱环节。正是由于这些问题的存在，影响到发展的不平衡与不充分。当然，平衡与充分是相对的，因为人民群众的需求会随着经济社会的发展而变化，原有的需求满足之后又会产生新的需求。

对于社会主要矛盾的判断，由人民日益增长的物质文化需要与落后的社会生产之间的矛盾，转变为人民对美好生活的需要与不平衡不充分发展的矛盾，即从"物质文化需要"到"美好生活需要"，从解决"落后的社会生产"到解决"不平衡不充分发展"，反映了我国社会的巨大进步，也反映了党和国家事业发展的重点要求。这说明经济建设仍是中心工作，但新时代更应注重全面发展，仍然需要一定的发展速度，但更应注重发展与效益。主要矛盾变化的判断，是以人民为中心发展思想的生动体现，说明中国共产党已在更高层次上为人民谋利益、谋福祉。一定要准确认识自身所处的历史方位，科学判断社会主要矛盾，这样才能更好回应人民关切，实现人民的企盼。这就要求我们党必须在继续推动发展的基础上，着力解决好发展不平衡不充分问题，大力提升发展质量和效益，更好满足人民在经济、政治、文化、社会、生态等方面日益增长的需要，更好推动人的全面发展、社会全面进步。

正如党的十九大所指出的，必须认识到，我国社会主要矛盾的变化，没有改变我们对我国社会主义所处历史阶段的判断，我国仍处于并将长期处于社会主义初级阶段的基本国情没有变，我国是世界最大发展中国家的国际地位没有变。基本国情是一个国家最根本、最本质的社会性质。近代以来，中国的基本国情只发生了一次根本性的变化，即从半殖民地半封建社会转变为社会主义初级阶段。这个转变，经历了从

1840 年鸦片战争中国沦为半殖民地半封建社会，到 1949 年中华人民共和国成立、1956 年社会主义改造基本完成，前后长达一百多年的时间。无须说，基本国情的变化，有一个由量变到质变的过程。从量变的角度来看，国情天天在变化；但从质变的角度来看，我国的社会主义初级阶段转变到下一个发展阶段，同样需要一个相当长的历史过程。十三大报告在论述社会主义初级阶段时，有这样一段话："总起来说，我国社会主义初级阶段，是逐步摆脱贫穷、摆脱落后的阶段；是由农业人口占多数的手工劳动为基础的农业国，逐步变为非农产业人口占多数的现代化的工业国的阶段；是由自然经济半自然经济占很大比重，变为商品经济高度发达的阶段；是通过改革和探索，建立和发展充满活力的社会主义经济、政治、文化体制的阶段；是全民奋起，艰苦创业，实现中华民族伟大复兴的阶段。"① 为此，党的十九大通过的党章强调：我国正处于并将长期处于社会主义初级阶段。这是在原本经济文化落后的中国建设社会主义现代化不可逾越的历史阶段，需要上百年的时间。这一个"没有改变"和两个"没有变"表明，我国的社会主义初级阶段将是一个长期的历史过程，在现代化强国没有建成、中华民族伟大复兴没有实现之前，都应当属于社会主义初级阶段，这要求我们充分认识到社会主义建设的长期性与艰巨性。

既然我国仍处于并将长期处于社会主义初级阶段，就必须牢牢把握社会主义初级阶段这个基本国情，牢牢立足社会主义初级阶段这个最大实际，牢牢坚持党的基本路线这个党和国家的生命线、人民的幸福线，领导和团结全国各族人民，以经济建设为中心，坚持四项基本原则，坚持改革开放，自力更生，艰苦创业，为把我国建设成为富强民主文明和谐美丽的社会主义现代化强国而奋斗。

---

① 中共中央文献研究室：《十三大以来重要文献选编》上，人民出版社 1991 年版，第 12 页。

5. 新时代中国特色社会主义的行动指南

党的十八大以来，以习近平同志为主要代表的中国共产党人，顺应时代发展，从理论和实践结合上系统回答了新时代坚持和发展什么样的中国特色社会主义、怎样坚持和发展中国特色社会主义这个重大时代课题，创立了习近平新时代中国特色社会主义思想。习近平新时代中国特色社会主义思想是对马克思列宁主义、毛泽东思想、邓小平理论、"三个代表"重要思想、科学发展观的继承和发展，是马克思主义中国化最新成果，是党和人民实践经验和集体智慧的结晶，是中国特色社会主义理论体系的重要组成部分，是全党全国人民为实现中华民族伟大复兴而奋斗的行动指南，必须长期坚持并不断发展。

中国特色社会主义进入了新时代，是我国发展新的历史方位，也是习近平新时代中国特色社会主义思想产生的时代背景。这个新时代，既与改革开放以来的发展一脉相承，又有很大的不同，面临许多新情况新变化：一是党的十八大以来，在新中国成立特别是改革开放以来我国发展取得重大成就的基础上，党和国家事业发生历史性变革，我国发展站在新的历史起点上，新起点需要新气象新作为；二是世界正处于百年未有之大变局，如何在乱局中保持定力、在变局中抓住机遇，对如何统筹国际国内两个大局提出了更高要求；三是中国共产党执政面临的社会环境和现实条件发生深刻变化，发展理念和方式有重大转变，发展水平和要求更高；四是我国社会的主要矛盾已经转化为人民日益增长的美好生活需要和不平衡不充分的发展之间的矛盾，经济建设仍然是中心任务，但需要更加注重全面协调可持续发展，需要着力解决好发展不平衡不充分问题；五是中国的发展正处于"两个一百年"奋斗目标的历史交汇期，全面建成小康社会的任务完成，第一个百年目标即将实现，将开启全面建设社会主义现代化国家新征程、向第二个百年目标进军。

这些新情况新变化，给中国共产党提出了一个重大时代课题，就是必须从理论和实践结合上系统回答在新的时代条件下坚持和发展什么样的中国特色社会主义、怎样坚持和发展中国特色社会主义。正是围绕回答这一重大理论和实践问题，形成了习近平新时代中国特色社会主义思想。党的十八大以来，改革开放和社会主义现代化建设之所以取得历史性成就，党和国家事业之所以发生历史性变革，根本的就在于有习近平新时代中国特色社会主义思想的科学指引。

坚持和发展中国特色社会主义，是改革开放以来中国共产党全部理论和实践的鲜明主题，也是习近平新时代中国特色社会主义思想的核心要义。党的十八大以来，党的全部理论和实践探索都是围绕这个主题来展开、深化和拓展的。习近平总书记指出："坚持和发展中国特色社会主义是一篇大文章，邓小平同志为它确定了基本思路和基本原则，以江泽民同志为核心的党的第三代中央领导集体、以胡锦涛同志为总书记的党中央在这篇大文章上都写下了精彩的篇章。现在，我们这一代共产党人的任务，就是继续把这篇大文章写下去。"① 党的十八大以来，对坚持和发展什么样的中国特色社会主义，以习近平同志为主要代表的中国共产党人从理论渊源、历史根据、本质特征、独特优势、强大生命力等多方位多角度作出了深刻回答，强调中国特色社会主义是既坚持科学社会主义基本原则，又具有鲜明实践特色、理论特色、民族特色、时代特色的社会主义，是中国特色社会主义道路、理论、制度、文化"四位一体"的社会主义，是统揽伟大斗争、伟大工程、伟大事业、伟大梦想的社会主义，是根植于中国大地、反映中国人民意愿、适应中国和时代发展进步要求的社会主义。

习近平新时代中国特色社会主义思想内涵十分丰富，涵盖了经济、政治、法治、科技、文化、教育、民生、民族、宗教、社会、生态文明、国家安全、国防和军队、"一国两制"和祖国统一、统一战线、外交、党的建设等各方面。其中最重要、最核心的内容就是党的十九大报

---

① 《习近平谈治国理政》第一卷，外文出版社 2018 年版，第 23 页。

告概括的"八个明确",即明确坚持和发展中国特色社会主义,总任务是实现社会主义现代化和中华民族伟大复兴,在全面建成小康社会的基础上,分两步走在本世纪中叶建成富强民主文明和谐美丽的社会主义现代化强国;明确新时代我国社会主要矛盾是人民日益增长的美好生活需要和不平衡不充分的发展之间的矛盾,必须坚持以人民为中心的发展思想,不断促进人的全面发展、全体人民共同富裕;明确中国特色社会主义事业总体布局是"五位一体"、战略布局是"四个全面",强调坚定道路自信、理论自信、制度自信、文化自信;明确全面深化改革总目标是完善和发展中国特色社会主义制度、推进国家治理体系和治理能力现代化;明确全面推进依法治国总目标是建设中国特色社会主义法治体系、建设社会主义法治国家;明确党在新时代的强军目标是建设一支听党指挥、能打胜仗、作风优良的人民军队,把人民军队建设成为世界一流军队;明确中国特色大国外交要推动构建新型国际关系,推动构建人类命运共同体;明确中国特色社会主义最本质的特征是中国共产党领导,中国特色社会主义制度的最大优势是中国共产党领导,党是最高政治领导力量,提出新时代党的建设总要求,突出政治建设在党的建设中的重要地位。这"八个明确",高度凝练、提纲挈领地点明了习近平新时代中国特色社会主义思想的主要内容,构成了系统完备、逻辑严密、内在统一的科学体系。

责任编辑:王世勇

责任校对:徐林香

图书在版编目(CIP)数据

中共百年若干重大事件述实/罗平汉 著. —北京:人民出版社,2021.12

ISBN 978－7－01－024040－4

Ⅰ.①中… Ⅱ.①罗… Ⅲ.①中国共产党-党史-大事记- 1921—2021

Ⅳ.①D23

中国版本图书馆 CIP 数据核字(2021)第 249261 号

中共百年若干重大事件述实

ZHONGGONG BAINIAN RUOGAN ZHONGDA SHIJIAN SHUSHI

罗平汉 著

人民出版社 出版发行

(100706 北京市东城区隆福寺街 99 号)

北京中科印刷有限公司印刷 新华书店经销

2021 年 12 月第 1 版 2021 年 12 月北京第 1 次印刷

开本:710 毫米×1000 毫米 1/16 印张:26.25

字数:378 千字

ISBN 978－7－01－024040－4 定价:108.00 元

邮购地址 100706 北京市东城区隆福寺街 99 号

人民东方图书销售中心 电话 (010)65250042 65289539